Clemens Brentano

Gedichte und Erzählungen

Clemens Brentano

Gedichte und Erzählungen

Eingeleitet und herausgegeben
von
Hans-Georg Werner

1986

Wissenschaftliche Buchgesellschaft
Darmstadt

Mit freundlicher Genehmigung
des Union Verlages (VOB), Berlin

Einbandbild: Clemens von Brentano (1778–1842)
Aquarellierte Zeichnung von Emil Grimm

CIP-Kurztitelaufnahme der Deutschen Bibliothek

Brentano, Clemens:
Gedichte und Erzählungen / Clemens Brentano.
Eingeleitet u. hrsg. von Hans-Georg Werner.
Darmstadt: Wissenschaftliche Buchgesellschaft, 1986.
ISBN 3-534-03141-5
NE: Brentano, Clemens: [Sammlung]

1 2 3 4 5

Bestellnummer 3141-5

Satz: Maschinensetzerei Janß, Pfungstadt
Druck und Einband: Wissenschaftliche Buchgesellschaft, Darmstadt
Printed in Germany
Schrift: Linotype Garamond, 10/11

ISBN 3-534-03141-5

INHALT

Einleitung 1
Clemens Brentano 3

Gedichte 63
I. 1797–1803 65
II. 1806–1815 185
III. 1816–1819 260
IV. 1827–1842 325

Erzählungen 415
Die mehreren Wehmüller und ungarischen Nationalgesichter 417
Die drei Nüsse 469
Geschichte vom braven Kasperl und dem schönen Annerl 481

Anhang 515
Anmerkungen 517
Alphabetisches Verzeichnis der Gedichtanfänge und -überschriften 545

EINLEITUNG

CLEMENS BRENTANO

Als Brentano in die dreißiger Jahre gekommen war, machte ihm Wilhelm Grimm den Vorschlag, seine Lebensgeschichte zu schreiben: Sie würde „durch die merkwürdige Zeit, welche hineingeflochten, und die seltsamen Abenteuer, die seine eigene bizarre Ansicht der Welt ihm zugezogen, eine eigne Bedeutung erhalten". Brentano antwortete dem Freund, er habe den Anfang seiner Autobiographie fertig, „nämlich es werde ein Mensch beschrieben, der auf einem Berg stehe und ein Schiffchen auf der Hand halte, es aber nirgends wohin aufs Wasser setzen könne". „So sei ihm sein ganzes Leben vorgekommen, und weiter könne er auch nichts davon schreiben." Das hier verwandte Bild macht anschaulich: Brentano sah sich als ein Mensch, der sein Eigenstes nicht in die Welt einzubringen vermochte.

Zu seinem Selbstverständnis und der Art seiner Lebensverwirklichung hat Brentanos Opposition gegen die Lebensformen, in die er hineingeboren war und für die er erzogen werden sollte, viel beigetragen. Clemens Brentano – am 9. September 1778 in Ehrenbreitstein bei Koblenz zur Welt gekommen – stammte väterlicherseits von einer ursprünglich in Italien ansässigen katholischen Kaufmannsfamilie. Sein Vater Peter Anton Brentano besaß und regierte in Frankfurt das Haus „Zum goldenen Kopf", in dem Clemens Brentano die Jahre seiner Kindheit verbrachte. Der Sohn empfand den Vater als „rauh und hart": „Ein Glück für uns war, daß er auch stolz war, so daß er wenig mit uns sprach und nur seine Mienen uns weh taten." In dem frühen Roman ›Godwi‹ charakterisierte er eine Gestalt, der er Züge seines Bildes vom Vater gegeben hat, folgendermaßen: „Unser Vater war ein redlicher, kluger und reicher Mann, doch alles dies aus kaufmännischen Gesichtspunkten betrachtet. Redlich, ohne doch die sogenannten Handlungsvorteile zu verwerfen, klug in Spekulationen und bürgerlichen Verhältnissen; auch seine Religion war Spekulation auf den Himmel, Verhältnisse mit der Menschheit hatte er wenige . . ."

Seelischen Schutz vor dem harten Regiment des Vaters und Trost für manche Kränkung fand der junge Clemens bei seiner Mutter, der zweiten Frau von Peter Anton Brentano, Maximiliane. Sie kam aus einem hochangesehenen aufklärerischen Hause; ihre Mutter Sophie von La Roche war eine bekannte Schriftstellerin, der Vater kurtrierischer Regierungskanzler. Clemens Brentano hat sie innig geliebt und schrieb, an sie denkend, im ›Godwi‹: „Ihr Vater hatte sie zum geistvollen, vorurteillosen Weibe gebildet und ihre Mutter ihr Herz und ihre Sitte zu einer Zartheit der Empfindung und einer Bescheidenheit geleitet, die sie fähig machten, den Flug ihres Geistes und die Freiheit ihres Denkens auf dem Punkte in der Erscheinung zu begrenzen, auf dem Weiber, um die Forderungen der sogenannten Weiblichkeit nicht zu übersteigen, verweilen müssen, und der sie in jenen unergründlich reizenden Hintergrund legt, der uns wie ein verborgener Schatz aus den tiefen Augen der wenigen entgegensieht, die ihn besitzen." Brentano hat seiner früh verstorbenen Mutter in den Einleitungsterzinen seiner ›Romanzen vom Rosenkranz‹ ein Denkmal gesetzt, und es ist ihm zeitlebens in Erinnerung geblieben, wie abends „sie die Wundermärchen uns gesungen, Daß rings die Kinder in Erstaunen starrten". Mag sein, daß dabei die Phantasiekräfte des späteren Dichters geweckt worden sind. Jedenfalls wissen wir, daß er sich als Kind aus einzelnen Bemerkungen, zufälligen Beobachtungen, von auf Böden und in Abstellräumen seines Vaterhauses aufbewahrten Gegenständen die Anregungen holte, um sich – verkrochen „in die Einsiedelei eines leeren Zuckerfasses" auf dem Speicher – das Sehnsuchts- und Fabelland Vadutz zusammenzuphantasieren; es war eine illusionäre „Märchenwelt, die über der Wirklichkeit wie ein Sternhimmel über einer Froschpfütze lag". Rückblickend bekannte der alte Brentano: „Vadutz ist mir noch jetzt das Land aller Schätze, Geheimnisse und Kleinodien, und dort ist mir das Thule, wo der König den liebsten Becher, ehe er starb, in die Flut hinabgeworfen."

Während Clemens und seine ihm besonders nahestehende

Schwester Sophie sich „für die privatisierenden Besitzer von Vadutz" hielten und der Buchhalter des Hauses Brentano – „dieser mir ewig teure Herr Schwab" – die Phantasie der Kinder mit Legenden, Gespenstergeschichten, Märchen und allen möglichen Dichtungen – von der ›Asiatischen Banise‹ und dem ›Simplicissimus‹ bis zum ›Götz‹, ›Werther‹ und den ›Räubern‹ – fütterte, machte der Vater die Ansprüche der Wirklichkeit, also im besonderen die Forderung nach zweckentsprechender Vorbereitung des Sohnes auf ein späteres Geschäftsleben geltend. 1784 wurde Clemens Brentano nach Koblenz in die „strenge und unmütterliche Zucht" der Tante Luise von Möhn gegeben. Hier traktierte man „den armen Träumer" mit „Moralien und trocknen Blicken und machte ihn zum Scherbenkönig". Wenig besser erging es ihm an den folgenden Stationen seiner Ausbildung. Nach einem Zwischenaufenthalt in einem bei Heidelberg gelegenen Pensionat eines frommen Exjesuiten, bei dem sich Brentano weder eingewöhnen wollte noch konnte, kam er wieder nach Koblenz und besuchte ein Jesuitengymnasium. Ab 1791 war er dann Schüler am Mannheimer Philanthropin; das brutale und erniedrigende System des dortigen Direktors machte ihn so elend, daß er auf sein verzweifeltes Bitten hin nach Frankfurt zurückkehren durfte. Die Widersprüchlichkeit seines Wesens war jetzt schon weitgehend ausgebildet. Der fast schrankenlose Anspruch seiner Phantasie und ein desillusionierender, nicht selten beißender Witz, südländische Sinnlichkeit und geschärfteste Selbstreflexion, katholisierender Wunderglaube und aufklärerische Skepsis, der Wunsch nach bedingungsloser Hingabe und die Neigung zu verletzenden Ausfällen gegen Menschen seiner Umgebung widerstritten in ihm, machten seine Einpassung in das väterliche Haus nahezu unmöglich und ließen seine erfolgreiche Karriere als bürgerlicher Geschäftsmann sehr unwahrscheinlich sein. Das änderte aber nichts Wesentliches an dem für ihn festgesetzten Lebensprogramm. Ab Dezember 1794 studierte Clemens Brentano ein Semester Bergwissenschaften in Bonn, arbeitete anschließend im väterlichen Geschäft, ging im Juni 1796 für wenige Monate in ein Handelskontor in Langensalza und wurde Anfang 1797 zu seinem Onkel, dem Bergrat Carl von La Roche, geschickt, der in Schönebeck eine Saline leitete; dort sollte er sich auf das Studium des Bergfaches in Halle vorbereiten. Im Mai desselben Jahres ließ er sich dann an der Halleschen Universität immatrikulieren. Ein Jahr später wechselte er die Universität – er ging nach Jena – und das Fach – er inskribierte sich als Student der Medizin.

In Jena faßte Brentano den Entschluß, sich einem bürgerlichen Beruf zu verweigern. Diese Entscheidung hatte sich lange angekündigt, war aber erst nach dem 1797 erfolgten Tod des Vaters möglich geworden und wurde durch neue geistige Anregungen und persönliche Bekanntschaften ausgelöst. Der junge Student der Medizin kam in den Jenenser Kreis der Frühromantiker, lernte August Wilhelm, Friedrich und Caroline Schlegel, Ludwig Tieck, Dorothea Veit, Heinrich Steffens kennen, befreundete sich mit seinem späteren Schwager, dem Rechtswissenschaftler Friedrich Carl von Savigny, und dem nachmals berühmten Physiker und Naturphilosophen Johann Wilhelm Ritter. Bei Fichte hörte er philosophische Vorlesungen. Geradezu lebensentscheidend wurde seine Begegnung mit Sophie Mereau. Die Frau eines an der Jenaer Universität tätigen Professors der Rechtswissenschaft – übrigens eine Dichterin von so angenehmem Talent, daß sie die Unterstützung Schillers erhielt – verwikkelte ihn in eine vorerst hoffnungslose Liebesbeziehung, die ihn auf nervenzerrüttende Weise aus glühendem Rausch in schreckliche, oft nur durch Zynismen erträglich zu machende Nüchternheit und wieder zurück in den Rausch der Selbsttäuschung warf. Nach Mißverständnissen, Kränkungen, Zerwürfnissen schien sich die Beziehung zu lösen; Brentano suchte auch anderswo – bei einer Freundin Sophies, Minna Reichenbach in Altenburg – sein Glück; aber schließlich blieb doch Sophie seine große, für ihn schließlich wohl zum Schicksal werdende Liebe. Er heiratete sie Ende November 1803. Die Ehe gestaltete sich schwierig und führte zu „steten häuslichen Kämpfen“, da dem sinnlich außergewöhnlich reizbaren, aber auch schnell übersättigten Mann jede Bindung und alles Gleichmaß innerlich widerstrebte. Der frühe Tod Sophies im Oktober 1806 traf ihn dennoch in seinem Lebensnerv. Diese Tatsache wird auch nicht durch Ricarda Huchs wohl zutreffende Annahme realitivert, Sophie habe ihm als beste Liebesgabe die Täuschung hinterlassen, als sei er mit ihr glücklich gewesen und nur ihr Tod daran schuld, daß er nicht glücklich bleiben konnte.

Die Bekanntschaft mit den Romantikern öffnete Brentano eine neue geistige Welt; er verband sich ihnen im Zeichen Goethes: „Ein Dichter hatte uns alle geweckt; der Geist seiner Werke war der Mittelpunkt geworden, in dem wir uns selbst und einander wiederfanden; mannigfach voneinander unterschieden waren wir, wie unsre Zeitgenossen, ohne Religion und Vaterland; wer die Liebe kannte, fühlte sie zerstörend – ohne diese Dichtungen wäre der lebendige Keim des bessern Daseins in uns zerstört, wie in so vielen. Im Genusse dieser Werke wurden wir Freunde, in Erkenntnis seiner Vortrefflichkeit gebildet, mit dem Leben einig, zu allen Unternehmungen mutig, zu einzelnen Versuchen geschickt.“ Die frühromantischen Vorstellungen über die menschenerhebende und weltschaffende Funktion der Poesie, über die befreiende Kraft der Liebe, über die niederziehende Macht bürgerlicher Interessen bestärkten den jungen Brentano in eigenen Überzeugungen und gaben ihm Anstöße zu neuen Überlegungen. Tiecks romantische Stimmungskunst, das Mittelalterbild aus ›Sternbalds Wanderungen‹, sein vexatorisches Spiel mit Witz und Ironie forderten ihn zu eigener literarischer Produktion heraus.

Brentanos Wertschätzung für Tieck hielt längere Zeit an, dagegen fand er zu den Schlegels auf die Dauer keine produktive Beziehung. Er hatte wenig Sinn für die theoretischen Abstraktionen Friedrich Schlegels und mißbilligte die kunstrichterlichen Parforce-Attacken der Brüder, vor allem „ihr verfluchtes Posaunen“, durch das der „stille, bescheidene Gang“ der Kunst nur gestört werden könne. Er wünschte sich für einen Literaturkritiker den gerührten und zugleich innerlich scharfen Sinn eines Lesers, der sich kein Richteramt anmaßt, sondern die „unendliche Bildung“, die „die ganze Summe von lieben Büchern in allen Fächern“ bietet, vorstellt und gleichsam „an der Seite dieser Werke mit fort geht“. Im übrigen fühlte sich Brentano durch die Herablassung, mit der ihm die frühromantische „Clique" begegnete, bald gekränkt, und als er erfuhr, daß sich Friedrich Schlegel intrigant-zweideutig in sein Verhältnis zu Sophie Mereau eingemengt hatte, reagierte er verbittert; später wies er seinen Freund Arnim auf die „unendlich honette Niederträchtigkeit" des jüngeren Schlegel hin.

Poesie und Liebe hatten ihn aber in Jena endgültig gefangengenommen; damit war er sich auch seines Gegensatzes zur bürgerlichen Welt ganz und gar bewußt geworden. In einem großen Brief an seinen Bruder Franz vom 20. Dezember 1798 machte er „den einseitigen Druck" der ihn „umgebenden einseitigen Menschen, einseitiger Umstände" für seine bisherige schiefe Lebens- und Charakterentwicklung verantwortlich. Ähnliche Klagen und Feststellungen wiederholen sich von nun an in seinen Briefen. In dem Kontor des Hauses „Zum goldenen Kopf" habe er sich wie „in einer ungeheuren Werkstatt der Goldmacherkunst" gefühlt; in „den prächtigen Stuben" sei sein „Herz immer beklommener" geworden, „wie doch alles Lebendige zu Gold wird, es war mir, als wenn mein Herz auch sich verwandeln sollte". Die Disziplinierung durch und für das Gleichmaß des bürgerlichen Geschäftsganges hätte ihn beengt: „. . . das strenge taktfeste Treiben des äußerlichen Lebens hat mich immer zurückgedrängt, und ich habe mich nie mit freier Lust in den Wellen bewegt, daß mich die Mühlräder nicht zerschmettert hätten."

Diese Erfahrungen machen verständlich, wie entschieden Brentano in dem erwähnten Brief an seinen Bruder Franz die Alternative, vor der er sich sah, formulierte und wie klar er seine Entscheidung traf: „In der itzigen Zeit kann man nur unter zwei Dingen wählen, man kann entweder ein Mensch oder Bürger werden, und man sieht nur, was man vermeiden, nicht aber was man umarmen soll. Die Bürger haben die ganze Zeitlichkeit besetzt, und die Menschen haben nichts für sich selbst als sich selbst." Auf der Basis dieser Feststellungen erklärte nun Brentano: „Ein Bürger werde ich wohl nicht werden, denn es ist mir zur Freude zum Besitz nichts aus meiner Erziehung geblieben als mein Herz, mein Kopf und die Trümmer meines Charakters." Mit diesem Pfunde, nicht aber mit der immerhin erheblichen Hinterlassenschaft seines Vaters wollte Brentano wuchern.

Seine Briefe an Sophie Mereau geben eine Vorstellung von seinem damaligen Lebensideal. Sehr charakteristisch ist, mit welchem Eifer er seine Geliebte warnt, durch „eine Art moralischer Haushaltskunst" ihr Wesen zu regulieren; diese mache den Charakter zu einer „Polizeianstalt, die sich auf Gebote zurückführt", er werde dem „Haushaltungsbuch eines Helden ähnlich, der als General quittiert und den Lorbeer an die Bratensauce legt": „... das Unendliche strecke sich nach der Decke." Brentano suchte eine „freie poetische Existenz", „die fern von dem Abenteuer ist und fern von dem häuslichen Tod"; er glaubte täglich deutlicher zu fühlen, daß er „nur im fantastischsten, romantischsten Leben Ruhe finden" könne. Seine Rebellion gegen das Bürgerliche machte ihn gegen alle Formen sozialer Normalität allergisch und ließ ihn eine Existenz, die ganz in sich gegründet und ganz auf das menschheitlich Wichtige gerichtet ist, suchen. Die Gesellschaft schien ihm dafür nur die Rollen des Studenten, des Privatgelehrten oder Dichters zu bieten.

Die Antinomie seiner sozialen Situation zeigt sich darin, daß er sein „unbürgerliches" Leben nur führen konnte, weil er durch seine Herkunft aus einem großbürgerlichen Hause materiell gesichert war. Er beruhigte Sophie Mereau durch die Mitteilung, daß die „Interessen" seines Kapitals „ohngefähr 1200 Reichstaler jährlich" ausmachen. Dies Geld setzte ihn in den Stand, niemals in seinem Leben eine feste berufliche Verpflichtung übernehmen zu müssen; dazu paßt auch, daß er erst im Alter – nach 1833 in München – seßhaft geworden ist. Als der junge Brentano im Juni 1800 Jena verließ, führte er zunächst ein studentisch lockeres Leben; seine wichtigsten Stationen waren Leipzig, Altenburg (1800), Marburg (1801), Göttingen, wo er sich im Mai 1801 als Student der Philosophie immatrikulieren ließ, Düsseldorf (1802/3) und Marburg – hier hatte er nach der Hochzeit mit Sophie Mereau (29. November 1803) seinen Wohnsitz, bis er 1804 nach Heidelberg ging.

Seine Entscheidung gegen die bürgerliche Normalität faßte Brentano in dem Glauben, daß Liebe, Freundschaft und Poesie genügend feste Stützen seines Daseins abgeben werden. Er wußte aber wohl von vornherein, bekam es jedenfalls sehr bald zu spüren, daß die auf diese Weise erreichbaren Beglückungen – zumal bei einem künstlerisch sensiblen und irritablen Menschen – mit seelischen Verletzungen, Ängsten und Depressionen erkauft werden müssen. Immer wieder schrieb er den ihm nahestehenden Menschen von seiner inneren Not: „Es gibt sich kein Wesen mehr recht mit mir ab, ich liege zwischen dem Unendlichen und dem Endlichen, wie Ehrenbreitstein, die gesprengte Festung vor meinem Fenster, zwischen Frankreich und Deutschland. Alle Tore meiner Seele stehen offen, die Dächer meines Gemütes sind eingestürzt, die Gewölbe zersprengt." „Die Äste und Zweige, die ich freudig zum weiten Himmel hinaufreichte wie fröhliche Kinderhände, die nach den Sternen greifen wollen, sind teils geknickt, teils erfroren." Manchmal hatte er nur noch die Hoffnung „auf den unglücklichen Bruder der Poesie, auf den Wahnsinn"; denn: „. . . die Poeten gehen bei der bürgerlichen Natur zu Grund."

In seiner ersten großen Dichtung, dem Roman ›Godwi oder das steinerne Bild der Mutter‹, der im Herbst 1798 begonnen wurde und 1801 in zwei Bänden unter dem Pseudonym Maria erschien, hat sich Brentano viele Probleme seiner Lebensumstellung von der Seele geschrieben. Achim von Arnim meinte: „Nur Dir ist es gelungen, im Godwi einen jungen werdenden Dichter darzustellen. Unter dieser Ansicht ist es mir eine der vollendetsten Dichtungen, die ich kenne." Die autobiographischen Elemente des Romans fielen auch anderen auf. Dorothea Veit, die spätere Frau Friedrich Schlegels, schrieb: „Seine Romane sind wie eine Galerie der Ahnen und der Bekannten, an deren Ende man ihn selbst in Lebensgröße erblickt . . ." Aber wichtig ist der Roman in erster Linie als literarisch reizvolles Dokument eines neuartigen Lebensanspruchs, den der Dichter in einem „unordentlichen, phantastischen Partisankrieg . . . mit allen spiegelblanken Zauberwaffen der Poesie, mit Klang und Witz und einer zweischneidigen Ironie“ (Eichendorff) zur Geltung zu bringen suchte.

Der Roman gestaltet Begegnungen und Episoden aus dem Leben des Bankiersohnes Godwi. Den ersten Band bilden Briefe verschiedener Autoren, deren Beziehungen zueinander erst allmählich verständlich werden. Der zweite Teil beginnt als Ich-Erzählung des Dichters Maria, der die Briefe herausgegeben hat und nun auf das Gut Godwis gereist ist, um mehr über ihn zu erfahren. Durch den Bericht Marias, eingefügte Mitteilungen Godwis, durch Briefe und Notizen erfährt der Leser die Vor- und Nachgeschichte des den ersten Band ausmachenden Briefwechsels. Das Ende der Dichtung bilden eine ›Fragmentarische Fortsetzung dieses Romans, während der letzten Krankheit des Verfassers, teils von ihm selbst, teils von seinem Freunde‹ und ›Einige Nachrichten von den Lebensumständen des verstorbenen Maria. Mitgeteilt von einem Zurückgebliebenen‹.

Die willkürlich erscheinende, den allgemeinen Publikumsgeschmack brüskierende Romankomposition kann und soll nicht die Darstellung der inneren Konsequenz eines Lebens oder der äußeren Ordnung der Welt befördern; doch erweist sich der „verwilderte Roman“ – diese Gattungsbezeichnung bildet den Untertitel des ›Godwi‹ – als geeignete Form für eine Totalität von in vielen Facetten schimmernden Lebensansichten, die durch die Dominanz weniger Hauptideen gegliedert ist: Bekenntnis zum Zufall, zu einem Leben „aus dem Stegreif“, zu Genuß, Sinnlichkeit, Liebe und Poesie, Absage an den „bürgerlichen Kalendertag“, an steife Tugend, konventionelle Moral, an selbstsichere, biedere Aufklärungsgesinnung, an die Unterordnung des Lebens unter äußere Zwecke – „Ein Bauch in der Monarchie, mehrere Bäuche im Freistaat, und diese Bäuche heißen das allgemeine Beste.“ Eine solche Sentenz macht deutlich, daß dem antibürgerlichen Subjektivismus des jungen Brentano noch nichts politisch Reaktionäres anhaftete, allerdings auch jedes Element (staats-)bürgerlicher Verantwortlichkeit fehlte. Das Subjekt – in ganz allgemeiner Weise durch den Gang der Geschichte enttäuscht und sich nichts von bürgerlichem Fortschritt versprechend – glaubt, sich auf sich selbst stellen zu können.

Angeregt vor allem durch Wilhelm Heinse und Friedrich Schlegel, entwirft der junge Dichter das Ideal einer selbstherrlichen, sensualistischen Persönlichkeit, das durch seine poetische Intensität die literarischen Vorgänger hinter sich läßt und insofern ein geistesgeschichtliches Vermittlungsglied zum Sensualismus der Vormärz-Literatur darstellt; allerdings zieht Brentano die sozialen Bedingungen für die Verwirklichung dieses Ideals noch nicht ins Kalkül. Die Interessen der Gesellschaft und des Subjekts werden von ihm nicht vermittelt und erscheinen infolgedessen als Gegensätze. Der poetisch vergegenwärtigte Persönlichkeitsanspruch ist ein sozialer Affront und muß ein tragisches Ende nach sich ziehen. Von dem Dichter Maria, dessen sich Brentano in mehrfacher Hinsicht als seines Alter ego bediente, heißt es am Schluß: „Der Sinn seiner Dichtungen spricht sich deutlich genug aus – daß in unserm Zeitalter die Liebe gefangen ist, die Bedingungen des Lebens höher geachtet sind wie das Leben selbst und die Nichtswürdigkeit über die Begeisterung siegen kann . . ." Die Gedichte, die in den Roman eingefügt sind, geben dem Bewußtsein dieses Zustandes und seiner Negation durch Poesie den schönsten Ausdruck. Sie allein schon können den lakonischen Satz rechtfertigen, mit dem der französische Germanist Albert Béguin das Brentano-Kapitel seines Romantik-Buchs einleitete: „Clemens Brentano ist der größte Lyriker der Romantik."

Brentano hat eingangs seines Romans um wohlwollendes Verständnis dafür gebeten, „daß ich mich mit diesem Buche, das nur zu sehr mehr von mir als sich selbst durchdrungen ist, gleichsam selbst vernichte, um schneller zur Macht der Objektivität zu gelangen". Einen Schritt dazu unternahm Brentano mit der zwischen 1801 und 1806 entstandenen Urfassung (eine Überarbeitung erfolgte etwa 1817) seiner ›Chronika des fahrenden Schülers‹. „Aus der zerrissenen Welt des William Lovell [Tiecks], des Roquairol [Jean Pauls] und der Lucinde [Friedrich Schlegels] flüchtete sich Brentano in den gläubigen Bereich des Klosterbruders [von Wackenroder] und des Franz Sternbald [von Tieck], in die erlösende Einfachheit der deutschen Volksbücher und Stadtchroniken, die ihm zuerst durch Tieck erschlossen wurden." (Elisabeth Stopp) Die ›Chronika‹ bietet eine durch verschiedenartige Binnenerzählungen bereicherte Geschichte vom Aufenthalt eines armen, wandernden Burschen bei einem Straßburger Ritter. Sie verklärt nicht die politisch-sozialen Verhältnisse des Mittelalters; der Reiz des entworfenen Geschichtsbildes kommt von der vorsichtig altertümelnden, poetisierten Darstellung eines einfachen frommen Lebens, die in der Ich-Form erfolgt und also dem Leser die Geschichte als gleichzeitig vorstellt und naherückt.

Die Frömmigkeit des Werkes ist nicht die einer positiven Religion, wenn sie auch der Vorstellungswelt des Katholizismus viel näher steht als den protestantischen Glaubenslehren – diese waren für Brentano „keine Religionen, sondern bloß bequemliche Anstalten, keine Religion zu haben": „Religionen für Eunuchen, Amphibien und Hermaphroditen." Die Frömmigkeit der ›Chronika‹ kommt aus dem Gefühl einer allumfassenden Weltliebe, dem elegischen Bewußtsein von der Vergänglichkeit des Irdischen, aus der Sehnsucht nach einem Unendlichen. Von daher wird auch verständlich, warum Brentano die Armut preist. Er denkt dabei nicht einmal nebenbei an gesellschaftliches Elend, sondern nur an die Freiheit von den Verpflichtungen des Besitzes, die dem Menschen die Welt und den Genuß ihrer Schönheiten verstellen.

Zentrales Motiv der ›Chronika‹ ist die Unterscheidung von irdischer und göttlicher Liebe. Sie prägt besonders offensichtlich die Parabel ›Von dem traurigen Untergang zeitlicher Liebe‹, mit der das Fragment abbricht. Der demütigen Liebe, der Verbindung von Gebet und Gesang, die dem Menschen Ruhe, Glück und Harmonie bringen, werden hier die eitle Weltlust und der verführerische Gesang entgegengestellt, die den Menschen in bitterste Not stürzen. Aber die Hingerissenheit in die irdische Leidenschaft, das wunderbar Süße der weltlichen Poesie, das Elend der Unglücklichen sind mit einer solchen sprachlichen Intensität vergegenwärtigt, daß die gewollte erzieherische Tendenz, vor dem „Geist der weltlichen Eitelkeit und Liebe, der irdischen Freude und der sie begleitenden Trauer" zu warnen, nicht alle Elemente der Darstellung durchdringt. Der innig frommen Haltung des fahrenden Schülers stellt sich das Bild menschlicher Hingerissenheit, subjektiver Verzweiflung und Zerrissenheit gleichwertig entgegen.

›Godwi‹ und ›Chronika‹ haben ihren Grund in Brentanos eigentümlicher Auffassung von Poesie. Zu ihrem Verständnis führt eine Äußerung des fahrenden Schülers, der – wie er sagt – gefunden hat, „daß Gebet und Gesang wohl Schwestern sein mögen, die sich einander herzlich lieben und nie sich voneinander ganz trennen können"; dem entspricht seine Vorstellung von einem wahrhaft poetischen Dasein, „was nicht wegen der Welt weltlich, wegen dem Geist geistlich ist, was um seiner selbst willen in sich selbst weltlich und geistlich ist, was schön ist vor den Augen der Menschen und der Engel, was betet aus innerer Lust und scherzet in tiefer Andacht und von allem nichts weiß als vom Leben, dem ewigen Leben, nicht von jenem nach dem Tode, nein, vom Anfange her bis zum Ausgang". „Solche Menschen sehen alles in Gott und Gott in allem; sie sind diejenigen, denen Gottes Ebenbild noch nicht durch die Schuld der Eltern zerstört ist, ihre Seele ist geschaffen gleich einem schaffenden Spiegel der Schöpfung." Poesie ist demnach das schöpferische Vermögen des Menschen par excellence; es vermag das Geistige sinnlich zu machen und das Irdische sinnvoll zu zeigen, es gibt dem Augenblick Ewigkeit und dem Ewigen Gegenwart.

Die Poesie-Vorstellung des jungen Brentano war das ideelle Zentrum seines Weltbildes; etwas vereinfachend ließe sich sagen, sie besetzte die Stelle, die in bürgerlich-aufklärerischen Ideologien Vorstellungs- und Wertkomplexe wie Vernunft, Humanität oder Fortschritt innehatten. Die Rolle, die in Brentanos Denken der Poesie zukam, hing mit der sozialen Einstellung des Dichters zusammen. Sein Versuch zu einer radikalen geistigen Ausgliederung aus der bürgerlichen Gesellschaft, die für ihn keine Perspektive hatte, seine Entscheidung für eine romantische Existenz, damit gegen die Atomisierung, Entleerung und Profanierung des Lebens im bürgerlichen Geschäftsbetrieb waren auf weltanschauliche Fundierung durch eine Beziehung zum Absoluten angewiesen, wenn sie lebensmöglich und produktiv sein sollten. Da aber ein solcher menschheitlicher Richtwert nach den Denkvoraussetzungen Brentanos nicht in der Zukunft gefunden werden konnte, suchte er ihn im Transzendenten; und da der junge Brentano zugleich das Leben durch den Bezug auf ein Übersinnliches nicht entwerten, sondern im Gegenteil steigern wollte, mußte es ihm auf die Vermittlung zwischen dem Wirklichen und dem Transzendenten ankommen. Sie leistet die Poesie. Das Religiöse in den Dichtungen Brentanos vor 1816 fungiert daher auch nicht als Religion im engeren Sinne, sondern trägt dazu bei, seiner dichterischen Welt den poetischen Glanz des Absoluten zu geben. Darüber hinaus schafft es der poetischen Subjektivität die ideelle Berechtigung, um sich zum Maß der Welt aufwerfen zu können. In Brentanos früher Prosadichtung ›Der Sänger‹ heißt es: „Wenn ich mich einmal von aller Äußerung einer fremden, höhern Welt gegen mich lossage, dann besitze ich mich nicht mehr in dieser Welt, dann bin ich verloren."

Wie das Poetische – als die wahrhaft menschliche Erlebnis- und Darstellungsweise der Welt – waren Liebe und Freundschaft – die einzig menschlichen Beziehungen in der Welt – für Brentano Äußerungen der Sehnsucht nach dem Unendlichen und eines für ihn nur religiös verstehbaren Hingabebedürfnisses. Er schrieb beispielsweise 1804 an Arnim: „Da die Zeit mir den Glauben genommen hatte, so konnte sie mir doch nie das Bedürfnis dazu nehmen, und meine Liebe, meine Hinneigung zu andern waren die Sakramente, von welchen ich allen himmlischen Trost begehrte, und so mußte freilich meine Hoffnung oft niederbrechen." An Sophie Mereau schrieb er Sätze, die in orthodoxen Ohren geradezu lästerlich geklungen hätten: „Ich bin ein Christ geworden und will nur einem Gott dienen, Dich nur will ich lieben, beten, dichten, Dich nur will ich verlangen." Brentanos Beziehungen zu fast allen Menschen, die ihm besonders nahestanden – zu seiner Schwester Sophie, nach deren frühem Tod zur jüngeren Schwester Bettine, zu Sophie Mereau, Arnim, Luise Hensel, Katharina Emmerick, Emilie Linder –

hatten wenigstens zeitweise die Tendenz zu äußerster Exaltation. Das weist auf eine Lebensproblematik, die Brentano 1824 in einer knappen Formel verdichtete: „Alleinstehen ist mir schier unmöglich; ich muß immer dienen, sonst werde ich ganz zerrissen . . .“

Diese Existenznot hat Brentanos Selbstverständnis als Dichter und seine Poesie-Vorstellung unmittelbar beeinflußt. Denn da ihm Poesie, Liebe und Freundschaft sämtlich Ausdruck seines Strebens nach dem Absoluten waren, konnten die Intensität, die Beglückung und Qual seiner Liebes- und Freundschaftsbeziehungen auf sein Verhältnis zur Poesie zurückwirken. Es ist kein Zufall, daß Brentano gerade in einem Brief, in dem er sich Arnim als Diener, Freund und Geselle anbietet, „der das Deinige wie das seinige, das seinige aber nur das Deinige nennt“, den Freund warnt, sein – Brentanos – dichterisches Talent allzu hoch zu schätzen: Er sei mehr als sein Talent. Äußerungen dieser Art sind so häufig, daß sie nicht als Produkt gelegentlicher Stimmungen abgetan werden können; Brentano ging die Liebe über die Kunst; er empfand mehr, als er darstellen konnte, und wurde den Verdacht nicht los, die Poesie sei für ihn im tiefsten doch nur Lebensersatz, künstliche Täuschung und Selbsttäuschung. Das zweite Motiv, das ihn Arnims „wunderlichen Glauben“ an sein Talent zurückweisen ließ, war sein Begriff von den Ansprüchen der Poesie. Wie wenige seiner Zeitgenossen hielt er sich bewußt, „welche unendlichen Forderungen die Kunst an den Menschen mache“. Er erklärte seine Auffassung dem Freunde Arnim: „Nach meiner Überzeugung ist jedes Gedicht nur historisches Bruchstück einer höheren Natureinheit, das Genie nichts als die Bürgerkarte aus jener höheren Geschichte, und der Künstler der prophetische Historiker jener Einheit, der Kritiker aber ihr Gesetzgeber, so weiter die Form des Gedichts nichts als richtiges Kostüm oder Anachronismus. . . . Der Künstler aber, der zugleich Genie ist, . . . gelangt zum höchsten Kostüm, der freien Form an sich, der Musik, Rhythmus durch den Gedanken. Alle seine Rhythmen werden die eigentlichen Urmelodien seiner Gedichte sein, nicht bloß Volksmelodien jener höheren Natureinheitsgeschichte.“ Brentano empfand sich nicht als Genie in diesem Sinne; er sei nur ein „Objekt der Poesie", ein „Mittler". „Ich kann nicht schaffen, nur heilen und mich opfern kann ich." Sein poetisches Vermögen erschien ihm als Organ einer nur noch in Ahnung, Stimmung und Sehnsucht fühlbaren Welt, nicht aber als Stifter einer neuen, „höheren Natureinheit". Infolgedessen hat seine Poesie auch fast immer einen elegischen Ton; aus ihr spricht Trauer über Verlorenes. Dennoch war sie nicht schlechthin rückwärts gewandt; denn Brentano war – wie Arnim – überzeugt, „daß Poesie nicht allein Kunde von einem untergegangenen Paradiese, sondern auch Ahndung eines wiederzugewinnenden sei".

Brentanos Poesie-Vorstellung ist weithin eine Abstraktion seiner Schaffensweise und -intention als Lyriker. Seine Gedichte wollen zwischen Augenblicklichem und Ewigem, Individuellem und Absolutem, Wirklichem und Phantastischem vermitteln. Seine Poesie soll das rational Unterschiedene im Bewußtsein des Menschen verschmelzen. In ›Godwi‹ beschreibt eine Figur ihre Reaktion auf Musik und Gesang in für Brentano sehr charakteristischer Weise: „Es ist dann alles so klar um mich, und doch kann ich die Ferne hinter mir und die vor mir nicht beschreiben, es verwebt sich der Himmel mit der Erde; Wolken und Berge, Höhe und Tiefe fließt in ein Meer von unergründlich tiefem stillen Leben zusammen, das auf seinem Scheiden und Kommen ruhig meinen Blick fortbewegt und ihn dem freundlichen Mond entgegenträgt."

Bezeichnenderweise wandte sich der Lyriker Brentano kaum einmal an ein Publikum – im Sinne von Öffentlichkeit. Er hat nie eine Sammlung seiner Gedichte herausgegeben oder geplant. Ihre erste relativ umfassende Veröffentlichung erfolgte erst 1852 im Rahmen der aus dem Nachlaß edierten ›Gesammelten Schriften‹ Brentanos; sie boten in vielen Fällen keine originalen Texte; die Herausgeber haben formal geglättet, alles im katholischen Sinne Anstößige gemildert oder getilgt, Teile unterschiedlicher Gedichte miteinander verbunden und Ergänzungen hinzugefügt. Der Zeitgenosse Brentanos konnte eine Vorstellung von dessen lyrischer Kunst nur aus seinen Prosa- und Dramenveröffentlichungen gewinnen. In ihnen – wie auch in den Briefen Brentanos, die viele seiner Gedichte enthalten – wachsen die Gedichte gleichsam aus ihrem Kontext heraus. Sie stellen sich also nicht unmittelbar einer sozialen Kommunikation. „Um das Gedicht herum wird eine eigene ‚Gesellschaft' bildlich erschaffen oder – wie in den Briefen – beschwörend vorausgesetzt." (Rüdiger Ziemann) Das lyrische Subjekt spricht überdies zumeist in Richtung auf einen imaginären Punkt im Unendlichen zu, der gleichsam den Treffpunkt mit seinem ideellen Partner abgibt.

Nicht nur der Adressat hat in den Gedichten Brentanos an Bestimmtheit verloren, das lyrische Subjekt selbst, so nahe es zumeist dem empirischen Ich des Dichters steht, erscheint proteusartig. Es kann ebenso das Du und die Welt in sich aufnehmen wie in ihnen aufgehen. Der feste Standpunkt, den das lyrische Subjekt in den meisten Gedichten Goethes hatte und der dessen eigenverantwortlichem Weltverhältnis und seinem erkenntnistheoretischen Optimismus entsprach, ist verlassen; die Perspektiven verschwimmen. Eine Stelle aus dem ›Godwi‹ verdeutlicht diese Schaffenseigentümlichkeit Brentanos: „Es ist wunderbar und macht mich immer für meine Nebenmenschen in der Gegenwart unnütz, daß ich nie eine Sache an sich selbst betrachte, sondern immer im Bezug auf etwas Unbekanntes, Ewiges; und überhaupt kann ich gar nichts betrachten, sondern ich muß drinnen herumgehen, denn auf jedem Punkte möchte ich leben und sterben, der mir lieb ist, und so komme ich dann nimmer zur Ruhe, weil mit jedem Schritte, den ich vorwärts tue, der Endpunkt der Perspektive einen Schritt vorwärts tut. [–] Nur der Mensch kann glücklich und ruhig werden, der etwas ansehen kann, und der nicht den Drang in sich hat, daß ihm alle Ferne Nähe sei." Das In- und Auseinandergehen verschiedenartiger Perspektiven in vielen der frühen Gedichte Brentanos hat demnach einen universalistischen Anspruch und den Widerspruch gegen die Begrenzungen individuellen Erlebens und Erfassens zur Grundlage. In der Lyrik Mörikes – also eine Dichtergeneration später – ist dieser Anspruch gebrochen; nur noch über eine aufs äußerste sensibilisierte Rezeptivität vermag sich das lyrische Ich in den Erlebnisgedichten Mörikes der Harmonie der Welt zu erinnern.

In manchen Gedichten Brentanos verliert das lyrische Subjekt sogar seine Konturen. Es wird unklar, wer dann spricht – zum Beispiel am Schluß der ›Lureley‹-Ballade. In dialogisch angelegten Gedichten gehen die wechselnden Stimmen ineinander über. Auffällig ist auch, wie wenig Brentano in vielen seiner Gedichte den Übergang zur wörtlichen Rede einer Figur betont; wörtliche Rede und ihr Gedichtkontext nähern sich dadurch einander an und beginnen an einigen Stellen miteinander zu verschmelzen. Mit der besonderen Funktion des lyrischen Subjekts in den Gedichten Brentanos hängt weiterhin die häufige Verwendung und oft strukturbildende Kraft des Echo-Motivs zusammen. Der Widerhall erscheint als poetisches Zeichen dafür, daß die subjektive Klage von der Welt angenommen und beantwortet wurde; in diesem Zusammenklang bestätigt sich also die Gültigkeit der subjektiven Äußerung. Brentano kommentierte: „Wenn das leise Lied verklungen ist und uns von jenseits herüberspricht, so ist es erst für uns gestaltet; wir erbauen die Auflösung noch einmal und bilden nun das Lied, das wir singen und lieben, aber es ist immer eine Elegie." Auf die Offenheit der Dichtung gegenüber einer als unendlich verstandenen Welt-Totalität weist auch hin, daß Brentanos Gedichte vielfach kein Ende finden und gelegentlich sogar mit einem „usw." schließen.

Diesen Voraussetzungen entsprechend, erheben Brentanos reife Gedichte nie den Anspruch, rational erhellend zu sein. Sie wollen die Antinomien und Wunder des Lebens in sich aufnehmen und ahnen machen. Brentano hat einmal – am Verhältnis von Leben und Tod – die ihm geistig vorschwebende unauflösliche Dialektik von Gegensätzen dargelegt: „Das ganze Leben kehrt in sich selbst zurück, und wo wir schon so in uns selbst zurückgegangen sind, daß wir von uns selbst und also von keinem Ding uns mehr getrennt denken können, heißt es, sei der Tod; der Tod aber ist in jedem Momente des Lebens, da das Leben nichts ist, als das ewige Zurückkehren und Hervorgehen des Lebens aus und in sich in demselben Momente. – Ebenso ist das Leben in jedem Momente des Todes; denn Leben und Tod sind eins; um leben zu können, muß man ewig sterben, und um sterben zu können, ewig leben." Eine solche Dialektik ist letztlich nicht rational gegründet. Sie entspricht dem Aphorismus von Novalis: „Das Denken ist nur ein Traum des Fühlens." Und sie muß folgerecht auch wieder Mißtrauen gegen konsequente Rationalität begründen. Dem engagierten Wissenschaftler Savigny setzte Brentano beispielsweise mit der Behauptung zu: „Alle Wissenschaft ist Unwissenheit im System." Die Ratio – im Sinne eines alle Lebensäußerungen regulierenden Steuerungsmechanismus – stand für ihn im Lager der Bürger und Philister. Sie erschien ihm poesiefeindlich: „. . . alles Wissen ist der Tod der Schönheit . . ." Die rigorose Einseitigkeit solcher Feststellungen wird erklärlich, begreift man sie als Symptome der Begründung und Verteidigung einer Poesie, die der bürgerlichen, das Individuum immer stärker isolierenden Zivilisation die Vorstellung eines Naturganzen entgegensetzte und der Idee des Fortschritts, die von immer mehr Bürgern zur Rechtfertigung ihres Besitzstrebens mißbraucht wurde, das Bild einer in der unendlichen Zahl ihrer Lebensbezüge gegenwärtigen Existenz gegenüberstellte.

Eine Dichtung dieser Art konnte nicht auf Rationalität bauen. Durch semantische Mehrdeutigkeiten, Leerstellen, Sprünge, syntaktische Brüche, durch Synästhesien, Verschiebungen der Perspektive wecken die Gedichte Brentanos Ahnungen, Sehnsüchte, Befürchtungen, beunruhigen das Gefühl, erschweren dem Leser die Möglichkeit rationaler Selbstverständigung über das Aufgenommene. Die Wörter stehen oft in einem Textzusammenhang, der ihre rationalen Bedeutungen nur eingeschränkt zur Wirkung kommen läßt; dafür werden klangliche Faktoren in starkem Maße zur Geltung gebracht. Johannes R. Becher hat in Hinblick auf einen Vers Brentanos gemeint, daß sich hier „die Sprache in Musik" verwandelt habe, und zu bedenken gegeben, „daß dieser Verwandlung Grenzen im Sprachlichen selber gesetzt sind und man mit einer solchen in Musik verwandelten Sprache kaum ein ganzes Gedicht durchhalten kann". Damit ist eine Gefahr der Dichtweise Brentanos angedeutet. Über ihr sollte aber nicht vergessen werden, in welchem Maße seine „verlockende Naturmusik" (Joseph von Eichendorff) die poetische Sprache bereichert und der Dichtung neue Wirkungsmöglichkeiten erschlossen hat. Dichtkunst und Musik gehörten für Brentano zusammen, in dem Sinne, in dem Arnim an ihn geschrieben hat: „Dichtkunst und Musik sind die beiden allgemeinsten, genau aufeinander gepfropften Reiser des poetischen Baumes . . ." Dementsprechend sind auch viele seiner Gedichte Lieder im eigentlichen Sinne des Wortes. Brentano sang sie und schlug dazu die Laute.

Die forcierte Ausbildung der inneren Kräfte des Menschen, die sich den objektiven sozialen Zwängen entgegensetzten und u.a. der Poetisierung der Dichtungssprache so sehr zugute kamen, die Mobilisierung der Phantasie gegen die bürgerliche Welt hatten die Tendenz, Dichtung und Wirklichkeit in einen derart schroffen Gegensatz zu bringen, daß schließlich das romantische Poesie-Ideal fragwürdig werden mußte. Für Brentano endete der poetische Überschwang in Ernüchterung. Kurz vor seinem Tode konstatierte der Dichter: „Wir hatten nichts genährt als die Fantasie, und sie hatte uns teils wieder aufgefressen." Je weniger sich aber die romantische Poesie-Konzeption als tragfähig für sein Leben und Schaffen erwies, desto mehr brauchte er – wie fast alle aus der Romantik kommenden Dichter an einem bestimmten Punkt ihrer Entwicklung – neue geistige und soziale Bindungen, die ihm Halt geben konnten. Brentano wurden sie durch den Katholizismus vermittelt.

Die Eigenart von Brentanos lyrischer Dichtung und Poesie-Vorstellung steht in direktem Zusammenhang mit dem Charakter der von ihm und Arnim gemeinsam geleisteten Arbeit an der Volksliedersammlung ›Des Knaben Wunderhorn‹. Brentano und Achim von Arnim hatten sich im Juni 1801 als Studenten in Göttingen kennengelernt und schlossen sich auf das engste aneinander an. Zu einem großen Erlebnis wurde für beide eine im Juni 1802 unternommene Rheinreise. Bettine Brentano erinnerte in einem späteren Brief ihren Bruder an das damalige Äußere der zwei Freunde: „Arnim so schlampig in seinem weiten Überrock, die Naht im Ärmel aufgetrennt, mit dem Ziegenhainer [Knotenstock], die Mütze mit halb abgerißnem Futter, das neben heraus sah, Du so fein und elegant, mit rotem Mützchen über Deinen tausend schwarzen Locken, mit dem dünnsten Röhrchen, einem lockenden Tabakbeutel aus der Tasche."

Die Reise auf einem Frankfurter Marktschiff war für die „Liederbrüder" eine Befreiung aus konventionellen Verhältnissen und blieb ihnen als ein glückhafter Augenblick, in dem ihre Hoffnungen auf ein ungebundenes, romantisches Leben Wirklichkeit geworden waren, in Erinnerung. Arnim meinte: „In einen alten Mantel gehüllt, ohne Plan mit einem Freunde umherirrend, im Gesange der Schiffer von tausend neuen Anklängen der Poesie berauscht, ohne Tag und Nacht zu sondern, frei von Sturm und Ungewitter, denn unser Gesang führte sie uns wie Bilder unsres Gemüts – so möchte ich wohl noch einmal leben . . ."

Hier kam Arnim auf seinen großen Lebensplan, von dem sich die Richtung des weiteren gemeinsamen Wirkens der Freunde schon ablesen läßt. Sein Kernsatz heißt: „Alles geschieht in der Welt der Poesie wegen . . ." Er bildet den Ausgangspunkt und gibt die Begründung für die Absichten Arnims. Der Freund Brentanos wollte „eine Sprache und eine Singschule der Poesie", dachte an Lehre der Schauspielkunst, an die Errichtung von „Sängerherbergen", plante die Gründung einer Druckerei, die Einführung leicht verständlicher Notenbezeichnungen; von alledem versprach er sich nicht zuletzt politische Folgen: „Dies gibt den Deutschen einen Ton und eine enge Verbindung, jeder Streit zwischen ihren Fürsten muß sich selbst verzehren, weil der Deutsche gegen seine Brüder nicht zu Felde zieht."

Aus dem Wust seiner Vorhaben kristallisierte sich allmählich der Plan zu einem „deutschen Volksgesangbuch" aus. Schon unmittelbar nach der Rheinreise hatte Brentano den Freund gemahnt: „Sammle viel Volkssagen und Lieder und alte Bücher in der Schweiz . . ." Aber erst im Winter 1804 während eines Zusammenseins der Freunde in Berlin nahmen ihre Vorstellungen von ›Des Knaben Wunderhorn‹ festere Formen an. Die Hauptarbeit am ersten Band, der im Herbst 1805 (mit dem Aufdruck 1806) erschien – zwei weitere folgten 1808 –, wurde in Heidelberg geleistet: In der landschaftlich wunderschön gelegenen Neckarstadt – „Der Neckar rauscht aus grünen Hallen Und gibt am Fels ein freudig Schallen, Die Stadt streckt sich den Fluß hinunter, Mit viel Geräusch und lärmt ganz munter, Und drüber an grüner Berge Brust, Ruht groß das Schloß und sieht die Lust . . .“ – hofften Brentano und Arnim, eine ihnen zusagende Wirkungsstätte gefunden zu haben. Sie glaubten dort mit einem blühenden Volksleben, den geistigen Anregungen einer gut besetzten Universität und den Annehmlichkeiten einer großzügigen Regierung rechnen zu können. Sie hatten ihren Verleger Zimmer in unmittelbarer Nähe und sahen die Möglichkeit eines regen Austausches und freundschaftlichen Umgangs mit ihnen nahestehenden Menschen. Der Mythologe Friedrich Creuzer war 1804 als Professor nach Heidelberg gekommen. Brentano betrieb die Berufung Tiecks, die allerdings nicht zustande kam. 1806 begann Joseph Görres seine Lehrtätigkeit an der Universität – „mein geliebter Freund, und einer der vielseitigsten, wärmsten Denker, ein guter Mathematiker und Naturforscher, und ein äußerst gelehrter, ideenvoller, trefflicher Mensch“, wie ihn Brentano später charakterisierte. Görres hat mit seinem Buch über die ›Teutschen Volksbücher‹ (1807), die bis dahin weithin als Pöbelromane verschrien waren, wesentlich zu den Bestrebungen der „Wunderhornisten“ beigetragen.

Den Grundstock der ›Wunderhorn‹-Sammlung bildeten handschriftliche und gedruckte Quellen aus dem Besitz Brentanos. Sie wurden in ausdauernder und hingebungsvoller Sucharbeit vermehrt. Bettine wies später darauf hin, „wie viel Mühe das Wunderhorn gekostet hat, wie während einer Reihe von Jahren dafür gestrebt wurde, wie mein Bruder Clemens und Arnim ganze Monate lang in Dörfern, in schlechten Herbergen, kampierten, unter andern in einer alten Ruine am Rhein mit einem Bettler zusammen wohnten, bloß um diesem seine Lieder abzulauschen . . .“. Die Herausgeber baten in öffentlichen Anzeigen um die Zusendung alter Lieder und sicherten sich durch eine vielfältige mühselige Korrespondenz viel neues Material. Im Juli 1807 konnte Brentano an Arnim schreiben, er „habe Lieder in die Tausende“.

Das ideologische Programm der Sammlung stammt von Arnim. Es ist in dem Aufsatz ›Von Volksliedern‹ formuliert, der am Ende des ersten Bandes des ›Wunderhorns‹ steht, und läßt erkennen, daß Arnim ein geradezu kulturpolitisches Ziel verfolgte. Er sah die Poesie bedroht. Hauptgrund ihrer Gefährdung war nach seiner Auffassung, daß die Künstler in die bürgerliche Gesellschaft eingepaßt sind. „Hinter dem vornehmen Anstande, hinter der vornehmen Sprache versteckt, scheiden sie sich von dem Teile des Volkes, der allein noch die Gewalt der Begeisterung ganz und unbeschränkt ertragen kann, in Nullheit oder Tollheit." Darüber hinaus wird der allgemeine gesellschaftliche Zustand als poesiefeindlich diagnostiziert; Arnim verweist besonders auf folgende Aspekte: die abstrakten Anforderungen der Staatsgewalt, das Aussterben aller Öffentlichkeit, die Verbannung jeder Ungebundenheit – „so wurde jeder als Taugenichts verbannt, der umherschwärmte in unbestimmtem Geschäfte" –, das Fehlen von „Volkstätigkeit", die daraus herrührende Unsicherheit und Gefährdung der deutschen Nation. Die Volkspoesie schien Arnim ein Heilmittel für alles dies. Brentano hatte zwar nicht das Zutrauen Arnims in den politischen Effekt der Volkspoesie, ordnete sich aber in dieser Hinsicht dem „Herzbruder" unter – gemäß seinem früher gegebenen Versprechen: „Ich will . . . Deinen Zwecken, Deinen Freuden und Arbeiten, alle meine Kräfte, der Seele und des Leibes, widmen, ich will in Deinem Leben leben."

Brentano begriff im Sinne seiner Poesie-Auffassung die Volkslieder als die wichtigsten historischen Bruchstücke der von ihm angenommenen „höheren Natureinheit"; und er verwies alle, die nach ihnen suchen wollten, auf „das einsamste unwissendste Landvolk, das wie ein Stein den Umriß einer verlornen Blume, oft eine herrliche, poetische Reliquie ewig, ewig wiederholt, wie ein Echo, das noch schallt von dem Ruf untergegangener Riesenstimmen". Das Sammeln der Volkslieder bekam daher für ihn wie alles Bemühen um wahre Poesie so etwas wie religiöse Weihe, und er meinte, es sei keine leichte Sache, „ohne ein gewisses Visionaires Religieuses Talent für die Heiligkeit des ewigen Kindes, des echten Romantischen Volkslieds, das wie eine Waise aus Heldenstamme von Haus zu Haus geht und singt, etwas zu tun".

Brentano schätzte am Volkslied dessen ästhetische Eigenschaften: „das Unmittelbare und scheinbar Unzusammenhängende, womit es die empfangene Empfindung weder erklärt noch betrachtet oder schildernd ausschmückt, sondern sprunghaft und blitzartig, wie es sie erhalten, wiedergibt und gleichsam im Fluge plötzlich und ohne Übergang, wo man es am wenigsten gedacht, die wunderbarsten Aussichten eröffnet", die hieroglyphische Bildersprache, daß es „durchaus musikalisch, rhapsodisch und geheimnisvoll wie die Musik" sei, „nur im Gesange" lebe und oft „geradezu erst aus und nach dem Klange irgendeiner älteren Melodie entstanden" sei (Eichendorff). Er suchte vor allem Lieder, die „zwischen dem Romantischen und Alltäglichen schweben", hatte infolgedessen kaum Sinn für diejenigen, die hart und direkt praktische Interessen des einfachen Mannes verfochten, sondern seine Liebe galt den Volksliedern, die das Lebensgefühl des gesellschaftlich Ungebundenen zum Ausdruck bringen. „Der ‚Fahrende', ob er als Landstreicher, Bettler oder Räuber die Gegend verunsichert, als Musikant oder Landsknecht umherzieht, als Handwerksbursche oder Student auf Wanderschaft ist, als Jäger eine Braut oder als Dirne freie Liebe sucht, ist der eigentliche Held des ›Wunderhorns‹." (Heinz Härtl) Und dann hatte Brentano noch eine besondere Vorliebe für Kinderlieder – wohl auch deshalb, weil die Kinder nach seiner Auffassung dem verlorenen Paradies einer höheren Natureinheit besonders nahestanden.

Arnims und Brentanos Volksliedbegriff war weit. Er schloß nicht nur Kunstlieder der verschiedensten Art ein; es war für die „Wunderhornisten" auch selbstverständlich, daß „Restaurationen und Ipsefakten" – also Bearbeitungen und Neudichtungen – einen legitimen Platz in der Sammlung haben. Das war Ausdruck einer poetischen Haltung, die über das ›Wunderhorn‹ hinaus für Brentano sehr charakteristisch war. Er lebte derart in der ihm gemäßen poetischen Tradition, daß sich ihm Eignes und Fremdes durchdrangen. Offene oder versteckte Zitate sind Bausteine vieler seiner Gedichte, und in seinen Briefen finden sich

Äußerungen wie die folgende: „Als ich oben auf dem Punkte der Aussicht stand, war mein Herz so bewegt, und ich bin so begeistert gewesen wie nie und sang mit Andacht: *Ich bin* ein König in Thule."

Über die Art, wie Volkslieder am besten zu bearbeiten seien, gingen die Meinungen der beiden „Wunderhornisten" auseinander. Arnim wollte im Interesse seiner allgemeinen kulturellen Zielstellung den Akt der Neuerung nicht verschleiern und fand in den „grellsten Gegensätzen von Jahrhunderten" einen eigenen ästhetischen Reiz. Brentanos Bearbeitungen schmiegen sich dagegen dem alten Volkstone an und gestalten ihn dabei melodischer aus. Seine Modernisierungen erfolgen nicht selten in altertümelnden Wendungen, vermeiden also jenen auffälligen Bruch, da es Brentano darauf ankam, aus Altem und Modernem einen gegenwärtig wirkenden poetischen Organismus zu schaffen. Brentano bewies dabei eine erstaunliche Sensitivität gleichermaßen für das Eigentümliche der alten Lieder wie für die Möglichkeiten, sie zu neuem Leben zu bringen. Er liebte das Alte mit der Innigkeit dessen, der sich als Erbe einer großen Kulturbewegung weiß, und verfügte als solcher zugleich über die Mittel, um das Überlieferte von seiner historischen Verkrustung zu befreien und in wirkende Poesie zu verwandeln. Hans Magnus Enzensberger hat bisher wohl am genauesten das poetische Verhältnis Brentanos zur älteren Dichtung bestimmt: „Er steht an jenem Punkt, wo die Brechung dieses Verhältnisses beginnt, wo jedoch der unmittelbare, lebendige Zusammenhang noch nicht verlorengegangen ist. Nie begegnet uns Brentano als Epigone; sowohl dichterische Produkte wie auch poetische Mittel verwandelt er seinem Werk und seiner Poetik in einer Weise an, an der Unschuld und Raffinement gleichermaßen teilhaben."

Man hat immer wieder versucht, Eigenart und Rang des ›Wunderhorns‹ durch einen Vergleich mit Herders Sammlung ›Volkslieder‹ von 1778/79 zu bestimmen. Dabei fielen vor allem weltanschaulich-ideologische Unterschiede ins Auge. Die „Wunderhornisten" engagierten sich nicht für die gesellschaftlichen Interessen der unteren Volksschichten. Wenn Arnim „Volkstätigkeit" in der modernen Gesellschaft vermißte, dann dachte er nicht an sozialpolitische Aktivität, sondern verwies auf das Leben der Zigeuner und aller derjenigen, die in das bürgerliche Alltagsmaß nicht eingepaßt waren. Auffällig ist weiter, daß der europäische Horizont der Herderschen Sammlung aufs National-Deutsche eingeengt und in das ›Wunderhorn‹ auch manch pfäffisches Lied aufgenommen ist; beides ergibt sich aus der Konzeption der Herausgeber: der vor allem von Arnim vertretenen nationalpädagogischen Aufgabe der Sammlung und dem Bezug aufs Transzendente, der Brentanos und Arnims Vorstellungen von Poesie eigen war.

Produktiv wurde das ›Wunderhorn‹ vor allem dadurch, daß die in ihm mitgeteilten Volkslieder für die poetische Kommunikation neu aufbereitet waren. Jacob Grimm hatte recht, wenn er über die „Wunderhornisten" schrieb: „Sie wollen nichts von einer historisch genauen Untersuchung wissen, sie lassen das Alte nicht als Altes stehen, sondern wollen es durchaus in unsre Zeit verpflanzen, wohin es an sich nicht mehr gehört . . ." Das entsprach völlig dem ›Wunderhorn‹-Programm: „alte Lieder der Zeit näher rücken". Grimms Ablehnung dieses Verfahrens, die mit Herders Einstellung zu den Volksliedern übereinstimmt, war seinen wissenschaftlichen Interessen gemäß, wurde aber der poetischen Bedeutung des ›Wunderhorns‹, das die Entwicklung der deutschsprachigen Lyrik auf vielfältigste Weise beeinflußt hat, nicht gerecht. Ganz anders klangen daher auch die Urteile der Dichter. Goethe fand im ›Wunderhorn‹ „so wahre Poesie, als sie nur irgend sein kann", und rechtfertigte auch, trotz energischer Rügen im einzelnen, grundsätzlich das Verfahren der Herausgeber: „Wer weiß nicht, was ein Lied auszustehen hat, wenn es durch den Mund des Volkes, und nicht etwa nur des ungebildeten, eine Weile durchgeht! Warum soll der, der es in letzter Instanz aufzeichnet, mit anderen zusammenstellt, nicht auch ein gewisses Recht daran haben?" Auch Heine konnte in der „Romantischen Schule" dieses Buch „nicht genug rühmen"; „es enthält die holdseligsten Blüten des deutschen Geistes, und wer das deutsche Volk von einer liebenswürdigen Seite kennen lernen will, der lese diese Volkslieder". Büchner hat sein Urteil über das ›Wunderhorn‹ gegeben, als er in der

›Lenz‹-Novelle die Titelgestalt erkären ließ: „Das Gefühl, daß, was geschaffen sei, Leben habe, . . . sei das einzige Kriterium in Kunstsachen. Übrigens begegne es uns nur selten: in Shakespeare finden wir es, und in den Volksliedern tönt es einem ganz, in Goethe manchmal entgegen.“ Und Johannes R. Becher schrieb in der 1953 abgeschlossenen ›Poetischen Konfession‹: „›Des Knaben Wunderhorn‹ ist für jeden Dichter, und gerade für den modernen, ein unerschöpflicher Quell poetischer Vertiefung und Bereicherung. Man kann nicht oft genug von diesem Wunderhorn Gebrauch machen, und besonders unseren jungen Dichtern sei dringend empfohlen, sich ernsthaft mit diesem wunderbaren Volksgut zu beschäftigen. Man muß seiner ganz tief innewerden, sich voll und ganz von ihm durchdringen lassen, von unendlicher Liebe zu ihm erfüllt, in innigster Andacht ihm ergeben sein, und dann kann es nicht ausbleiben, daß diese Lieder eines Tages auch in uns lebendig werden und in unserer Stimme mitschwingen.“

Außer durch das ›Wunderhorn‹ wollten Arnim und Brentano ihre poetischen Intentionen auch durch eine Zeitschrift in die Öffentlichkeit bringen. Sie gründeten deshalb die ›Zeitung für Einsiedler‹, deren erste Nummer im Januar 1808 erschien. Mitarbeiter waren außer Görres die Brüder Grimm, Uhland, Kerner, A. W. und F. Schlegel. Die Zeitschrift brachte in bunter Folge Gedichte, Erzählungen, dramatische Szenen, Satirisches, literarhistorische und volkskundliche Arbeiten, Auszüge aus alten Chroniken und Dichtungen. Aus wirtschaftlichen Gründen mußte die Herausgabe der Zeitschrift schon im August 1808 eingestellt werden. Sie wurde noch im selben Jahr unter dem Titel ›Tröst Einsamkeit‹ in Buchform publiziert.

Brentano war durch sein weitgespanntes literarisches Interesse und seine geradezu „stupende Belesenheit“ (Heinz Rölleke) die anregendste Persönlichkeit unter den Heidelbergern. Er hat viel dazu beigetragen, daß sich die Brüder Grimm mit der älteren deutschen Sprache und Literatur zu beschäftigen begannen, und hat sie darauf aufmerksam gemacht, wie lohnend es sei, Märchen und Sagen zu sammeln. Görres hat er in die Beschäftigung mit den deutschen Volksbüchern geradezu

„hineingestoßen". Brentano lenkte das Interesse auf die französische mittelalterliche Literatur und entdeckte die Märchen des Neapolitaners Basile neu. In Aufsätzen – vor allem für die ›Badische Wochenschrift‹ – und im persönlichen Umgang wies er auf die Schriftsteller des 16. und 17. Jahrhunderts hin, auf Sachs, Moscherosch, Abraham a Sancta Clara, Cyriacus Spangenberg, Gryphius, Grimmelshausen, dessen ›Simplicissimus‹ er „göttlich" fand, und immer wieder auf Christian Reuters ›Schelmuffsky‹, ein Lieblingsbuch von ihm. Arnim, den er in eine unbekannte literarische Welt geführt hatte, dankte ihm hingerissen: „Du Wundertäter, der alle Rarität der Welt mir zusammengezaubert, einen warmen Händedruck! Ich bin nicht müßig gewesen: Flemming, Opitz, Tscherning, Lohenstein, Logau, Frischlin und die beiden Gryphius liegen mir zu Füßen." Arnims Novellensammlung ›Der Wintergarten‹ ist ohne die Anregungen seines Freundes gar nicht denkbar. Brentano war auch als Editor tätig. Im Frühjahr 1809 erschien die von ihm herausgegebene „schöne alte Geschichte" Georg Wickrams ›Der Goldfaden‹. Später dann – 1817 – veranstaltete er gemeinsam mit Luise Hensel eine Neuausgabe der Lieder von Friedrich Spee, ihr ließ er 1829 eine Edition von Spees ›Güldenem Tugendbuch‹ folgen, auch beteiligte er sich an der Veröffentlichung der ebenfalls 1829 erschienenen Schriften des Mystikers Heinrich Seuse.

Nach Fertigstellung des ›Wunderhorns‹ und dem Scheitern des ›Einsiedler‹-Projekts begann für Brentano eine Zeit des Umherziehens. In Heidelberg waren ihm die zunehmenden Streitereien mit dem dort ansässigen Johann Heinrich Voß lästig geworden. Der aufklärerische Altmeister beschimpfte die Bemühungen der Heidelberger Romantiker als Firlefanz und kompensierte seine Verständnislosigkeit durch Grobheit. Da auch die Zustände an der Universität – „an keinem gelehrten Ort vielleicht in Deutschland herrscht ein elendigerer Brotneid" – sowie überhaupt in Stadt und Land – „kein Ort aber ist so ohne allen Kunstsinn und unköniglich als dieser und dies Land" – ihm mehr und mehr widerstrebten, verließ Brentano die Neckarstadt, von der er sich so viel versprochen hatte. Bald nach ihm gingen Arnim und Görres.

Brentanos Leben war auch durch private Wirren in Unordnung geraten. Er hatte den Tod seiner Frau Sophie nicht verwunden, nahm aber im August 1807 die damals sechzehnjährige Pflegetochter des Frankfurter Bankiers Moritz Bethmann, Auguste Bußmann, völlig überstürzt zur Frau. Ein Zusammenleben mit ihr erwies sich bald als unmöglich, so daß Brentano immer wieder die Flucht vor seinem „verfluchten Weib" ergriff. Das Verhältnis kam zur Krise und führte zum offenen Bruch, als Auguste durch einen vorgetäuschten Selbstmordversuch ihren Mann unter Druck zu setzen versuchte. Das geschah schon in Landshut. Die dortige Universität hatte Savigny als Professor berufen, und Brentano war ihm gefolgt, um zu privatisieren. Er hatte wohl ursprünglich gehofft, in Landshut, wo damals auch Schelling lehrte, eine ähnliche Wirkungsstätte zu finden, wie sie ihm vorher Heidelberg geboten hatte, und er spielte mit dem Gedanken, ob nicht auch den Grimms eine Anstellung an der bayrischen Landesuniversität beschafft werden könne. Daraus wurde aber nichts, und sehr bald schrieb Brentano die abfälligsten Urteile über die Landshuter Universität.

Für Brentanos weitere Entwicklung wurde der Aufenthalt in Bayern vor allem durch seine Bekanntschaft mit zwei katholischen Männern wichtig, dem Mediziner Johann Nepomuk Ringseis und dem Theologen Johann Jakob Sailer. Letzterer spielte im bayrischen Katholizismus eine große, später sogar beherrschende Rolle und besaß auch eine starke persönliche Ausstrahlungskraft. Bettine Brentano rühmte ihn als „Philosoph Gottes", und auch Clemens geriet in den Bann des „herrlichen Sailer". Durch ihn und Ringseis fand er Kontakt mit einer Auffassung von Katholizismus, nach der das religiöse Erlebnis ausschlaggebend für das Heil des Menschen war, die in der Seelsorge die hauptsächliche Aufgabe der Kirche sah und auch für den Wunderglauben Verständnis zeigte. Das erleichterte Brentano später den neuen Zugang zur katholischen Religion.

1809 ging Brentano zu seinem „Herzbruder" Arnim nach Berlin, wo er bis Mitte 1811 blieb. Hier kam er in einen ihm schon von früher her bekannten Kreis anregender Menschen. Neu war für ihn der Umgang mit den sich dann in der „Christlich-Teutschen Tischgesellschaft" versammelnden konservativen preußischen Patrioten. Brentano lernte jetzt auch Kleist kennen, der sich seinem scharfen Blick für das Besondere als ein „mit langsamem Konsequenztalent herrlich ausgerüsteter Mensch" darstellte und an dessen „Abendblättern" er mitarbeitete.

Die beiden Berliner Jahre waren für ihn eine Zeit reger Produktivität. Er nahm seinen aus der ›Wunderhorn‹-Zeit stammenden Plan einer Märchen-Bearbeitung wieder auf. Für dieses Vorhaben schien er durch die Leichtigkeit seiner Phantasie, seinen Hang zum Wunderbaren, die Intensität seiner Naturbeziehungen und die Begabung für erzählerische Improvisation wie prädestiniert. Nach vielen Berichten zu urteilen, muß er ein hinreißender Märchenerzähler gewesen sein. Bei der Bearbeitung und Herausgabe von Märchen nahm Brentano zwei Projekte in Angriff: eine Neufassung der im neapolitanischen Dialekt geschriebenen Märchensammlung ›Das Pentamerone‹ des Giovan Battista Basile (ca. 1575–1632) und die Zusammenstellung eines Zyklus von Rheinmärchen, dessen Anlage Brentanos eigene Erfindung war und der eine Fülle auch in Deutschland verbreiteter Märchen- und Sagenmotive verarbeitete – Brentano hat sich dazu von den Grimms deren Märchen-Aufzeichnungen schicken lassen.

Seine Vorstellungen über die Bearbeitung alter Märchen unterschieden sich wesentlich von denen der Brüder Grimm. Als diese den ersten Band ihrer ›Kinder- und Hausmärchen‹ veröffentlicht hatten, schrieb er an Arnim: „Ich habe bei diesem Buch recht empfunden, wie durchaus richtig wir beim Wunderhorn verfahren und daß man uns höchstens größeres Talent hätte zumuten können." Er wollte nicht alte Dichtungen rekonstruieren, sondern aus dem überlieferten Material neue Kunstdichtungen schaffen. In seinen Märchen steckt der ganze Brentano: mit seinem Hang zu einer Poesie, die den Menschen zur „Ahndung des Unendlichen" bringt, seinem „fast magischen

Naturgefühl" und einer „entfesselten Fantasie", seinem Widerwillen gegen die utilitaristisch-rationalistische Öde des bürgerlichen Lebens, seiner Sehnsucht nach Kindheit und Einfachheit ebenso wie seinem Hang zum raffinierten Wort- und Klangspiel, „dem beständigen Wetterleuchten seines Witzes" (Eichendorff), seiner Lust an der Polemik vor allem gegen die Vossische „Sudelküche".

Brentanos Märchen haben viele poetische Reize; niemand hat sie einfühlsamer charakterisiert als Eichendorff in einer Besprechung der Rheinmärchen: „Da blicken wir gleich in dem ersten herrlichen Märchen vom Rhein und dem Müller Radlauf, wie bei Erschaffung der Welt, in den wundersamen Haushalt der Elementargeister, und was die Natur geheimnisvoll schafft, sprosset und ahnt, sehen wir in Sehnsucht, Zorn und Liebe da unten geschäftig: Wald- und Hauskobolde, Flußgötter, Nymphen, Echo und die Lurelei mit ihren sieben Jungfrauen; vor allem aber den Vater Rhein in seinem gläsernen Hause, und über dessen Glasgewölbe das Gewässer mit Millionen bunter Fische, die sich mit glänzenden Schuppen an das Glas anlegen und mit ihren Goldaugen hereinsehen, so daß die ganze Decke wie tausend Regenbogen durcheinanderflimmert, und wo sich die Fische wegbegeben, sieht man wieder zwischen wunderbaren Felsen die Sterne und den Mond leuchten, während aus der Tiefe der dort versenkte Nibelungenhort heraufschimmert und unten die ertrunkenen Kinder schlafen, daß es wie in einem Himmel von tausend schlummernden Kindergesichtern zu schauen ist." Der an Grimms Märchen gewöhnte Leser muß sich aber auf die Eigenart der Brentanoschen Märchenpoesie erst einstellen; denn sie ist etwas höchst subjektiv Artifizielles. Damit hängt zusammen, daß Brentanos Märchen manchmal im ganzen ausschweifend und im einzelnen überkünstlich wirken, so daß selbst Arnim Brentanos „Art eitler Koketterie" tadelte, „mit einer gewissen Fertigkeit in allerlei poetischen Worten zu prunken".

Brentano kam mit seinen Märchen-Projekten zunächst nicht zu Rande, wandte sich ihnen um 1816 nochmals zu, auch diesmal wieder ohne ein Ende finden zu können. 1826 wurden ein

Märchen und ein Fragment wider seinen Willen veröffentlicht. Mitte der dreißiger Jahre überarbeitete er dann zwei seiner Märchen erneut und machte sie zum Druck fertig, von denen eines auch erschien. Alles übrige wurde erst nach seinem Tode der Öffentlichkeit bekannt.

Die Hauptarbeit Brentanos in den Jahren zwischen 1809 und 1811 galt den ›Romanzen vom Rosenkranz‹, die ihn zumindest seit 1804 beschäftigten und für die er eine kaum übersehbare Fülle historischer, literaturgeschichtlicher, theologischer Literatur, von Heiligenviten, Untersuchungen über rabbinisches und kabbalistisches Schrifttum, von Büchern über Wunder, Geister und Aberglauben gelesen hatte. Seit 1812 hat Brentano dann wohl nicht mehr an den ›Romanzen‹ gearbeitet. Der Zyklus blieb unvollendet. Nach seiner Wendung zum Katholizismus wollte der Dichter von „diesen geschminkten, duftenden Toilettensünden unchristlicher Jugend" nichts mehr wissen und äußerte sogar die Absicht, die ›Romanzen‹ zu verbrennen.

In einem Brief an den Maler Philipp Otto Runge, den Brentano um Randzeichnungen für die Ausgabe seines Romanzen-Zyklus bat, erklärte er sich über dessen Plan: „Das Ganze ist ein apokryphisch religiöses Gedicht, in welchem sich eine unendliche Erbschuld, die durch mehrere Geschlechter geht und noch bei Jesu Leben entspringt, durch die Erfindung des katholischen Rosenkranzes löst. Die alte Fabel des Tannhäusers ist . . . darin gelöst und eingeflochten, so wie die Erscheinung der Zigeuner in Europa und der Ursprung der Rosenkreuzerei (als eines Gegensatzes des Rosenkranzes), der Pilgerfahrten und der Kreuzzüge als Episoden, doch durchaus aus der Quelle des Ganzen entspringend, poetisch begründet werden." Die Dichtung sollte sich also zu einem religiösen Weltepos entfalten. In dessen Mittelpunkt stehen die Schicksale von sechs Geschwistern. Dargestellt wird durch die Erzählung einer bunten Folge von Geschehnissen im mittelalterlichen Bologna die Entsühnung der aus frevelhafter Verbindung hervorgegangenen Hauptgestalten. Es geht dabei um Begierde und Liebe, Verbrechen und Sühne und – denn Irdisches und Überirdisches greifen ineinander – um den Kampf zwischen weißer und schwarzer Magie, um das Verhältnis zu Himmel und Hölle. Die scheinbar naive Geschichte ist dementsprechend in ein Rankenwerk von religiösen, mythologischen und kunsttheoretischen Reflexionen einbezogen; Simplizität des Vordergrundes und die Unergründlichkeit der sich dahinter auftuenden transzendenten Perspektive relativieren einander.

Die sprachliche Form des Zyklus läßt ahnen, wieviel persönlichste Erfahrung Brentano in ihn hineingearbeitet hat. Die vierhebigen trochäischen Verse, von denen jeweils vier zu einer Strophe gebündelt und die in vielen Variationen durch Assonanzen und Reime miteinander verbunden sind, haben eine melodisch-rhythmische Eleganz von solchem Raffinement, daß sie schon wieder einfach wirken, und entfalten streckenweise einen zauberhaften Klang. Wilhelm Grimm, für den einige der Romanzen „von unendlicher Anmut und Schönheit" waren, fand in ihnen den Ton „einer leisen, fortgehenden Klage", „Schrecken" und „Kunstbegeisterung". Das stimmt zu Brentanos Selbstbekenntnissen. „Ich war eine Goldharfe mit animalischen Saiten bezogen, alles Wetter verstimmte mich, und der Wind spielte mich, und die Sonne spannte mich. Und die Liebe spielte so leidenschaftlich Forte, daß die Saiten zerrissen . . . Nun habe ich die Harfe in Feuer ausgeglüht und sie mit Metall besaitet und spiele sie selbst; oder die Freunde, oder eine Maus läuft darüber klingend, oder eine Fliege . . ." Auch die Einleitungsterzinen der ›Romanzen‹ kommen zu einer trostlosen Lebensbilanz: „Die Liebe starb, die Hoffnung und der Glauben. Was füllet jetzt die narbenvolle Brust? Verbrannt das Herz! Wie knirscht die tote Kohle!" In dieser Lebenssituation, da Brentano „in den bittern Brunnen seines Herzens" zu versinken drohte, schuf er – gewissermaßen als poetische Kompensation – die ›Romanzen‹, ein Gedicht, „wie ich gern eines lesen möchte": „Farben, die mir vorschweben und zu denen ich die Bilder in allen Gallerien umsonst gesucht, ein Hintergrund unergründlich, und doch nah und wehend, wie der Himmel und die Hölle, und einen Vordergrund wie Wiesengrün, Lämmer und Rosen und eine Linde, ein Altar und ein stiller Brunnen, dabei schlummernd ein

Kind im heißen Mittag, und einen Mittelgrund wie wandelnde Jungfrauen und Jünglinge, liebend und betend, links Bürgerkampf auf offenem Markte, rechts Tempelbau, über das Ganze ragend ein Turm von falscher Philosophie und dem Teufel als Wetterableiter; am Himmel aber niedersinkend ein Gewitter und drüber ein Regenbogen, durch den Autora tritt u.s.w. Und daran arbeite ich mir zur Quassia [bitteres Arzneimittel], die mir allen Schmerz überbittere, zum Honig, der mir alle Süßigkeit übersüße . . ."

Mitte 1811 verließ Brentano Berlin und fuhr nach Böhmen, wo er seinen Bruder bei der Bewirtschaftung des Gutes Bukowan, das die Brentanos gekauft hatten, unterstützen wollte. Die Verhältnisse in Bukowan waren alles andere denn idyllisch. Ein grelles Schlaglicht auf sie – und zugleich darauf, wie sich Geschärftheit des poetischen mit Stumpfheit des sozialen Sinnes verbinden kann – wirft ein Brief Brentanos, in dem er, ohne allerdings schon Bukowan gesehen zu haben, die wirtschaftlichen Fähigkeiten seines dort als Verwalter arbeitenden Bruders Christian rühmte: „. . . er ist ein so gründlicher, strenger und durchtriebener Geschäftsmann geworden und ein ganz kniffliger Advokat, Ökonom und höchst origineller, fester Landesherr, der unsere stockböhmischen Bauern mit der schönsten Ironie überlegen läßt, das heißt über die Bank, denn sie stehlen und betrügen grausam; das weibliche Personal kriegt's aufs Hemd." In Bukowan angekommen, verging ihm bald jeglicher Spaß über die Gutsverhältnisse, und er sprach bald auch nur im bittersten Tone von den wirtschaftlichen Fähigkeiten seines Bruders. Er fand die Lage zum Verzweifeln: „. . . es ist keine Hoffnung für mich hier."

In Böhmen tat er auch manchen Einblick in die österreichische Staatsverwaltung und kam dabei zu einem vernichtenden Urteil. Zum ersten und zum einzigen Male in seinem Leben regte sich in ihm während seines Aufenthaltes in den habsburgischen Landen so etwas wie politische Opposition: „Es gibt Staaten, die nichts als eine Verschwörung des Monarchen mit dem Adel gegen den Untertanen sind." Von Bukowan flüchtete Brentano, wann immer es ging, nach Prag. 1813 reiste er nach Wien, wo er in dem Kreis um Adam Müller – einem ihm schon aus Berlin bekannten politisch konservativen Schriftsteller – „eine äußerst liebliche und anmutige Gesellschaft“ fand und auch mit Clemens Maria Hofbauer freundschaftlich verkehrte. Dieser Redemptoristenpater, der sich in Wien gegen die josephinische Idee des Staatskirchentums wandte und für die unbedingte Unterordnung aller kirchlichen Institutionen unter die päpstliche Kurie eintrat, hatte – wie es in einer katholischen Kirchengeschichte heißt – „um die religiös-sittliche Erneuerung seiner Zeitgenossen ganz unbeschreibliche Verdienste“; „für viele Protestanten war er ein Führer zur katholischen Kirche und für Hohe und Niedere unter den Katholiken ein umsichtiger Gewissensrat“.

Nach der Abreise von Berlin beschäftigte sich Brentano intensiv mit dramatischen Arbeiten. Seine Befähigung zum Dramendichter hatte er schon mit seinem 1801 geschriebenen, „wundervollen“ (Eichendorff) Lustspiel ›Ponce de Leon‹ gezeigt. Brentano war damit als Bewerber um einen von Goethe ausgesetzten Preis für das beste Intrigenstück aufgetreten, allerdings erfolglos; erst auf eine Mahnung hin erhielt er das Manuskript zurück mit einem Begleitbrief, in dem Goethe den „guten Humor“ und Brentanos „angenehme Lieder“ lobte und zugleich meinte, daß der Text „eine Darstellung auf dem Theater“ nicht vertrage.

Brentano hat mit seinem dem Vorbild Shakespeares und der italienischen Komödie folgenden Lustspiel die Intention verfolgt, der Tristesse des bürgerlichen Alltags die absolute Willkür eines tollen Verstellungs- und Verwechslungsspiels entgegenzusetzen. Wichtig ist daher nicht so sehr die im mittelalterlichen Sevilla spielende Handlung, an deren Ende sich vier Liebespaare finden, sondern der Witz der Sprache, die Kapriolen des Geschehens und vor allem die eingefügten Gedichte und Lyrismen, die durch ihren Kontrast zu dem Mutwill des Spiels das Lachen auf den Schmerz, die Tollheit auf Trauer beziehen. Brentanos ›Ponce de Leon‹ stellte sich damit gegen die Tradition des damals gängigen deutschen Lustspiels. Wie produktiv das war, läßt sich allein daran ermessen, daß mehr als dreißig Jahre später Georg Büchner mit ›Leonce und Lena‹ den von Brentano eingeschlagenen literarischen Entwicklungsweg weiterging. Übrigens war auch Heine, der an sich der kapriziösen Muse Brentanos mit spürbarer Distanz gegenüberstand, von ›Ponce de Leon‹ in gewisser Weise fasziniert und gab in der ›Romantischen Schule‹ eine eindringliche, auf die Figuren der italienischen Commedia dell'arte anspielende Charakteristik des Stücks: „Man glaubt einen Maskenball von Worten und Gedanken zu sehen. Das tummelt sich alles in süßester Verwirrung, und nur der gemeinsame Wahnsinn bringt eine gewisse Einheit hervor. Wie Harlekine rennen die verrücktesten Wortspiele durch das ganze Stück und schlagen überall hin mit ihrer glatten Pritsche. Eine ernsthafte Redensart tritt manchmal auf, stottert aber wie der Dottore von Bologna. Da schlendert eine Phrase wie ein weißer Pierrot mit zu weiten schleppenden Ärmeln und allzu großen Westenknöpfen. Da springen pucklichte Witze mit kurzen Beinchen, wie Policinelle. Liebesworte wie neckende Kolombinen flattern umher, mit Wehmut im Herzen. Und das tanzt und hüpft und wirbelt und schnarrt, und drüberhin erschallen die Trompeten der bacchantischen Zerstörungslust."

Aus der ersten Schaffensperiode Brentanos stammt auch noch die dramatische Gelegenheitsdichtung ›Die lustigen Musikanten‹, entstanden im November 1802, später von E. T. A. Hoffmann vertont. Das kleine Singspiel mit Elementen der italienischen Commedia dell'arte hat als Grundlage und Sinnzentrum das Gedicht ›Da sind wir Musikanten wieder‹, das Brentano bereits im ›Godwi‹ veröffentlicht hatte und das ein dissonierendes Bild des Musikantenlebens gibt, seines entsetzlichen Elends ebenso wie der hinreißenden und ans Herz greifenden Kraft der es überwölbenden Zauberwelt der Töne. Ähnlich wie in ›Ponce de Leon‹ wird auch in den ›Lustigen Musikanten‹ aus Witz, Ulk, Melancholie und Klang eine poetische Gegenwelt zur bürgerlichen Prosa aufgebaut: „. . . Leichtsinn und Schwermut und Unschuld gehen . . . einher und singen den Menschen sanfte Lieder, daß sich ihr Herz von dem heißen Tagewerke löst und sie, durch die Töne gerührt, die Augen zu einem reinern Dasein wenden." Bei einer solchen Wirkungsstrategie konnte der junge Brentano kein Zutrauen zu dem in die Gesellschaft seiner Zeit integrierten Theater haben. Er verachtete die platte Bürgerlichkeit der Stücke Ifflands und Kotzebues – gegen diesen zog er schon 1800 in seiner dramatischen Literatursatire ›Gustav Wasa‹ zu Felde – und war mit Arnim der Meinung, daß die Verbürgerlichung der Schauspieler deren poetische Produktivität beschränkt oder gar vernichtet hatte. So ist es zu erklären, daß er Tieck 1802 den Vorschlag machte, mit ihm „und andern, die sich finden müssen, ein neues, selbständiges, wahres komisches Theater zu errichten"; sich stützend auf Shakespeare, die Commedia dell'arte, das Marionettenspiel und andere Formen volkstümlichen Theaters, sollte es der bürgerlichen Ver- und Anständigkeit auf den Leib gehen.

Die nach 1811 geschriebenen Dramen Brentanos haben ein deutlich anderes Verhältnis zum Theater. Sie sind zwar auch nicht im herkömmlichen Sinne bühnengerecht, sperren sich aber auch nicht der Bühne. Es sind bezeichnenderweise keine Komödien mehr, und es fehlt ihnen die immanente Polemik gegen das etablierte Theater. In Brentanos Selbstanzeige der ›Gründung Prags‹ steht sogar der Satz: „Um der Frage zu begegnen, ob dieses Schauspiel für das Theater geschrieben sei, sage ich, daß es gewiß theatralischer als die meisten ist." Der Dichter bot sich überdies zu einer Bühnenbearbeitung an, hat in Wien auch eine Bühnenfassung von ›Ponce de Leon‹ hergestellt, die am Burgtheater unter dem modischen Titel ›Valeria oder Vaterlist‹ aufgeführt wurde und dabei durchfiel. Brentano schrieb in Wien auch Theaterrezensionen.

1811/12 arbeitete er an dem erst postum veröffentlichten Trauerspiel ›Aloys und Imelde‹. Die sich an ›Romeo und Julia‹ anlehnende Geschichte zweier Liebender, die aus verfeindeten Familien stammen, bietet ein Bild vom Unglück der Liebe in einer von persönlichem Haß und religiösen Vorurteilen geprägten Welt. Brentano gibt sich selbst darin als „Schmerzensmann" Gestalt; unüberhörbar ist seine Mahnung zur Versöhnung. Der Schriftsteller Varnhagen von Ense, der in Prag zeitweise engen Umgang mit Brentano hatte und sich dann mit ihm schlimm verfeindete, hat über das Trauerspiel sehr fein geurteilt: „Seine Dichtung kömmt mir vor wie Wasserkraft, es ist alles darin aufgelöst und kann alles draus entstehen, es spiegelt den Himmel und läßt den tiefen Grund sehen, wohin man faßt, ist alles weich, nachgiebig, in angenehmen Wogen, und das Ganze wirkt doch mit unwiderstehlicher Gewalt." Damit ist auch gesagt, daß Brentanos Trauerspiel die ihm eigene weltanschauliche Dimension durch seine lyrische Grundierung erhält. Aufbau und Technik befördern nur in geringem Maße die Erregung dramatischer Spannung; die gestalterische Kraft ist vor allem eingesetzt, um die lyrische Intensität der jeweiligen Situation zu verstärken. Das hat Auswirkungen auf das Publikum: „... es steigt das Interesse nicht fort, sondern ein stetes Verwundern muß die Stelle füllen."

Dieses Urteil Arnims bezog sich unmittelbar auf das folgende Stück Brentanos, sein „historisch-romantisches Drama" ›Die Gründung Prags‹. Es entstand in einem Prozeß mehrfacher Überarbeitungen zwischen 1812 und 1814 und behandelt eine alte böhmische Sage – die Ablösung der mythischen Herrschaft Libussas durch die moderne Macht ihres Mannes Primislaus und Libussas Vision von der Gründung Prags. Diese sagenhafte Geschichte stellte sich Brentano als „die Entstehung eines Staates, der Kampf und Untergang einzelner Leidenschaft gegen die Ordnung und das Gesetz des Ganzen" dar. Aber er interessierte sich weniger als später Grillparzer, dessen Drama ›Libussa‹ auf der ›Gründung Prags‹ aufbaut, für die damit verbundene soziale und geschichtsphilosophische Problematik, wenn auch das Motiv vom Untergang der Freiheit in Brentanos Schauspiel eine wichtige Funktion hat. Ihm, der sich in Böhmen sehr fremd gefühlt hat und dem nach seinen eigenen Worten „nur des Landes Vorwelt tief vertraut" gewesen war, kam es darauf an, daß seine Darstellung den Stoff „unter die Jugendträume der Geschichte" erhebe und als ein unausschöpfbares mythisches Phänomen zeige. Die Handlung vollzieht sich in einer Welt, die durch den Gegensatz der guten und bösen, weißen und schwarzen Götter bestimmt ist und in die nur erst ein Abglanz des Christentums – der erlösenden Religion – hineinwirkt. Böhmische Sage und Landschaft, Volksglaube und Mythos sind miteinander verschmolzen. Darauf beruht die besondere Schönheit der Dichtung. „Es sind Szenen darin, wo man von den geheimnisvollsten Schauern der uralten Sagen angeweht wird. Da rauschen die dunkel böhmischen Wälder, da wandern noch die zornigen Slavengötter, da schmettern noch die heidnischen Nachtigallen; aber die Wipfel der Bäume bestrahlt schon das sanfte Morgenrot des Christentums." (Heine) Der alte, auf den Katholizismus eingeschworene Brentano nannte die Dichtung später „ein wunder- und Blumen volles Sumpfgeflechte".

1813, während des Unabhängigkeitskrieges gegen Napoleon, hat Brentano auch patriotische Stücke geschrieben: ein Festspiel, das wegen Zensurschwierigkeiten nicht zur Aufführung kam und erst 1817 unter dem Titel ›Victoria und ihre Geschwister mit fliegenden Fahnen und brennender Lunte. Ein klingendes Spiel von Clemens Brentano‹ erschien, außerdem ein kleines patriotisches Drama ›Am Rhein! am Rhein!‹, „die Siegsfeier Deutschlands am Rhein" darstellend. Später folgte noch das unveröffentlicht gebliebene politische Schauspiel ›Geheimrat Schmalz‹; in ihm schlägt Brentano vor allem auf den Berliner Professor Schmalz ein, dessen Denunziation angeblich staatsgefährdender und königsfeindlicher Umtriebe innerhalb der patriotischen Bewegung Preußens viel Aufsehen erregt hatte.

Diese Stücke lassen erkennen, daß Brentanos Haltung zum Kampf gegen Napoleon deutlich anders geworden war. Nur knapp zehn Jahre früher hatte er an seinen Freund geschrieben: „...ich habe kein Vaterland, Arnim, nur um Dich könnte ich den Süden Deutschlands aufopfern." Der junge Brentano, der die Freie Reichsstadt Frankfurt als seine Heimat ansah, dessen Vater nie richtig Deutsch gelernt hatte, der unendlich viel den romanischen Kulturen verdankte, konnte sich nicht für einen deutschen Patriotismus erhitzen. In mehreren Briefen aus den Jahren 1805 und 1806 versuchte er Arnim davon abzuhalten, im Kriege gegen Napoleon sein Leben einzusetzen: „Die Lage Deutschlands ist so, daß sie kaum verdient, Dir am Herzen zu liegen." „Es ist etwas Entsetzliches in einer Zeit, wo nur die Idee siegt, mit den Waffen in der Hand zu sterben. Wem tut denn Frankreichs Sieg weh? schönen Seelen, die nach dem Ideal eines Staates schmachten." „Du weißt nicht, wie es mich erschreckt, wärst Du Soldat; o sei keiner, der untergeht, keiner, der siegt: sei ein Mensch hoch über der Zeit und falle nicht in diesem elenden Streit um Hufen Landes."

Der Sinnesumschwung Brentanos bahnte sich um 1809 während seines Aufenthaltes in Bayern an – ähnlich wie seine Schwester Bettine sympathisierte er damals mit den Tiroler Freiheitskämpfern – und vollzog sich dann endgültig in Berlin unter dem Einfluß preußischer Patrioten. Er nahm an der von Arnim gestifteten politisch engagierten „Christlich-Teutschen Tischgesellschaft" teil und spielte in ihr wenigstens zeitweise eine tonangebende Rolle. Vor den Mitgliedern dieser Gesellschaft las er seine 1811 veröffentlichte „scherzhafte Abhandlung" ›Der Philister vor, in und nach der Geschichte‹. In ihr ließ er seiner satirischen Laune freien Lauf und attackierte mit beißendem Witz alles, was ihm an sozialen Erscheinungen nicht paßte: poetische Beschränktheit, bürgerliche Engherzigkeit, Symptome von Liberalismus bei der Regierung des preußischen Staatskanzlers Hardenberg, die Juden – Brentanos Abneigung gegen die Juden, zumindest teilweise erklärbar aus seinem Widerwillen gegen jede Form bürgerlicher Geschäftspraktik, äußerte sich hier in bösartiger, einem rassistischen Antisemitismus nahekommender Weise. Die Aggressivität dieser Polemik hat etwas Hypertrophes; sie macht fast den Eindruck, als ob hier jemand all seinen Witz aufbietet und seine Überlegenheit ausspielt, um die Bodenlosigkeit seiner Existenz zu kaschieren und seine Verzweiflung nicht aufkommen zu lassen. Die Zuhörer aber wurden mitgerissen. Ein Zeitgenosse notierte: „Als Brentano seinen ›Philister‹ vortrug, mit aller Kraft seines Talents, geriet die Gesellschaft außer sich, jubelte und schrie vor Vergnügen." Das tat sicher wohl und stärkte auch das Gefühl der Verbundenheit.

Schon in Berlin war Brentano dichterisch für die patriotische Partei eingetreten. 1810 schrieb er eine Kantate auf den Tod der Königin Luise von Preußen und feierte die Verstorbene, die als ein Opfer napoleonischer Willkür galt, in den höchsten Tönen. Die im selben Jahr verfaßte Kantate zur Gründung der Berliner Universität ›Universitati litterariae‹ zeugt ebenfalls von Brentanos Respekt gegenüber dem preußischen Herrscherhaus und feiert Friedrich Wilhelm III. als deutschen König. 1813, nachdem Preußen zur territorialen Hauptbasis des Volkskampfes gegen Napoleon geworden war, schrieb der damals in Wien lebende Brentano an Achim von Arnim: „Du Preuße, das ist der schönste, teuerst erkaufte Name."

Zur selben Zeit reihte sich Brentano in den Chorus der patriotischen Lyriker ein. Aber nur ein Teil seiner Kriegslieder wurde gedruckt; eine Reihe von ihnen kam erst in dem Festspiel ›Victoria und ihre Geschwister‹ an die Öffentlichkeit. Schuld daran waren die Publikationsbeschränkungen durch die österreichische Zensur. Brentanos patriotische Lyrik besteht aus zwei Gruppen: feierlichen und volksmäßigen Gedichten. Die ersteren hatten wenig Spezifisches; sie werden durch eine zeittypische patriotisch-religiöse Metaphorik bestimmt. Eindrucksvoller sind die volksmäßigen Kriegslieder. Ihnen kam nicht nur die Fähigkeit Brentanos zugute, sich in Volkston und -sprache zu fügen; sie entsprechen auch seiner romantischen Auffassung vom patriotischen Volkskampf. Allerdings zeigt sich auch, wenn der Autor hinter die Maske eines ungarischen Husaren oder Tiroler Bauern zurücktritt (›Ah bassa manelki teremtete‹, ›Tiroler Wetter und Barometter beim Aufstand gegen die Franzosen‹), wie prekär seine Haltung als patriotischer Volksdichter war. Das Volksmäßige der Kriegslieder ist nur aufgesetzt; es fungiert als Mittel, um ein größeres Publikum zu erreichen, vor allem aber auch als ästhetischer Reiz für den Kenner. Die teilweise bösartig franzosenfeindlichen Äußerungen – „Pariser Husaren, die öfters schon waren, Wo seid Ihr? Da grunzet ein Schwein in die Höh: Vor Magdeburg hieben die Preußen sie klein, Was übrig geblieben, das fraß ich allein" – kommen daher auch nicht aus blindwütigem Haß, sondern haben den Charakter artifizieller Verzierungen und wirken infolgedessen besonders schlimm. Am klarsten drückt sich die persönliche Haltung des Patrioten Brentano in seinem Kriegslied ›Es leben die Soldaten‹ aus. Der Krieg erscheint hier als sinnfälliger Ausdruck eines Weltlaufs, dem sich sowieso keiner entziehen kann. Wer wenigstens vorübergehend in den Genuß eines vollen Lebens kommen will, dem ist nichts übrig, als va banque zu spielen: „Es bleibet keine Wahl, der Teufel ist neutral."

Der patriotische Sänger Brentano gab keine Hindeutungen auf innenpolitische Mißstände in den deutschen Staaten oder gar auf Veränderungswünsche. Das kann mit den großen Schwierigkeiten zusammenhängen, die ihm die österreichische Zensur bereitete. Denn an sich war sein Urteil über die Metternich-Regierung und die habsburgische Administration durchaus kritisch. Nachdem er in Böhmen Korruption und Desorganisation der Verwaltung zur Genüge kennengelernt hatte, ärgerte er sich in Wien über die Engherzigkeit und dynastische Selbstsucht der österreichischen Kabinettspolitik, die nach seiner Meinung nichts Gutes einbringen konnte. Er kam zu dem Schluß: „Die Geschichte geht ihren Gang wie die Natur, Feldzüge und Könige können keine Freiheit erringen, die Völker werden es einstens tun! und erlebe ich solchen Moment, so wird auch mir ein Beruf daheim. Mehr zu sprechen wäre vom Argen." Wie sehr auch ihn das politische Ergebnis der Unabhängigkeitskriege enttäuschte, läßt sich u.a. daran erkennen, mit welch großem Respekt er 1815 von den „vulkanischen Predigten" des rebellischen Görres im ›Rheinischen Merkur‹ sprach, den die preußische Regierung Anfang 1816 verbot.

Zwischen 1811 und 1815/16 hat Brentano auch wieder an erzählenden Dichtungen gearbeitet. Er nahm einen Roman in Angriff, von dem aber nur Bruchstücke fertiggestellt wurden, entwarf die Erzählung ›Die mehreren Wehmüller und ungarischen Nationalgesichter‹ – 1815 oder Anfang 1816 beendet –; schrieb die ›Geschichte vom braven Kasperl und dem schönen Annerl‹ und die Erzählung ›Die drei Nüsse‹. Im Vergleich mit den frühen Prosadichtungen Brentanos zeigen die zwischen 1811 und 1816 entstandenen, daß die Tendenz zur lyrischen Poetisierung des Lebens an Kraft verloren hat. Die Darstellung berücksichtigt stärker die soziale Lebensumwelt der Figuren; das heißt aber nicht, daß die äußere Realität mehr menschliches oder poetisches Gewicht bekommen hat. Die Erzählung von dem Maler Wehmüller, der zum Verkauf seiner vorfabrizierten ungarischen Nationalgesichter durch die Lande reist und dabei durch Doppelgänger von ihm völlig verunsichert wird, läßt Alltagsnormalität gleitend in bizarre Phantastik übergehen und diese dann durch ein Kunststück des Erzählers – den Kurzschluß zwischen Binnen- und Rahmenhandlung – wieder hart auf platte Gewöhnlichkeit stoßen. Das hat schon einen Zug ins Absurde. Die ›Geschichte vom braven Kasperl und dem schönen Annerl‹ bringt mit vielfachen Rückgriffen auf volkstümliche Überlieferungen die Schicksale des Soldaten Kasper, der an seinem übertriebenen Ehrgefühl zugrunde geht, und das von einem bösen Fatum überschattete Leben seines Mädchens, das als Kindesmörderin auf das Schafott kommt, durch den Hinblick auf Gottes Barmherzigkeit zu einem versöhnlichen Ende. Dieser religiösen Perspektive ordnen sich auch ursprünglich sozialkritische Motive – Verführung des Mädchens durch einen Adligen, die Mätressenwirtschaft des Fürsten – ein. Die zunächst schlicht anmutende Erzählung, in der die „moralisierende Kalendergeschichte“ vom braven Kasperl und die „bänkelsängerische Moritat“ (Richard Alewyn) von dem Geschick des schönen Annerl durch die wie aus der Vergangenheit herausgestiegene Gestalt einer Großmutter verbunden sind, ist mit unauffälliger Kunst zu einer Erbauungsgeschichte gemacht, die das irdische Leben auf einen Punkt zuführt, wo es mit dem Überirdischen zusammentrifft.

Beide Erzählungen zeigen und produzieren Distanz zur Normalität der Alltagswelt – ›Die mehreren Wehmüller‹ vor allem unter artistisch-skeptizistischem, ›Die Geschichte vom braven Kasperl‹ unter religiösem Aspekt. Sie erheben nicht mehr den Anspruch, durch die Poesie ein harmonisches Universum aufzubauen. Das Poetisch-Utopische und die darin eingeschlossene Empörung der Subjektivität gegen die Bürgerwelt sind deutlich schwächer geworden. Brentano hielt auch nicht mehr an der frühromantischen Auffassung fest, daß der Poet der wahre Mensch sei. Die ›Geschichte vom braven Kasperl‹ enthält eine desillusionierte und ernüchternde Bewertung romantischen Dichtertums: „... es ist auch wirklich ein verdächtiges Ding um einen Dichter von Profession, der es nicht nur nebenher ist. Man kann sehr leicht zu ihm sagen: ‚Mein Herr, ein jeder

Mensch hat, wie Hirn, Herz und Magen, Milz, Leber und dergleichen, auch eine Poesie im Leibe; wer aber eines dieser Glieder überfüttert, verfüttert oder mästet und es über alle andre hinüber treibt, ja es gar zum Erwerbszweig macht, der muß sich schämen vor seinem ganzen übrigen Menschen. Einer, der von der Poesie lebt, hat das Gleichgewicht verloren, und eine übergroße Gänseleber, sie mag noch so gut schmecken, setzt doch immer eine kranke Gans voraus.'"

Äußerungen dieser Art signalisieren eine Schaffens- und Lebenskrise Brentanos, die sich seit mehreren Jahren angekündigt hatte. Schon während seines Aufenthalts in Bayern war für Brentano das Sinnbild vom „Schmerzensmann" zu der sein Dasein charakterisierenden Chiffre geworden. Teile seines großen Bekenntnisbriefes an Runge vom 21. Januar 1810 klingen, als ob der Dichter mit seinem Leben abgeschlossen hätte: „Ich habe sowohl innerlich als auch äußerlich ein an bitterer und süßer Seelenerschütterung reiches Leben gefüllt und ausgetrunken; große Freuden und Leiden sind, mit einer dunkeln, grausamen Phantasie sich in mir widerspiegelnd, über mich ergangen. Es ist vorüber. Verloren durch Mutwillen hab ich nichts; der Tod hat mir genommen, was das Leben mir gegeben, und ich erkenne ruhig die Hand Gottes." Die nach Arnims 1811 erfolgter Heirat mit Brentanos Schwester Bettine einsetzende Entfremdung der beiden Freunde verstärkte die innere Einsamkeit des Dichters. Sein Brief an Wilhelm Grimm von Februar 1815 läßt dann erkennen, daß sich Selbstaufgabe und Verurteilung seiner bisherigen Bemühungen verschwisterten: „... mir ist oft, ja meist, als gehöre ich nicht mehr zu den Lebendigen. Mein ganzes Leben habe ich verloren, teils in Sünde, teils in falschen Bestrebungen. Der Blick auf mich selbst vernichtet mich, und nur wenn ich die Augen flehend zu dem Herrn aufrichte, hat mein zitterndes, zagendes Herz einigen Trost." Poesie – in dem bisher von ihm verstandenen romantischen Sinne – erschien ihm als Selbsttäuschung und Verführung der Mitmenschen. „Meine dichterischen Bestrebungen habe ich geendet, sie haben zu sehr mit dem falschen Wege meiner Natur zusammengehangen; es ist mir alles mißlungen, denn man soll das Endliche nicht schmücken mit dem Endlichen, um ihm einen Schein des Ewigen zu geben; jedes, auch das gelungenste Kunstwerk, dessen Gegenstand nicht der ewige Gott und seine Wirkung ist, scheint mir ein geschnitztes Bild, das man nicht machen soll, damit es nicht angebetet werde." Dieser Brief läßt schon keinen Zweifel, wohin sich alles Denken und Streben Brentanos zu richten begann: auf Gott, und markiert einen entscheidenden Schritt Brentanos bei der Rückkehr zum Glauben seiner Väter: zum Katholizismus.

Brentanos Rückkehr zum Kirchenglauben war eine radikale Umstellung seines Lebens und Wirkens, auf die ein Komplex von Faktoren eingewirkt haben. Im Grunde ausschlaggebend war, daß die lebens- und schaffensstimulierende Kraft des romantischen Subjektivismus ihm mehr und mehr zu einer Chimäre geworden war. Brentano hatte sich aus seiner Vereinzelung nicht befreien und in ein harmonisches Ganzes eingliedern können, sondern war im Gegenteil immer tiefer in die Isolation gedrängt worden. Eine ganze Reihe von Äußerungen Brentanos machen deutlich, daß er sich von der Rückkehr in die katholische Kirche nicht zuletzt die Erlösung von dem ihn peinigenden Bewußtsein, auf sich selbst gestellt zu sein, erhoffte. Im Februar 1816 schrieb er beispielsweise an Ringseis: „Ich fühle durch und durch, daß mir religiös nicht zu helfen ist, als durch das Anschließen an einen Menschen, dem ich unbedingt traue und den ich innigst liebe, und daß ich dann allen eignen Willen aufgebe und ihm gänzlich folge wie ein Knecht. Das gänzliche Unterwerfen unter einen geistlichen Obern entspräche meiner Natur allein; dieser müßte . . . mich leiten wie einen freiwilligen Blinden, denn mir selbst kann ich nicht trauen." Da für Brentano Leben und Poesie eine Einheit waren, zog diese Veränderung der Lebenshaltung eine völlige Revision seiner poetischen Prinzipien mit sich. Eine Poesie, die vorgibt, kraft romantischer Subjektivität zur Erhöhung des Lebens beizutragen, mußte ihm nunmehr als anmaßend erscheinen. Das war aber nicht nur die Folge eines gewandelten Selbst- und Lebensverständnisses, sondern in eins damit Fazit einer Kunsterfahrung, die fast alle Dichter der deutschen Romantik machen mußten. Der Anspruch auf

Romantisierung des Lebens, programmatisch von Novalis erhoben, ließ sich nicht verwirklichen. Er zerschellte an der nach objektiven Gesetzen strukturierten und sich entwickelnden sozialen Realität.

Brentanos Lebens- und Schaffenskrise wurde durch seine Erbitterung über das deprimierende soziale Resultat der antinapoleonischen Unabhängigkeitskriege vertieft. Indem er einen „altdeutschen Patrioten“ seine sozialen Erfahrungen mitteilen ließ, machte er verständlich, warum auch nach seinem Gefühl „das Leben sich wie Schlamm um einen legen will“. „Aller Sinn für das Große, auf eine herrliche, kräftige Vorzeit Deutende geht unter, für die Zukunft wird nichts getan, die Gegenwart läßt ihre papiernen Häuser anstreichen. Gemeinsinn ist nirgends; nichts geht aus allgemeinem großem Willen für alle miteinander hervor. Ich glaube, nur wenige beten das Vater *unser*, jeder denkt an sich. Für das liebevolle Bitten um *unser* Brot ist nirgends ein Herz mehr; das Gefühl, eine Gemeinde, eine Familie zu sein, ist erloschen. Alles ist wie eine große, nur auf Rechnungstabellen zusammenhängende, lieblose Masse zusammengegossen.“

Auch aus dem persönlichen Umgang Brentanos kamen Anstöße zu seiner Bekehrung. In Wien war er schon durch seine Bekanntschaft mit Adam Müller und Clemens Maria Hofbauer in engsten Kontakt mit katholischen Kreisen gekommen. In Berlin erneuerte er seine alte Freundschaft mit Ringseis und reaktivierte seine Beziehungen zu Sailer. Wichtig wurde auch ein „Wochenkränzchen“, das Brentano gründete und dessen Mitglieder sich nach einem Speisehauswirt namens Mai die „Maikäferei“ nannten; aus ihr standen der damalige Referendar August Wilhelm Götze und die extrem konservativen Brüder Wilhelm, Leopold und Ludwig von Gerlach dem Dichter besonders nahe. Das christlich-religiöse Interesse war in der „Maikäferei“ von vornherein stark ausgeprägt, aber zunächst konzentrierten sich die Gespräche noch auf romantische Poesie und die patriotische Bewegung. Im Sommer 1816 aber wurde die bayrische Erweckungsbewegung, eine katholische Form des Pietismus, die sich gegen die Orthodoxie richtete und zum Teil auf eine Erneuerung des religiösen Lebens innerhalb der katholischen Kirche hinarbeitete, zum Teil aber auch die traditionellen kirchlichen Formen überhaupt ablehnte, zum Hauptthema in der „Maikäferei". Ringseis hatte in seinem Bekehrungseifer aus Bayern berichtet: „Die Zeiten der ersten apostolischen Gemeinden sind wiedergekehrt. Unzüchtige, Säufer, Spieler, Betrüger sind fromm und innig, voll Glauben und Liebe geworden, Mägde und Knechte haben ganz verklärte, veredelte (!) Gesichter und zeigen eine Einsicht in die heiligen Schriften, vor der ich mich mit Beschämung und Rührung beugen mußte, der Pfarrer mit seiner Gemeinde, der Baron mit seinen Dienstboten, leben in brüderlichen und schwesterlichen Verhältnissen. Fast täglich sind Versammlungen in den Häusern unter gemeinschaftlichem Gebet. Auch ich lebte wie unter Brüdern und Schwestern..." In der „Maikäferei" wurden die religiösen Probleme, die mit den geschilderten Ereignissen zusammenhingen, als lebensentscheidend aufgefaßt; aus dem Kränzchen kamen dann wichtige Anstöße für die Herausbildung der neupietistischen Erweckungsbewegung in Berlin.

Brentano, der sich zu dieser Zeit intensiv mit mystischer Literatur – den Schriften Swedenborgs, Jakob Böhmes, St. Martins – beschäftigte und sich lebhaft für verschiedenartige Erscheinungsformen religiösen Sektierertums, die württembergischen Separatisten und die Heilsbotschaften der Frau von Krüdener interessierte, war von den Nachrichten „über die wunderbarsten Ereignisse" in Bayern „erfüllt". Er glaubte, daß sich hier eine Reformation des Katholizismus zu einem „lebendigen", „reinen" Christentum vollziehe. Charakteristischerweise beschäftigten ihn dabei vornehmlich alle die Dinge, die über den Verstand zu gehen schienen. „Es zeigen sich eine Menge von *Besessenen* und *Geistersehenden* und die wunderbarsten Wirkungen durch das Gebet der Frommen." Wie schwer es ihm andrerseits fiel, sich mit den katholischen Dogmen und Formalitäten abzufinden, hatte er Ringseis in einem Brief vom November 1815 gestanden: „Da ich in der Jugend die Formen des katholischen Kultus mitmachte, habe ich dann und wann, aber bei Gott nicht anders als ein Götzendiener gebetet. Da ich keine Form mehr mitmachte, ja, die katholischen Formen mir so fremd und so unverständlich und unangenehm wurden als die Synagoge – ich übertreibe nicht –, hatte ich häufig tiefe, innere, aber ganz unformelle Erhebungen zu Gott; diese sind die liebsten Momente meines geistigen Lebens. Ich weiß nicht, woher es kommt, aber ein einziges Kapitel und Verszitat, ein einziges, ‚spricht dieser oder jener' entfernt die Sache von mir und macht sie mir äußerlich."

Brentanos Glaubensqual verquickte sich auf eine letzthin undurchschaubare Weise mit Liebesnot; seine Lebenskrise wurde dadurch vertieft, die schließliche Entscheidung beschleunigt. Im Oktober 1816 hatte Clemens Brentano Luise Hensel kennengelernt, ein anmutiges und in der Berliner Gesellschaft viel umschwärmtes Mädchen; sie war auch dichterisch begabt und hat geistliche Lieder geschrieben, von denen ihr Nachtgebet ›Müde bin ich, geh zur Ruh‹ bis heute bekannt geblieben ist. Luise Hensel – eine Pastorentochter – war tief religiös, von Gewissensskrupeln gequält und ist später zum Katholizismus konvertiert. Brentano hat dieses Mädchen mit einer ekstatischen Leidenschaft geliebt, wurde aber von ihr abgewiesen. Noch tief in diese quälende Beziehung verstrickt, legte Brentano am 27. Februar 1817 die Generalbeichte ab. Die Beziehung zwischen ihm und Luise Hensel wurde in der Folgezeit durch die Leidenschaft des Mädchens für einen Freund Brentanos, durch Mißverständnisse, Verdächtigungen und wohl auch durch den Versuch Brentanos, das Mädchen unter religiösen Druck zu setzen, lange belastet.

Im September 1818 fuhr Brentano nach Dülmen im Münsterland. Dort lebte die Augustinernonne Anna Katharina Emmerick, die seit 1812 stigmatisiert war; an ihrem Körper sollten sich also die fünf Wundmale Christi zeigen und zeitweilig bluten. Brentano wollte dieses „Wunder" sehen und an den religiösen Visionen der Nonne teilhaben. Schon nach relativ kurzem Aufenthalt in Dülmen notierte er sich: „Ich fühle, daß ich hier eine Heimat finde, und es ahnet mir, als könne ich dieses wundervolle Wesen vor seinem Tode nicht mehr verlassen, und es solle meine Lebensaufgabe mir hier zu Teil und mein Flehen erhört werden, daß mir doch Gott auf Erden irgend ein Geschäft übergeben möge, das meinen Kräften angemessen wäre und zu seiner Ehre gereichen könnte. Ich will mich bemühen, den Schatz der Gnaden, den ich hier erblicke, mit gutem Willen nach Kräften einzusammeln und zu bewahren." Die Nonne wurde ihm der Mittler zu Gott, zum Absoluten. Sein Verhältnis zu ihr bestätigt eigentlich Arnims Meinung, daß „seine Glaubensquälerei... nur ein anderer Ausdruck dessen" war, „was ihn... stets zerrüttet hat, indem er sich auf frischen Fundamenten kerzengerad zum Himmel ohne Absatz auferbauen wollte". Dem entspricht auch, daß Brentano immer wieder mit autorisierten Repräsentanten der Kirche in Konflikt geriet und auch der Nonne durch sein ewiges Drängen, ihm ihre Visionen mitzuteilen, sehr bald zu einer schwer erträglichen Last wurde.

Die Begegnung mit Anna Katharina Emmerick war für Brentano ein ihn umwandelndes Erlebnis; es überzeugte ihn endgültig, daß sein altes Leben bankrott gegangen war. Als äußeres Zeichen dessen ließ er am 13. Dezember 1819 seine mit unendlichen Mühen zusammengetragene Bibliothek versteigern, die eine unschätzbare Sammlung älterer Handschriften und Drucke, „zur Geschichte der deutschen, französischen, spanischen, holländischen und englischen romantischen Dichtkunst gehörig", enthielt.

Seine neuen Ideen propagierte Brentano mit unduldsamer Rigorosität. Wie er in einem ausführlichen, bekenntnishaften Brief an seine Schwester Gunda von Savigny erläuterte, waren die tragenden Elemente seines Weltanschauungsgebäudes nunmehr die Liebe zum einfachen Leben, Abneigung gegen „die hoffärtige Selbstsicherheit der Erkenntnis", religiöses Ungenügen an aller weltlichen Humanität – „welch elende Surrogate sind Menschlichkeit, Edelmut, Wissenschaft, sind alle Tugenden gegen den gehorsamen Glauben an Jesum Christum und die organische Gesamtheit seiner Mitteilung, die Kirche . . ." –, Glaube an die Offenbarung und den Teufel, größtes Interesse für alle Erscheinungen religiöser Ekstatik, Verzücktheit, für Visionen, in denen er die Wirkung Gottes zu erkennen glaubte, absolute Verpflichtung gegenüber der katholischen Kirche. Diese Aufzählung deutet schon an, daß der Katholik Brentano seinen eigenen Weg ging – weder den unreflektierten der naiv Gläubigen, noch den strikt geregelten der Kirchenbeamten oder gar den schwärmend-schöngeistigen frommer Abbés. Sein Katholizismus kam aus dem Bedürfnis nach dem aufwühlenden religiösen Erlebnis. Für dogmatische Probleme hatte er ein geringes Interesse. Stark bewegten ihn dagegen Fragen der Seelsorge und auch karitative Aufgaben. Das „Elend der Armen, Kranken und Unwissenden" lag ihm wahrhaft am Herzen. Fast magisch zog es ihn lange Zeit auch zu denen, die am Rande, wenn nicht schon außerhalb der Kirche standen. Das „allgemeine Verhalten der Geister- und Wunderwelt und besonders der Gewalt des Satans in unserer Zeit" war ihm unheimlich und interessant zugleich.

Zwangsläufig zog diese Art der Bindung an den Katholizismus politische Konsequenzen nach sich. Brentanos alte romantische Aufklärungsfeindschaft ging auf der Basis seines religiösen Wunderglaubens in strikte Ablehnung jeder Verstandeskultur über. Alle Erscheinungsformen des Liberalismus mußten ihm daher zutiefst verdächtig erscheinen. In den dreißiger Jahren stand er fest im Lager des politischen Konservatismus und der Restauration. Er hatte sich von allen Bestrebungen abgesondert, deren geistige Energien aus dem Emanzipationsdrängen der bürgerlichen Klasse kamen. Er spottete in einem Atemzug über Zivilisation, Menschenbeglückung und Pressefreiheit, war ein Gegner der Jungdeutschen, verabscheute Feuerbach und Strauß als moderne Jakobiner. Doch waren ihm die sozialen Phänomene, die nicht unmittelbare Rückwirkungen auf die ihn beschäftigenden Glaubens- und Kirchenangelegenheiten hatten, im Grunde so nebensächlich-ärgerlich, daß er selten zu allgemeinen politischen Problemen Stellung nahm.

Von den früheren Bekannten Brentanos hatte vor allem Arnim kein Verständnis für dessen Wendung zum Katholizismus. 1818 meinte er, daß sein alter Freund sich „in das grauenvolle Hexenwesen des ausgearteten Katholizismus . . ., der in Haß und Streit seine Blüten treibt", hineindrängen lasse. Er, der Brentano genau kannte und in seiner späten Erzählung ›Metamorphosen der Gesellschaft‹ den Zusammenhang zwischen politischer Reaktion und dem Anwachsen religiöser Schwärmerei eindringlich analysierte, hatte seine eigene Erklärung für diesen Vorgang, der sich nach seiner Meinung auf ähnliche Weise in der Entwicklung des späten Görres wiederholte: „... sie sind gehemmt, gebannt, sie wissen nicht wodurch, weswegen, und am Ende ist es der Dreck der Zeit, worin sie mit ihren Füßen steckengeblieben." Das war wohl so falsch nicht geurteilt, wie mancher glauben möchte, dem nur das Verständnis der inneren Welt Brentanos wichtig ist.

Brentanos Rückkehr in die katholische Kirche war zugleich eine entschiedene Abwendung von seiner früheren Dichtung. Der Dichter schrieb noch 1837, als er schon nicht mehr mit dem Eifer des frisch Bekehrten über die romantische Poesie urteilte, daß er seine alten Lieder „kaum zu lesen, viel weniger abzuschreiben wage, was eine Verräterei an mir und dem Leben sein würde"; „mir graust es, wenn ich daran denke". Alle weltliche Dichtung war für Brentano frevlerisch, weil sie ihrer Natur nach die Tendenz haben mußte, dem Endlichen den Schein des Unendlichen zu geben, während es für ihn jetzt darauf ankam, daß die Dichtung – ähnlich wie die Theosophie – „das geheime Verständnis der Dinge", ihren göttlichen Ursprung, durch die Dinge selbst verdeutlichte. Die Entscheidung für den Katholizismus machte also einen tiefen Einschnitt in Brentanos dichterische Entwicklung. Sie setzte aber seiner ernst zu nehmenden dichterischen Produktion kein Ende. Die neuere Brentano-Forschung hat die Auffassung, daß die weitere Entwicklung des Dichters nur von biographischem Interesse sei, in überzeugender Weise auf ein liberales Vorurteil zurückgeführt. Diese Erkenntnis begünstigte zwar eine neue Fehleinschätzung: Die Kontinuität des lyrischen Schaffens von Brentano wurde überbetont und zuwenig Nachdruck darauf gelegt, daß sich seine späte Lyrik aus der allgemeinen Entwicklung der deutschen poetischen Literatur aussonderte. Aber außer Zweifel steht, daß der alte Brentano, auch wenn er befürchtete, daß in Versen „schier Alles zur Lüge und zum Machwerk" werde, vom „Trillrad der schönen Künste" nicht loskommen konnte.

In der Zeit seiner Lebenskrise, in der er „mit geradezu mittelalterlicher Intensität seelischen Beängstigungen und dem Schauer religiöser Erschütterungen unterworfen“ (Hans Rupprich) war, schrieb Brentano ergreifende Bekenntnisgedichte wie den ›Frühlingsschrei eines Knechtes aus der Tiefe‹. Auch in der Folgezeit entstanden – oft aus barocker Metaphorik lebende – lyrische Dichtungen, die der religiösen Not Brentanos starken Ausdruck geben. Er sah im Ewigen Juden, „der den kreuztragenden Herrn nicht bei sich ruhen lassen und nun ewig ohne Ruh und Rast zur Warnung herumziehen und suchen müsse“, ein Sinnbild seiner selbst und fühlte sich als „ein todesmüder, zerlumpter Pilger zwischen Babylon und Jerusalem unter einem Kreuz am Weg eingeschlafen“.

In der späten Lyrik Brentanos zeichnen sich zwei Schwerpunkte ab: die nach 1816 entstandenen Gedichte an Luise Hensel und die seit 1834 geschriebenen Gedichte für Emilie Linder. In den Gedichten beider Gruppen, aus denen Brentano übrigens nichts veröffentlicht hat, durchdringen sich erotische und religiöse Verzückung, Welt- und Liebesverzweiflung. Ihre sinnlich-geistliche Inbrunst korrespondiert dem Satz Brentanos, daß es für ihn „nur ein gründliches Verhältnis im Leben“ gebe, „die Liebe, zu Gott oder dem andern Geschlecht“, wobei für Brentano die zwei Möglichkeiten der Liebe oft in einem Erlebnis verschmolzen. Auffällig häufig hat Brentano früher Geschaffenes umgedichtet – viele Liebesgedichte an Emilie Linder variieren oder erweitern beispielsweise Dichtungen, die ursprünglich an Luise Hensel gerichtet waren. Dieses Phänomen ist nicht einfach ein Symptom für das Nachlassen der poetischen Schaffenskraft Brentanos. Neuere Interpretationen entdeckten in der „bizarren Melodie“ der Linder-Gedichte eine lyrische Sprache, „in der die in Zitat und Nachdichtung sich dokumentierende Traditionsverbundenheit in der Weise der Darstellung zerstört und der, mit überwachter Bewußtheit verfolgte, Zerstörungsprozeß selbst die neue Gestalt des Gedichtes wird“ (Wolfgang Frühwald). Relativ häufig sind in Brentanos später Lyrik auch Gedichte, deren lyrischer Vorgang – wie Hans Magnus Enzensberger festgestellt hat – „einem dauernden Kreisen um ein Thema zu vergleichen ist, das variiert, glossiert und kommentiert wird".

Außer hochkomplizierten Bekenntnis- und Weltanschauungsdichtungen schrieb der katholische Brentano eine Menge von Erbauungslyrik, die auf ein großes Publikum durch einfältige Frömmigkeit wirken sollte. Welche Ansprüche Brentano an solcherart erbauliche Kunst stellte, läßt sich aus einem Brief an seinen Altersfreund, den Maler Edward von Steinle, ablesen. Er lobt hier eine ihm übersandte Zeichnung: „Es ruht auf der Zeichnung der Ausdruck von großer, inniger, einfältiger Andacht. Alles atmet Friede, et in terra pax hominibus [und auf Erden Friede den Menschen] ist meisterhaft – oder vielmehr gottesschülerhaft darin ausgedrückt –; das Wort meisterhaft ist mir für Ihre Arbeiten etwas zu impertinent. Christenwerke sind nie meisterhaft [. . .] – auf den Meisterwerken ruht kein Duft des Herzens von innen heraus, sie haben kein Kindchen im Augapfel, sie sind kalt, korrekt, ihr Tau ist kalter Niederschlag des Kennerlobes auf der glatten Fläche, die nicht immer nach gesundem Odem schmeckt."

Ein Großteil der Erbauungslyrik Brentanos ist für den, der sich nicht auf Geist und Ton frommer Einfältigkeit zurückschrauben will, kaum genießbar. Aber auch für diese Dichtungen ist in letzter Zeit ein sie strukturierender Komplex fester Kunstprinzipien nachgewiesen worden. Bernhard Gajek machte – ihre Kunstverwandtschaft mit der nazarenischen Malerei herausarbeitend – auf folgende Eigentümlichkeiten von ihnen aufmerksam: die Tendenz, Leben und Kunst „in frommer Radikalität" zusammenzuführen, die Begrenzung auf einen schmalen, fast linearen Gedankengang, die scheinbare Problemlosigkeit, ja anfängliche Flachheit und Vordergründigkeit der Aussage, deren strenge Bindung an konventionelle kirchliche Formen und Motive und an den Wortschatz der christlichen Frömmigkeitstradition, die Beschränkung auf einen idealen Gehalt, die Projektion des Realen und Historischen auf die christliche Heilsgeschichte, die scheinbare Entpersönlichung des Stils. Durch eindringende Analysen hat Gajek auch gezeigt, wie selbst diese Dichtungen die spezifische Schaffensproblematik

Brentanos – allerdings vielfach vermittelt und überlagert – in sich bergen.

Der alte Brentano hat bei seinen Überarbeitungen des ›Gockel‹- und des ›Fanferlieschen‹-Märchens auch für die poetische Prosa neue Ausdrucksmittel und -möglichkeiten geschaffen. Man hat die Spätfassungen der Märchen lange Zeit an einem ihnen nicht gemäßen normativen Vorstellungsmuster gemessen und sie dementsprechend negativ beurteilt. Richard Benz schrieb zum Beispiel: „Es ist nur noch die Technik einer Kleinkunst, die der alternde Brentano beherrscht: ein stetes Verschnörkeln, Paraphrasieren, musikalisches Variieren, das er jedem Satz, jeder Figur, jeder Situation seiner früheren Dichtung zuteil werden läßt . . .“ Dieses Urteil läßt die den Märchenstil bestimmende Darstellungsintention und Wirkungsabsicht des alten Brentano völlig außer acht. Seine Neigung, Gleiches oder Ähnliches bedeutende Wörter zu häufen und Aussagen hartnäckig zu wiederholen, wird aus der erzählerischen Tendenz verständlich, „eine Steigerung zu erzielen, die die ratio ausschaltet“, aus der Absicht, „jede Aussage in das Ausnahme- und Rätselhafte, ins Wunderbare“ (Bernhard Gajek) zu überführen; das Rankenwerk von Arabesken, das die Dichtungen umwuchert, entfaltet sich zu einer geheimen Bildersprache, die in das Sinnzentrum der Dichtung, den sie ganz durchdringenden Bezug auf die göttlichen Anfänge, weist. Die Idealvorstellung des naiven, gütigen, frommen Kindes, die dem Dichter seit langem vorschwebte, ist nun gänzlich in den Mythos von Gotteskindschaft eingegangen. Diese christliche Religiosität der Dichtung war für Rudolf Alexander Schröder ein wesentliches Motiv, darauf zu bestehen, daß die Spätfassung des ›Gockel‹-Märchens „die Krone der brentanoschen Poesie und ein unvergleichliches Kleinod deutscher romantischer Dichtung sei“. Aus dem Märchen sei „eine Welt wirklichen Wunders“ geworden, „vollkommen lauter, transparent und transzendent zugleich, weil alles in ihr, auch das Niedrige und Zufällige, auf die Mitte hin bezogen ist, vor der alles Feste und alles Wandelbare der irdischen Welt ohnehin sein Gesetz und seine Gültigkeit verliert, die Mitte des ewigen Lebens in Gott“. Zu einem solchen Urteil kann aber wohl nur kommen, wer sich dem alten Brentano geistig nahe fühlt; der weltlich gesinnte Leser wird die frühen Fassungen der Märchen vorziehen.

Aufs Ganze gesehen war nach 1817 die Poesie zu einer Nebensache im Leben Brentanos geworden. Er nutzte seine schriftstellerische Begabung vornehmlich im Dienste der katholischen Propaganda. Brentano veröffentlichte u. a. eine Abhandlung über ›Die Barmherzigen Schwestern in Bezug auf Armen- und Krankenpflege. Nebst einem Bericht über das Bürgerhospital in Coblenz und erläuternden Beilagen. Zum Besten der Armenschule des Frauenvereins in Coblenz‹ (1831), schrieb Aufsätze für die Münchener ›Historisch-politischen Blätter für das katholische Deutschland‹ und veranstaltete im Zusammenhang mit dem Plan zu einer katholischen Volksbibliothek eine Neuausgabe von Friedrich Spees ›Güldenem Tugendbuch‹ (1829). Sein Hauptgeschäft aber war die Aufzeichnung, Ausarbeitung und Zusammenstellung der Visionen, die Anna Katharina Emmerick zuteil geworden sein sollen. Wie er die Nonne erlebte, beschrieb er in einem Brief an Luise Hensel: „Sie schwimmt Tag und Nacht auf diesem Traummeer ... Sie weiß selten, was sie tut und spricht, selbst im Wachen – ich weiß nicht, lebt sie oder wird sie gelebt; doch ist in allem eine zu ahnende Ordnung so sicher als die der Gestirne, der Natur, der Geschichte, der Kirche und ihrer Zeit." Immer wieder klagte er über die Undeutlichkeit, Zerrissenheit und Allgemeinheit der Mitteilungen, die ihm die Nonne machte. Dennoch empfand er sie als ein Geschenk des Himmels: „Die Gabe ist zu ungeheuer, und nie war solches gegeben, sie steht der Not der Zeit gleich ..."

Als später in der katholischen Kirche die Seligsprechung der Anna Katharina Emmerick erwogen wurde, ist die Authentizität der Aufzeichnungen Brentanos sorgfältig geprüft worden. Dabei stellte sich zweifelsfrei heraus, daß sie keinen dokumentarischen Wert besitzen. Brentano hat „eigene Erfindungen und Erzählungen anderer als Gegenstand Emmerickscher Gesichte in die Tagebücher verwoben" (Winfried Hümpfner). Seine Absicht war, unter Berufung auf die „Gesichte" der Nonne die Lebensgeschichte Jesu als wirklich und die von Christus ausgehenden Gnadenwirkungen als Tatsachen zu zeigen; die Darstellung sollte sich darüber hinaus zu einem katholischen Weltepos zusammenfügen. Brentano erläuterte sein Verständnis der Emmerickschen Visionen folgendermaßen: „Alles... ließ den großartigen Zusammenhang ahnen, der später hervortrat, da es sich entdeckte, daß die heiligende Vorwelt, die entheiligende Mitwelt und die richtende Nachwelt sich fortwährend als ein historisches und zugleich allegorisches Drama nach den Motiven und der Szenenfolge des Kirchenjahres vor, in und mit ihr abspielten..."

1833 veröffentlichte Brentano anonym ›Das bittere Leiden unseres Herrn Jesu Christi. Nach den Betrachtungen der gottseligen Anna Katharina Emmerick‹. Erst nach dem Tode Brentanos, aber in allen wesentlichen Teilen noch von ihm autorisiert, erschien 1852 ›Das Leben der heil. Jungfrau Maria‹; 1858 folgte dann noch ›Das Leben unseres Herrn und Heilandes Jesu Christi‹. Vor allem die beiden erstgenannten Bücher hatten einen kaum glaublichen Erfolg und gehörten lange Zeit zu den meistgelesenen Werken der katholischen Erbauungsliteratur. Die 1926 erschienene Brentano-Bibliographie von Otto Mallon weist 77 Auflagen vom ›Bitteren Leiden‹ nach, dazu 16 Auflagen von Teildrucken, außerdem Übersetzungen ins Französische (bis 1880 38 Auflagen!), Italienische, Spanische, Englische, Polnische, Tschechische, Litauische. Vom ›Leben der heil. Jungfrau Maria‹ sind in derselben Bibliographie 26 deutschsprachige Auflagen und daneben Übersetzungen ins Französische, Englische, Italienische, Holländische und Spanische genannt. Diese Schriften sind also katholische Volksbücher geworden, und sie haben auch im geistigen Leben bedeutender Künstler ihre Spuren hinterlassen. Das ›Bittere Leiden‹ hat beispielsweise auf Adam Mickiewicz und Paul Claudel einen starken Eindruck gemacht.

Bis zum Tode von Anna Katharina Emmerick am 9. Februar 1824 hatte sich Brentano – von kürzeren Reisen abgesehen – in Dülmen aufgehalten. Danach scheint er, da ihm kirchliche Bestimmungen verwehrten, sich zum Priester weihen zu lassen, keine festen Pläne für sein äußeres Leben gehabt zu haben. Zwischen 1824 und 1827 lebte er in Koblenz, eng befreundet mit dem dortigen Stadtrat Hermann Joseph Dietz. Durch beider Bemühungen wurde ein Bürgerhospital geschaffen, in dem die Krankenpflege von Ordensschwestern übernommen wurde. Überhaupt hat sich Brentano damals viel um die Förderung der Armenhilfe und das Erziehungswesen gekümmert, wobei er sein Geld und seine Kraft nicht schonte. Während der Koblenzer Zeit unternahm er zwei für ihn wichtige Reisen. Im Herbst 1825 besuchte er den im Straßburger Exil lebenden Görres; bei dieser Gelegenheit erneuerten sie ihre alte Freundschaft, nun aber im Zeichen gemeinsamen Wirkens für den Katholizismus. 1827 fuhr Brentano zusammen mit Dietz nach Paris, um sich über die karitativen Aktivitäten dortiger katholischer Institutionen zu informieren. Nach einer Zeit unsteten Hinundherziehens nahm er 1829 seinen Wohnsitz in Frankfurt, das ihm wegen der protestantischen Gesinnung seiner meisten Einwohner an sich wenig sympathisch war. Hier fand er aber bei dem ihm schon längere Zeit bekannten Historiker Friedrich Böhmer freundschaftlichen Rückhalt. Brentano schrieb später über diesen Mann, der ihn immer wieder zur Veröffentlichung seiner weltlichen Dichtungen drängte: „Böhmer, obgleich hie und da etwas pedantisch und bizarr erscheinend, ist von den Menschen, die ich in Frankfurt kenne, der sinnvollste, getreuste, gerechteste, edelste – Wenn man ihn kennt wie ich, so kann man nicht an ihn denken, ohne daß einem die Tränen in die Augen steigen." 1832/33 lebte Brentano in Regensburg; seine Absicht war, dem damaligen Domherrn, späteren Kardinal Melchior Diepenbrock, den er schon aus seiner Dülmener Zeit kannte, bei der Abfassung einer Biographie Sailers zu helfen.

Die letzte Etappe des äußeren Lebens von Clemens Brentano begann 1833. Damals nahm er seinen Wohnsitz in München, das sich unter König Ludwig I. von Bayern – nach einem Wort Heines – zum Hauptquartier der katholischen Propaganda entwikkelt hatte. Hier wirkten u. a. der auf den Ultramontanismus eingeschworene Joseph Görres, der Theosoph Franz von Baader, der von der romantischen Naturphilosophie herkommende, nunmehr einem religiösen Mystizismus zuneigende Gotthilf

Heinrich Schubert, Brentanos alter Freund Ringseis – nunmehr Professor an der Universität und Direktor des ganzen bayrischen Medizinalwesens –, die Maler Cornelius und Kaulbach; auch Schelling lehrte bis 1841 in München.

Im Herbst 1833 lernte Brentano die damals 36jährige Malerin Emilie Linder kennen. Sie gehörte zu den Frauen, die im Mittelpunkt des Münchener Gesellschaftslebens standen. Der Umgang mit der reichen Kaufmannstochter war wegen ihrer Gastfreundschaft und ihres Mäzenatentums gesucht. Sie verkehrte mit Schubert, Baader und Görres, sammelte Bilder aus der nazarenischen Schule und hat Brentano nochmals zu einer leidenschaftlichen Liebe hingerissen. Der Dichter – schon hoch in den Fünfzigern – wollte sie heiraten; Emilie Linder ließ sich darauf nicht ein, doch die freundschaftliche Beziehung beider blieb erhalten.

Brentano stand während seines letzten Lebensjahrzehnts auch in enger Verbindung mit Görres; er schrieb: „Einen treuen Herzensfreund habe ich an Görres, der hier in allgemeiner Verehrung steht und wie von je eine liebe Gastfreundschaft und Milde ausübt . . . *Alle legitimen und katholisch gesinnten Männer besuchen sein Haus* und sind im wahren Sinne Hausfreunde, und lebte er nicht hier, so würde München für viele Menschen ein gewöhnlicher Ort." Die Grundtendenz von Görres' Wirken entsprach der Brentanos; sie ging darauf hin, den nach seiner Meinung von der Aufklärung unterhöhlten Wissenschaften, Künsten und politischen Institutionen wiederum ein christlich-katholisches Fundament zu verschaffen.

Außer zu Emilie Linder, Görres, Ringseis hatte Brentano in München vielfältige weitere Kontakte; er wirkte anregend auf den dortigen Künstlerkreis und fand in dem Maler Edward von Steinle noch einen treuen Freund. Seine privaten Lebensumstände waren einfach. Steinle schilderte seinen ersten Besuch (1837): „Er ging voraus durch einen Gang in sein Arbeitszimmer, bat mich, die Türe nur anzulehnen, damit die Schwalbe, welche ihr Nest vor seiner Türe hatte, durch Fenster und Tür der Stube kommen könne. Er schob mir mit den Füßen einen Stuhl hin, nachdem er sich hinter einen Tannenholztisch in seinen nur auf der linken Seite mit einer Lehne versehenen Stuhl gesetzt hatte. Das Zimmer war voll von Büchergestellen; ihm gegenüber aber hing ein großes Kruzifix und ein schönes Bild der hl. Katharina von Siena. Von diesem hat er mir später wiederholt gesagt, gerade so habe Anna Katharina Emmerich [!] ausgesehen. Das an dieses Zimmer stoßende Schlafzimmer hatte ebenfalls nur Büchergestelle, und über dem sehr ärmlichen Bette hing ein großes Muttergottesbild auf Goldgrund aus der Cranachschen Schule. Die Möbel waren Tannenholz und sauber gescheuert." Die letzten Lebensjahre verbrachte Brentano vor allem an seinen Emmerick-Aufzeichnungen arbeitend. Er nahm noch an der Münchner Geselligkeit teil und ließ keine Gelegenheit aus, für seinen Glauben zu werben. Er starb am 28. Juli 1842 in Aschaffenburg in der Wohnung seines Bruders, der den Todkranken aufgenommen hatte. In einem seiner letzten Briefe ließ er noch einmal seiner Verzweiflung freien Lauf, daß er trotz aller Anstrengungen des Glaubens keinen inneren Frieden hatte finden können: „Ach ist es denn ganz unmöglich, ist denn nie und nimmer eine Aussicht dazu da, daß auch ich das Gefühl einer Heimat habe! – ... O ich armer Pilger, ich armer Pilger, wo soll ich mein Haupt hinlegen!"

Brentano, der seine Dichtungen nur verstreut und nur zum Teil veröffentlichte, viele auch unvollendet ließ, hat es seinen Zeitgenossen nicht leicht gemacht, mit ihnen vertraut zu werden. Sein Werk und seine Persönlichkeit waren auch nicht populär. Er hatte – um ein Diktum Eichendorffs zu wiederholen – so unbescheiden viel Talent, daß die einen darüber erschraken und die anderen böse wurden, weil er am Ende von seiner ganzen Genialität nicht mehr viel wissen wollte. Seine Wendung zum Katholizismus entfremdete ihn vielen, die für seine frühe Poesie Sinn gehabt hätten; andererseits interessierte sich die große Leserschaft des ›Bitteren Leidens‹ und des ›Lebens der hl. Jungfrau Maria‹ in der Regel nicht für deren Verfasser und seine Poesie. Eichendorff mußte daher in seiner 1857 erschienenen ›Geschichte der poetischen Literatur Deutschlands‹ feststellen: „... die Leute haben im Leben wenig von ihm gewußt und nach dem Tode ihn kaum vermißt."

Die Rezeption von Brentanos Werk im 19. Jahrhundert ist zusätzlich dadurch eingeengt worden, daß es zunächst völlig von katholischer Seite in Anspruch genommen wurde. Die ›Gesammelten Schriften‹ von 1852 bis 1855 bieten eine im katholischen Sinne gefilterte Auswahl und einen entsprechend gereinigten Text. Die erste Brentano-Biographie (1877/78) stammt von den Jesuiten-Patres Johannes Baptista Diel und Wilhelm Kreiten; Diel hatte schon 1873 eine Brentano-Auswahl veröffentlicht, um sie „in kulturkämpferischer Absicht als Waffe gegen den liberalen Zeitgeist" (Wolfgang Frühwald) verwenden zu können. Das dadurch geschaffene einseitige Bild des Dichters erfuhr eine Revision, als um die Jahrhundertwende der Romantiker Brentano wiederentdeckt wurde; aber dabei blieb dessen spätes dichterisches Werk entweder außer Betracht, oder es wurde ohne eingehende Analyse verworfen. Viele Interpreten fanden auch nicht eine Einstellung zu dem Autor und seinem Werk, die es ihnen ermöglicht hätte, deren Schwierigkeiten wirklich ernst zu nehmen. Die moralisierend-herablassende Beurteilung des „haltlosen" Menschen und eine normative Kritik seiner literarischen Produktionen spielen in der Brentano-Literatur noch lange eine große Rolle. Die linken Schriftsteller und Kritiker standen Brentano wegen des religiösen Eiferertums und politischen Konservatismus, mit dem er sich im Alter äußerte, von vornherein kritisch gegenüber, und sie waren auch – wie etwa Sternheim – nur zu leicht geneigt, das Werk des frühen Brentano einer Kultur romantischer Innerlichkeit zu- und damit abzuschreiben.

Je weiter aber der historische Abstand zu Brentano wird, desto mehr tritt hervor, von welch hohem literarischem Rang sein in vieler Hinsicht bruchstückhaftes Werk ist und wie groß seine poetischen Neuerungen waren. Hans Magnus Enzensberger wies zum Beispiel darauf hin, daß vor allem der alte Brentano lyrische Techniken entwickelt hat, die erst für die Dichtung des 20. Jahrhunderts allgemeine Bedeutung gewannen. Auch reicht die literarische Nachwirkung von Brentanos Poesie tiefer und weiter, als auf den ersten Blick zu sehen ist. Sie war zwar – auf Grund der Veröffentlichungsgeschichte seiner Werke – nicht kontinuierlich und dicht, brach aber an literaturgeschichtlich entscheidenden

Punkten durch, bei Büchner, bei Heine, dessen „raffinierte Kunst der Strophik und Rhythmik" auf Brentano zurückweist (Günther Müller), oder bei Mörike; nicht nur dessen lyrischer Klangzauber ist erst in der Nachfolge Brentanos möglich geworden, auch die rührend dissonante Poesie seines ›Verlassenen Mägdeleins‹ führt eine von Brentano ausgebildete Tradition fort – man denke an ›Der Spinnerin Nachtlied‹. Die poetische Ausstrahlung von Brentanos Werk blieb dabei nicht auf das 19. Jahrhundert und den deutschen Sprachraum beschränkt; sie ist im deutschen Expressionismus nachzuweisen und in der französischen Lyrik von Baudelaire bis Apollinaire spürbar. Schließlich geht – und das wird oft vergessen – die andauernde, vielfach verzweigte literarische Wirkungsgeschichte von ›Des Knaben Wunderhorn‹ zu einem großen Teil auf Brentanos „Restaurationen und Ipsefakten" für diese Sammlung zurück.

GEDICHTE

I
1797–1803

An mein Lieblingsplätzchen im Garten

Hier wo des Kotendampfes schwarze Schatten
Sich wild in grausen Wolken gatten,
Hier wo der Sieder arbeitsame Haufen,
Halbnackt die Kreuz und Quere laufen,
Hier lauscht ich oft der Krähe rauh Geschrei
Des muntern Sperlings Lied vom ew'gen Einerlei.
Hier wo ich lächlend oft vergangner Freuden dachte,
Oft reuevoll aus manchem Traum erwachte,
Hier wo der Knaben Schar im wilden Spiele lärmet
Hier hab ich hoffend oft der Zukunft Feld durchschwärmet
Hier hab die erste Waisenträne ich geweinet
Hier wo recht freundlich mir die liebe Sonne scheinet,
Hier wo im Geiste mich die Guten all umgeben
Die fern im lieben Vaterlande leben.
Hier hab ich immer gern gesessen
Dies Plätzchen will ich niemals nicht vergessen
Auch dann nicht wenn im Vaterland der Reben
Mich wieder Offenheit und froher Witz umschweben.
Hu, frostig sind die blauen Horden
Nur Köpfe, keine Herzen gibt's in Norden.

Schönebeck den 10. April 1797

Ordensreglen des heiligen Clemens

1.

Um meine Tage froh zu leben,
Stifte ich ein Kloster hier;
Geheiliget dem Gott der Reben
Das Priorat gehöre mir.

2.

Aus Furcht vor Langerweile seien
Unsre Metten stets recht klein
Dem Schwab will ich die Küche weihen
Der Massel sorge für den Wein.

3.

Damit der Neid uns nicht zerstöre
Sei Regel es, daß Geld und Wein
Und dem Schwab sein Pult gehöre
Allen Mönchen insgemein.

4.

Ich will daß zur Morgengabe
Wer hier schlüpft in mein Habit
Nichts in dem Vermögen habe
Als brav Durst und Appetit.

5.

Keinem will ich bange machen.
Wer in meinen Orden geht,
Muß viel trinken, küssen, lachen
Lange Bratwurst, kurz Gebet.

6.

Damit wir hübsch beisammenbleiben
Und sich keiner wegbegibt,
Laß ich an die Pforte schreiben:
Treibet nur was euch beliebt.

7.

Ein jeder soll sein Beichtkind haben
Ihren Skrupeln nur sich weihn
Sich an ihrem Kusse laben
Und ihr Herzenspater sein.

8.

Hat ein Beichtkind strenge Zweifel
So nehm ich sie in die Kur,
Exorziere ihren Teufel,
Leite sie zur wahren Spur.

9.

Dann läuft sie getröst' und heiter,
Schnell ins Refektorium
Spricht: jetzt bin ich viel gescheiter
Der Herr Prior ist nicht dumm.

Herz! willst du denn zerspringen?
Sturm willst du ewig rasen
Die Seele niederringen
Die Glut zur Flamme blasen?
Dampf in geballten Wolken
Die Sinne mir umziehet
Kein Lichtstrahl durch die Wolken
Der Schlaf die Ruhe fliehet.

Ihr nimmersatten Plager!
Nimmt denn der Schmerz kein Ende
Zur Marter wird das Lager
Wohin ich mich nur wende
Die ihr in dunkler Halle
Der Hölle sied geboren
Sprecht habt ihr euch denn alle
Heut gegen mich verschworen.

Nackter Unschuld Leichentürmer
Giftgeborne Glutenwürmer.

Weh sie engen
Grause Lust
Engen zwängen
Mir die Brust
Immer enger immer bänger
Nein nun trag ich es nicht länger
Von dem Lager auf
Spreng in wildem Lauf,
Durch die Straßen durch die Gassen
Immer mich die Qualen fassen,
Kein Ruhe kein Weilen
Vergönnet ihr Eilen
Gott! wie irr ich denn herum
Alles hier so öd so stumm
Doch scheint mir der Ort bekannt
Meinem Blicke zugewandt
Fenster Treppe Baum und Tür
Ja es wohnt die Liebste hier
Ob ich bleibe; ob ich fliehe
Ob ich leis die Klingel ziehe
Ob sie wachet, an mich denket
Oder ob sie gar vielleicht
Mir im Traum die Liebe schenket
Träumend mir ein Küßchen reicht.
Nein ich ziehe nicht die Schelle
Doch auch fliehen kann ich nicht
Will mich setzen auf die Schwelle
Bis der Tag das Dunkel bricht.
Wie war mir doch eben so wunderlich
War's Wachen oder Träumen
Es griff mich so schreckend so fürchterlich.
Ich mußte das Lager räumen
Was aber die Näh der Geliebten nicht tut
Wie leicht wird mir hier nicht das Herz und der Mut.

Heidnisch unwissender Schwulst aus etwa dem 20ten Lebensjahr

O ihr Allmächtigen
Die ihr euch schaffet
Aus des Gebetes
Überschwenglichkeit,
Und aus des armen
Beschränkten Erdensohns,
Unumfaßlicher Schranke,
Jedem seid ihr geboren,
Gebildet, geliebet
Wie ihm die ewige
Allschafferin, die gütige
Mutter der Zeiten, Natur,
Näher und ferner
Stellte die Grenze
Seines Verlangens, seines Strebens,
Und wie er ringen kann,
Bilden und lieben,
Stellt ihr zum Ziel euch,
Herrlich gerüstet,
Und es entströmet,
Segen und Strafe,
Euren gerechten
Gebenden Händen.
Aber ewig seid ihr
Unendlich und einig,
Löst euch in Unzahl,
Tretet in göttlicher
Fülle der Einheit,
Alles und Eines
Vor den unzähligen
Blicken der Betenden
Heilig dem Auge
   Des einzelnen
   Einsamen entgegen.

Wo noch ein Volk ist
Das gleich des menschlichen
Leibes Gestaltung
Rühret die Glieder,
Rüstig und einig
Wandelt und atmet
Da auch stehet im Herzen
Der Tempel der Götter,
Denn das Verlangen
Ringen und Streben
Will nur des Ganzen
Heil und ist eines.

Aber es wandeln
Fallend und steigend
Der ewigen, untiefen Zeit
Schreckliche Fluten,
Und in dem Ganzen
Sinket und hebt sich
Des Menschen Leben,
Alles Wandels, aller Dauer
Heiliger Spiegel,
Und wie die Stürme
Schlagen die mächtigen
Himmelanstrebenden
Wälder, wie zürnend
Nieder zum Herzen
Die feste gärende Erde
Ziehet die Berge,
Und wie die Wasser
Kämpfen und schwellen
Bilden und stören
So auch zertreten
Mit eisernen Füßen
Die ewigen heiligen
Zeiten die Staaten,
Ihr aber flieht nicht,

Kommt nicht, seid ewig,
Frei und gefangen,
Fest in dem Wechsel
Und in der Dauer
Seid ihr gewurzelt
Seid ihr beflügelt
Eines und alles.

Nur wo der Zweifel
Herrschet, der schreckliche
Störer des Göttlichen,
Wohnet die Sünde,
Die mit des Todes
Giftigen Pfeilen,
Eisern einherbricht,
Und mit der glühenden
Sinne zerstörenden
Krone verbrennet
Euerer herrlichen ewigen Bildung
Werkstatt, die blickende
Denkende Stirne
Des Menschen, der Gott gleicht.

Nur wo der Glauben
Wohnet, der liebende
Künstler der Schöpfung,
Wohnet die Tugend,
Die mit des Lebens
Schaffendem Stabe
Göttlich einherschwebt,
Und alle Schranken löset, daß selig,
Sich zu dem Ewigen
Heben die Blicke
Und alle Bande schlinget, daß liebend
Sich im Momente
Fange die Ewigkeit.

So daß euch gleiche der Mensch,
Euer Geliebter,
Frei und gefangen
Fest in dem Wechsel
Wie in der Dauer
Sei er gewurzelt
Sei er beflügelt
Eines und alles.

Heil mir, Heil mir
Nehmt mich ihr Götter,
Denn ich besitze mich
Den ihr zurücke mir
Gegeben ihr gütigen,
Den ihr geführet
Aus des Zweifels, der Sünde
Nächtlichen Gräbern.
Wieder zur heiligen
Schwelle des Lichtes.

Weilet auf mir ihr milden
Heiligen Augen
Meiner Geliebten,
Himmlische Pforten.
Die meiner Andacht
Herrliche Götter
Schaffend durchwandlen,

   Grüßt mich ihr glühenden,
Schimmernden Lippen
Meiner Geliebten
Göttlicher Rosen
Brennender Dornbusch
Die mir der Ruhe des Friedens Gesetze
Küssend und lehrend
Senken ins Herz.
Schlinget euch um mich ihr zarten

Lieblichen Arme
Meiner Geliebten
Heilige Fesseln
Die mich den frommen
Götter erkennenden Knaben
Dem Herzen des Lebens
Ewig verbinden.

Freue dich Himmel,
Denn ich verstehe
Zu lieben, zu beten,
Denn ich begreife
Fasse den Gott.
Denn mit dem Engel
Ringend erkämpfte
Himmlischen Segen
Irdischer Mut.
Und wie ich schlummre
Seh ich im Traume
Offen den Himmel
Und auf der goldnen
Heiligen Leiter
Steigen die Engel
Und wallen nieder.
Aber ich rede
Oft auch im Traume,
O dann Geliebte
Wecke mich küssend,
Freue dich Erde
Denn mich verstehet
Zu lieben zu küssen
Denn mich umfasset
Ein treues Weib.

Faselei
Aus den heidnischen Studentenjahren in Jena

Vieles gaben die Götter mir,
Und ich bete die sieben
Bitten ohne Entbehren,
Aber eines blieb mir versagt,
Eines nur zähmt mir
Mächtig den Übermut,
Bannt mich zur Erde
Nieder, den armen
Sterblichen Sohn.

Wenn ich die hellen,
Emsigen Tage,
Suchend durchirrte
Wenn ich die dunklen
Einsamen Nächte
Sinnend durchwachte,
Bleibe ich suchend,
Bleibe ich sinnend,
Nimmer ach finde ich
Nimmer ersinne ich
Wie ich erlangen mag
Die achte Bitte.

Bilden wohl kann ich manches,
Lieder dichten und singen,
Gerne auch leiht mir
Und meinem Werke
Die empfänglichen Sinne
Mein Liebchen.

Aber Ruhe, Ruhe
Wo wohnt sie
Ach Ruhe, die nimmer

Sich mir gesellet,
Ewiges Wühlen
Niederdringen mit Schwerkraft
Zur tiefen göttlichen Mitte,
Die alles festhält
An des Herzens
Pochender Werkstatt,
Ewiges Ringen,
Aufstreben mit Lichtes Leichte
Zur hohen göttlichen Oberfläche,
Die alles anschaut
Mit des Auges
Widerstrahlendem Spiegel.
Nach euch beiden unzertrennliche
Tiefe und Höhe
Nach dir Natur
Ringt zur Vollendung
Das arme Erdenkind.

Sechs sind Tage
Die Gott gebildet hat,
An seinem Wohnhaus,
Der verewigenden, ewigen
Wunderbaren Natur
Und an dem siebenten
Tage da ruhte er
Sieben sind Bitten
Dich ich geflehet habe
In sieben Tagen
An seines Hauses
Herrlicher Schwelle
Und alle sieben
Sind mir gewähret.
Aber die achte
Kann er nicht hören
Denn er ruhet

Herr so zürne nicht,
Daß ich Dir gleichen will
Daß ich mir bilden will
Wie Du ein Wohnhaus
Der verewigenden, ewigen
Wunderbaren Kunst,
Und an dem achten
Tage dann ruhen.

Liebesnacht im Haine

Um uns her der Waldnacht heilig Rauschen
Und der Büsche abendlich Gebet,
Seh ich dich so lieblich bange lauschen
Wenn der West durch dürre Blätter weht.

Und ich bitte: Jinni holde, milde
Sieh ich dürste, sehne mich nach dir
Sinnend blickst du durch der Nacht Gefilde
Wende deinen süßen Blick nach mir.

Ach dann wendet Jinni voll Vertrauen
Ihres Lebens liebesüßen Blick
Mir ins wonnetrunkne Aug zu schauen
Aus des Tages stillem Grab zurück.

Und es ist so traulich dann, so stille
Wenn ihr zarter Arm mich fest umschlingt
Und ein einz'ger liebevoller Wille
Unsrer Seelen Zwillingspaar durchdringt.

Nur von unsrer Herzen lautem Pochen
Von der heil'gen Küsse leisem Tausch
Von der Seufzer Lispel unterbrochen
Ist der Geisterfeier Wechselrausch.

Auf des Äthers liebestillen Wogen
Kömmt Diane dann so sanft und mild
Auf dem lichten Wagen hergezogen
Bis ihn eine Wolke schlau verhüllt,

Und sie trinket dann an Latmus' Gipfel
Ihrer Liebe süßen Minnelohn
Ihre Küsse flüstern durch die Wipfel,
Küssend, nennst du mich Endymion.

Liest auch wohl mit züchtigem Verzagen
Meiner Blicke heimlich stille Glut
Und es sterben alle deine Klagen
Weil die Liebe dir am Herzen ruht.

Fest umschling ich dich von dir umschlungen
Stirbt in unsrem Arm die rege Zeit
Und es wechseln schon des Lichtes Dämmerungen
Starb schon Gestern wird schon wieder heut.

Wenn die lieben Sterne schon ermatten
Wechseln wir noch heimlich Seligkeit
Träumen in den tiefen dunklen Schatten
Flehend und gewährend Ewigkeit.

Fest an dich gebannt in dich verloren
Zähle ich an deines Herzens Schlag
Liebestammelnd jeden Schritt der Horen
Scheidend küsset uns der junge Tag.

Abschied

So lebe wohl mit allen deinen Freuden,
  Du süßes Tal voll Seligkeit,
Dich, süßes Tal, mit allen deinen Leiden
  Verlasse ich auf lange Zeit.

Verarmet ist die Hütte am Gestade,
Die meines Daseins Wert umfing,
Die Blumen welken weinend um die Pfade,
Wo ich an Jinnis Seite ging.

Des ernsten Haines liebestiller Schatten
Zerrinnt in öde Grabesnacht,
Und weinend küßt der Tag die Blumenmatten,
Der ohne Jinni nun erwacht.

Er eilt herab vom hohen Felsenthrone
Und sucht sie traurend im Gemach.
Nie küßt er mehr die Holde, die Entflohne,
Nie mehr des Tales Anmut wach.

Und länger weilt er in des Tales Mitte
Vergebens auf der sanften Flur,
Harrt bang auf Jinnis leise Elfentritte,
Verweht ist ihre Blumenspur.

Der leichten Weste küsseflüsternd Säuseln
Sucht sie im Tal, sucht sie im Wald
Und möchte gern die düstre Locke kräuseln,
Die ihre offne Stirn umwallt.

Die Welle klaget stille an der Weide
Und buhlet um das Rosenblatt,
Das Jinni sinnend ihr an meiner Seite
Bedeutend zugeworfen hat.

Und in des Busches wild verschlungnen Ranken,
Wenn sich der Abend niedersenkt,
Kann ihr der kleine Vogel nun nicht danken,
Dem sie die Freiheit einst geschenkt.

Ach trauert nur um alle eure Freuden,
Ihr habet keine Jinni mehr.

Das süße Tal mit seinen Seligkeiten
Ist tot und still und wonneleer.

Doch kann ich es um seinen Schmerz beneiden,
Um seiner Schmerzen süßes Los,
Denn Jinni gab ihm ihres Herzens Leiden
Und schöpfte Kraft in seinem Schoß.

Dieu veuille que cette force
enveloppe plus qu'un jour
son cœur comme une écorce
contre les injures d'un vile amour.

Symphonie

Ruhe! – die Gräber erbeben;
Ruhe! – und heftig hervor
Stürzt aus der Ruhe das Leben,
Strömt aus sich selbsten empor
Die Menge, vereinzelt im Chor.

Schaffend eröffnet der Meister
Gräber – Geborener Tanz
Schweben die tönenden Geister;
Schimmert im eigenen Glanz
Der Töne bunt wechselnder Kranz.

Alle in einem verschlungen,
Jeder im eigenen Klang,
Mächtig durchs Ganze geschwungen,
Eilet der Geister Gesang
Gestaltet die Bühne entlang.

Heilige brausende Wogen,
Ernst und wollüstige Glut

Strömet in schimmernden Bogen,
Sprühet in klingender Wut
Des Geistertanz silberne Flut.

Alle in einem erstanden,
Sind sie sich selbst nicht bewußt
Daß sie sich einzeln verbanden;
Fühlt in der eigenen Brust
Ein jeder vom Ganzen die Lust.

Aber im inneren Leben
Fesselt der Meister das Sein;
Läßt sie dann ringen und streben;
Handelnd durcheilet die Reihn
Das Ganze im einzelnen Schein.

Phantasie

(Für Flöte, Klarinette,
Waldhorn und Fagott)

Flöte

Stille Blumen,
In der Liebe Heiligtumen
Nicht entsprossen,
Welken nieder.
Süße Lieder,
Ohne Echo hingeflossen,
Kehren nimmer wieder.

Klarinette

Doch zeiget der Spiegel im Quelle,
So freundlich und helle,
Das eigne Gebild;
Wie's flüchtig in rastloser Schnelle

Sich eilend geselle,
Und Welle an Welle
Dem Leben entquillt.

Fagott

Wohnen nicht klar in mir
Des Geistes Gestalten;
Leben, so will ich Dir
Den Busen entfalten;
Wer den eignen Ton nicht hört,
Lausche, bis er wiederkehrt –
Widerschein
Blickt ins dunkle Herz herein.

Waldhorn

Des Vorhangs leises Beben
Erschreckt mich nicht,
Und kann ich nicht erstreben
Das eigne Licht:
So wandl' ich schön und stille
Ein Kind dahin:
Mich grüßt durch fromme Hülle
Ein heil'ger Sinn.

Alle

Es eilet jed Leben die eigene Bahn;
Es schauet der Spiegel den Menschen nicht an;
Es küsset die Welle die Welle so gerne,
Und reißet vom Ganzen nicht einer sich los;
Doch blüht einem jeden das Ganze im Schoß,
Und tief durch den Schleier, da weht es von ferne.

Flöte

Helle Sterne
Blinken aus der weiten Ferne
Fremdes Licht –
Und die Tränen,

Die sich nach dem Freunde sehnen,
Siehst Du nicht.

Waldhorn

Es wandelt voll Liebe im Leben
Die Sonn und das Mondlicht herauf;
Doch, wenn wir das eigne nicht geben,
Schließt nimmer der Schatz sich uns auf.

Fagott

Was wir suchen, ach, das wohnet,
Unerkannt
Uns im Herzen, unbelohnet;
Und die Hand
Haschet stets nach äußerm Schimmer.
Was wir nicht umfassen,
Das müssen wir lassen;
Denn wir fassen's sicher nimmer.

Klarinette

Die ganze Welt
Umwölbet ein Zelt,
Über jeglicher Pforte
Stehn goldne Worte.
Das Aug der Sonne glühet
Zur Blume, die aufsteht,
Den heißen Gruß;
Auf Mondeslippen blühet
Der Blume, die heimgeht,
Der stille Kuß.
Und wer mit beiden
Nicht kindlich spricht,
Dem leuchtet kein Licht,
Der findet den Ein- und den Ausgang nicht,
Der kann nicht kommen, nicht scheiden.

Alle

Und wer sich mit Liebe nicht selber umarmt,
Für den ist das Leben zum Bettler verarmt.
In eigenem Busen muß alles erklingen,
Und daß der Sinn leicht finden es kann,
Hat's viele buntfarbige Kleider an,
Und Hülle und Geist sich zum Leben verschlingen.

Gitarre und Lied

Gitarre

Wache auf, Du süßes Lied,
Öffne Deine goldnen Augen;
Mondschein still herniedersieht.
Leise, kühle Lüfte hauchen
Durch die tiefe dunkle Nacht.
Lasse Deinen hellen Blick,
Leuchtend, durch die Schatten schweben;
Antwort kehret bald zurück,
Wenn des Echos Wechselleben
Hallend an dem Fels erwacht.
    Sag, wo willst Du hin?
Soll ich Dich begleiten,
Durch die Dunkelheiten
Deine Schritte leiten?
Soll ich stiller Liebe
Deinen düstern Sinn
Freundlich deuten?
Willst Du Deine Triebe
Durch den Abend singen;
Oder höher,
Immer höher,
Zu den Sternen klingen?
Laß Dich traulich umschlingen;

Sprich Deine Worte
In meine Akkorde.

Lied

O, welch nächtlich banges Rauschen;
Ob sie wohl am Fenster stehet,
Oder an der kleinen Pforte,
Meine Töne zu belauschen;
Oder durch den Abend gehet.

Gitarre

Mädchen, höre seine Worte!
Mädchen, lieb Mädchen erscheine,
Sieh vom Fenster nieder;
Laß das Lied
Nicht so alleine.
Ach, der helle Schimmer
Bald verglüht,
Kehret nimmer,
Nimmer wieder.

Lied

Nimmer, nimmer wiedersehen!
Stille Liebe, süße Blicke,
All die Töne, all die Lieder
In der kühlen Nacht verwehen;
Nimmer kehren sie zurücke.

Gitarre

Ach, das Mädchen sieht nicht nieder;
Von den Saiten schwingen
Sich die Töne durch die Nacht,
Worte irren und verklingen –
Wo die Liebe nicht wacht,
Ist alles leer,
Kein Freuen mehr.

Lied

Alles leer, und nimmer freuen,
Kaum im Herzen aufgeblühet,
Ist das Leben schon so schwer.
Muß ich mich dem Tode weihen,
Der mich langsam abwärts ziehet.

Gitarre

Ist denn keine Wiederkehr?
Ist die Liebe hingetragen
In den stummen Tod?
Ist sie nirgends zu erfragen;
Ist sie in dem Abendrot,
Mit den andern Funken,
Hinabgesunken?

Lied

Alle Lichter bald versinken;
Alle Töne stumm ersterben;
Nur allein, wer liebetrunken,
Liebe sieht im Auge blinken,
Der kann nimmermehr verderben.

Gitarre

Ist die Liebe Dir versunken,
O, so wende,
Schnell behende,
Zum Himmel die Blicke,
Laß die untreue Erde zurücke.
Hinauf ins helle Getümmel,
In der Sterne froh Gewimmel!
Oben am Himmelszelt
Kein Echo Dich gefesselt hält.
Im hohen Wolkensaal,
Da sind Liebesblicke,
Und freudiges Hallen
Hörst Du zurücke,

In Tönen ohne Zahl,
Dir wieder schallen.

Lied

Aller Himmel bald verschwindet,
Alle Sterne bald vergehen,
Alle Töne niederfallen;
Denn allein ihr Blick entzündet
All das Licht in Himmelshöhen.

Gitarre

Nun so laß uns abwärts wallen.
Bebe nicht,
Der Weg ist so tief,
Ohne Licht.
Manch Lied schon so entschlief;
Kannst Du in den Himmelsseen
Keine Freiheit mehr ersehen,
In den fernen
Goldnen Sternen,
Die wie Blumen drinnen brennen.
Keinen Frühling mehr erkennen.
So will ich Dich führen auf stillen Wegen;
In den Busen, wie ins Grab,
Dein Gebete,
Deine süße Rede
Traurig niederlegen.
Blicke nieder
Ohne Wehe,
Vergehe,
Kehre heller wieder.

Lied

Ach, mit tiefen, tiefen Wehen
Kehre ich ins Herz zurücke,
Sink ich in die Tiefe nieder,

Und das Herz muß nun vergehen,
Weil ich's mit Gewalt zerdrücke.

Gitarre

Ach, so sterben alle Lieder,
Die so lange
Liebe suchen in dem Weibe.
Liebe, nein, die währt nicht lange,
Dient dem Leibe
Bloß zum süßen Zeitvertreibe.
Ist die Zeit vertrieben,
Wo ist die Liebe geblieben?
Mit den Sinnen
Muß man die Liebe
Wild umspinnen;
Da ist Leben,
Wiedergeben
Zu gewinnen.

Lied

Laß, o laß mich ruhig sterben,
Drücke mir die Augen zu;
Laß mich glaubend still zerrinnen,
Soll ich zweifelnd denn verderben?
Gib im Tode mir nur Ruh.

Gitarre

Gehe hoffend still von hinnen,
Schlummre sanft Du süßes Lied;
Schließe Deine goldnen Augen,
Mondschein ist schon abgeblüht.
Leise Lüfte Dich verhauchen,
Kühler Morgen schon erwacht.
Lasse Deinen trüben Blick
Stille zu den Schatten schweben,
Sehne nimmer Dich zurück;
Denn der Liebe Wechselleben

Ist verhallt in tiefer Nacht. –
Ach, wo bist Du hin?
Konnt Dich nicht begleiten,
Durch die Dunkelheiten
Deinen Schritt nicht leiten;
Konnt nicht stiller Liebe
Deinen düstern Sinn
Freundlich deuten?
Konntest nicht Deine Triebe
Durch den Abend singen;
Auch nicht höher,
Immer höher
Zu den Sternen klingen;
Mußte Dich traurig umschlingen –
Schlummert freundlich
Ihr letzten Worte,
Im letzten Akkorde.

Wie steigst Du so ganz leise
Still aus der Erd heraus
Und lischst das schöne, weiße,
Hell Tageslichtlein aus.

Du machst das ganze Leben
So dunkel und so tot;
Willst mir wohl Ruhe geben,
Und trösten meine Not?

Da bist Du gar betrogen,
Gibst Dir verlorne Müh;
Denn aus der Not gezogen,
Hat keine mich, als sie,

Die jetzt in stillen Stunden
Mein kleines Bildnis schaut,

Der Liebe zu gesunden,
Manch Hoffnungsschloß erbaut.

Die treue Lieb bewachet,
Hat schwärzer Haar als Du,
Und ihre Sternlein machet
Sie jetzo balde zu.

Ich geh in stillen Gründen,
Mein Liebe sinnt von ihr
Viel Blumen; daraus winden
Ich will ein Kränzlein mir.

Die Blümlein sind Gedanken,
Die schnelle all vergehn;
Doch eins hab ich zu danken,
Das bleibet ewig stehn;

Ich hab ein schön Geschmeide
Mit wundersamer Kraft,
Das alles Glück und Freude
Mir bald zu Diensten schafft.

Wohnt doch die Wahrheit drinnen,
Und zweifeln kann ich nicht,
Weil hell zu meinen Sinnen
Die Wunderblume spricht.

Der goldne Tag ist heimgegangen;
Ich sah ihn über die Berge ziehn,
Und all mein sehnendes Verlangen
Floh mit ihm hin.

Bunt ist wohl um des Jünglings Hüften
Der schimmernde Mantel hingewallt,

Und leise in den Himmelslüften
Sein Lied verhallt.

Ich sah wohl die glühenden Locken
Am Berge wehn,
Oben ihn stehn,
Und freundlich goldne Flocken
Auf die Bahn hinsäen,
Drauf weiter zu gehen.

Da breitet das Leben
Die Schmetterlingsflügel,
Am durftigen Hügel
Ihn hoch zu erheben,
Uns nochmals zu geben.

So traurig saß er oben
Im Purpurzelt,
Und grüßt' die Welt:
Leb wohl da unten!

Da hat ihn der Flügel
Mit Flammen umwunden,
Am duftigen Hügel
Hinübergehoben.

Sein ödes Reich bleibt still zurücke,
Die Welt verweilt ganz herrenlos.
Das Leben forscht mit trübem Blicke
Im eignen Schoß.

Ein düstrer Mantel rauschet nieder
Rund um des Jünglings verlaßnen Thron,
Und aus den Wäldern hallet wider
Ein trunkner Ton.

Es rühren die nächtlichen Stunden
Sich tief im Tal,
Bereiten ein Mahl
Im dämmernden Saal,
Mit dichten Gewändern umwunden.

Ein matter Strahl
Blinkt am Pokal,
Und süß betrunken,
Vom goldenen Wein,
Schlummert die jüngste
Der Stunden schon ein,
Die andern lauschen
Von außenher zu,
Und stürzen herein.
Es sterben die Funken,
Hinabgesunken
Ist der letzte Strahl
Von ihrem Pokal.
Sie irren und rauschen
Ohn Schimmer und Schein,
Ohn alle Ruh.
Zerstört ist das Mahl
Und dunkel der Saal.

Da schreiten die Stunden so leise
Wohl in die Nacht,
Verhüllen auf finsterer Reise
Mit ernstem Bedacht,
In dunkeln Falten
Die regen Gestalten,
An denen sie sinnend vorüberwallten,
Und alles umarmt sich rings umher,
Es gibt keine einzelne Rechte mehr,
Es öffnet jed Leben dem andern die Brust,
Und trinket mit Lust,
Ganz ohnbewußt,

Den himmlischen Kuß,
Den Wechselgenuß.
So innig umschlungen,
So heilig durchdrungen,
Umhüllet ein Rausch,
Den lieblichen Tausch.

Und endlich lösen die Arme sich auf,
Der Mond zieht herauf;
Der dämmernde Blick
Träumt trunkenen Traum.
Im himmlischen Raum
Erblühen die Sterne,
Und kehret das Licht
Bescheiden zurück.
Das Leben flicht
Dann in der Ferne
Den bräutlichen Kranz,
Entzündet die Lieder,
Erleuchtet den Tanz.

Die reizenden Glieder
Umhüllt ein Gewand,
Durchsichtig gewebet.
Das Leben erhebet,
Zum Himmel gewandt,
Den Busen, und strebet
Sich wieder zu finden.
Die Sehnsucht erwacht
In schimmernder Nacht.

Ach nimmer will es in dem Herzen schweigen,
Es treibt mich fort, fort aus des Lebens Mitte;
Wo eil ich hin, wer leitet meine Schritte,
Das ferne weite Ziel noch zu erreichen?

All mein Leben,
Holder Frühling,
Morgenröte,
Abendschimmer,
Immer weiter abwärts schweben.

O stehe still du eilender Gedanken,
Laß mich in Deine klaren Augen sehen,
Daß alle meine Leiden dann vergehen.
O weile, sieh, ich kann nicht weiter wanken.
Ach, erbarme
Dich der Liebe,
Die die Sinne
Mir gelöset;
Laß mich ruhn in Deinem Arme.

Die Füße hab ich blutig schon gegangen,
Die Sonne brennt so heiß auf mich hernieder,
Und immer finde ich den Kummer wieder,
Bin ewig in dem Leben eingefangen.
Niemals weilen
Seine Schritte,
Vor mir fliehet
Sein Gebilde;
Nimmer kann ich ihn ereilen.

Mein Denken all in Liebe ist ertrunken,
Und überall seh ich den Mächt'gen stehen,
Und überall hör ich ihn mich verschmähen;
Bin stets in tiefen bangen Schmerz versunken.
Von dem Glücke
Ihn zu hören,
Seine Blicke
Aufzufangen,
Blicket nie ein Strahl zurücke.

Da sitz ich weinend nun an fremder Schwelle,
Und harr und hoffe, was ich nie erreiche,
Was ich im Herzen tief und still verschweige;
Und nimmermehr wird mir die Aussicht helle.
Muntre Lieder,
Freudig Lachen,
Frohe Blicke,
Leichte Sinne,
Nimmer kehren sie mir wieder.

So möge denn die Blume niedersterben,
Die ohne Nahrung sich hinabgehärmt,
Die nie ein goldner Sonnenstrahl erwärmt;
Ich habe nur gelebet zu verderben.
Frohes Leben
Ihn umschlinge
Dicht mit Freude;
Von der Armen
Sollst Du nie ihm Kundschaft geben.

So WEIT als die Welt,
So mächtig der Sinn,
So viel Fremde er umfangen hält,
So viel Heimat ist ihm Gewinn.

WESTE säuseln; silbern wallen
Locken um den Scheitel mir.
Meiner Harfe Töne hallen
Sanfter durch die Felsen hier.
Aus der ew'gen Ferne winken
Tröstend mir die Sterne zu.
Meine müden Augen sinken
Hin zur Erde, suchen Ruh.

Bald ach bald wird beßres Leben
Dieses müde Herz erfreun,
Und der Seele banges Streben
Ewig dann gestillet sein.
Schwarzer Grabesschatten dringet
Um den Tränenblick empor,
Aus des Todes Asche ringet
Schönre Hoffnung sich hervor.

Meines Kindes Klage lallet
Durchs Gewölbe dumpf und hohl,
Idolmios Zunge lallet
Jammernd mir das Lebewohl
Zu der lang ersehnten Reise.
Senkt mich in der Toten Reihn.
Klaget nicht, denn sanft und leise
Wird des Müden Schlummer sein.

Und du Gute nimmst die beiden
Mütterlich in deinen Arm,
Linderst meiner Tochter Leiden,
Lächelst weg des Knaben Harm.
Aus des Äthers lichter Ferne
Blickt dann Trost der Geist euch zu.
Es umarmen sich zwei Sterne
Und ihr Kuß gibt allen Ruh.

Schwermut glänzt des Mondes Helle
In mein tränenloses Aug,
Schatten schweben durch die Zelle,
Seufzer lispeln, Geisterhauch
Rauschet bang durch meine Saiten,
Horchend heb ich nun die Hand,
Und es pochen, Trost im Leiden,
Totenuhren in der Wand.

Die Seufzer des Abendwinds wehen
So jammernd und bittend im Turm;
Wohl hör ich um Rettung dich flehen,
Du ringst mit den Wogen, versinkest im Sturm.

Ich seh dich am Ufer; es wallet
Ein traurendes Irrlicht einher.
Mein liebendes Rufen erschallet,
Du hörest, du liebest, du stürzest ins Meer.

Ich lieb und ich stürze verwegen
Dir nach in die Wogen hinab,
Ich komme dir sterbend entgegen,
Ich ringe, du sinkest, ich teile dein Grab.

Doch stürzt man den Stürmen des Lebens
Von neuem mich Armen nun zu.
Ich sinke; ich ringe vergebens,
Ach nur in dem Abgrund des Todes ist Ruh.

Da schwinden die ewigen Fernen,
Da endet kein Leben mit dir.
Ich kenn deinen Blick in den Sternen,
Ach sieh nicht so traurig, hab Mitleid mit mir!

Um die Harfe sind Kränze geschlungen,
Schwebte Lieb in der Saiten Klang:
Oft wohl hab ich mir einsam gesungen,
Und wenn einsam und still ich sang,
Rauschten die Saiten im tönenden Spiel,
Bis aus dem Kranze, vom Klange durchschüttert,
Und von der Klage der Liebe durchzittert,
Sinkend die Blume herniederfiel.

Weinend sah ich zur Erde dann nieder,
Liegt die Blüte so still und tot;
Seh die Kränz' an der Harfe nun wieder, –
Auch verschwunden des Lebens Rot,
Winken mir traurig wie schattiges Grab,
Wehen so kalt in den tönenden Saiten,
Wehen so bang und so traurig: Es gleiten
Brennende Tränen die Wang' herab.

Nie ertönt meine Stimme nun wieder,
Wenn nicht freundlich die Blüte winkt;
Ewig sterben und schweigen die Lieder,
Wenn die Blume mir nicht mehr sinkt.
Schon sind die meisten der holden entflohn;
Ach! wenn die Kränze die Harfe verlassen,
Dann will ich sterben; die Wangen erblassen,
Stumm ist die Lippe, verhallt der Ton.

Aber Wonn', es entsprosset zum Leben
Meiner Asche, so hell und schön,
Eine Blume. – Mit freudigem Beben
Seh ich Tilie so freundlich stehn.
Und vor dem Bilde verschwindet mein Leid.
Herrlicher wird aus der Gruft sie ergehen –
Schöner und lieblicher seh ich sie stehen,
Wie meinen Feinden sie mild verzeiht.

Wenn der Sturm das Meer umschlinget,
Schwarze Locken ihn umhüllen,
Beut sich kämpfend seinem Willen
Die allmächt'ge Braut und ringet,

Küsset ihn mit wilden Wellen,
Blitze blicken seine Augen,

Donner seine Seufzer hauchen,
Und das Schifflein muß zerschellen.

Wenn die Liebe aus den Sternen
Niederblicket auf die Erde,
Und dein Liebstes Lieb begehrte,
Muß dein Liebstes sich entfernen.

Denn der Tod kömmt still gegangen,
Küsset sie mit Geisterküssen,
Ihre Augen dir sich schließen,
Sind im Himmel aufgegangen.

Rufe, daß die Felsen beben,
Weine tausend bittre Zähren,
Ach, sie wird dich nie erhören,
Nimmermehr dir Antwort geben.

Frühling darf nur leise hauchen,
Stille Tränen niedertauen,
Komme, willst dein Lieb du schauen,
Blumen öffnen dir die Augen.

In des Baumes dichten Rinden,
In der Blumen Kelch versunken,
Schlummern helle Lebensfunken,
Werden bald den Wald entzünden.

In uns selbst sind wir verloren,
Bange Fesseln uns beengen,
Schloß und Riegel muß zersprengen,
Nur im Tode wird geboren.

In der Nächte Finsternissen
Muß der junge Tag ertrinken,
Abend muß herniedersinken,
Soll der Morgen dich begrüßen.

Wer rufet in die stumme Nacht?
Wer kann mit Geistern sprechen?
Wer steiget in den dunkeln Schacht,
Des Lichtes Blum' zu brechen
Kein Licht scheint aus der tiefen Gruft,
Kein Ton aus stillen Nächten ruft.

An Ufers Ferne wallt ein Licht,
Du möchtest jenseits landen;
Doch fasse Mut, verzage nicht,
Du mußt erst diesseits stranden.
Schau still hinab, in Todes Schoß
Blüht jedes Ziel, fällt dir dein Los.

So breche dann, du tote Wand,
Hinab mit allen Binden;
Ein Zweig erblühe meiner Hand,
Den Frieden zu verkünden.
Ich will kein Einzelner mehr sein,
Ich bin der Welt, die Welt ist mein.

Vergangen sei vergangen,
Und Zukunft ewig fern;
In Gegenwart gefangen
Verweilt die Liebe gern.

Und reicht nach allen Seiten
Die ew'gen Arme hin,
Mein Dasein zu erweiten,
Bis ich unendlich bin.

So tausendfach gestaltet,
Erblüh ich überall,
Und meine Tugend waltet
Auf Berges Höh, im Tal.

Mein Wort hallt von den Klippen,
Mein Lied vom Himmel weht;
Es flüstern tausend Lippen
Im Haine mein Gebet.

Ich habe allem Leben
Mit jedem Abendrot
Den Abschiedskuß gegeben,
Und jeder Schlaf ist Tod.

Es sinkt der Morgen nieder,
Mit Fittichen so lind,
Weckt mich die Liebe wieder,
Ein neugeboren Kind.

Und wenn ich einsam weine,
Und wenn das Herz mir bricht,
So sieh im Sonnenscheine
Mein lächelnd Angesicht.

Muß ich am Stabe wanken,
Schwebt Winter um mein Haupt,
Wird nie doch dem Gedanken
Die Glut und Eil geraubt.

Ich sinke ewig unter,
Und steige ewig auf,
Und blühe stets gesunder
Aus Liebes-Schoß herauf.

Das Leben nie verschwindet,
Mit Liebesflamm und Licht
Hat Gott sich selbst entzündet
In der Natur Gedicht.

Das Licht hat mich durchdrungen,
Und reißet mich hervor;

Mit tausend Flammenzungen
Glüh ich zur Glut empor.

So kann ich nimmer sterben,
Kann nimmer mir entgehn;
Denn um mich zu verderben,
Müßt Gott selbst untergehn.

Die Liebe fing mich ein mit ihren Netzen,
Und Hoffnung bietet mir die Freiheit an;
Ich binde mich den heiligen Gesetzen,
Und alle Pflicht erscheint ein leerer Wahn.
Es stürzen bald des alten Glaubens Götzen,
Zieht die Natur mich so mit Liebe an.
O süßer Tod, in Liebe neu geboren,
Bin ich der Welt, doch sie mir nicht verloren.

Schnell nieder mit der alten Welt,
Die neue zu erbauen.
Der, dem die Liebe sich gesellt,
Darf nicht nach Trümmern schauen.
Aus Kraft und nicht aus Reue dringt,
Was die Vergangenheit verschlingt.

Szene aus meinen Kinderjahren

Oft war mir schon als Knaben alles Leben
Ein trübes träges Einerlei. Die Bilder,
Die auf dem Saal und in den Stuben hingen,
Kannt ich genau; ja selbst der Büchersaal,
Mit Sandrart, Merian, den Bilderbüchern,

Die ich kaum heben konnte, war verachtet,
Ich hatte sie zum Ekel ausbetrachtet.

So, daß ich mich hin auf die Erde legte,
Und in des Himmels tausendförm'gen Wolken,
Die luftig, Farben wechselnd oben schwammen,
Den Wechsel eines flücht'gen Lebens suchte.
Kein lieber Spielwerk hatt ich, als ein Glas,
In dem mir alles umgekehrt erschien.
Ich saß oft stundenlang vor ihm, mich freuend,
Wie ich die Wolkenschäfchen an die Erde,
Und meines Vaters Haus, den ernsten Lehrer
Und all mein Übel an den Himmel bannte.
Recht sorgsam wich ich aus, in jenen Höhen
Den kleinen Zaubrer selbst verkehrt zu sehen.

Ich wollte damals alles umgestalten,
Und wußte nicht, daß Änderung unmöglich,
Wenn wir das Äußre, nicht das Innre wenden,
Weil alles Leben in der Waage schwebet,
Daß ewig das Verhältnis wiederkehret,
Und jeder, der zerstört, sich selbst zerstöret.

Dann lernt ich unsern Garten lieben, freute
Der Blüten mich, der Frucht, des goldnen Laubes
Und ehrte gern des Winters Silberlocken.
An einem Abend stand ich in der Laube,
Von der die Aussicht sich ins Tal ergießt,
Und sah, wie Tag und Nacht so mutig kämpften.

Die Wolken drängten sich wie wilde Heere,
Gestalt und Stellung wechselnd in dem Streite,
Der Sonne Strahlen schienen blut'ge Speere;
Es rollte leiser Donner in der Weite,
Und unentschieden schwankt des Kampfes Ehre
Von Tag zu Nacht, neigt sich zu jeder Seite;

Dann sinkt die Glut, es brechen sich die Glieder,
Es drückt die Nacht den schwarzen Schild hernieder.

Da fühlte ich in mir ein tiefes Sehnen
Nach jenem Wechsel der Natur, es glühte
Das Blut mir in den Adern, und ich wünschte
In einem Tage so den Frühling, Sommer,
Herbst, Winter, in mir selbst, und spann
So weite, weite Pläne aus, und drängte
Sie enger, enger nur in mir zusammen.

Der Tag war hinter Berge still versunken,
Ich wünschte jenseits auch mit ihm zu sein,
Weil er mir diesseits mit dem kalten Lehrer,
Und seinen Lehren, stets so leer erschien.
Der Ekel und die Mühe drückte mich,
Ich blickte rückwärts, sah ein schweres Leben,
Und dachte mir das Nichtsein gar viel leichter.
Dann wünscht ich mich mit allem, was ich Freude
Und wünschenswertes Glück genannt, zusammen
Vergehend in des Abendrotes Flammen.

Der Gärtner ging nun still an mir vorüber
Und grüßte mich, ein friedlich Liedchen sang er,
Von Ruhe nach der Arbeit, und dem Weibe,
Das freundlich ihn mit Speis und Trank erwarte.

Die Vöglein sangen in den dunkeln Zweigen,
Mit schwachen Stimmen ihren Abendsegen,
Und es begann sich in den hellen Teichen
Ein friedlich monotones Lied zu regen.
Die Hühner sah ich still zur Ruhe steigen,
Sich einzeln folgend auf bescheidnen Stegen.
Und leise wehte durch die ruh'ge Weite,
Der Abendglocke betendes Geläute.

Da sehnt ich mich nach Ruhe nach der Arbeit,
Und träumte mancherlei von Einfachheit,
Von sehr bescheidnen bürgerlichen Wünschen.
Ich wußte nicht, daß es das Ganze war,
Das mich mit solchem tiefen Reiz ergriff.

Des Abends Glut zerfloß in weite Röte,
So löst der Mühe Glut auf unsern Wangen
Der Schlaf in heilig sanfte Röte auf.
Kein lauter Seufzer hallte schmerzlich wider,
Es ließ ein Leben ohne Kunst sich nieder,
Die hingegebne Welt löst' sich in Küssen,
Und alle Sinne starben in Genüssen.

Da flocht ich trunken meine Ideale,
Durch Wolkendunkel webt ich Mondesglanz.
Der Abendstern erleuchtet, die ich male,
Es schlingt sich um ihr Haupt der Sternenkranz,
Die Göttin schwebt im hohen Himmelssaale
Und sinkt und steigt in goldner Strahlen Tanz.
Bald faßt mein Aug nicht mehr die hellen Gluten,
Das Bild zerrinnt in blaue Himmelsfluten.

Und nie konnt ich die Phantasie bezwingen,
Die immer mich mit neuem Spiel umflocht;
So glaubte ich auf einem kleinen Kahne
In süßer Stummheit durch das Abendmeer
Mit fremden schönen Bildern hinzusegeln.
Und dunkler, immer dunkler ward das Meer,
Den Kahn und mich, und ach, das fremde Bild,
Dem du so ähnlich bist, zog's still hinab.

Ich ruht in mich ganz aufgelöst im Busche,
Die Schatten spannen Schleier um mein Aug,
Der Mond trat durch die Nacht, und Geister wallten
Rund um mich her, ich wiegte in der Dämmrung
Der Büsche dunkle Ahndungen, und flocht

Aus schwankender Gesträuche Schatten Lauben
Für jene Fremde, die das Meer verschlang.
Und neben mir, in toter Ungestalt,
Lag schwarz wie Grab mein Schatten hingeballt.

Und es schien das tiefbetrübte
Frauenbild von Marmorstein,
Das ich immer heftig liebte,
An dem See im Mondenschein,
Sich mit Schmerzen auszudehnen,
Nach dem Leben sich zu sehnen.

Traurig blickt es in die Wellen,
Schaut hinab mit totem Harm,
Ihre kalten Brüste schwellen,
Hält das Kindlein fest im Arm.
Ach, in ihren Marmorarmen
Kann's zum Leben nie erwarmen!

Sieht im Teich ihr Abbild winken,
Das sich in dem Spiegel regt,
Möchte gern hinuntersinken,
Weil sich's unten mehr bewegt,
Aber kann die kalten, engen
Marmorfesseln nicht zersprengen.

Kann nicht weinen, denn die Augen
Und die Tränen sind von Stein.
Kann nicht seufzen, kann nicht hauchen,
Und erklinget fast vor Pein.
Ach, vor schmerzlichen Gewalten
Möcht das ganze Bild zerspalten!

Es riß mich fort, als zögen mich Gespenster
Zum Teiche hin, und meine Augen starrten
Aufs weiße Bild, es schien mich zu erwarten,

Daß ich mit heißem Arme es umschlinge,
Und Leben durch den kalten Busen dringe.

Da ward es plötzlich dunkel, und der Mond
Verhüllte sich mit dichten schwarzen Wolken.
Das Bild mit seinem Glanze war verschwunden
In finstrer Nacht. In Büsche eingewunden,
Konnt ich mit Mühe von der Stelle schreiten.
Ich tappe fort, und meine Füße gleiten,
Ich stürze in den Teich. Ein Freund von mir,
Der mich im Garten suchte, hört den Fall,
Und rettet mich. Bis zu dem andern Morgen
War undurchdringlich tiefe Nacht um mich,
Doch bleibt in meinem Leben eine Stelle,
Ich weiß nicht wo, voll tiefer Seligkeit,
Befriedigung und ruhigen Genüssen,
Die alle Wünsche, alle Sehnsucht löste.

Als ich am Turm zu deinen Füßen saß,
Erschufst du jenen Traum zum ganzen Leben,
In dem von allen Schmerzen ich genas.
O teile froh mit mir, was du gegeben,
Denn was ich dort in deinem Auge las,
Wird sich allein hoch über alles heben.
Und kannst du mir auf jenen Höhen trauen,
So werd ich bald das Tiefste überschauen.

Ich glaube, daß es mir in jener Nacht,
Von der ich nichts mehr weiß, so wohl erging,
Als ich erwachte, warf sich mir die Welt
Eiskalt und unbeweglich hart ums Herz.
Es war der tötende Moment im Leben,
Du, Tilie, konntst allein den Zauber heben.

Mein Vater saß an meinem Bette, lesend
Bemerkte er nicht gleich, daß ich erwachte.
Es stieg und sank mein Blick auf seinen Zügen

Mit solchem Forschen, solcher Neugierd, daß
Mir selbst vor meiner innern Unruh bangte.
Dann neigte er sich freundlich zu mir hin
Und sprach mit tiefer Rührung: Karl, wie ist dir?
Ich hatte ihn noch nie so sprechen hören,
Und rief mit lauten Tränen aus – O Vater!
Mir ist so wohl, doch ach! die Marmorfrau –
Wer ist sie? – Wessen Bild? – Wer tat ihr weh?
Daß sie so tiefbetrübt aufs holde Kind,
Und in den stillen See herniederweint?

Mein Vater hob die Augen gegen Himmel,
Und ließ sie starr zur Erde niedersinken,
Sprach keine Silbe und verließ die Stube.
In diesem Augenblicke fiel mein Los.
Ein ew'ger Streit von Wehmut und von Kühnheit,
Der oft zu einer innern Wut sich hob,
Ein innerliches, wunderbares Treiben
Ließ mich an keiner Stelle lange bleiben.

Es war mir alles Schranke, nur wenn ich
An jenem weißen Bilde in dem Garten saß,
War mir's, als ob es alles, was mir fehlte,
In sich umfaßte, und vor jeder Handlung,
Ja fast, eh ich etwas zu denken wagte,
Fragt ich des Bildes Widerschein im Teiche.
Entgegen stieg mir hier der blaue Himmel,
Und folgte still wie die bescheidne Ferne,
Der weißen Marmorfrau, die auf dem Spiegel
Des Teiches schwamm. So wie der Wind die Fläche
In Kreisen rührte, wechselte des stillen
Und heil'gen Bildes Wille, und *so* tat ich.

Sprich aus der Ferne
Heimliche Welt,

Die sich so gerne
Zu mir gesellt.

Wenn das Abendrot niedergesunken,
Keine freudige Farbe mehr spricht,
Und die Kränze stilleuchtender Funken
Die Nacht um die schattigte Stirne flicht:

Wehet der Sterne
Heiliger Sinn
Leis durch die Ferne
Bis zu mir hin.

Wenn des Mondes still lindernde Tränen
Lösen der Nächte verborgenes Weh;
Dann wehet Friede. In goldenen Kähnen
Schiffen die Geister im himmlischen See.

Glänzender Lieder
Klingender Lauf
Ringelt sich nieder,
Wallet hinauf.

Wenn der Mitternacht heiliges Grauen
Bang durch die dunklen Wälder hinschleicht,
Und die Büsche gar wundersam schauen,
Alles sich finster tiefsinnig bezeugt:

Wandelt im Dunkeln
Freundliches Spiel,
Still Lichter funkeln
Schimmerndes Ziel.

Alles ist freundlich wohlwollend verbunden,
Bietet sich tröstend und traurend die Hand,
Sind durch die Nächte die Lichter gewunden,
Alles ist ewig im Innern verwandt.

Sprich aus der Ferne
Heimliche Welt,
Die sich so gerne
Zu mir gesellt.

Sie blüht mir nicht in Tälern, nicht auf Höhen,
Nicht in dem Wolkenflug; nicht in der Flut,
Die fort wie Sehnsucht eilt, kann ich sie sehen,
Und aus dem stillen See, der ewig ruht,
Steigt nicht ihr Bild. Es ist schon längst geschehen,
Daß die Natur verlor, was ich mit Mut
Erringen soll. Drum muß mit meinen Sinnen
Ich ewig der Entflohenen Netze spinnen.

Tief unter mir ist alle Welt geschwunden,
Seit ich an eines schönen Geistes Hand,
Die Binde von den Augen losgebunden,
Auf meines Daseins höchster Zinne stand,
Ist alle Lust oft rund um mich gewunden,
Weil sich die Liebe schaffend um mich wand;
Auch wird wohl einst mein krankes Herz gesunden,
Hab ich die Aussicht wieder nur gefunden.

Der Gottheit hoher Tempel ist zerstöret
Es ründen an der heil'gen Kuppel sich die Töne
Nicht mehr in schöne Worte des Gebetes,
Und teilen sich im Takte an den Säulen
Den' in den Kronen leichte Melodien
In lieblicher Verirrung schöner Locken
Auf ihre ernsten hohen Stirnen wallen.
Zertrümmert ist das herrliche Gebäude

Und mit dem Echo ist das Wort gestorben.
Vom weiten Himmel hallt kein Lied zurücke,
Denn schrecklich ist die Macht des großen Lebens
Und unermeßlich ist es hier zu beten.

Willst du mir Trost verleihen
Laß mich aus deinen Augen,
Der Liebe Schwärmereien
Minutenwahrheit saugen,

Laß um des Lichtes Quelle
Die trunkne Fliege schwirren,
Laß, wird es ihr zu helle
Sie in die Flamme irren.

Du sahst im Nektarkelche
Die heitre Psyche sterben,
Wenn ich noch länger schwelge
Läßt du mich auch verderben?

Aus deines Herzens Raume
Möcht ich nur einmal trinken,
Und dann zum kühnsten Traume
Im Götterrausche sinken.

Du bist die Zaubervase,
Die meinen Geist umhüllet,
Und im Champagnerglase
Ist schon mein Los erfüllet.

Die Klage, sie wecket
Den Toten nicht auf,

Die Liebe nur decket
Den Vorhang Dir auf.

Man liebt und was immer
Das Leben belebt,
Mit fassenden Sinnen
Die Augen erhebt.

Das zarte Umfassen,
Es löst sich so bald,
Die Augen erblassen,
Es stirbt die Gestalt.

Die Liebe, sie schicket
Die Klage ihr nach,
Die Liebe, sie blicket
Den Toten bald wach.

Die Klage, sie wecket
Die Toten nicht auf,
Die Liebe nur decket
Das Leben Dir auf.

Ich trage weit, weit
Herüber ein Leid,
Ich soll es verkünden
Und kann doch die Worte nicht finden.

Das Leid ist so groß,
Im eigenen Schoß
Läßt sich's nicht bewahren,
Drum sollst Du es, Freundin! erfahren.

Und kannst Du die Sprache nicht finden:
So wird sich's verkünden,
So kömmt es zu Tage,
In eigener Sprache.

Es hat es die Freundin erfahren,
Will still es bewahren;
Und freundlich Dein Leben,
Im Troste erheben.

Unerkanntes stilles Leben,
Hat Dir heimlich Nachricht geben,
Und ich komme schon zu spät.
Ahndung hat mich übereilet,
Und Dir zärter mitgeteilet,
Daß sie nun im Himmel geht.

Ach! sie sprach in letzten Stunden,
Schon von Dämmerung umwunden,
Liebe Worte leis von Dir.
Hat sich Deiner nie entwöhnet,
Heimlich oft nach Dir gesehnet;
Und sprach in dem Tod zu mir:

Möge sich ein neues Leben
Zwiefach schöner um Dich weben;
Hemme Deiner Tränen Lauf,
Gehe, schließe neue Bande.
Suche meine unbekannte,
Mir verlorne Schwester auf.

Teile, was Du mir geteilet,
Ihr, die noch im Leben weilet,
Bilde ihr ein freundlich Glück;
Und ich schaue dann hernieder,

Sehne aus dem Himmel wieder
Auf die Erde mich zurück.

Ach! ich hab ihn wohl verstanden,
Deiner Töne stillen Sinn;
Tön' in Silben sich verbanden,
Worte klangen zu mir hin.
Schmerz und Trost hat freundlich sich gereiht,
Zogen einig durch die Dunkelheit.

Hell in Deiner Brust erwachte
Meiner Rede dunkler Blick,
Gabst in Worten, was ich dachte,
Zartes Echo! mir zurück.
Schmerz und Trost so traulich sich umschlang,
In der Töne rührendem Gesang.

Alle Lichter sind versunken,
Nimmer wird die Liebe wach,
Ist im dunklen Blick ertrunken;
Als ihr Aug im Tode brach,
Aller Trost mit ihr von dannen ging,
Schmerz allein mit Wehe mich umfing.

Sieh, ich bin schon weit gegangen,
Kann der Ferne nie entgehn;
Kann die Nähe nie erlangen,
Muß sie immer ferne sehn.
Schmerz auf Erden immer mit mir zieht,
Trost am Himmel auf den Wolken flieht.

Werde ich doch bald gesunden,
Schon die Trauer von mir weicht;
Habe ich sie doch gefunden,
Die an mildem Reiz ihr gleicht.

Vor der Stimme Ähnlichkeit ist schon
Aller Schmerz aus meinem Sinn entflohn.

Und sie sehnet sich dann wieder
Aus dem Himmelsschein zurücke,
Alle Sterne, ihre Blicke
Sehen auf den Freund hernieder.
Alle Dunkelheit dann fliehet,
Und der Lichter froh Getümmel,
In dem tiefen blauen Himmel,
Wie ein ganzer Frühling blühet.

Und der Morgen wird ein Küssen,
Mittag wird ein süß Umfangen;
Abendrot ein still Verlangen,
Nur die Nacht werd ich vermissen.

Die Nächte sind verschwunden,
Die Küsse sind dahin.
Es sind die dunkeln Stunden,
Mit Einsamkeit umwunden;
Kein Freuen wohnt darin,
Kein heller Sinn.

Die Blicke so gelinde,
Sind von mir weggewandt.
Der Locken zart Gewinde
Umfaßt mit goldner Binde
Nicht mehr des Freundes Hand.
Das all verschwand.

O führ das zarte Leben,
Vertraulich mir zurück.
Will Freude viel erstreben,
Dir alles wieder geben;
Kehrt nur von jenem Glück
Ein stiller Blick.

Tief ist das Tal, so tief hinabgesunken,
So tief ihr Grab! Und in der weiten Welt
Schließt sich die Heimat zu, die Sternenfunken
Sind meiner Wohnung Licht, das Himmelszelt
Mein kühles Dach. In dunkler Fern ertrunken
Ist alle Aussicht, und den Busen schwellt
Ein ewiges und nie erfüllt' Verlangen
Die nimmer kehrt, die Holde, zu umfangen.

Da sitz ich stumm auf Berges Höh und blicke
Mit Wehmut in der Kindheit Paradies,
Der Hütte Licht, es winkt mir still zurücke,
es ruft des Freundes Flöte mir so süß.
Als wolle sie dem finsteren Geschicke,
Das mich von Haus und Hof der Schöpfung stieß,
Den bittern Ernst in sanften Tönen lösen,
Und süßen Trost mir in den Busen flößen.

Es bricht der Kampf, im Herzen tief zerronnen
Ist meiner Jugend innerstes Gebild,
Aus Kindesliebe war es zart gesponnen,
In Traulichkeit und Milde eingehüllt.
Des Lebens jüngster Tag war kaum begonnen,
Ein dichtes Dunkel schon die Bahn erfüllt
Und für des Mittags, für des Abends Wonnen
Ein Strom von Schmerz schon aus dem Morgen quillt.

Wo, dunkles Leben, führst du mich nun hin,
Wo lebt ein Wesen, das ich dicht umschlinge,
Dem ich das Herz, und den verwaisten Sinn
Zur Pflege und zur Liebe wiederbringe;
Ihm werde jede Blüte zum Gewinne,
Die aus dem armen Frühling ich erringe.

Der stumme Freund, er wird ja nimmer sprechen,
Das dunkle Leben nie ein Wort durchbrechen.

Da flüstert's freundlich durch die dunkeln Eichen,
Es weht wie Trost mir aus dem Tal herauf,
Ein heilig Wort spricht durch des Waldes Schweigen,
Es ziehet schnell der Wolken wilder Lauf,
Vor meinem Sinn die schwarzen Schatten weichen,
Und Mondeslicht, und Sterne blühen auf.
Des stummen Freundes inniges Umfassen
Spricht laut zu mir: ich will dich nie verlassen.

So hell und still von zartem Licht umgossen,
Ist mir zu Füßen wie ein Bildersaal
Mein vorig Leben rührend aufgeschlossen,
Erinnerung spielt in der schönen Wahl.
Ich sehe früh die Blüten all entsprossen,
Und früh herab gewehet in das Tal,
Da weine ich nun an dem eignen Grabe,
Betraure tief, was ich verloren habe.

Und kann noch einst das Leben mir erblühen,
Wie mir der Frühling hier im Mondschein blüht
Kann mir im Leben wieder Leben glühen,
Kann Ruhe mir das krankende Gemüt
Mit heiterm Sinn und Freudigkeit umziehen,
So kehre ich und singe hier ein Lied
So werde hier an dieser ernsten Schwelle
Die Aussicht in den frühen Tod mir helle.

Ich eile hin, und ewig flieht dem Blicke
Des Lebens Spiegel fort in wilder Flut,

Die Sehnsucht in die Ferne nimmer ruht,
Und weinend schaut Erinnerung zurücke
Da blickt aus einer Blume neu Geschicke.
Zwei blaue Kelche voll von Liebesglut
Erwecken in dem Flüchtling neuen Mut;
Daß er das Leben wieder jung erblicke.
Es hat der Sinn die Aussicht wiederfunden,
Er sieht im klaren Strome abgespiegelt,
Des Wechsel-Lebens zwiefach-lieblich Bild,
Die Fläche ruht und schwillt in tiefen Stunden,
Wenn Leidenschaft die Trunkenheit entzügelt,
Und Liebe sich dem Strome nackt enthüllt.

O lieber Gott, so mild und lind,
Du schließest mit Erbarmen,
Die Kinder all, die Waisen sind,
In deine Vaterarmen.

Siehst nieder in der stillen Nacht
Mit tausend kleinen Sternen,
Und wo dein freundlich Auge wacht,
Muß sich der Feind entfernen.

Drum fasse Mut, du Menschenkind,
Verlier dich nicht im Dunkeln,
Die Lichter ja am Himmel sind
Um tröstlich dir zu funkeln.

Sonett

Es saß ein Kind ganz still zu meinen Füßen,
Und spielte froh mit freundlichen Gedanken,
Es blickt mich an, bis ihm die Blicke sanken,
Und goldne ferne Lande sich erschließen,

Von allen Seiten dringt ein süßes Grüßen,
Das alte Leben muß nun abwärts wanken,
Daß neue frohe Zweige grün umranken
Und rund umher ihm zarte Blumen sprießen.

Das Kind erwacht, und fraget mich mit Bangen,
Ob andern wohl ein solcher Traum gelinge,
Ob ich's allein mit Zauberei umfangen,

Daß dankbar es die Arme um mich schlinge.
Da rötet mir Verwunderung die Wangen
Woher das Kind die kühne Frag erschwinge.

Sonett

Soll sich vor Dir des Baumes Stolz enthüllen,
Der nur allein sich selbsten aufwärts strebet,
Des Busches Geist, der heil'ge Schatten webet,
Und was der Blume zarte Kelche hüllen.

So mußt Du alle laute Neugier stillen
Der zarte Geist, der in dem Busen lebet,
Gar schnelle wie ein leiser Hauch entschwebet,
Und nimmer kehret er den stolzen Willen.

Im tiefen Grund nur wohnet das Ergründen,
Das Äußre laß vor Deinen Augen schwinden
Und steige kühn dann in die heil'ge Erde.

Ein freudig Staunen wird sich um Dich winden
Wie die verschiedne äußere Geberde
Aus innerem und heil'gem Geiste werde.

„Ich habe das gar nicht verlangt“

Schaut kalt vom hellen Himmel Mondschein nieder
So störet keine Farbe meinen Blick
Ein jeder Ton klingt in mich selbst zurück
Der reine Spiegel gibt mein Bild mir wieder.

Das Echo wacht, es kehren alle Lieder
Verklungen in dem wechselnden Geschick,
Das früh verschwundne Bild vom innern Glück
Enthüllt sich froh, bewegt die leichten Glieder.

Im Herzen fühle ich ein freudig Bangen,
Ein kühles Meer von Glanz schwillt um die Brust,
Ich bin so schön von Dir in mir gefangen,
Doch alles dies bleibt Dir stets ohnbewußt
Du hast mir *aufgedrungen* zu *verlangen*
Und nichts *verlangen* bleibet Deine Lust.

Bilden und verstehen

Was wir in uns die tiefe Sehnsucht nennen,
Was uns mit dunklen Wünschen still erfüllt,
Die tiefe Wärme, hohes Licht so mild,
Sind Elemente, die wir selten kennen,

Die sich im einzelnen geheim zertrennen,
Wie Licht in Dir, in mir sich Wärme hüllt,
Doch nimmer dringt ein Leben durch das Bild,
Wenn Licht und Wärme nicht als Flamme brennen.

Die Wärme in dem Herzen war so groß,
Daß ich ins kühle Morgenlicht gesehen
Nun brennet wild die Flamme mir im Schoß.

Und endlich muß ein heilig Bild erstehen
Reißt ewig sich so Licht, als Wärme los
So einigt sich ja *Bilden* und *Verstehen*.

„Eine Liebe ist der andern wert"

Umhüllst Du Dich mit Ernst und tiefem Schweigen
Und sprichst von Kälte und von nicht verstehn
So sehe ich Dianen vor mir stehn
Und nimmermehr wird sich ihr Sinn erweichen,

Doch lieber möcht ich Phöben Dich vergleichen
Du bist so kalt und leuchtest doch so schön
Und hast Du freundlich mich nur angesehn
Sich Wunsch und Sehnsucht still in mir erzeugen.

Endimion, möcht ich auf Latmos lauschen
Die Wärme die mich heimlich lang verzehrt
Mit Phöbens kühlen milden Strahlen tauschen

Hast Du mich Holde! freundlich doch belehrt
Und ewig wird Dein Ausspruch mich berauschen,
„Daß eine Liebe wohl der andern wert."

Offenbarung

So lange habe ich sie leiden sehen,
So lange brennt ihr Schmerz in meiner Brust
Und gierig trank ich selbst mit frommer Lust
Das Gift aus ihrer Wunden tiefen Wehen.

Zu allen Mächten drang mein kindisch Flehen,
Mir war in meiner Unschuld nicht bewußt,

Daß mit der Freiheit traurigem Verlust
Der Schönheit alle Mächte untergehen.

Sie sieht mein Leiden, spricht mit hohen Blicken
O wehe! Was ich Sinkende berühre
Ich fest umklammernd in den Abgrund führe.

Da sprach ich kühn: mit schmerzlichem Entzücken
Will ich an Deinem Grabe untergehen,
Will ich an Deiner Wiege auferstehen.

Sendung

Sie war vor mir so tief hinabgeschwunden
Und tief, so tief hinab mit ihr mein Sinn,
Da sendet sie mich schnell zur Wiege hin,
Bis Auferstehung sie dem Tod entbunden.

Und an der Wiege brechen alle Wunden
Der Seele auf, vom zartesten Beginn
Wird ihres Lebens Bild mir zum Gewinn,
Mit Rosen und mit Dornen dicht umwunden.

Und sehnsuchtsvoll wandl' ich auf allen Wegen,
Die sie betrat, und harre sie zu sehen
Doch nimmer, nimmer will sie auferstehen.

Da tritt ein tiefes Bild mir still entgegen.
Aus Bildes Augen heil'ge Lichter drangen
Und spannen Netze, nahmen mich gefangen.

Auferstehung und Metamorphose

O liebliche! wie schön bist Du erstanden!
Die Rose in sich selbst so tief verglühet
Ist hoch in Dir, Du Lilie erblühet
In der sich Form und Inhalt schön verbanden.

O zürne nicht, weil ich es Dir gestanden,
Daß der, der um die Rose sich bemühet
Aus ihr Dich Lilie erstanden siehet
O zürne nicht, hast Du es gleich *verstanden.*

Was in der Rose Sinnenglut verglommen
Muß in der Lilie geist'ger sich entfalten
Muß sich in Licht und reiner Hoheit heben.

Wie Form und Geist sich ewig näherkommen
So wechseln immer höher die Gestalten
Doch wohnt nur eine Liebe in dem Leben.

Unter des lebenden
Grünenden Tempels
Flüsternde Hallen
Komme ich irrend.

Wie sich die Eiche
Himmelwärts türmet,
Wie in dem Gipfel
Ruhet des Mächtigen
Jupiters Fuß.

Und in dem Herzen
Fühl ich die Nähe
Heiliger Wesen,
Die durch die Zweige

Zu dem Olympos
Wandeln empor.

Führt mich ihr friedlichen
Geister des Haines,
Die mich umschweben
Lachend und rufend,
Führt mich zurück.

Irrende, flüchtige,
Tönende Geister,
Die ihr mit schäkernden
Lispelnden Worten
Irr mich geführt.

Hier wo in mondlichen
Nächten ihr rauschet,
Und um die wohnsame
Herrliche Eiche
Tanzend euch schwingt.

Wo ich im Taue
Freudigen Grases
Von euren flüchtigen
Goldenen Sohlen
Ehre die Spur. –

Hört mich ihr freundlichen,
Die ihr verlorene
Götter gepfleget,
Die ihr die fliehende
Daphne umarmt.

Frohe, geheime,
Lindernde Geister,
Die in des Waldes

Rührigen Schauer
Weben den Trost.

Mächtige, lebende,
Stärkende Geister,
Die in der Stämme
Alter und Jugend
Bilden die Kraft.

Wenn ich je frevlend
Eure geheiligten
Stämme verletzet,
O! so verdorre
Welkend die Hand.

Nimmer auch höhnt ich
Echo die Jungfrau,
Die mit euch wohnet,
Teilt ihr vertraulich
Liebe und Schmerz.

Führet mich heimwärts!
Bin nur ein Wandrer,
Bin kein Unsterblicher,
Der mit ambrosischen
Bissen sich nährt.

Wisset mich hungert,
Führet mich heimwärts,
Daß ich dem Freunde
Von der Dryaden
Hülfreicher Güte
Bringe die Mär.

An S.

Wie war dein Leben
So voller Glanz,
Wie war dein Morgen
So kindlich Lächlen,
Wie haben sich alle
Um dich geliebt,
Wie kam dein Abend
So betend zu dir,
Und alle beteten
An deinem Abend.

Wie bist du verstummt
In freundlichen Worten,
Und wie dein Aug brach
In sehnenden Tränen,
Ach da schwiegen alle Worte
Und alle Tränen
Gingen mit ihr.

Wohl ging ich einsam,
Wie ich jetzt gehe,
Und dachte deiner,
Mit Liebe und Treue –
Da warst du noch da
Und sprachst lächlend:
Sehne dich nimmer nach mir,
Da der Lenz noch so freudig ist
Und die Sonne noch scheint –

Am stillen Abend,
Wenn die Rosen nicht mehr glühen
Und die Töne stumm werden,
Will ich bei dir sein
In traulicher Liebe,

Und dir sagen,
Wie mir am Tage war.

Aber mich schmerzte tief,
Daß ich so einsam sei,
Und vieles im Herzen.
O warum bist du nicht bei mir!
Sprach ich, und siehst mich
Und liebst mich,
Denn mich haben manche verschmäht,
Und ich vergesse nimmer,
Wie sie falsch waren
Und ich so treu und ein Kind.

Da lächeltest du des Kindes
Im einsamen Wege,
Und sprachst: harre zum Abend,
Da bist du ruhig
Und ich bei dir in Ruhe.

Dein Herz wie war es da,
Daß du nicht trautest,
Viel Schmerzen waren in dir,
Aber du warest größer als Schmerzen,
Wie die Liebe, die süßer ist,
Als all ihr Schmerz.

Und die Armut, der du gabst,
War all dein Trost,
Und die Liebe, die du freundlich
Anderen pflegtest,
War all deine Liebe.

Einsam ging ich nicht mehr,
Du warst mir begegnet
Und blicktest mich an –
Scherzend war dein Aug

Und deine Lippe so tröstend –
Dein Herz lag gereift
In der liebenden Brust.

Freundlich sprachst du:
Nun ist bald Abend,
Gehe, vollende,
Daß wir dann ruhen,
Und sprechen vom Tage.

Wie ich mich wendete –
Ach der Weg war so schwer!
Langsam schritt ich,
Und jeder Schritt wollte wurzeln,
Ich wollte werden wie ein Baum,
All meine Arme,
Blüten und Blätter,
Sehnend dir neigen.

Oft blickte ich rückwärts
Hin, wo du warst,
Da lagen noch Strahlen,
Da war noch Sonne
Und die hohen Bäume glänzten
Im ernsten Garten,
Wo du gingst.

Ach der Abend wird nicht kommen
Und die Ruhe nicht,
Auf Erden ist keine Ruhe.

Nun ist es Abend,
Aber wo bist du?
Daß ich dir sage,
Wie der Tag war.

Warum hörtest du mich nicht,
Als du noch da warst?
Nun bin ich einsam,
Und denke deiner
Liebend und treu.

Die Sonne scheint nicht,
Und die Rosen glühen nicht,
Stumm sind die Töne –
O! Warum kömmst du nicht,
Willst du nicht halten,
Was du versprachst?
Willst du nicht hören,
Soll ich nicht hören,
Wie der Tag war?

Wie war dein Leben,
So voller Glanz,
Wie war dein Morgen
So kindlich Lächlen,
Wie habe ich immer
Um dich mich geliebt,
Wie kömmt dein Abend
So betend zu mir,
Und wie bete ich
An deinem Abend.

Am Tage hörtest du mich nicht,
Denn du warst der Tag,
Du kamst nicht am Abend,
Denn du bist der Abend geworden.

Wie ist der Tag verstummt
In freundlichen Worten,
Wie ist sein Aug gebrochen
In sehnenden Tränen,

Ach da schweigen alle meine Worte,
Und meine Sehnsucht zieht mit dir.

Chor

O Tannebaum! o Tannebaum!
Du bist mir ein edler Zweig,
So treu bist du, man glaubt es kaum,
Grünst sommers und winters gleich.

Mädchen

Wenn andere Bäume schneeweiß sein
Und traurig um sich sehen,
Sieht man den Tannebaum allein
Ganz grün im Walde stehen.

Chor

O Tannebaum! o Tannebaum! usw.

Mädchen

Mein Schätzel ist kein Tannebaum,
Ist auch kein edler Zweig,
Ich war ihm treu, man glaubt es kaum,
Doch blieb er mir nicht gleich.

Chor

O Tannebaum! o Tannebaum! usw.

Mädchen

Er sah die andern schneeweiß sein
Und schimmernd um sich sehn,
Und mochte nicht mehr grün allein
Bei mir im Walde stehen.

Chor

O Tannebaum! o Tannebaum! usw.

Mädchen

Der andern Bäume dürres Reis
Schlägt grün im Frühling aus,
Pocht er sein Röckchen, bleibt's doch weiß,
Schlägt nie das Grün heraus.

Chor

O Tannebaum! o Tannebaum! usw.

Mädchen

Oft hab ich bei mir selbst gedacht,
Er kömmt noch einst nach Haus,
Spricht: Hab mir selbst was weiß gemacht,
Poch mir mein Röcklein aus.

Chor

O Tannebaum! o Tannebaum! usw.

Mädchen

Und klopft ich ihn auch poch, poch, poch,
So fliegt nur Staub heraus;
Das schöne treue Grün kommt doch
Nun nimmermehr heraus.

Chor

O Tannebaum! o Tannebaum! usw.

Mädchen

Drum als er mich letzt angelacht,
Ich ihm zur Antwort gab:
Hast dir und mir was weiß gemacht,
Dein Röcklein färbet ab.

Chor

O Tannebaum! o Tannebaum! usw.

Mädchen

O Tannebaum! o Tannebaum!
Wie traurig ist dein Zweig.
Du bist mir wie ein stiller Traum,
Und mein Gedanken gleich.

Chor

O Tannebaum! o Tannebaum! usw.

Mädchen

Du sahst so gar ernsthaftig zu,
Als er mir Treu versprach,
Sprich, sag mir doch, was denkest du,
Daß er mir Treue brach.

Chor

O Tannebaum! o Tannebaum! usw.

Annonciatens Bild

Am Hügel sitzt sie, wo von kühlen Reben
Ein Dach sich wölbt durchrankt von bunter Wicke,
Im Abendhimmel ruhen ihre Blicke,
Wo goldne Pfeile durch die Dämmrung schweben.

Orangen sind ihr in den Schoß gegeben
Zu zeigen, wie die Glut sie nur entzücke,
Und länger weilt die Sonne, sieht zurücke
Zum stillen Kinde in das dunkle Leben.

Der freien Stirne schwarze Locken kränzet
Ihr goldner Pomeranzen süße Blüte,
Zur Seite sitzt ein Pfau, der in den Strahlen

Der Sonne, der er sehnend ruft, erglänzet.
Mit solchen Farben wollte das Gemüte,
Von Annonciata fromm ein Künstler malen.

Mariens Bild

Im kleinen Stübchen, das von ihrer Seele,
An reiner Zierde uns ein Abbild schenket,
Sitzt sie und stickt, den holden Blick gesenket,
Daß sich ins reine Werk kein Fehler stehle.

Was ihres Busens keuscher Flor verhehle
Und ihre Hand in stillem Fleiße lenket,
Die Lilie an ihrer Seite denket,
Das Täubchen dir in ihrem Schoß erzähle.

Durchs Fenster sehen linde Sonnenstrahlen,
Die Josephs Bild, das eine Wand bedecket,
Mit ihrem frohen Glanze heller malen,

Und wär der Schein der Taube zu vereinen,
Die sie herabgebückt im Schoß verstecket,
Marie würde Mutter Gottes scheinen.

Ein Fischer saß im Kahne,
Ihm war das Herz so schwer,
Sein Liebchen war gestorben,
Das glaubt' er nimmermehr.

Und bis die Sternlein blinken,
Und bis zum Mondenschein,
Harrt er sein Lieb zu fahren
Wohl auf dem tiefen Rhein.

Da kömmt sie hergegangen
Und steiget in den Kahn,
Sie schwanket in den Knien,
Hat nur ein Hemdlein an.

Sie schwimmen auf den Wellen
Hinab in tiefer Ruh,
Da zittert sie und wanket,
O Liebchen frierest du?

Dein Hemdlein spielt im Winde,
Das Schifflein treibt so schnell;
Hüll dich in meinen Mantel,
Die Nacht ist kühl und hell.

Sie strecket nach den Bergen
Die weißen Arme aus,
Und freut sich, wie der Vollmond
Aus Wolken sieht heraus.

Und grüßt die alten Türmc,
Und will den hellen Schein,
Mit ihren zarten Armen,
Erfassen in dem Rhein.

O setze dich doch nieder
Herzallerliebste mein!
Das Wasser treibt so schnelle
O fall nicht in den Rhein.

Und große Städte fliegen
An ihrem Kahn vorbei,
Und in den Städten klingen
Der Glocken mancherlei.

Da kniet das Mädchen nieder
Und faltet seine Händ

Und seine hellen Augen
Es zu dem Himmel wendt.

Lieb Mädchen bete stille,
Schwank nicht so hin und her,
Der Kahn, er möchte sinken,
Das Wasser treibt so sehr.

In einem Nonnenkloster
Da singen Stimmen fein
Und in dem Kirchenfester
Sieht man den Kerzenschein.

Da singt das Mädchen helle
Die Metten in dem Kahn,
Und sieht dabei mit Tränen
den Fischerknaben an.

Der Knabe singt mit Tränen
Die Metten in dem Kahn,
Und sieht dabei sein Mädchen
Mit stummen Blicken an.

So rot und immer röter
Wird nun die tiefe Flut,
Und weiß und immer weißer
Das Mädchen werden tut.

Der Mond ist schon zerronnen,
Kein Sternlein mehr zu sehn,
Und auch dem lieben Mädchen
Die Augen schon vergehn.

Lieb Mädchen guten Morgen!
Lieb Mädchen gute Nacht!
Warum willst du nun schlafen?
Da schon die Sonn erwacht.

Die Türme blinken helle,
Und froh der grüne Wald
Von tausend bunten Stimmen
in lautem Sang erschallt.

Da will er sie erwecken,
Daß sie die Freude hör,
Er sieht zu ihr hinüber
Und findet sie nicht mehr.

Und legt sich in den Nachen
Und schlummert weinend ein,
Und treibet weiter weiter
Bis in die See hinein.

Die Meereswellen brausen
Und schleudern ab und auf
Den kleinen Fischernachen
Der Knabe wacht nicht auf.

Doch fahren große Schiffe
In stiller Nacht einher,
So sehen sie die beiden
Im Kahne auf dem Meer.

Der Abend

Nach seiner Heimat kühlen Lorbeerhainen
Schwebt auf der goldnen Schale
Schon Helios, es glühen rings die Wellen,
Der Ozean erschwillt in frohen Scheinen,
Die wie mit Blitzesstrahle
Die ernste Nacht der fernen Ufer hellen,
Und über alle Schwellen
Ergießt der Gott die stillen Feuerwogen

Zum ew'gen Himmelsbogen,
Daß von den Bergen durch das dunkle Leben
Des Tages Flammen widerhallend beben.

Hoch auf den Bergen wehen seine Flammen,
Den raschen Mann zu führen,
Der seiner Reise Ziel noch nicht errungen,
Er strahlet mit dem Glanze stets zusammen,
Wenn gleich die Füße gleiten,
Bleibt von dem Lichte doch sein Haupt umschlungen.
Nie von der Nacht bezwungen
Lenkt ruhig nach der Sterne heil'gem Feuer,
Das ernste Schiff den Steuer
Und wandelt heimwärts durch die dunkeln Fluten
Vertrauend auf des Leuchtturms hohe Gluten.

Vom kühnen Felsen rinnen Lichter nieder,
Die Täler zu ergründen,
Und wo des Feuers milde Quelle ziehet,
Verglimmen bald des Haines wilde Lieder,
Denn alle Töne schwinden,
Bis sie des Abends Flammen rein geglühet –
Und welch ein Lied erblühet –
Es flicht die Nachtigall die goldnen Schlingen
Und süß gefangen ringen
Im Liede Liebesschmerz und Schmerzesliebe,
Daß Schmerz in Liebe, Lieb in Schmerz sich übe*.

So drang der Töne Frühling aus dem Schweigen,
So auch in reinen Seelen
Des Tages wilde Kämpfe bald zerrinnen,
Wenn Lieb und Schmerz sich hold zusammen neigen,
Die Zwietracht zu verhehlen,
Und rührend doch den ew'gen Streit beginnen.

* Ich konnte das schöne Tonspiel des Italienischen von amare und amaro nicht anders geben.

Ach keine mag gewinnen! –
Ein Wundergift fließt beiden von den Pfeilen,
zu töten und zu heilen –
Denn er muß stets an ihrem Pfeil gesunden,
Und sterbend lebt sie nur in seinen Wunden.

Doch bald wird nun die Ruhe niederschweben,
Daß alle Schmerzen fliehen,
Den heißen Kampf die stillen Schatten kühlen,
Dann mag der Sehnsucht ungelöstes Leben
In heil'gen Phantasien,
In schönen Träumen dichtend sich erwühlen.
Könnt ihr solch Leben fühlen?
So will, mit seinem Rausch euch zu erfüllen,
Mein Bild ich gern enthüllen,
Mein Bild, wie in des Abends Heiligtumen
Die Jungfrau redet mit den holden Blumen.

Die Jungfrau und die Blumen

Wo leis des Gartens dichte Schatten rauschen,
Und in den dunklen Zweigen
Die reifen goldnen Früchte heimlich schwellen,
Gleich holden Engeln, die in Wolken lauschen,
Und freundlich sich bezeigen,
Seht ihr die weiße Jungfrau sich erhellen.
Des Lichtes letzte Wellen
Umfließen sie. Sie sitzt, und ihr zu Füßen
Unschuld'ge Blumen sprießen;
Sie spricht zu ihnen, weckt mit ihren Blicken,
Die schon die Augen schließen, schlafend nicken.

Es scheint ihr Wort sie mehr noch einzuwiegen,
Was ihre Lippen sprechen,
Wallt längst im Traum um ihre zarten Seelen

Und wohnt in ihrem Leben still verschwiegen –
Die Stummheit zu zerbrechen,
Sind sie zu schwach, und können's nicht erzählen,
Doch sie kann nichts verhehlen,
Der stille Abend löst die keuschen Banden,
Die ihren Schmerz umwanden,
Sie klaget leis, und mit den blauen Augen
Will Antwort sie aus ihrer Stummheit saugen.

„Ihr blinden Kinder, wenn der ew'ge Schlummer
Von euren Augen weichet,
Wenn eure Lippen seufzend sich erschließen,
Ein warmes Herz euch bebt, und eurem Kummer
Die Götter Worte reichen,
Erblüh ich eine Blume euch zu Füßen.
Ihr werdet still mich grüßen,
Und für der Liebe jungfrauliches Bangen
Der Blume Trost verlangen,
Denn wir sind Schwestern, sind im harten Leben
Der tiefen Liebe frühem Tod gegeben.

Was Lilie keusch in deinem Kelche webet,
Was Rose rot dich malet
Und eure Augen stille Veilchen sagen,
Auch keusch und bang in meinem Busen strebet,
Von meinen Lippen strahlet
Und still und wild die blauen Augen klagen,
Uns faßt ein gleich Verzagen,
Ach! nimmer kann des Herzens still Verbrennen
Der keusche Mund bekennen,
Ach! nimmer will die wilde Welt verstehen,
Was unsrer Düfte stumme Lippen flehen.

Wenn linde Sonnenstrahlen niedersehen,
Sich laue Weste regen,
Erkennen wir aus uns mit dunklem Sehnen,
Doch nimmer wissen wir, wie uns geschehen.

Was wir im Innern hegen,
Ist süßes Träumen und ein kindisch Wähnen.
Es fließen alle Tränen
Noch leicht herab, und weilen keine Schmerzen
Im unerschloßnen Herzen,
Bis von der ew'gen Liebe tiefen Quellen
Das Herz sich dehnt, und leis die Knospen schwellen.

Im Busen keimet heimliches Begehren,
Und mildes Widerstreben,
Und wie sie liebend miteinander walten,
Erzeuget sich ein hoffendes Entbehren;
Der Blüte junges Leben
Will nun die zarten Blätter schon entfalten.
Die freundlichen Gestalten,
Die in verborgner Werkstatt noch gefangen,
Nach Freiheit sehr verlangen,
Bis uns des Morgens goldner Pfeil erschließet.
Und der geheimen Wunde Träne fließet.

Nun lösen sich die rätselhaften Triebe
Und zu dem reinen Throne,
Der aus dem Herzen froh heraufgedrungen,
Steigt schüchtern und verschleiert unsre Liebe.
Es hat die bunte Krone
Der sanften Königin das Licht geschlungen.
Sie hat das Reich errungen,
Und blickt in ihres Sieges junger Wonne
So freudig nach der Sonne,
Die freundlich sich in ihrem Schoß ergießet
Und sie mit goldnen Strahlen froh begrüßet.

Dir arme Königin, wie wird dir bange,
So einsam und verlassen,
So arm siehst du hinaus, ins weite Leben,
Die eignen Düfte küssen deine Wange,
Du mußt dich selbst umfassen,

Kein Volk, kein schöner Freund die Liebe geben.
Die zarten Säulen beben,
Auf denen sich dein leichter Thron beweget,
Vom Weste selbst erreget.
Die Nacht flieht lieblos dir in dunklen Träumen,
Am Morgen Tränen deine Blicke säumen.

Sind nicht dein Thron des Busens junges Wogen,
Dein Purpur, rote Wangen,
Dein Diadem, der Locken goldne Schlingen?
Ach bald sind all die Wellen weggezogen,
Der Purpur bald vergangen,
Gelöst die Flechten, die dein Haupt umfingen.
Der Liebe Pfeile dringen
Vom Himmel und der Schmerzen glühes Wühlen
Im Herzen zu erkühlen,
Löst du in stillen Tränen dein Geschmeide
Der Tränen Weide wirst du, Augenweide!

Du arme Königin! so ohne Wehre
Sollst schweren Kampf du führen,
Will keiner für die holde Braut denn streiten,
Will keinen, daß die Glut sie nicht verzehre,
Solch zarte Schönheit rühren,
Des Schattens liebend Dach um dich zu breiten?
O stummes bittres Leiden!
Welch Leben, wo die Liebe ungedinget
Dir keine Hülfe bringet,
Und wolltest du den dichten Schleier heben,
So würde dir des Schatzes Geist entschweben.

Und heißer, immer heißer dein Begehren,
Und leiser deine Klagen!
Die Farben schon, die deinen Schmerz verkünden,
Der Düfte leise Worte sich verzehren,
Um lauter stets zu sagen,
Wie dich die wilden Flammen ganz entzünden.

Die Hülfe zu ergründen,
Willst du vom freien Throne niedersteigen,
Dem Frevel dich zu neigen?
Noch elender ein Handwerk voller Wehe,
Umzunfte dich der schnöde Tod, die Ehe. –

Nein! solcher Ärmlichkeit dich hinzubieten,
Wird Armut dich nicht zwingen,
Die freie Liebe läßt sich nicht umarmen,
Wo sie den Kuß in Zweck und Absicht schmieden,
Wo Trieb und Freiheit ringen,
Und alle Lüste an der Not verarmen,
Dem Handwerk zum Erbarmen,
Wo zwei geübte Langeweilen weilen
Und Pflicht und Notdurft teilen
Darfst du dich nicht ergeben – heilig Leben!
Dein Bild nicht in des Haushalts Linnen weben.

O könntest ruhig du dein Sterben leben,
Die andern nicht erkennen,
Die alles Lebens eine Hälfte fassen,
Sich stille wandelnd hohes Ansehn geben,
Und hin und wider rennen,
Als wäre ohne sie die Welt gelassen.
Ach wohl! ist sie verlassen,
Das Leben ist zur Selbstbetrachtung worden,
Die Liebe zu ermorden,
Und forscht die Schönheit tötend nach Gesetzen,
Die Liebe und die Schönheit zu ersetzen.

Sie wähnen gar, die Liebe sei verloren,
Weil sie sich selbst vermissen,
Das Leben in Verzeichnisse schon bringen,
Als würde fernerhin nicht mehr geboren,
Als bräch' aus Finsternissen
Der Tod herauf, die Mutter zu verschlingen.
Mit solchen Wunderdingen

Vermeinen sie die längst verlornen Grenzen
Der Liebe zu ergänzen,
Und ordnen uns und stellen nach den Flammen
Dem Tode in Systeme uns zusammen.

Wie schöner Sieg! Wir können hier nicht sterben,
Denn hier war uns kein Leben,
Ein Frühling nur, wir sind es selbst gewesen,
Erblühen und Verglühen – kein Verderben
Kann unser Bild entweben,
Nur Opfer kann der Liebe Fessel lösen,
O freudiges Genesen!
Erhebe sanfte Königin den Schleier
Dem reinen Himmelsfeuer,
Will liebend nicht das Leben dich erringen,
So laß vom stillen Gotte dich umschlingen.

Wie glüht der Mittag heiß, in tiefem Schweigen
Eröffnet sie den Schleier,
Der Liebe Heiligtum muß sie enthüllen,
Und zu dem Throne glühe Strahlen steigen,
Des stillen Gottes Freier,
Die wachen Schmerzen tötend ihr zu stillen.
Sie reicht dem mächt'gen Willen
Die Liebe hin, und löset ihre Krone
Und breitet auf dem Throne
Die duftenden Gewänder, an den Gluten
Des Bräutigams sich opfernd zu verbluten.

Mir ist das schöne Opfer bald verglommen,
Es wallt das letzte Düften
Dem lichten Gott, der mit der Krone fliehet,
Er wand sie mir, er hat sie hingenommen,
Und in den reinen Lüften
Das bunte Leben mit ihm heimwärts ziehet,
Mein stiller Abend glühet,
Und wo des hohen Glanzes reine Wellen

In heißem Purpur schwellen,
Da brechen sich der Sehnsucht letzte Wogen,
Und ist der Streit der Liebe hingezogen.

O Nacht! so voller Liebe,
Ergieße deine dunkle Flut der Bangen,
Umfange ihr Verlangen,
Laß kühlend um die kämpfenden Gestalten
Das stille Meer der ew'gen Liebe walten!

EIN Ritter an dem Rheine ritt
In dunkler Nacht dahin,
Ein Ritterlein, das reitet mit
Und fragt: wohin dein Sinn?

Mein Sinn, der steht nach Minnen,
Ich hab mich rumgeschlagen,
Und konnt doch nichts gewinnen,
Und mußt das Leben wagen.

Ei hast du nicht die Ehr davon?
Die Ehr ist hohes Gut –
Ich hätt die liebe Zeit davon,
Die Ehr ist mir kein Gut. –

Mein Blut ist hingeflossen
Rot zu der Erde nieder,
So warm ich es vergossen,
Gibt mir's die Ehr nicht wieder.

Da sprach das kleine Ritterlein:
Daß Gott sich dein erbarm!
Du mußt ein schlechter Ritter sein,
Weil deine Ehr so arm. –

Ich will nun mit dir rechten,
Weil du nicht ehrst die Ehre;
Mein Ehr will ich verfechten,
Setz deine nur zur Wehre.

Des Ritters Unwill war sehr groß,
Drum er vom Rosse sprang,
Auch machet sich der kleine los
Und sich zur Erde schwang. –

Da fühlt sich der Geselle
Von hinten fest umwinden,
Es ist die Nacht nicht helle,
Sie streiten wie die Blinden.

Und sinken beide in den Klee –
Ei sprich! wer hat gesiegt!
Der Ritter ohne Ach und Weh –
Bei einer Jungfrau liegt.

Ei hast du nicht die Ehr davon?
Die Ehr ist hohes Gut –
Ich hätt die liebe Zeit davon,
Die Ehr ist mir kein Gut. –

Die lustigen Musikanten

Da sind wir Musikanten wieder,
Die nächtlich durch die Straßen ziehn,
Von unsren Pfeifen lustge Lieder
Wie Blitze durch das Dunkel fliehn. –
  Es brauset und sauset
  Das Tamburin.
  Es prasseln und rasseln
  Die Schellen drin;

Die Becken hell flimmern
Von tönenden Schimmern,
Um Kling und um Klang,
Um Sing und um Sang
Schweifen die Pfeifen, und greifen
Ans Herz,
Mit Freud und mit Schmerz.

Die Fenster gerne sich erhellen,
Und brennend fällt uns mancher Preis,
Wenn wir uns still zusammenstellen
Zum frohen Werke in den Kreis.
Es brauset und sauset
Das Tamburin,
Es prasseln und rasseln usw.

An unsern herzlich frohen Weisen
Hat nimmer Alt und Jung genug,
Wir wissen alle hinzureißen
In unsrer Töne Zauberzug.
Es brauset und sauset
Das Tamburin,
Es rasseln und prasseln usw.

Schlug zwölfmal schon des Turmes Hammer,
So stehen wir vor Liebchens Haus,
Aus ihrem Bettchen in der Kammer
Schleicht sie, und lauscht zum Fenster raus.
Es brauset und sauset
Das Tamburin,
Es rasseln und prasseln usw.

Wenn in des goldnen Bettes Kissen,
Sich küssen Bräutigam und Braut
Und glaubens ganz allein zu wissen,
Macht bald es unser Singen laut.
Es sauset und brauset

Das Tamburin,
Es prasseln und rasseln usw.

Bei stiller Liebe lautem Feste
Erquicken wir der Menschen Ohr,
Denn holde Mädchen, trunkne Gäste
Verehren unser klingend Chor.
Es brauset und sauset
Das Tamburin,
Es rasseln und prasseln usw.

Doch sind wir gleich den Nachtigallen,
Sie singen nur bei Nacht ihr Lied,
Bei uns kann es nur lustig schallen,
Wenn uns kein menschlich Auge sieht.
Es brauset und sauset
Das Tamburin,
Es rasseln und prasseln usw.

Die Tochter

Ich habe meinen Freund verloren,
Und meinen Vater schoß man tot,
Mein Sang ergötzet eure Ohren,
Und schweigend wein ich auf mein Brot.
Es brauset und sauset
Das Tamburin,
Es rasseln und prasseln usw.

Die Mutter

Ists Nacht? ists Tag? ich kanns nicht sagen,
Am Stabe führet mich mein Kind,
Die hellen Becken muß ich schlagen
Und ward von vielem Weinen blind.
Es sauset und brauset
Das Tamburin,
Es rasseln und prasseln usw.

Die beiden Brüder

Ich muß die lustgen Triller greifen,
Und Fieber bebt durch Mark und Bein,
Euch muß ich frohe Weisen pfeifen,
Und möchte gern begraben sein.
  Es sauset und brauset
  Das Tamburin,
  Es rasseln und prasseln usw.

Der Knabe

Ich habe früh das Bein gebrochen,
Die Schwester trägt mich auf dem Arm,
Aufs Tamburin muß rasch ich pochen –
Sind wir nicht froh? daß Gott erbarm!
  Es brauset und sauset
  Das Tamburin,
  Es rasseln und prasseln usw.

Zu Bacharach am Rheine
Wohnt eine Zauberin,
Sie war so schön und feine
Und riß viel Herzen hin.

Und brachte viel zu schanden
Der Männer rings umher,
Aus ihren Liebesbanden
War keine Rettung mehr.

Der Bischof ließ sie laden
Vor geistliche Gewalt –
Und mußte sie begnaden,
So schön war ihr' Gestalt.

Er sprach zu ihr gerühret:
„Du arme Lore Lay!

Wer hat dich denn verführet
Zu böser Zauberei?"

„Herr Bischof laßt mich sterben,
Ich bin des Lebens müd,
Weil jeder muß verderben,
Der meine Augen sieht.

Die Augen sind zwei Flammen,
Mein Arm ein Zauberstab –
O legt mich in die Flammen!
O brechet mir den Stab!"

„Ich kann dich nicht verdammen,
Bis du mir erst bekennt,
Warum in diesen Flammen
Mein eigen Herz schon brennt.

Den Stab kann ich nicht brechen,
Du schöne Lore Lay!
Ich müßte dann zerbrechen
Mein eigen Herz entzwei."

„Herr Bischof mit mir Armen
Treibt nicht so bösen Spott,
Und bittet um Erbarmen,
Für mich den lieben Gott.

Ich darf nicht länger leben,
Ich liebe keinen mehr –
Den Tod sollt Ihr mir geben,
Drum kam ich zu Euch her. –

Mein Schatz hat mich betrogen,
Hat sich von mir gewandt,
Ist fort von hier gezogen,
Fort in ein fremdes Land.

Die Augen sanft und wilde,
Die Wangen rot und weiß,
Die Worte still und milde
Das ist mein Zauberkreis.

Ich selbst muß drin verderben,
Das Herz tut mir so weh,
Vor Schmerzen möcht ich sterben,
Wenn ich mein Bildnis seh.

Drum laßt mein Recht mich finden,
Mich sterben, wie ein Christ,
Denn alles muß verschwinden,
Weil er nicht bei mir ist.“

Drei Ritter läßt er holen:
„Bringt sie ins Kloster hin,
Geh Lore! – Gott befohlen
Sei dein berückter Sinn.

Du sollst ein Nönnchen werden,
Ein Nönnchen schwarz und weiß,
Bereite dich auf Erden
Zu deines Todes Reis’.“

Zum Kloster sie nun ritten,
Die Ritter alle drei,
Und traurig in der Mitten
Die schöne Lore Lay.

„O Ritter laßt mich gehen,
Auf diesen Felsen groß,
Ich will noch einmal sehen
Nach meines Lieben Schloß.

Ich will noch einmal sehen
Wohl in den tiefen Rhein,

Und dann ins Kloster gehen
Und Gottes Jungfrau sein."

Der Felsen ist so jähe,
So steil ist seine Wand,
Doch klimmt sie in die Höhe,
Bis daß sie oben stand.

Es binden die drei Ritter,
Die Rosse unten an,
Und klettern immer weiter,
Zum Felsen auch hinan.

Die Jungfrau sprach: „da gehet
Ein Schifflein auf dem Rhein,
Der in dem Schifflein stehet,
Der soll mein Liebster sein.

Mein Herz wird mir so munter,
Er muß mein Liebster sein! –"
Da lehnt sie sich hinunter
Und stürzet in den Rhein.

Die Ritter mußten sterben,
Sie konnten nicht hinab,
Sie mußten all verderben,
Ohn Priester und ohn Grab.

Wer hat dies Lied gesungen?
Ein Schiffer auf dem Rhein,
Und immer hat's geklungen
Von dem drei Ritterstein:*

* Bei Bacharach steht dieser Felsen, Lore Lay genannt, alle vorbeifahrenden Schiffer rufen ihn an, und freuen sich des vielfachen Echos.

Lore Lay
Lore Lay
Lore Lay

Als wären es meiner drei.

ICH wollt ein Sträußlein binden,
Da kam die dunkle Nacht,
Kein Blümlein war zu finden,
Sonst hätt ich dir's gebracht.

Da flossen von den Wangen
Mir Tränen in den Klee,
Ein Blümlein aufgegangen
Ich nun im Garten seh.

Das wollte ich dir brechen
Wohl in dem dunklen Klee,
Doch fing es an zu sprechen:
„Ach tue mir nicht weh!

Sei freundlich in dem Herzen,
Betracht dein eigen Leid,
Und lasse mich in Schmerzen
Nicht sterben vor der Zeit."

Und hätt's nicht so gesprochen,
Im Garten ganz allein,
So hätt ich dir's gebrochen,
Nun aber darf's nicht sein.

Mein Schatz ist ausgeblieben,
Ich bin so ganz allein.
Im Lieben wohnt Betrüben,
Und kann nicht anders sein.

Wenn die Sonne weggegangen,
Kömmt die Dunkelheit heran,
Abendrot hat goldne Wangen,
Und die Nacht hat Trauer an.

Seit die Liebe weggegangen,
Bin ich nun ein Mohrenkind,
Und die roten, frohen Wangen,
Dunkel und verloren sind.

Dunkelheit muß tief verschweigen,
Alles Wehe, alle Lust,
Aber Mond und Sterne zeigen,
Was ihr wohnet in der Brust.

Wenn die Lippen die verschweigen
Meines Herzens stille Glut,
Müssen Blick und Tränen zeigen,
Wie die Liebe nimmer ruht.

Was mag dich nur betrüben?
Daß du so traurig denkst.
Du mußt wohl Buße üben,
Weil du die Blicke senkst.

Wie durch die stillen Wiesen
Die Bächlein murmelnd gehn,
Die Blumen, die dran sprießen,
Wie die hinuntersehn,

So seh ich zu, so horch ich zu,
Bin freundlich mit ihnen auf du und du,
Und wollt, daß es mein Liebchen wär,
Ei das begreifst du wohl nimmermehr.

Was ist dir nur geschehen?
Daß du so ganz allein
Im dunkeln Wald magst gehen,
Du mußt wohl närrisch sein.

Wie grüne Büsche lauschen,
Und Echo widerklingt,
Was leis die Büsche rauschen,
Und froh das Vöglein singt.

So horch ich zu, so ruf ich zu,
Bin freundlich mit ihnen auf du und du,
Und wollt, daß es mein Liebchen wär,
Ei das begreifst du wohl nimmermehr.

Ich kann es wohl begreifen,
Sieh nicht so vor dich hin,
So wirst du wohl begreifen,
Daß ich dein Liebchen bin.

So laß uns tanzen, springen
Im kühlen, grünen Wald,
Die Töne laß erklingen,
Daß alles freudig schallt,

Tur, lu, tu, tu, tur, lu, tu, tu,
Wir leben und schweben auf du, und du,
Und wenn es nicht mein Liebchen wär
Ei so begriff ich's wohl nimmermehr.

NACH Sevilla, nach Sevilla,
Wo die hohen Prachtgebäude
In den breiten Straßen stehen,
Aus den Fenstern reiche Leute,

Schön geputzte Frauen sehn,
Dahin sehnt mein Herz sich nicht!

Nach Sevilla, nach Sevilla,
Wo die letzten Häuser stehen,
Sich die Nachbarn freundlich grüßen,
Mädchen aus dem Fenster sehn,
Ihre Blumen zu begießen,
Ach, da sehnt mein Herz sich hin!

In Sevilla, in Sevilla
Weiß ich wohl ein reines Stübchen,
Helle Küche, stille Kammer,
In dem Hause wohnt mein Liebchen,
Und am Pförtchen glänzt ein Hammer.
Poch ich, macht die Jungfrau auf!

Guten Abend, guten Abend –
Lieber Vater, setzt euch nieder,
Ei, wo seid ihr dann gewesen?
Und dann singt sie schöne Lieder,
Kann so hübsch in Büchern lesen,
Ach! und ist mein einzig Kind.

Wie sich auch die Zeit will wenden, enden
Will sich nimmer doch die Ferne,
Freude mag der Mai mir spenden, senden
Möcht Dir alles gerne, weil ich Freude mir erlerne,
Wenn Du mit gefaltnen Händen
Freudig hebst der Augen Sterne.

Alle Blumen mich nicht grüßen, süßen
Gruß nehm ich von Deinem Munde.
Was nicht blühet Dir zu Füßen, büßen
Muß es bald zur Stunde, eher ich auch nicht gesunde,

Bis Du mir mit frohen Küssen
Bringest meines Frühlings Kunde.

Wenn die Abendlüfte wehen, sehen
Mich die lieben Vöglein kleine
Traurig an der Linde stehen, spähen
Wen ich wohl so ernstlich meine, daß ich helle Tränen weine,
Wollen auch nicht schlafen gehen,
Denn sonst wär ich ganz alleine.

Vöglein euch mag's nicht gelingen, klingen
Darf es nur von ihrem Sange,
Wie des Maies Wonneschlingen, singen
Alles ein in neuem Zwange; aber daß ich Dein verlange
Und Du mein, mußt Du auch singen,
Ach das ist schon ewig lange.

Am Berge hoch in Lüften,
Da baute er sein Haus;
Am Tore liegt Gewitter,
Nun kann er nicht hinaus.
Die Wolken, sie wollen nicht ziehen,
Der Pfad ist steil und schwer,
O Lieber, Herzlieber in Lüften,
O wenn ich bei Dir wär!

Wohl bei Dir über Wolken,
Wohl bei Dir über Wind,
Wo fromme Vöglein schweben
In Himmelsluft so lind.
Meine Flüglein, die sind mir gebrochen
Und heilen auch nicht eh
Bis ich zu der Herzliebsten
Durch Tür und Tor eingeh!

Daß ich so stolz in Lüften
Mein Haus gebauet hab,
Das muß mich gar betrüben,
Ich kann nicht mehr hinab
Die Riegel sind alle verrostet,
Die Tore sie gehen so schwer,
O Liebchen, Herzliebchen im Tale,
O wenn ich bei Dir wär!

Wohl bei Dir in dem Garten,
Wohl bei Dir in dem Wald,
Wo dichte Bäume stehen
Und Vogelsang erschallt.
Ich kann kein' Kranz mehr flechten
Und singen auch nicht eh
Bis ich zu Dir Herzliebste
Durch Flur und Wald eingeh.

Sie dringt wohl durch die Wolken,
Geht ein durch Tür und Tor,
Die Flüglein schnell ihr heilen
Und heben sie empor,
Wohl über die Wolken und höher
Zu Gott wohl in die Höh,
Trägt sie das treue Herze,
Ade, Herzlieber, ade! –

Er dringt wohl durch die Wolke,
Geht ein durch Flur und Wald,
Ein Kranz wird ihm geflochten,
Ein Lied ihm auch erschallt,
Wohl unter dem Baum und wohl tiefer
Wohl unter grünem Klee
Ruht nun sein stolzes Herze,
Ade, Herzliebste, ade! –

WENN ich ein Bettelmann wär
Käm ich zu Dir,
Säh Dich gar bittend an
Was gäbst Du mir? –

Der Pfennig hilft mir nicht
Nimm ihn zurück,
Goldner als golden glänzt
Allen Dein Blick;

Und was Du allen gibst
Gebe nicht mir
Nur was mein Aug begehrt
Will ich von Dir.

Bettler wie helf ich Dir? –
Sprächst Du nur so,
Dann wär im Herzen ich
Glücklich und froh.

Laufst auf Dein Kämmerlein
Holst ein Paar Schuh
Die sind mir viel zu klein,
Sieh einmal zu. –

Sieh nur wie klein sie sind
Drücken mich sehr,
Jungfrau süß lächelst Du
O gib mir mehr.

HEUTE kömmst du nicht lieb Liebchen,
Heute nicht, doch harr ich deiner,
Komm doch schnelle, eh es nachtet
Ei wie kannst du so verweilen.

Traurig späh ich aus dem Fenster,
Heute wirst du nicht erscheinen,
Wo das Herz so liebt und strebet,
Vieles Liebchen dir zu teilen.

Ein – zwei – drei – willst du nicht kommen
Sieh da hast du's, ich muß weinen,
Weil du so dein Glück versäumest,
Wer nicht hören will muß leiden.

Aber Liebe ist so sparsam,
Daß sie mit den Schmerzen geizet
Nur mir fehlst du, wenn du fehlest,
Da ich nur dein Fehlen leide.

Täglich will es Abend werden,
Sind es denn nicht jene Saiten,
Herzlein die sich wieder regen,
Seid gegrüßt ihr Lieblichkeiten,

Täglich will es Morgen werden,
Wirst du morgen wieder schweigen,
Herzlein, wenn die Welt sich reget,
Sei gegrüßt im frommen Streite.

Tausend gute Nacht mein Liebchen,
Ich will einen Traum bereiten
Ohne Vater, ohne Mutter,
Einen Traum nur für uns beide.

Sieh so sprachen Orgeltöne,
Abends still in Melodeien,
Und zu wichtig schien die Sache,
Um sie dir nicht mitzuteilen.

Am Rheine schweb ich her und hin
Und such den Frühling auf
So schwer mein Herz, so leicht mein Sinn
Wer wiegt sie beide auf.

Die Berge drängen sich heran,
Und lauschen meinem Sang,
Sirenen schwimmen um den Kahn,
Mir folget Echoklang.

O halle nicht, du Widerhall,
O Berge kehrt zurück,
Gefangen liegt so eng und bang
Im Herzen Liebesglück.

Sirenen tauchet in die Flut,
Mich fängt nicht Lust nicht Spiel,
Aus Wassers Kühle trink ich Glut,
Und ringe froh zum Ziel.

O wähnend Lieben, Liebeswahn,
Allmächtiger Magnet,
Verstoße nicht des Sängers Kahn,
Der stets nach Süden geht.

O Liebesziel so nah so fern,
Ich hole dich noch ein,
Die Frommen führt der Morgenstern,
Ja all zum Krippelein.

Geweihtes Kind erlöse mich,
Gib meine Freude los,
Süß Blümlein ich erkenne dich,
Du blühest mir mein Los.

In Frühlingsauen sah mein Traum
Dich Glockenblümlein stehn,

Vom blauen Kelch zum goldnen Saum
Hab ich zu viel gesehn,

Du blauer Liebeskelch in dich,
Sank all mein Frühling hin,
Vergifte mich, umdüfte mich,
Weil ich dein eigen bin.

Und schließest du den Kelch mir zu
Wie Blumen abends tun,
So lasse mich die letzte Ruh,
Zu deinen Füßen ruhn.

Lieb und Leid im leichten Leben
Sich erheben, abwärts schweben,
Alles will das Herz umfangen
Nur verlangen, nie erlangen,

In den Spiegel all ihr Bilder
Blicket milder, blicket wilder
Jugend kann doch nichts versäumen
Fortzuträumen, fortzuschäumen.

Frühling muß mit süßen Blicken
Sie beglücken, sie berücken,
Sommer sie mit Frucht und Myrten,
Froh bewirten, froh umgürten.

Herbst muß ihr den Haushalt lehren,
Zu begehren, zu entbehren,
Winter, Winter lehr mich sterben
Mich verderben, Frühling erben.

Wasser fallen um zu springen.
Um zu klingen, um zu singen,

Muß ich schweigen. Wie und wo?
Trüb und froh? nur so, so.

Der Spinnerin Nachtlied

Es sang vor langen Jahren
Wohl auch die Nachtigall,
Das war wohl süßer Schall,
Da wir zusammen waren.

Ich sing und kann nicht weinen,
Und spinne so allein
Den Faden klar und rein
So lang der Mond wird scheinen.

Als wir zusammen waren
Da sang die Nachtigall
Nun mahnet mich ihr Schall
Daß du von mir gefahren.

So oft der Mond mag scheinen,
Denk ich wohl dein allein,
Mein Herz ist klar und rein,
Gott wolle uns vereinen.

Seit du von mir gefahren,
Singt stets die Nachtigall,
Ich denk bei ihrem Scahll,
Wie wir zusammen waren.

Gott wolle uns vereinen
Hier spinn ich so allein,
Der Mond scheint klar und rein,
Ich sing und möchte weinen.

Es GING verirrt im Walde
Ein Königstöchterlein
Laut weint sie, daß es schallte
Tief in den Wald hinein.

An meiner Krone blinken,
Schmaragd und auch Rubin,
Um einmal nur zu trinken,
Gäb ich sie gerne hin.

Da schwebt zu ihrem Haupte
Ein edler Falke bald,
Der ihr die Krone raubte
Und tiefer flog zum Wald.

Sie folgt ihm, hoch in Lüften
Trägt er die Krone hell
Bis wo in dunklen Klüften
Erbraust ein kühler Quell.

O Falke Luftgeselle
Nimm hin die Krone mein,
So kühl als diese Quelle
Mag keine Krone sein.

Es braust so wonnig unten
Tief in der Felsen Schoß,
Von Schatten still umwunden,
Ruht sie auf weichem Moos,

Die Locken aufgewunden
Die zarten Glieder bloß,
Erkühlt sie sich da unten
Tief in der Felsen Schoß.

Sie ließ sich an den Zweigen
Hinab ins kühle Bad,

Bald will sie rückwärts steigen,
Doch zeiget sich kein Pfad,

Sie streckt wohl nach den Zweigen,
Mit Macht die Arme hin,
Doch keiner will sich neigen,
Zur Königstochter hin.

Wer kann heraus mich heben,
Weint da die holde Magd,
Gern wollte ich ihm geben,
Mein Ringlein von Schmaragd,

Wie sie die Hände ringet
Das schöne Ringelein
Ihr von dem Finger springet,
Tief in den Quell hinein.

Sie sucht und findt in Klippen
Ein Horn von Gold so rein,
Und setzt es an die Lippen,
Es schallt zum Wald hinein.

Die Felsen laut erklingen,
Und laut von Stein zu Stein
Die muntern Töne springen,
Ums Königstöchterlein.

Die Zweige sich auch neigen
Der edle Falke wiegt,
Sich fröhlich auf den Zweigen
Die er hinunter biegt.

Dann hört sie Worte schallen,
Wer bläst auf meinem Horn,
Das gestern mir gefallen
Hinab zum Felsenborn.

Wer hütet mich vor Schande,
Weint laut das Töchterlein,
Wer gibt mir die Gewande,
Wer schützt die Ehre mein,

Mich liebte einst ein Knabe
Der Züchten wohl verstand,
O daß ich ihn nicht habe,
Er gäb mir mein Gewand.

Die Augen zugebunden,
Der Knabe vor ihr stand
Der Knabe ist gefunden
Er reicht ihr das Gewand.

Verloren ist die Krone,
Und auch das Fingerlein,
Ohn Ringlein und ohn Krone,
Muß sie das Kleinod sein.

Da ruhte der Geselle
Wohl bald in ihrem Schoß,
Im Herzen ward's ihm helle
O mach die Binde los.

In ihr Gewand geschwinde
Hüllt sich das holde Kind,
Dann löst sie ihm die Binde,
Läßt nicht die Liebe blind.

Da schallt es in den Buchen
Da hallt es am Gestein,
Der König kommt zu suchen,
Das Königstöchterlein.

Nun rege deine Hände,
Spricht da das Töchterlein,

Wenn uns der König fände
Müßt es gestorben sein.

Der Falke nahm die Krone,
Der Quell das Fingerlein,
Der Jäger nimmt zum Lohne
Das Königstöchterlein.

Es nahm der Jagdgeselle
Sein Horn und sein Geschoß
Und trug die Jungfrau schenlle
Zum hohen Felsenschloß.

Auf Felsen hoch ich wohne,
Der Falke und die Braut
Am Turme hängt die Krone
Sein Nest hineingebaut.

Ich grüß dich, zarte schöne Fraue,
Und biet dir freundlich gute Nacht,
Bis daß der ew'ge Tag im Taue
Vor deinem Kämmerlein erwacht.

Ein heil'ger Engel soll zur Seiten
An deinem Bettlein wachend stehn,
Den goldnen Flügel ob dir spreiten
Und schwere Träume von dir wehn.

Daß sie sanft erwache
Aus ihres Schlummers Ruh,
Der Morgenstern, der scheine
Ihr recht mit Liebe zu.

Sie schlafe, sie wache,
Sie stehe, sie gehe,

Die Fraue meine,
Oder was sie tu.

Ich grüß vor aller Blüt die Rose,
Die an dem Abendhimmel blüht,
Ihr Herz ergießt sich dir im Schoße,
Wenn sie zur Erde niederglüht.

Ich grüß dich, klarer Abendsterne,
Du brennest auf dem Haupte mein.
Bei ihr, bei ihr so wär ich gerne
In ihrem engen Kämmerlein.

Daß ein Engel bringe
Der Zarten meinen Gruß,
Leis wie im Maienscheine
Der Honigblumen Kuß.

Sie bete, sie singe,
Daß eile die Weile,
Da ich alleine
Ohne sie sein muß.

Die grünen Blätter sind gefallen,
Die Schwalben fortgezogen sind,
Da will zu seiner Heimat wallen
Ein armes elternloses Kind.

Als Führer auf der weiten Reise,
Fliegt vor ihm her ein Schmetterling,
Ihr Bündelchen trägt selbst die Waise
Ihr Hab und Gut ist gar gering.

Und wie sie durch die Wälder gingen,
Der Schmetterling zum Kinde spricht,

„Um meinen Lohn ist noch zu dingen,
Den kleinen Freund vergesse nicht.

Ich werde nicht mehr lange leben,
Und möchte mich noch einmal freun,
Zur Heimat will ich mit dir schweben
Doch gib mir erst ein Blümelein."

Das Kind sprach: „Keines ist zu sehen,
Doch ist in meinem Vaterland
Ein schöner Garten darin stehen,
Der süßen Blumen allerhand.

Ein Engel gehet in dem Garten,
Der gibt dir sicher doppelt Lohn,
O wolle bis zur Heimat warten,
Ich irre, wenn du mir entflohn.

Der Engel, der den Lohn dir zahle,
Ist meine Mutter, ich sein Kind,
Er wohnt in einem stillen Tale,
O laß uns eilen, fort, geschwind."

Der Führer hebt die bunten Schwingen,
Der kleine Wandrer folgt ihm schnell,
Er spricht „hörst du die Vöglein singen,
Im Garten singen sie so hell,

Ich atme schon die Blumendüfte,
O lieber Führer eile schnell",
„Ich fühle nur die kalten Lüfte",
Sprach da der bunte Reis'gesell.

„Kannst du nicht bald den Lohn mir geben?
Die kühlen Lüfte tun mir weh,
Ich werde nicht mehr lange leben,
Ich sterb eh ich den Garten seh."

„So nehme alles, was ich habe"
Sprach weinend da das arme Kind.
„Von jenem Engel alle Gabe,
Die welken Rosenblätter sind."

Der Führer starb, und in den Rosen,
Weiht ihm das Kind ein frommes Grab
Schön hört es nah des Stromes Tosen,
Und steiget zu dem Tal hinab.

So freudig an der Heimat Schwellen
Ruft es, „o Mutter höre mich
O führ mich zu dir durch die Wellen,
Zum süßen Garten führe mich.

Mein bunter Führer ist gestorben,
Da Freude floh und Sonnenschein,
Zum Lohn hat er Grab erworben,
Wohl in den welken Rosen dein."

Die Mutter höret nicht sein Klagen,
Da ward dem Kinde Mut verliehn,
Die Wellen es hinüber tragen,
Es eilet zu dem Garten hin.

Die Blumen all die Kelche neigen
Und gießen still die Liebe aus,
Die Mutter will sich nirgend zeigen,
Im Garten nicht, und nicht im Haus.

„O Vaterland im Frühlingsscheine!
O Jugend liebste Mutter mein!
Dein Kind die Liebe ist alleine,
O wollet nicht verloren sein!"

Da sprach ein Vöglein von dem Baume,
„Gott grüß dich, bist du wieder hier,

Es denkt mir dunkel wie im Traume,
Du trugst einst treue Lieb zu mir.

Im Maie, da du hier geboren,
Da lernte ich ein Lied von dir,
Ist Mai und Jugend auch verloren,
Dein süßes Lied, das bleibet mir."

Da fing das Vöglein an zu singen,
„Der Frühling blüht, der Sommer glüht,
Die Liebesblumen süß entspringen,
Der Zweig ist müd, die Frucht ihn zieht,

Die Liebe kehrt zur Heimat wieder,
Zur Fremde sie getrieben ward,
Es sinkt der Herbst zur Erde nieder,
Die Lieb erstarrt im Winter hart."

Und wie das Vöglein freundlich singet,
Wie hier das Kind im Frühling sang,
Der Winter wohl zur Wahrheit bringet,
Des Kinds prophetischen Gesang.

Es starb das Kind wohl bei den Rosen,
Wo es der Frühlingsschein erzog,
Die Mutter hat es hart verstoßen,
Das Vöglein zu ihm niederflog.

Und deckte es mit welken Blüten,
Aus alter treuer Liebe zu,
Dem Vöglein woll es Gott vergüten,
Es sang dem Kinde in die Ruh.

„O Vaterland im Frühlingsscheine!
O Jugend harte Mutter sein!
Dein Kind die Liebe ich beweine,
Sein einz'ger Freund – ein Vögelein!"

Die Rose blüht, ich bin die fromme Biene,
Die in der Blätter keuschen Busen sinkt,
Und milden Tau und süßen Honig trinkt,
Doch lebt ihr Glanz und bleibet ewig grüne.
So singt mein tiefstes Freudenlied,
Ach meine Rose blüht!

Die Rose blüht, o Sonnenschein verziehe,
Daß lange noch der liebe Sommer währt,
Und mir kein Sturm die süße Lust versehrt,
Daß all mein Heil aus dieser Rose blühe,
So freut sich innig mein Gemüt
Weil meine Rose blüht!

Die Rose blüht, und lacht vor andern Rosen,
Mit solcher Huld- und Liebesmildigkeit,
Daß gern mein Sinn sich zu der Pflicht erbeut,
Mit andern Blumen nie mehr liebzukosen,
Weil alle Liebe, die erglüht,
Aus *Dir Du Rose* blüht!

Fabiola

Hör, es klagt die Flöte wieder,
Und die kühlen Brunnen rauschen.

Piast

Golden wehn die Töne nieder,
Stille, stille, laß uns lauschen!

Fabiola

Holdes Bitten, mild Verlangen,
Wie es süß zum Herzen spricht!

Piast

Durch die Nacht, die mich umfangen,
Blickt zu mir der Töne Licht.

Es wandeln zum Glücke
Die Sterne die Bahn,
Mit gütigem Blicke,
Sehn alle uns an.

Die Jungfrau, die süße.
Im himmlischen Reihn,
Gibt freundliche Grüße,
Und strahlet so rein.

Im spiegelnden Schilde
Sieht Liebe sich an,
Und Mars blicket milde
Zu Venus hinan.

Die Waage ruht eben,
Ihr Zünglein steht ein;
Auch lächeln daneben.
Die Zwillinge klein.

Hermann
des treuen Gottschalks Sohn

Von Köllen war ein Edelknecht
Um Kundschaft ausgegangen
Sein Vater lag durch Engelbrecht
Den Bischof hart gefangen.

Er sucht durchs Land wohl manchen Tag
Er sucht in schweren Sorgen,
Sein Liebchen ihm im Sinne lag,
Der hätt er es verborgen.

Gar traurig er am Bronnen lag
In Busch und grünen Hecken,

Da hört er schallen Hufesschlag,
Und eilt sich zu verstecken.

Er sah wohl einen frohen Mann
Zum Born sein Rößlein lenken
Ein andrer ritt betrübt heran,
Der tät die Augen senken.

O froher Mann der eine sprach
Was mag dich nur erfreuen
Betrübter Mann der Frohe sprach
Gott woll dir Trost verleihen.

Herr Gottschalk der getreue Mann
Geht frei in unsren Landen
Durch wunderbare Hülf entrann
Er aus des Bischofs Banden.

Er hatte eine kleine Maus
Im Kerker zahm gezogen,
Sie ging als Gastfreund ein und aus,
Und war dem Herrn gewogen.

Die harte Rinde, die sie nagt
Tränkt er im Lampenöle
Und wenn er Lebewohl gesagt
Kehrt sie nach ihrer Höhle.

Und wenn er traurig niederkniet
Und singt den Morgensegen
So tönt ihm auch ihr frommes Lied
Aus ihrem Haus entgegen.

Doch einst sein treuer Freund entlief
Und wollte nicht mehr kehren
Und wie Herr Gottschalk lockt' und rief,
Das Mäuslein wollt nicht hören.

Bei Mittagsbrot und Abendbrot
Blieb unbenagt die Rinde:
Er grub nach ihr, ob mausetot,
Er wohl die Treue finde.

Und in der Erde eingescharrt
Fand Meißel er und Feilen,
Womit er seine Bande hart
Gar leichtlich konnt zerteilen.

Nun geht er frei, der fromme Mann
Und wird sein Schwert bald rühren,
Ihm schließen sich die Freunde an,
Das soll der Bischof spüren.

Der andre sprach mein Schwesterlein,
Das liegt gar hart gefangen
Und selbst das treue Mäuslein dein
Könnt nicht zu ihr gelangen.

Der falsche Knecht, die Liebe brach
In ihres Herzens Kammer,
Ihm stiegen die Gesellen nach
Das Leid und böser Jammer.

Ein Freund des Bischofs sie belog
Herr Herrmann sei erschlagen
Der heimlich gegen Arle zog,
Den Vater zu erfragen.

Da ging ihr alle Hoffnung aus
Die Schmerzen sie bezwangen
Und legten in ein festes Haus
Auf ewig sie gefangen.

Des Schlosses Dach ist himmelblau,
Die Mauren grüne Wellen,

Die Graben breit, sind Flur und Au
Die Fenster Fluss' und Quellen.

Am Fels, wo wild der Rhein zerschellt
Wo bös die Schiffe stranden,
Dort ewig sie gefangen hält
Der Schlund in kühlen Banden.

Da sprach zu ihm der frohe Mann,
Laß uns zu Gottschalk reiten,
Da treffen wir den Sohn auch an,
Den Bischof zu bestreiten.

Und da sie aus dem Walde schon
Trat wieder zu der Quelle
Herrmann des frommen Gottschalk Sohn
Der traurige Geselle.

Streit wohl, streit wohl, o Vater mein,
Streit wohl, und stirb in Ehren,
Ich hab verloren das Mäuslein mein,
Es will mir nicht mehr kehren.

Mich soll wie dich o Vater mein,
Verlorne Liebe retten,
Mein Schwert, es muß die Feile sein
Und lösen meine Ketten,

Da eilt er zu dem Wasserschloß
Wo bös die Schiffe stranden
Und macht sich mit dem Schwerde los
Aus seines Kerkers Banden.

Und stürzt hinab ins kühle Haus
Wo Liebchen liegt gefangen,
O Liebchen breit' die Arme aus
Ihn treulich zu empfangen.

Und läg gefangen im kühlen Haus
Die mich so hart betrogen,
Sie hätte, eh dies Lied noch aus
Mich auch hinabgezogen.

Kaum hörst Du auf, so fang ich an,
Dich erst recht zu vermissen,
Ich habe ein Gelübd getan,
Kein andres Weib zu küssen.

Gewaltig, regt es sich in mir,
Zu leben und zu lieben,
O süße Frau wär ich bei Dir,
Ich wollt Dich nicht betrüben.

Du letzter Preis von Lieb und Lust,
Wie konnte ich Dich quälen,
Ach hätt ich jemals was gewußt,
Wie könnt ich dann erzählen.

Die Lippe schließt der Liebe Kuß,
Ich hab ihn nie empfangen,
Es rühmt sich nur der Überdruß,
Es seufzt nur das Verlangen.

Kaum hörst Du auf, so fang ich an
Versäumnis muß ich büßen,
O wandelte die Lust mich an
Ein andres Weib zu küssen.

Mein Kuß ist jung, mein Kuß ist alt,
Ich küß mit weisen Listen,
Es würde Liebe und Gewalt,
Die Untreu Dir nicht fristen.

So lebe wohl, verzeihe Dir!
Die keusche Bahn zu wandlen,
Ich lebe wohl, verzeihe mir,
Im Traum Dich zu – mißhandlen.

Es STEHET im Abendglanze
Ein freies heiliges Haus
Da sehen mit schimmernden Augen
Viel Knaben und Jungfraun heraus,
Dort hab ich mein Liebchen gesehen
Ein freundliches zierliches Kind,
Sie konnte wohl schweben und drehen,
Wie fallende Blüten im Wind.

Und die in dem Hause wohnen
Sind heilig und wissen es nicht
Sie leben mit Kränzen und Kronen
Alltäglich ein neues Gedicht
Sie sind gleich den Göttern und handlen,
Wohl täglich in andrer Gestalt,
Mein Liebchen wird auch sich verwandlen
Das tut meinem Herzen Gewalt.

O Liebchen, wo bist du geblieben,
Ich steh vor dem schimmernden Haus,
Und will dich bescheiden nur lieben
O Liebchen o sehe heraus
Ich will dein pflegen und warten,
Im Herzen so treu, als ich kann,
Da seh ich dich sitzen im Garten
Wohl bei einem reichen Mann.

So kauf ich mir Rechen und Spaten
Bind mir ein grün Schürzelein vor
Und gehe wohl als ein Gärtner

An des reichen Mannes Tor
Tu auf, tu auf den Garten,
Ich will dir wohl ohne Sold
Die Blumen all pflegen und warten
Sie sind ja mein Silber und Gold.

So sei mir o Gärtner willkommen
Zieh hoch die Blumen mir,
Zieh lang sie zu blühenden Ketten
Ich habe ein Vögelchen hier,
Zieh hoch und dicht eine Laube
Zieh mir ein Gitterhaus
Daß keiner mein Vögelchen raube,
Und es nicht fliege aus,

Da klingt wohl sanft und süße
Im Garten ein heilig Lied
Die Bäume senden Grüße,
Die Blume lauschend blüht,
Da seh ich mein Liebchen so weinen,
So blicken zu mir herauf,
Die Sonne will nicht mehr scheinen,
Die Blumen sie gehen nicht auf.

So hast du dann verlassen
Der Götter freies Haus
Der Locken Gold muß blassen,
Der Augen Licht geht aus
O Liebchen o sei nicht so munter,
Du hast vergeudet dein Los,
Dein Sternlein, es ging ja unter
Tief in des Meeres Schoß.

Ans Meer will ich mich stellen
Betrübt im Abendschein,
Und sehn, wie in die Wellen
Versinkt dein Sternelein,

Und niedersehn und weinen,
Die Tränen all hinab,
Sie wollen sich ja vereinen
Mit deines Sternes Grab.

Dies Lied hab ich ersonnen
Wohl vor dem Zauberhaus,
Das glänzt in der Abendsonnen,
Du blickst nicht mehr heraus
Als Jugend um Liebe mußt brennen
In irrem Liebeswahn,
Da konnte sie ihn nicht erkennen,
Und blickte so hell ihn doch an.

Am Sophientag

Süsser Mai du Quell des Lebens
Bist so süßer Blumen voll
Liebe sucht auch nicht vergebens
Wem sie Kränze winden soll.

Süßer Mai, mit Blumenglocken
Läutest du das Fest mir ein
Ich bekränze ihre Locken,
Will ein frommer Gast auch sein.

Süßer Mai, zum Liebesmahle
Trägst du Blumenkelche ein
Blütensäulen stehn im Saale
Drüber wölbt sich Sonnenschein.

Süßer Mai, in deinen Kelchen
Küssen fromme Bienen sich
Aber unter allen welchen
Hast du eingefüllt für mich!

Süßer Mai! du bringest nieder
Blume, Blüte, Sonnenschein,
Daß ich wisse, wem die Lieder,
Wem das Herz, das Leben weihn.

Ich wohnte unter vielen vielen Leuten
Und sah sie alle tot und stille stehn,
Sie sprachen viel von hohen Lebensfreuden
Und liebten, sich im kleinsten Kreis zu drehn;
So war mein Kommen schon ein ewig Scheiden
Und jeden hab ich einmal nur gesehn,
Denn nimmer hielt mich's, flüchtiges Geschicke
Trieb wild mich fort, sehnt ich mich gleich zurücke.

Und manchem habe ich die Hand gedrücket,
Der freundlich meinem Schritt entgegensah,
Hab in mir selbst die Kränze all gepflücket,
Denn keine Blume war, kein Frühling da,
Und hab im Flug die Unschuld mit geschmücket,
War sie verlassen meinem Wege nah;
Doch ewig ewig trieb mich's schnell zu eilen,
Konnt niemals nicht des Werkes Freude teilen.

Rund um mich war die Landschaft wild und öde,
Kein Morgenrot, kein goldner Abendschein,
Kein kühler Wind durch dunkle Wipfel wehte,
Es grüßte mich kein Sänger in dem Hain;
Auch aus dem Tal schallt' keines Hirten Flöte,
Die Welt schien mir in sich erstarrt zu sein.
Ich hörte in des Stromes wildem Brausen
Des eignen Fluges kühne Flügel sausen.

Nur in mir selbst die Tiefe zu ergründen,
Senkt ich ins Herz mit Allgewalt den Blick;
Doch nimmer konnt es eigne Ruhe finden,

Kehrt' trübe in die Außenwelt zurück,
Es sah wie Traum das Leben unten schwinden,
Las in den Sternen ewiges Geschick,
Und rings um mich ganz kalte Stimmen sprachen:
„Das Herz, es will vor Wonne schier verzagen."

Ich sah sie nicht die großen Süßigkeiten,
Vom Überfluß der Welt und ihrer Wahl
Mußt ich hinweg mit schnellem Fittich gleiten.
Hinabgedrückt von unerkannter Qual,
Konnt nimmer ich den wahren Punkt erbeuten
Und zählte stumm der Flügelschläge Zahl,
Von ewigen unfühlbar mächt'gen Wogen
In weite weite Ferne hingezogen.

Der Jäger an den Hirten

Durch den Wald mit raschen Schritten
Trage ich die Laute hin,
Freude singt, was Leid gelitten,
Schweres Herz hat leichten Sinn.

Durch die Büsche muß ich dringen
Nieder zu dem Felsenborn,
Und es schlingen sich mit Klingen
In die Saiten Ros und Dorn.

In der Wildnis wild Gewässer
Breche ich mir kühne Bahn,
Klimm ich aufwärts in die Schlösser,
Schaun sie mich befreundet an.

Weil ich alles Leben ehre,
Scheuen mich die Geister nicht,

Und ich spring durch ihre Chöre
Wie ein irrend Zauberlicht.

Haus' ich nächtlich in Kapellen
Stört sich kein Gespenst an mir,
Weil sich Wandrer gern gesellen,
Denn auch ich bin nicht von hier.

Geister reichen mir den Becher,
Reichen mir die kalte Hand,
Denn ich bin ein frommer Zecher,
Scheue nicht den glühen Rand.

Die Sirene in den Wogen,
Hätt sie mich im Wasserschloß,
Gäbe, den sie hingezogen,
Gern den Fischer wieder los.

Aber ich muß fort nach Thule,
Suchen auf des Meeres Grund
Einen Becher, meine Buhle
Trinkt sich nur aus ihm gesund.

Wo die Schätze sind begraben
Weiß ich längst, Geduld, Geduld,
Alle Schätze werd ich haben
Zu bezahlen alle Schuld.

Während ich dies Lied gesungen,
Nahet sich des Waldes Rand,
Aus des Laubes Dämmerungen
Trete ich ins offne Land.

Aus den Eichen zu den Myrten,
Aus der Laube in das Zelt,
Hat der Jäger sich dem Hirten,
Flöte sich dem Horn gesellt.

Daß du leicht die Lämmer hütest
Zähm ich dir des Wolfes Wut,
Weil du fromm die Hände bietest,
Werd ich deines Herdes Glut.

Und willst du die Arme schlingen
Um dein Liebchen zwei und zwei,
Will ich dir den Fels schon zwingen,
Daß er eine Laube sei.

Du kannst Kränze schlingen, singen,
Schnitzen, spitzen Pfeile süß,
Ich kann ringen, klingen, schwingen
Schlank und blank den Jägerspieß.

Gib die Pfeile, nimm den Bogen,
Mir ist's Ernst und dir ist's Scherz,
Hab die Senne ich gezogen
Du gezielt, so trifft's ins Herz.

Meine Liebe an Sophien, die ihre Mutter ist

O Mutter, halte dein Kindlein warm
Die Welt ist kalt und helle
Und leg es sanft in deinen Arm,
An deines Herzens Schwelle.

Leg still es, wo dein Busen bebt,
Und treu herabgebücket,
Harr liebend, bis es die Äuglein hebt,
Zum Himmel selig blicket.

Du strahlender Augenhimmel, du,
Du taust aus Mutteraugen,

Ach Herzenspochen, ach Lust, ach Ruh!
An deinen Brüsten saugen!

Ich schau zu dir so Tag als Nacht,
Muß ewig nach dir schauen,
Du mußt mir die mich zur Welt gebracht,
Auch eine Wiege bauen.

Um meine Wiege laß Seide nicht,
Laß deinen Arm sich schlingen,
Und nur deiner milden Augen Licht,
Laß zu mir niederdringen.

Und in deines keuschen Schoßes Hut,
Sollst du dein Kindlein schaukeln,
Daß deine Worte so mild und gut
Wie Träume um es gaukeln.

Da träumt mir, wie ich so ganz allein,
Gewohnt dir unterm Herzen,
Wie all die Leiden die Freuden dein
Mich freuten und mich schmerzten.

Und war deine Sehnsucht ja allzugroß,
Und wußtest nicht, wem klagen,
Da weint ich still in deinem Schoß,
Und konnte dir's nicht sagen.

Oft rief ich, komm o Mutter komm
Kühl dich in Liebeswogen,
Da fühltest du dich so still und fromm,
Zu dir hinabgezogen.

Mit Unschuldsarmen hielt fest und warm
Ich dich in dir umschlungen,
Und hab dir kindisch Sorg und Harm
In Liedern weggesungen.

Was heilig in dir zu aller Stund,
Das bin ich all gewesen,
O küß mich süßer Mund gesund,
Weil du an mir genesen.

O Mutter halte dein Kindlein warm
Die Welt ist kalt und helle
Und leg es sanft, bist du zu arm,
Hin an des Todes Schwelle.

Leg es in Linnen die du gewebt,
Zu Blumen die du gepflücket,
Stirb mit, daß wenn es die Äuglein hebt,
Im Himmel es dich erblicket.

So lallt zu dir mein frommes Herz,
Und nimmer lernt es sprechen,
Blickt ewig zu dir, blickt himmelwärts,
Und will in Freuden brechen.

Bricht's nicht in Freude bricht's doch in Leid,
Bricht es uns alle beiden,
Denn Wiedersehen geht fern und weit,
Und nahe geht das Scheiden.

II
1806–1815

Lied von eines Studenten Ankunft in Heidelberg und seinem Traum auf der Brücke; worin ein schöner Dialogus zwischen Frau Pallas und Karl Theodor

In der Nacht vor dem Dankfeste
den 26. Juli 1806

Im achtzehnhundertsechsten Jahr
Der sechsundzwanzigst' Juli war,
Für mich ein schöner Reisetag,
Mein Bündlein leichter auf mir lag,
Ein Säbel oben drüber hing,
Ganz froh ich durch die Bergstraß ging.
Und sah mich ganz vergnüget um
In Gottes Welt, dem Heiligtum,
Die Berge rechts mit Wein begrenzt,
Die Ebne links wie Gold erglänzt,
Von mancherlei Frucht und Getreid,
Darin viel schwäb'sche Schnittersleut,
Die Sonn sank nieder überm Rhein,
Gab Himmel und Erd ein' schönen Schein,
Die Wölklein, die am Himmel schwammen,
Die zogen gülden sich zusammen,
Ein warmer Regen goß herab,
Den wart' ich unterm Nußbaum ab,

Ein Bäuerlein trat auch darunter,
Und grüßt' mich da ganz froh und munter:
„Ein' guten Abend, ein gute Zeit,
Wohin geht noch die Reise heut?"
„Nach Heidelberg, bin ein Student,
Von Jena komm ich hergerennt,
Die Sonn sich neigt, hab ich noch weit?"
Der Landmann sprach: „Nehm er sich Zeit,
Ein kleine Stund, dort um die Eck,
Da schaut es ihm entgegen keck."
Da bot ich ihm ein gute Nacht
und hab mich auf den Weg gemacht,
Und da ich um die Ecke bog,
Ein kühl Lüftlein mir entgegen zog,
Der Neckar rauscht aus grünen Hallen
Und gibt am Fels ein freudig Schallen,
Die Stadt streckt sich den Fluß hinunter,
Mit viel Geräusch und lärmt ganz munter,
Und drüber an grüner Berge Brust,
Ruht groß das Schloß und sieht die Lust,
Und da ich auf zum Himmel schaut,
Sah ich ein Gottes Werk gebaut,
Vom Königstuhl zum heil'gen Berges Rücken
Sah ich gesprengt eine goldne Brücken,
Sah ich gewölbt des Friedens Regenbogen,
Und sah ihn wieder in Flusses Wogen.
Da war er doch nicht also klar,
Der wilde Fluß zerriß ihn gar,
Gab mir so recht ein Beispiel breit
Von Gottes Fried, und Menschenstreit,
Und wie ich denk und seh in Fluß,
Da fällt ein schwerer Kanonenschuß,
Frau Echo murrt im Tal noch lang,
Da hebt sich aber ein froher Klang,
In allen Türmen die Glocken schwanken,
Beginnen ein hell harmonisch Zanken,
Da war mein Herz mir ganz bewegt,

All Bangigkeit ich von mir legt,
Den Sinn in freud'gen Ernst gestellt
War mir's beinah als einem Held,
Tat auch den Säbel um mich schnallen,
Ein Efeukranz vom Hut ließ wallen,
Und grüßte froh die werte Stadt,
Die mein Ahnherr* besungen hat,
Mir war, als wär das Läuten und Schießen,
Für mich ein freudiges Begrüßen,
Mein Herz auch ganz in Jugend sprang,
Und erzittert' im hellen Glockenklang,
Da eilt ich schnell, sah nicht zurück,
Bis auf die kühne Neckarbrück,
Dragoner fragten sehr höflich
Um meinen Stand und Namen mich.
„Opitz von Boberfeld, Student",
– Passiert – ich macht ein Kompliment,
Und auf der Brücken, die fest und rein,
Sah ich zwei künstlich Bild von Stein,
Frau Pallas schaut' ernst ins grüne Tal,
Mit vier Fakultäten allzumal,
Ich tat sie höflich salutieren
Und meinen Säbel präsentieren,
Steckt ihn doch wieder ein gar schnell,
Als ein bescheidener Gesell
Beim zweiten Bild, gleich an dem Tor,
Dem verstorbnen Fürst, Karl Theodor.
Mein Bündel legt ich ab im Hecht,
Der Wirt, der Kellner und Hausknecht
Erquickten mich auf alle Weis
Mit Wasser, Wein und guter Speis.
Nach Tisch konnt ich nicht sitzen bleiben,
Wollt mich noch durch die Stadt rumtreiben

* *Anmerk.* Martin Opitz von Boberfeld, ein Schlesier, ward 1619 den 17. Juli in Heidelberg immatriuliert. Er und seine Muse liebten die Stadt. Davon künftig.

Es fiel ein heller Mondenschein
Gar lockend in die Straßen ein;
Viel Volks sah ich herummerschweifen,
Den einen singen, den andern pfeifen,
Viel Jungfern, sich in Arm gehängt,
Kamen da auf und abgeschwenkt,
Auf einmal geht es an ein Laufen,
Sie rennen sich gar übern Haufen,
Stehn auf und hören's gar nicht an,
Spricht einer: „Hab's nicht gern getan."
Einen Trompeter hört man blasen,
Musik sticht ihnen in die Nasen,
Da lauf ich immer hintendrein,
Bis zu dem Mitteltor hinein.
Da steht gedrückt ein großer Klumpen
Von Mägd' und Knechten, die sich stumpen,
Ein lebend'ge Schanz, von Leuten dick,
Drückt rings sich um die Nachtmusik.
Am Wachthaus schleich ich mich heran,
Und komm auf einen weiten Plan,
Da war mir's wohl, da hört' ich's schallen,
Von hohen Häusern widerhallen,
Oben über eine andre Welt,
Grüne Berge rings herum gestellt,
Fagott und Flöt' und Klarinetten
Beginnen da ein lieblich Wetten,
Die süßen Pfeifen drumher schleifen,
Trompeten scharf in die Nacht eingreifen,
Waldhorn bald fern, bald nahe ruft,
Musik schwamm selig in Sommerluft.
Auf einer Bank ich niedersaß,
Und in den Melodeien las,
Da hob sich an ein Melodei
Gar ernst von aller Weltlust frei,
God save the King, so heißt das Lied,
Das feierlich zum Himmel zieht,
Und fleht mit rührenden Geberden,

O Schöpfer Himmels und der Erden!
Erhalte uns den guten Herrn,
Wir wissen's wohl, du hast ihn gern,
Doch sieh sein treues Volk auch an,
Wir sind mit Freuden untertan,
In hoher Tugend führt der Greis
Des Landes Glück in sicherm Gleis,
Brichts ringsumher in dieser Zeit,
Er führt uns herrlich durch den Streit,
Die Künste sind ihm wohl vertraut,
Hat ihnen manchen Sitz erbaut,
Was göttlich in dem Geist ersteht,
Was lebend hinterm Pflug aufgeht,
Den geistlichen und ird'schen Samen
Streut fromm er aus in Gottes Namen,
Laß ihn der Frucht teilhaftig werden,
O Schöpfer Himmels und der Erden!
Erhalte uns den guten Herrn,
Wir wissen's wohl, du hast ihn gern!
God save the King! sprach Melodei,
Und Widerhall sprach laut: Es sei!
Dann spielten sie was Lust'ges auf,
Doch gab ich nicht recht acht darauf,
Denn zu mir auf die Bank sich setzten
Zwei Ehrenleut, die freundlich schwätzten,
Die Frau sprach: „Leg mir's deutlich aus,
Wo will's mit all dem Jubel 'naus,
Was soll das Schießen und das Läuten,
Und wiedrum die Musik bedeuten?"
Der Mann sprach: „Morgen wirst erst fragen,
Wenn ich werd einen Degen tragen,
Und den bordierten Federhut,
Dann, Alte, sei auf deiner Hut.
Das heißt's nicht viel: ergebner Diener,
Da heißt's: reich mir den Karabiner,
Patrontasch her, und Pulver und Blei,
Da bricht der Hausfried leicht entzwei."

Die Frau sprach: „Ist's der Hausfried nur,
So ist mir's eine leichte Schur,
Und zankst du gleich, freut's mich doch sehr,
Wenn's heißt: Achtung, präsentiert's Gewehr.
'S gibt wieder Huldigung, nicht wahr?"
Der Mann sprach: „Ei, warum nicht gar,
Es ist ein frommes Freudenfest,
Denn unser Herr ist krank gewest,
Sehr krank und ist wiedrum genesen,
Ich hab's in Zeitungen gelesen."
Die Frau sprach: „Hätten wir's recht gewußt,
Das Fest macht' uns wohl doppelt Lust,
Hätten wir gebetet mit unsern Kleinen,
Wir würden jetzt vor Freuden weinen."
Der Mann sprach: „Das ist so ein Sach,
Wenn man ihr denkt recht ernstlich nach,
Man glaubt schier, 's ging ein'm gar nichts an,
Man sei halt so der Untertan.
'S ist grad, wie mit der Religion,
Der Pfarrer spricht zwar viel davon,
Doch ging's ein'm nicht im Innern auf,
Man käm sein Lebtag nicht darauf."
Die Frau sprach: „Hör, welch lust'ger Tanz!
Vor war die Musik ernsthaft ganz."
Der Mann sprach: „*Jen's zum Himmel ging,*
Ein Gott sei Dank, God save the King!
Dies ist ein muntres Hochzeitsstück,
Es wünscht dem jungen Paare Glück,
Dem lieben Erbprinz und seiner Gemahl,
Die ihm geschenkt durch Gottes Wahl.
Durch Gottes Wahl, ja wohl, ja wohl,
Als ich Sie sah, da ward mir wohl,
So freundlich, hell, so klar und fromm,
Als ob Sie aus dem Himmel komm.
Wie ist's wohl unserm Herrn gewesen,
Als er war wiedrum neu genesen,
Und ihm der Enkel, der stattliche Mann,

Das liebe Weib geführt heran.“
Die Frau sprach: „*Das war neues Leben,*
Neu Hoffnung ihm und uns gegeben!“
Der Mann sprach: „Komm, es schlägt schon zehn,
Du mußt noch mein Montur nachsehn,
Ans Licht wolln wir den Rock recht halten,
So fliehn die Motten aus den Falten“;
Die Frau sprach: „keine sind darein,
Ich streut ihn dir mit Pfeffer ein“;
Der Mann sprach: „ach, da werd ich nießen,
Das wird den Kapitän verdrießen,
Wenn's ganze Korps wird Prosit sagen“;
Die Frau sprach: „'s kann sich wohl vertragen,
Ein gesegne's Gott, ein herzlich Nießen,
Ist ja ein Vivat, ein Freudenschießen.
Nun komm, der Abend ist schön verflossen,
Die Ehen werden im Himmel geschlossen.“
Dann gingen heim die Ehrenleut,
Gott geb ihn'n in den Kindern Freud!
Auch ich sagt der Musik gut Nacht,
Und hab mich auf den Weg gemacht;
Manch Bierhaus da noch offen stand,
Sie sangen, als ging's fürs Vaterland,
Auch hört ich seltsam Disputieren
Von zweien alten Bürgern führen.
Der ein sprach: „Ja die Hosen hier
Behalt ich an, das glaub du mir,
In runden Stiefeln werd ich gehn“;
Der andre sprach: „Das wolln wir sehn,
Wolln sehn, wer zu befehlen hat.
Du beschimpfst das Korps, beschimpfst die Stadt.“
Der erst sprach: „Ei, was Stadt, was Korps!
Geb ich kein roten Heller vor.“
Der zweit sprach da in großem Zorn:
„Steifstiefel, gelbe Hosen und Sporn,
Also mußt du dich stellen ein,
Wir wollen sehn, wer Herr wird sein.“

Der erst sprach wieder: „Ja, Ja, Ja,
Nicht anders, diese Hosen da,
Und meine runden halben Stiefeln."
Der zweite: „Ich will dich schon zwiefeln,
Du kömmst, wie beim Karl Theodor,
Beim Grundstein an dem neuen Tor."
Der erst sprach: „Morgen wirst du's sehn,
Wir wollen jetzt nur schlafen gehn."
Der zweit: „Geschieht's, glaub sicherlich,
So richt ich ein Kanon' auf dich."
Da lachten beid, ich auch dazu,
Und ging auf meine Herberg zu. –
Und wie ich gen die Brücke schaut,
Hört ich den Neckar rauschen laut,
Der Mond schien hell zum Tor herein,
Die feste Brück gab klaren Schein,
Und hinten an der grüne Berg!
Ich ging noch nicht in mein Herberg,
Der Mond, der Berg, das Flußgebraus
Lockt' mich noch auf die Brück hinaus.
Da war so klar und tief die Welt,
So himmelhoch das Sterngezelt,
So ernstlichdenkend schaut das Schloß,
Und dunkel, still das Tal sich schloß,
Und ums Gestein erbraust der Fluß,
Ein Spiegel all dem Überfluß,
Er nimmt gen Abend seinen Lauf,
Da tut das Land sich herrlich auf,
Da wandelt fest und unverwandt
Der heilge Rhein ums Vaterland,
Und wie ans Vaterland ich dacht
Das Herz mir weint', das Herz mir lacht',
Setzt nieder mich auf einen Stein,
Als wär ich auf der Erd allein,
Das steinen Bild von Frau Minerven
Tat zu mir her ein'n Schatten werfen,
Ich sah den Helm, ich sah den Speer,

Die Augen waren müd und schwer,
Recht innerlich geheim mein Denken,
Ein Schlummer tät sich niedersenken,
Der Mond hinter ein Wölklein trat,
Ein Traum mich auch umgeben hat,
Ein seltsam Zwiesprach ich vernimm,
Karl Theodors Bild erhebt die Stimm.

Karl Theodor:

„Frau Pallas, sagt, was will man heut
Mit all dem Schießen und Geläut?"

Pallas:

„Karl Friederich ist krank gewesen,
Wir danken Gott, daß er genesen."

Karl Theodor:

„*Wir*, sprichst du, bist du auch dabei,
Ich glaubt, dir wär's ganz einerlei."

Pallas:

„O sprich nicht so, und denk daran,
Was alles Er für mich getan:
Die Stadt stellt mich hierher in Stein,
Er stellt ins Leben mich hinein –
Zu meinen Füßen Gerechtigkeit,
Durch Ihn sich großer Lehrer freut,
Daneben Handel und Ackerbau
Lebendig gehn durch Land und Au,
Der Medizin schenkt er ein Haus,
Manch Kranker geht gesund heraus.
Chemia, Phisika, Philosophei,
Studiern und sprechen, was Leben sei.
Auch durch der Theologia Schleier
Strahlt neu ein Licht, ein Augenfeuer,
Gern nennt ich allem Volk dies Licht,
Weil's aber taub ist, brauch ich's nicht.
Sonst sah die Nase nur heraus,
Und sprach, ich bin heut nicht zu Haus,
Aufklärung füllte jedes Maul,
Schaut' durch die Eier und nannt sie faul,

Weil sie nicht konnt durchs Hühnlein sehn,
Blieb der Verstand ihr stille stehn,
Sie blies das Ei aus, malt es an,
Steckt auch ein Lichtlein hinten dran,
Aufklärung heißt's, aus Religion
Ward schier ein schlecht Illumination;
Doch jetzt durch der Theologia Schleier
Strahlt neu ein Licht, ein Augenfeuer.
Was nur die großen Heiden dachten,
Daß sie so gar nichts Schlechtes machten,
Das tut Philologia lehren,
Der Alten Spiegel recht sauber kehren,
Daß Mann und Jüngling und auch Kind
Die Helden schau, die nicht mehr sind,
Paßt gleich der Spiegel nicht in die Zeit,
Erquickt sich drein die Ewigkeit.
Historia naht sich auch herzu,
Und was geschehn, was man noch tu,
Das spricht sie aus, das sieht sie ein,
Sie soll des Lebens Herold sein,
Und wenn mit Gott das Werk gedeiht,
So geht hervor ein neue Zeit,
Dann mag der Herold, so wie ich,
Laut preisen den Karl Friederich!"
Solch Red Frau Pallas ernsthaft führt,
Zu ihren Füßen es sich rührt,
Justitia mit der Waage klingt,
Merkurius die Flüglein schwingt,
Feldbau rauscht mit dem Erntekranz,
Religios Haupt umgibt ein Glanz. –
Ein jedes tät sein'n Beifall geben,
Karl Theodor wollt die Stimm erheben,
Da kommt ein großer Zug durchs Tor,
Von alten Männern ein Ehrenchor,
Sie trugen Bärt, seltsam Gewand,
Wie ich etwa gemalet fand
In alten Büchern die Doktoren,

Die Philosophen und Professoren.
Ich schaut sie gar andächtig an,
Erkannt auch manchen großen Mann,
Den ich etwa im Bildnis sah,
Erasmus, Dalberg, Agricola,
Reuchlin, Wimpfling, Öcolampadius,
Melanchthon und auch Münsterus,
Marquardus Freher und auch Mizyll,
Donellus dann und andre viel,
Die all einst hier gelehret hatten,
Und auch gelernt, die heil'gen Schatten
Umgaben feierlich mit Fleiß
Frau Pallas Bild in halbem Kreis.
Ihr Antlitz strahlt' in Freude ganz,
Ihr weiße Bärt gaben einen Glanz,
Die Lippen sie bewegen täten,
Doch war es still, ich hört nicht reden,
Die Hüt und Barett täten sie schwingen,
Als ließen sie ein Vivat erklingen,
Weil aber ich kein Stimm hört schallen,
Wollt mir das Ding nicht recht gefallen;
Beim Mantel zupft ich einen da,
Den ich vor nicht im Antlitz sah,
Er dreht sich um – der Musenheld,
– Gekrönt – Opitz von Boberfeld!
Der teure, werte Ahnherr mein,
Schaut feurig mir ins Herz herein,
Das wallt mir auf, die Zung erbebt,
Die Stimme mein sich laut erhebt,
Ich tät ein Lebehoch ausbringen,
Karl Friedrich hoch! tät's widerklingen,
Weiß nicht, ob es Frau Echo war,
Oder der alten Gelehrten Schar,
Es gab ein'n Schall, daß ich erwacht,
War ganz allein um Mitternacht;
Von meinem Burschenhut ich nahm
Den Efeukranz, mit Zucht und Scham

Tät ich ihn hin nach Frau Minerven,
Als eines Jünglings Opfer werfen;
Ich dacht, bleibt er nur hängen oben,
Als gutes Zeichen will ich mir's loben.
Da flog der Kranz, da fiel der Kranz
Ihr um den Helm im Mondesglanz!
Gott gebe seinen Segen zu!
Gut Nacht, ich geh nach Haus zur Ruh;
Und wie ich in das Tor eintrat,
War schlummerstill die ganze Stadt,
Nur fern noch hört ich jubilieren,
Ein einsam nächtlich Kommerschieren,
Den Landesvater hört ich Euch singen,
Tät Euch Studenten gut gelingen.
Seid fleißig nur – fromm – toll – mit Witz,
Dies wünscht von Boberfeld Opitz.

Wo in Gewölben von Schmaragd
Die frischen Bächlein spülen
Will sich bei Hörnerklang die Jagd
Mit Kuß und Wein erkühlen.

Wie schallet und hallet der Hörnerklang
Wie rauscht der wilde Bronnen
Es widerklinget der Felsenhang
Die Fliege tanzt in der Sonnen
Aber Frau Echo, Frau Echo, Frau Echo,
Du widerspiegelst die Wonnen.

Gegrüßet sei du Waldgebäu,
Ihr hochbelaubten Eichen,
Komm Mägdlein, setz dich neben bei,
Tu mir den Becher reichen.

Wie webet und schwebet das grüne Dach
Wie stehn die ew'gen Eichen,
Und schau wie die Blümlein zu dem Bach
Die Kelche durstig neigen.
Aber dir Bachus, dir Bachus, dir Bachus
Muß alle Seligkeit weichen.

Und den vielgoldnen Sonnenglanz
Laß in den Becher schauen,
Und flicht mir einen Blumenkranz
Und wolle mir vertrauen.

Es blinket und winket der goldne Wein
Es lassen die Blumen sich pflücken
Sie möchten gern all gebrochen sein,
So schön weiß sie sich zu bücken.
Aber Frau Venus, Frau Venus, Frau Venus
Kredenzet das ird'sche Entzücken.

Und weil die Sonne heißer scheint
Komm in die dunkle Laube,
Wenn gleich die wilde Rebe weint
Lacht doch die Turteltaube.

Mag weinen die Rebe, die Taube lacht
Die Lerche jubelt in Lüften
Das Birkhuhn falzt in Waldesnacht,
Die Hirschkuh lockt in den Klüften
Keusche Diana, Diana, Diana
Endimion naht in den Triften.

Sie bringt den Wein in Bechersglanz,
Aus Veilchen und Narzissen
Reicht sie ihm einen süßen Kranz
In Waldes Finsternissen.

Da lispelt und wispelt die Nachtigall,
Ihr Stimmlein wollt übersteigen,
Es lacht und klagt der süße Schall
Wie Orgel, Laute und Geigen,
Aber du Amor, du Amor, du Amor
Vor dir muß alles ja schweigen.

Trippel Trippel trap, trap, trap
Heut schließ ich die Tür nicht ab
Wenn ich dich erst bei mir hab
Küß ich dich recht tüchtig ab.

Weck mir nicht die Mutter auf
Nur nicht hust, nicht nies, nicht schnauf,
Nicht zu stolz renn mir herauf,
Wer hoffärtig fällt leicht drauf.

Weck mir nicht die Martinsgans,
Tritt dem Hund nicht auf den Schwanz,
Schleiche wie der Mondenglanz,
Wie ein Floh im Hochzeitskranz.

Stoß mir nicht die Kübel um
Liebster Schatz, ich bitt dich drum
Rumpelt er rumpidipum
Liebster Schatz, das wäre dumm.

Und vor allem ich dich bitt
Auf der Treppe in der Mitt
Mache einen großen Schritt
Von vier Stufen fehlt die dritt.

In das Maul nimm deine Schuh
Kömmt die Magd, so fahr drauf zu

Dann glaubt sie, du seist Wu Wu
Kriecht ins Bett und läßt uns Ruh.

Gehe links, ach geh nicht recht
Sonst kömmst du zum Oberknecht
Und da kriegst du ein Gefecht
Und der Jockel schmeißt nicht schlecht.

Steig auch nicht bis unters Dach
Kömmst du in das Taubenfach
Da wird gleich mein Bruder wach,
Eilet schnell dem Marder nach.

Bist du vor der Kammertür,
Klage deinen Jammer mir,
Dann schieb ich die Klammer für
Schrei, wer ist, Potz Hammer, hier.

Und da wachet alles auf
Mutter, Bruder, Knecht im Lauf
Nahn, es wird 'ne Prügeltrauf
Besser als 'ne Kindertauf.

Doch es ging 'nen andern Gang,
Mutter nach neun Monden sang
Mädel, 's wird mir angst und bang,
Sonst war ja dein Röckchen lang.

Die Einsiedlerin

O lasse Geliebter mich einsam leben!
Dem Tode bin ich früh geweiht,
Ich kann dir nicht Friede nicht Freude geben,
Doch beten für dich in Einsamkeit.

Ich will dir Geliebte dein Zellchen bauen,
Mein Herz ist einsam und dir geweiht.
Und durch meine Augen kannst du wohl schauen
Den Himmel so nah, die Welt so weit.

Die Arme, ich will sie dicht um dich schlingen,
Wie Liebeszweige, an Früchten schwer,
Die Lippe, sie soll dir wie Echo klingen,
Wie Vöglein springen mein Lied umher.

Dein Händchen, o leg's an mein Herz, es schläget
Im Busen mir ein lebend'ger Quell
Und wie sich in Liebe Liebe beweget,
Springt er dir entgegen so freudig hell.

Du kannst nicht lieben, nicht glauben, so ziehe
So ziehe nur hin in deinen Tod,
Die Sonne schien in dein Bettchen zu frühe,
Verschlafe nur nicht dein Abendrot.

Noch alle Tag ist's nicht Abend geworden,
Mir bringet die Zeit noch Rosen einst,
Ich ziehe nach Süden, leb wohl in Norden,
Du lachst mir noch, wie du nun weinst.

Und hinter dem Berge der Freund verschwindet,
Die Sonne geht durchs Himmelstor,
Sein Bündelchen traurig das Mädchen bindet,
Steigt mit dem Mond am Berg empor.

Es stehen die Wälder so stille, stille,
Der Berges Ströme sausen wild,
O stärke den Mut mir, stark ist der Wille,
So betet sie am Heil'genbild.

Da läutet im Winde ein Silberglöckchen,
Sie tritt in die Zelle von Rosenholz,

Und nimmt das braunseidene Klausnerröckchen,
Legt an die Demut, legt ab den Stolz.

Und wie sie die bunten Kleider hinleget,
Schlägt ihr das Herz im Busen laut,
Die Flöte der Wanduhr so sanft sich reget,
Und singt das Nachtlied der Himmelsbraut.

„Gut Nacht, o mein Liebchen, auf seidnem Moose,
Ach wie so sehnend die Nachtigall singt,
Am Fensterchen glühet die treue Rose,
Die Rose, die einst die Zeit mir bringt.

Ich mußte die Hütte, den Garten geben,
Zu bauen dein Zellchen so schön und fein,
Und muß nun wie du in der Wildnis leben,
Mit meiner Sehnsucht so einsam sein.

O Liebchen schlaf wohl, von deinem Schoße,
Fällt klingend der perlene Rosenkranz,
Es schläft nicht der Treue auf seidnem Moose,
Ihm flicht wohl die Liebe den Dornenkranz."

So singt ihr die Flöte, doch verstehen
Kann Liebchen nicht des Liedes Leid,
Der Liebe Bitten, der Liebe Flehen,
Scheint ihr das Lied der Einsamkeit.

So lebt sie lange, ungeschmücket
Die Tage hin, die Nächte hin,
Und schon die Rose sich niederbücket
Sieht nicht mehr nach der Klausnerin,

Die Stürme sausen in wilden Nächten,
Wohl lauter als die Flöte sang,
Im Walde die Hirsche brünstig fechten
Die Welt wie wild, die Zeit wie lang.

Und sitzet sie traurig an der Türe,
So eilen auf verschlungner Bahn
Die Rehe paarweis, die scheuen Tiere
Und stehen still und sehn sie an.

„O Zeit o wolle die Rosen brechen,
Wie einsam ist Liebchen, wie allein,
In Sehnsucht will ihr das Herz zerbrechen“,
So schreibt sie oft auf Täfelein.

Und heftet sie dann an die Geweihe
Der Hirsche, die sie zahm gemacht,
Und mustert sie ängstlich nach der Reihe,
Ob keiner Antwort ihr gebracht.

Weint Liebestränen, schlingt durch die Locken
So weltlich den perlernen Rosenkranz,
Und schürzt das Röckchen, schmückt ihre Socken
Mit Waldes Blumen, möcht gern zum Tanz.

Und regen die Büsche im Mond sich helle,
Und flötet die Nachtigall süß und mild
So kann sie nicht schlafen, steht an der Zelle,
Und glaubet, sie sähe des Lieben Bild.

Umarmt die Bäume mit Liebesgeberde,
Und reicht den blühenden Zweigen die Hand,
Und kühlt sich den Busen an kühler Erde,
Und zeichnet sein Bildnis in reinen Sand.

Oft hebt sie die Füßchen, sie tanzt so gerne
Und beißt sich die Lippen, sie küßt so gern,
Am Himmel da stehen so ruhig die Sterne,
O weh mir wie einsam, die Liebe ist fern.

So eilet der Frühling, der Sommer gehet,
Es senken die Büsche das grüne Dach,

Und sie wird nicht ernten, die nicht gesäet,
Nicht ruhig schlafen, die Reue ist wach.

„Du hast nicht geglaubt, nicht geliebt, so blühe,
Verblühe nur hin in deinen Tod
Die Sonne schien in dein Bettchen zu frühe,
Verschlafe nur nicht dein Abendrot."

So wiederholt sie im Traum seine Worte
Es pochet im Herzen, ja poche nur,
Sie geht im Traume wohl an die Pforte,
O wehe es pochte im Herzen nur!

Sie weinet getäuschet, und bleibet stehen,
Da tönen Worte zu ihr hin,
O laßt ohn Obdach mich nicht gehen
Gott lohnt euch, fromme Klausnerin.

Sie öffnet die Türe, in lauter Freude
Kann sie nicht reden, ihr Auge bricht,
In Liebestränen, und Freud und Leide,
Denn ach es ist der Geliebte nicht.

Und wie sie so weinet, steht still der Alte
Das Haupt gesenket, blickt sie nicht an,
O Jungfrau verzeih, daß ich krank dich halte,
Du bist wohl der Welt noch zugetan.

So redet er zürnend, und vor ihm nieder,
Kniet weinend die arme Klausnerin,
Und fleht, gibt mir den Geliebten wieder,
O führ mich wieder ins Leben hin.

Der Alte spricht ruhig in jener Klause,
Die gestern mein Dach gewesen ist,
Ist Andacht und Friede wohl mehr zu Hause
Da wohnet wohl ein beßrer Christ.

Da wohnet ein Jüngling, fromm und stille,
Und tuet Gutes, ist ohne Tand,
Er wählte durch der Geliebten Wille
Sich also schwer betrübten Stand.

Die Klausnerin jammert und ringet die Hände,
Und will nicht bleiben, will zu ihm hin,
O sage mir Greis, wohin ich mich wende,
In welchem Tale finde ich ihn.

Es weinet der Alte, so tief gerühret
Hat ihn der ird'schen Liebe Streit,
Es schmückt sich die Holde, als Braut gezieret
Steht sie im braunen seidnen Kleid.

Und hastig zieht sie ihn von der Schwelle,
Will mit ihm nach dem Tale gehn,
Die Nacht ist so ruhig, der Mond so helle,
Der Greis bleibt bei den Rosen stehn.

Und bricht die Rosen, und knieet nieder
Ein Jüngling vor der geliebten Braut,
Sie kann ihn umarmen, und wieder, wieder,
Sie weint so stille und lacht so laut.

Schlaf wohl, o mein Liebchen auf seidnem Moose,
Die Zeit bringt Rosen, o süße Zeit!
Das Einsiedlerröckchen ist leicht und ist lose,
Der Himmel so nahe die Welt so weit.

Auf, auf o mein Liebchen, ich will uns bringen,
Zur Freude hin, geschwind wie der Wind,
Und auf die gesattelten Hirsche sich schwingen,
Der Jüngling und sein getreues Kind.

Es fliehen die Berge, es fliehen die Haine,
Die Städte stehen, und sehen nach,

Dann setzt er sie nieder und küßt sie am Rheine,
O Liebchen, wer flöhe den beiden nicht nach.

Über eine Skizze
Verzweiflung an der Liebe in der Liebe

In Liebeskampf? In Todeskampf gesunken?
Ob Atem noch von ihren Lippen fließt?
Ob ihr der Krampf den kleinen Mund verschließt?
Kein Öl die Lampe? oder keinen Funken?

Der Jüngling – betend? tot? in Liebe trunken?
Ob er der Jungfrau höchste Gunst genießt?
Was ist's, das der gefallne Becher gießt?
Hat Gift, hat Wein, hat Balsam sie getrunken.

Des Jünglings Arme, Engelsflügel werden –
Nein Mantelsfalten – Leichentuches Falten.
Um sie strahlt Heil'genschein – zerraufte Haare.

Strahl Himmelslicht, flamm Hölle zu der Erde
Brich der Verzweiflung rasende Gewalten,
Enthüll – verhüll – das Freudenbett – die Bahre.

Auf einen grünen Zweig

Zur Fremde zog ein frommer Knabe
An Gold so arm, wie Gold so treu,
Er sang ein Lied um milde Gabe,
Sein Lied war alt, die Welt war neu.

Wie Freiheit singt in Liebesbanden,
So stieg das Lied aus seiner Brust;

Die Welt hat nicht sein Lied verstanden,
Er sang mit Schmerzen von der Lust.

Das Leben leichter zu erringen,
Tut er der eignen Lust Gewalt;
Will nimmer spielen, nimmer singen,
Geht Kräuter suchen in den Wald.

Die Füße muß er wund sich laufen
Zum heißen Fels, zum kühlen Bach,
Und muß um wenig Brot verkaufen,
Die Blume, deren Dorn ihn stach.

Und wie er durch die Wälder irret,
Ein seltsam Tönen zu ihm drang;
Durch wildes Singen rasselnd schwirret,
Ein schmerzlicher metallner Klang.

Der Knabe teilt die wilden Hecken,
Und vor ihm steht ein gift'ger Baum;
Die Zweige dürr hinaus sich strecken,
Mit Blech geziert und goldnem Schaum.

Und viel gemeine Vögel kreisen,
Rings um des Baumes schneidend Laub;
Und die von seinen Früchten speisen,
Sie sind des goldnen Giftes Raub.

Da rührt der Knabe sein Laute,
Er singt ein schmerzlich wildes Lied;
Und in dem Baum, zu dem er schaute,
Er einen bunten Vogel sieht.

Er sitzt betrübt, die bunten Schwingen
Senkt an der Silberbrust er hin,
Und kann nicht fliegen, kann nicht singen
Des Baumes Gifte fesseln ihn.

Dem Knaben regt sich's tief im Herzen,
Das Vöglein zieht ihn mächtig an,
Und seines Liedes kind'sche Schmerzen
Hört gern das kranke Vöglein an.

Und weil im Wind die Blätter klingen,
So kann es nicht das Lied verstehn;
Doch er hört nimmer auf zu singen,
Bleibt treu vor seiner Liebe stehn.

Und singt ihm vor zu tausendmalen
Von Liebeslust und Frühlingslust,
Von grünen Bergen, milden Talen
Und Ruhe an geliebter Brust.

Schon regt das Vöglein seine Schwingen,
Schaut freundlich zu dem Knaben hin;
Des Arme um den Baum sich schlingen,
Die Liebe machet mutig ihn.

Er klimmet in den gift'gen Zweigen
Zerreißt mit Lust die Hände sich,
Das kranke Vöglein zu ersteigen,
Es spricht: Ach nimmer heilst du mich.

Und sinket stille zu ihm nieder,
An seinem Herzen hält er's warm;
Und ordnet sorglich sein Gefieder,
Und trägt's zur Sonne auf dem Arm.

Steigt auf die Berge, läßt es trinken
Des blauen Himmels freie Luft,
Und weiß zu blicken, weiß zu winken,
Bis er die Freude wieder ruft.

Die Freude kömmt, die bunten Schwingen,
Sie funkeln Liebesstrahlen gleich;

Das Vöglein weiß so süß zu singen,
Es singt den armen Knaben reich.

Wie auch zum Flug die Flüglein streben,
So bleibt es doch dem Treuen treu;
In Liebesfesseln will es schweben,
In Liebesfesseln ist es frei.

Und ich der ich dies Lied dir singe
Bin wohl dem treuen Knaben gleich,
Vertrau mir Vöglein, denn ich bringe
Dich noch auf einen grünen Zweig.

[Auf den Tod Philipp Otto Runges]

Du Herrlicher! den kaum die Zeit erkannt,
Der wie ein schuldlos Kind
Begeistert fromm die treue keusche Hand
Nach Gottes Flamme streckte,
Der für das Eitle blind
Ohn umzuschaun zur Wiege alter Kunst
Durch neuer Lüge Götzentempel drang,
Und stillanschaund die Göttliche erweckte.
Sie lächelte und nannte dich den Ihren,
Der ihr die ird'schen Kränze so bedeutend schlang
Und wollte dich, mit ihr zu triumphieren
Zum sel'gen Born von allem Lichte führen.

Wer dich geliebt, verstand den schönen Traum,
Den du im Himmel träumtest, dessen Schatten
Auf unsrer dunklen Erde lichten Saum
Weissagend niederfiel. –
Dein Künstlerwerk, es schien ein zierlich Spiel,
Es rankte blumig auf und betend vor der Sonne

Setzt fromme Kindlein du in süßer Kelche Wonne;
Doch wie im Frühlingstaumel fromm ein Herz
Das Siegsgepräng des ew'gen Gottes liest,
Wie in des Lebens ernstem Blumenscherz
Dem Schauenden die Tiefe sich erschließt,
So steht, die Schwester dieser sündentrunknen Zeit,
Vor deinen Bildern glaubend, hoffend, liebend,
die Beschaulichkeit.

O trauert nicht um seinen frühen Tod!
Er lebte nicht, er war ein Morgenrot,
Das in der Zeiten trauriger Verwirrung
Zu früh uns guter Tage Hoffnung bot,
Wer dieser Blüte Früchte konnte ahnen,
Der mußte tief bewußt der eigenen Verirrung,
Der eignen Armut sich beschämend mahnen;
So mußt auch ich, wenn ich sein Werk durchdachte,
Das wie ein Gottentzückter selig lachte,
Zu mir, bewegt in ernster Demut sagen:
Wie sollen die Vollendung wir ertragen?
Und auf dem Babylon rings sah ich ragen,
Die Kreuze frech, den Helden dran zu schlagen.

O trauert nicht um seinen frühen Tod!
Er lebte nicht, er war ein Abendrot,
Verspätet aus verlornen Paradiesen
ließ täuschend es in unsrer Nächte Not
Die ahndungsreichen Schimmer fließen.

Und wer an seinem Grabe eine Nacht
In Tränen harrt, bis daß der Tag erwacht,
Den seines Lebens Morgenstern verhieß,
Der wird, ist er ein Kind, den Morgen kaum erleben,
Ist er ein frommer Mann, mit ihm, der uns verließ,
Im Tode nur zum neuen Tage schweben.
Die Zeit, sie ist die Nacht, in der wir weinen,
Der Vorzeit Traum, er ist's, den wir verloren,

Der Nachwelt, wird der Tag ihr einst erscheinen,
Lebt unser Freund auf ewig – mir ist er geboren.

J. Komm Hexchen, weil die Sonne scheint,
In meine kühle Laube
N. Ja Schatz, die wilde Rebe weint
Es lacht die Turteltaube.
Rukukukuku, Rukukukuku
Hast du kein Glas, so trink aus dem Schuh.

J. Dein Fuß ist fein, dein Schuh ist klein
Ich komm zu kurz beim Trinken
N. Ich geb ein Küßchen obenein
Das macht die Waagschal sinken.
Rukukukuku, Rukukukuku
Verdrießt euch's macht die Äuglein zu.

J. Willst du nicht schöne Künste mich,
Mein süßes Hexchen lehren?
N. Sag, warum freut die Traube dich
Mit ihren vielen Beeren?
Rukukukuku, Rukukukuku
Ich fürchte, es drücket euch beide der Schuh.

J. An einer süßen Traube muß
Doch Beer an Beere sitzen,
N. Ja, doch jed Beerlein ist ein Kuß
Den Wein recht zu erhitzen.
Rukukukuku, Rukukukuku
Machen wir's wie die Weinbeerlein nu.

J. Sag Hexchen, warum weinen wohl
Im Frühling so die Reben?
N. Weil sich ein Mägdlein sehnen soll
In ihrem jungen Leben.

Rukukukuku, Rukukukuku
Mein Hexchen jetzt auch dergleichen tu.

J. Und warum schwillt der Wein im Faß?
Wenn draus die Trauben blühen.
N. Hüpft doch mein Herz ohn Unterlaß
Weil deine Wangen glühen.
Rukukukuku, Rukukukuku
Du Hexchen Herzchen, wie hüpfest du nu.

J. Ach Hexchen, hilf der Schlauch ist leer,
Und voll ist noch der Willen,
N. Dort steht der rote Mond im Meer
Der soll den Schlauch dir füllen.
Rukukukuku, Rukukukuku
Roter Mond, welch Weinlein schenkest du?

J. Der Mond schenkt einen Zaubertrank,
Er wird mich gar berauschen,
H. Horch, Nachtigallen, Liebeszank
Schatz, laß uns den belauschen.
Rukukukuku, Rukukukuku
Wie Nachtigall klingt der Guguck nu.

J. O Zauberei verbuhlter Nacht
Wie süß die Wellen flüstern.
N. Sieh, wie der Mond im Spiegel lacht,
Ich bin zu baden lüstern.
Rukukukuku, Rukukukuku
Er sieht gewiß durch die Finger zu.

J. Ach Hexchen, zieh dein Hemdchen aus,
Ich drehe dir den Rücken,
N. Ich mache schon die Wellen kraus,
Schatz teile mein Entzücken.
Rukukukuku, Rukukukuku
Wie schnell, wie schnell dreht er sich nu!

J. Ach Hexchen, du schwimmst wie ein Fisch
Kaum trau ich meinen Augen.
N. Schatz komm ins Bad, ach kühl ach frisch,
Ich lehr dich untertauchen.
Rukukukuku, Rukukukuku
Wie eilt der Tölpel dem Wasser zu.

J. Ich tipp hinein mit einem Fuß,
Es will mir nicht behagen.
N. Ich spitze schon den Mund zum Kuß,
Und du willst jetzt verzagen.
Rukukukuku, Rukukukuku
Am neuen Tore steht die Kuh.

J. Ich wat hinein bis an das Knie,
Es macht mir Krampf und Schmerzen
N. Mein Schatz, die Arme breit ich hie,
Komm her, ich will dich herzen.
Rukukukuku, Rukukukuku
O du verfluchtes Hexchen du.

J. Nun steht das Wasser mir am Leib
Es macht mir böse Grimmen
N. Mein Schatz, den Schmerz ich dir vertreib,
Wenn wir umarmet schwimmen.
Rukukukuku, Rukukukuku
O du armseliger Sünder du!

J. Fatal steigt mir das Wasser an
Ganz kalt wird mir's im Magen
N. Heran, in meinen Arm heran
Ich will gesund dich zwagen.
Rukukukuku, Rukukukuku
Der Bader eilt der Baderin zu.

J. Zum Hals schon eilt das Wasser mir,
Mein Maul kriegt schon die Sperre,

N. Fort, Elender, welch schwach Gezier,
Welch eckelhaft Gezerre.
Rukukukuku, Rukukukuku
Sie hat ihn und wird noch gar grob dazu.

J. Das Wasser fließt mir in den Mund
Lebwohl o Welt, ich sterbe.
N. Hinab zieh ich dich auf den Grund,
Und oben lacht sein Erbe.
Rukukukuku! Rukukukuku!
Um Gotteswill Erbe lach nicht darzu.

Der Musikanten schwere Weinzunge

Einer

Euch miteinander hier
Ein Liedlein stimm ich an.
Bacchus, dein Panthertier
Schaut mich so grimmig an.

Ein andrer

Fehlet ein Kanter hier,
Zum Sänger nimm mich an.

Chor

Er hat ihn nicht verstanden,
Sein Kopf kam ihm abhanden.
Klar, klar, klar,
Klar sei der Wein!
Sing weiter, sei gescheider,
Schenk klaren Wein ein!

Einer

Ich lob den Zelter mir,
Der zu dem vollen Faß

Von meiner Kelter hier
Trabt einen tollen Paß.

Ein andrer

Ja unser Zelter hier
Singt einen vollen Baß.

Chor

Er hat ihn nicht verstanden etc.

Einer

Reichet der Strick mir nicht,
Knüpf ich ein Bändel dran,
Wenn das Geflick mir bricht,
Fange ich Händel an.

Ein andrer

Brich das Genick dir nicht,
Steil gehet Händelsbahn.

Chor

Er hat ihn nicht verstanden etc.

Einer

Seht mir den Gast hie an,
Der dort mit Ach und Krach
Schwankt wie ein Lastvieh an,
Laut ein Gelach erwach.

Ein andrer

Was, der Sebastian
Bach sei von Bacherach?

Chor

Er hat ihn nicht verstanden etc.

Einer

Mond, deine Sichel zwar
Steht heut gar labend da;
Doch Vetter Michel war
Schon gestern abend da.

Ein andrer

Ei hör, er stichelt gar
Auch den Papa Benda.

Chor

Er hat ihn nicht verstanden etc.

Einer

Wenn auch nach Taubenheim
Weg und Steg schlimmer wär,
Schleppt ich doch Trauben heim,
Wein trag ich immer schwer.

Ein andrer

Pfarrer von Taubenheim
War Zumsteeg nimmermehr.

Chor

Er hat ihn nicht verstanden etc.

Einer

Weil hier ein Weindach ist,
Arm Schlucker schluck, schluck, schluck,
Schluckern ein fein Fach ist,
Nicht bitter Gluck, Gluck, Gluck.

Ein andrer

Ja groß und einfach ist
Der Ritter Gluck, Gluck, Gluck.

Chor

Er hat ihn nicht verstanden etc.

Einer

Christen wie Heiden blind,
Sind, die ins Glas geschaut,
Ich will dich leiten, Kind,
Nur nach der Nas geschaut.

Ein andrer

Er hat von Haydn Wind,
Daß er dem Glas vertraut.

Chor

Er hat ihn nicht verstanden etc.

Einer

Schleiche hinunter mir
Unter die Haube Braut,
O zartes Wunderbier,
Das von der Traube taut.

Ein andrer

Mozart, das Wundertier,
Schreit selbst der Taube laut.

Chor

Er hat ihn nicht verstanden etc.

Einer

Ich führ ein Leben stolz.
Wenn meine Kinder schrein,
Streich ich mit Rebenholz
Ihnen die Hinterlein.

Ein andrer

Tüchtig mit Rebenholz
Heizt sich der Winter ein.

Chor

Er hat ihn nicht verstanden etc.

Einer

Einst neunzig Schneiderlein
An einem Fingerhut
Trinkend gescheitert sein,
Das ist geringer Mut.

Ein andrer

Riecht nur ein Schneider Wein,
Wird's gleich ein Singer gut.

Chor

Er hat ihn nicht verstanden etc.

Einer

Den Becher rasch umlaubt,
Nehm in die Hände ich.
Streue mir Asch aufs Haupt,
Das Lied vollende ich.

Ein andrer

Dir heil'ger Fasch, erlaubt,
Den Becher sende ich.

Chor

Er hat uns all verstanden,
Den Rausch wir überwanden.
Klar, klar, klar
War's, wie der Wein,
Und fröhlich, der selig
Gepriesen soll sein.

Lureley

SINGET leise, leise, leise,
Singt ein flüsternd Wiegenlied,
Von dem Monde lernt die Weise,
Der so still am Himmel zieht.

Denn es schlummern in dem Rheine
Jetzt die lieben Kindlein klein,
Ameleya wacht alleine
Weinend in dem Mondenschein.

Singt ein Lied so süß gelinde,
Wie die Quellen auf den Kieseln,
Wie die Bienen um die Linde
Summen, murmeln, flüstern, rieseln.

Herzeleid

Wer nie sein Brot in Tränen aß,
Wer nie die kummervollen Nächte
Weinend auf seinem Bette saß,
Der kennt euch nicht, ihr himml'schen Mächte!

Wer einsam nie am Strome ging,
Wer nie wie die trauernde Weide
Sein Haupt zum Spiegel niederhing,
Der weiß noch nichts vom schweren Herzenleide.

Chor

Sieh! wie wandelt der Mond so helle,
Horch! wie eilet die Quelle so schnelle,
Summ, summ, summ,
Kein Tröpflein kommt um.

Liebesleid

Wer vor dem Fels die Hände ringt
Und eines Hirten Liedes fluchet,

Vom Brunn des Mondes nicht mehr trinkt,
Den hat das bittre Elend heimgesuchet.

Wer keine Blume brechen mag,
Sie lieber mitleidlos vernichtet
Mit seines Pilgerstabes Schlag,
Den hat der Liebe Leid wohl hingerichtet.

Chor

Sieh! wie schlummern die Blumen so leise,
Horch auf der Nachtigall klagende Weise,
Summ, summ, summ,
Der Schmerz geht herum.

Liebeseid

Wer glaubt, daß der Treue Schwur,
Den leicht die Lippe spricht in trunknen Stunden,
Ein leere Schall des Rausches nur,
Des Ehre ist an einer Frauen Haar gebunden,
Und wer die Götter lachen hört,
Als er den Liebesmeineid ausgesprochen,
Von dem hat sich der gute Geist gekehrt,
Sein Herz wird mit dem Glückesrad gebrochen.

Chor

Sieh! wie das Auge der Eule glüht,
Horch! wie die Fledermaus rauschend zieht,
Summ, summ, summ,
Der Meineid geht um.

Liebesneid

Wer Steine wirft ins grüne Haus,
Wo treue Turteltauben girren
Und falsche Lichter stellet aus,
Den Schwimmer auf der Liebesfahrt zu irren;

Wer in dem Taue auf der Flur,
Um einer Hirtin Tugend anzuschwärzen,
Verrät der nächt'gen Liebe Spur,
Der nährt den Wurm des Neids in bösem Herzen.

Chor

Sieh! wie ringelt zwischen Blumen die Schlange,
Horch! wie seufzet die Nachtigall bange,
Summ, summ, summ,
Der Neid geht herum.

Reu und Leid

Wer vor der Sünden Strafe bebt
Und nicht vor ihrem innern Tod erschrecket,
Noch fremde Schuld in seine webt,
In dem ist noch die Buße nicht erwecket.

Wer seine Zeit und die Gebrechlichkeit
In seiner eignen Schuld wagt anzuklagen,
Dem hat die Reue und das bittre Leid
Noch nicht so recht ans kranke Herz geschlagen.

Chor

Horch! wie der Wurm im Holz dort naget,
Horch! wie die Weid' im Teiche klaget,
Summ, summ, summ,
Die Reue geht um.

Mildigkeit

Wer nie der Vöglein Brut gestört,
Wer auf der Schwalbe frühen Morgensegen
Mit süß erquickter Seele hört,
Der geht der Armut mildreich auch entgegen.

Wer die zerknickte Ähre gerne hebt
Und gern die Mücke aus dem Netz befreit,

Der Spinne schonend, die es sinnreich webt,
Des Herz ist voll von göttlichem Mitleid.

Chor

Sieh! an den Dorn hängt das Lamm die Wolle,
Daß sich das Vöglein weich betten solle,
Summ, summ, summ,
Das Mitleid geht um.

Liebesfreud

Wer lachend früh die Sonne grüßt
Und heiter an den Mittag blicket,
Und fromm im Abendsterne liest,
Zufrieden, wie die Nacht ihr Haus beschicket:

Der wird auch froh in Liebesaugen sehen
Und greifet in das falsche Rad dem Glücke,
Es muß vor seinem Frieden stille stehen,
Daß Liebesfreude gründlich ihn entzücke.

Chor

Sieh! wie lächelt gen Morgen die Ferne,
Horch! wie grüßet die Lerche die Sterne,
Tireli, Tireli –
Der treue Müller ist hie.

Geheime Liebe

Unbeglückt muß ich durchs Leben gehen,
Meine Rechte sind nicht anerkannt;
Aus der Liebe schönem Reich verbannt,
Muß ich dennoch stets ihr Schönstes sehen!

Nicht die schwache Zunge darf's gestehen,
Nicht der Blick verstohlen zugesandt,

Was sich eigen hat das Herz ernannt,
Nicht im Seufzer darf's der Brust entwehen!

Tröstung such ich bei der fremden Nacht,
Wenn der leere lange Tag vergangen,
Ihr vertrau ich mein geheim Verlangen;

Ist in Tränen meine Nacht durchwacht,
Und der lange leere Tag kommt wieder,
Still ins Herz steigt meine Liebe nieder.

O Zorn, du Abgrund des Verderbens,
Du unbarmherziger Tyrann,
Du nagst und tötest ohne Sterben
Und brennest stets von neuem an,
Wer da gerät in deine Haft,
Bekömmt der Hölle Eigenschaft!

Wo ist, o Liebe, deine Tiefe,
Der Urgrund deiner Wunderkraft?
Herz, nur ein einz'ges Tröpflein prüfe
Von dieses Quelles Eigenschaft,
O, wer in diesem tiefen Meere
Gleich einem Tröpflein sich verlöre!

An dem Feuer saß das Kind,
Amor, Amor,
Und war blind;
Mit dem kleinen Flügel fächelt
In die Flamme er und lächelt,
Fächle, lächle, schlaues Kind!

Ach, der Flügel brennt dem Kind,
  Amor, Amor
  Läuft geschwind!
„O, wie mich die Glut durchpeinet!"
Flügelschlagend laut er weinet,
In der Hirtin Schoß entrinnt
Hülfeschreind das schlaue Kind.

Und die Hirtin hilft dem Kind
  Amor, Amor.
  Bös und blind.
Hirtin, sieh, dein Herz entbrennet,
Hast den Schelm du nicht gekennet?
Sieh, die Flamme wächst geschwind,
Hüt dich vor dem schlauen Kind!

DIE Lilie blüht, ich bin die fromme Biene,
Die in der Blätter keuschen Busen sinkt,
Und süßen Tau und milden Honig trinkt,
Doch lebt ihr Glanz, und bleibet ewig grüne
So ist dann selig mein Gemüt
Weil meine Lilie blüht!

Die Lilie blüht, Gott, laß den Schein verziehn,
Damit die Zeit des Sommers langsam geht,
Und weder Frost noch andre Not entsteht,
So wird mein Glück in dieser Lilie blühn,
So klingt mein süßes Freudenlied:
Ach, meine Lilie blüht!

SIEH den dunklen Schleier der Nacht,
Wie er sich hernieder senket,
Da des Wagens schimmernde Pracht

Phöbus nun hinab gelenket.
Sehnsucht führet die Geliebten
Auf des Mondes Zauberpfad,
Wo sie gestern Scherze übten,
Zu des Sees Glanzgestad.

Sieh, den dunklen Schleier der Nacht,
Immer näher aus der Ferne,
Sticken nun mit lachender Pracht
Die geliebten Heldensterne!
Einer aber ist geschweifet,
Er ist heftig und ist mutig,
Und den Mond er peitschend greifet,
Und der blasse Mond wird blutig!

Sieh, des Monds zerschmettertes Schild
In ein rotes Feld sich kehrte,
Und des Wappens gläubiges Schild
Schmückt der Stern mit einem Schwerte.
Benavides, deinem Stamme
Ist der Glanz nun angefacht!
Aber sieh, des Schwertes Flamme
Weichet und es kehrt die Nacht!

Sieh, ein feuriger Regen fällt,
Und es schwebt, gleich einem Sarge
Über der zornumfluteten Welt
Jetzt die gottgebaute Arche!
Und es fliegt der dunkle Rabe,
Kehret hoffnungslos zurück,
Aber mit der Friedensgabe
Sieht die Taube Sonnenblick!

Und es spannt der Bogen des Herrn
Seine bunte Farbenbrücke,
Tränen schimmern so freudig gern
In des Auges Sonnenblicke.

Wie der Hals der Taube schimmert,
Locket eines Habichts Wut,
Ach, der Fried, wird der zertrümmert,
Taube, du wirst Opferblut!

Wohl uns! überm Habicht kreist
Nun ein Falke, doch zu leise,
Denn der Habicht stürzend zerreißt
Weh! die Taube sich zur Speise.
Falke, lieber Falke, stürze
Auf den Habicht, daß ihr Weh
Rächend wenigstens sich kürze,
Daß ich tot den Mörder seh!

Habicht wird zum blutigen Schild,
Unter ihm die arme Taube,
Aber der Falke steiget zum Wild
Über des Wappens geharnischte Haube,
Und der Falke wird zum Schwerte
Das sich flammend abwärts kehrt,
Daß der Traum erfüllet werde,
Nieder in dein Herzschild fährt!

Die Rose blüht; schloß gleich ein rauher Wind,
Als sie der goldnen Imme sich erschlossen,
Der Liebe arglos offnen Kelch geschwind,
Hat doch der Haß nicht Gift hineingegossen!
Sie schloß gleich einem bangen, zarten Kind
Die Augen, bis die Zornflut abgeflossen;
Vielleicht schloß sie in brünstigem Verlangen
Sich nur so schnell, die Biene einzufangen?

Die Rose blüht, die Biene ist entflohn,
Aufs neue muß sie mit den Frühlingsglocken
Des Zornes Stachel führnden, goldnen Sohn

In ihres Duftes keuschen Busen locken;
Ihr süß'ster Tau, kehrt er, wird ihm zum Lohn
O kehr, mein Bienlein, sei nicht so erschrocken!
Zum Garten sieht mein Fenster, dorten wohn ich.
Komm, liebe Imme, sammle Wachs und Honig!

Die Rose blüht; wenn alle Vöglein schlafen,
Wenn nieder hintern Wald die Sonne flieht,
Wenn treu der Mond mit seinen Wolkenschafen
An deiner Rose Stand vorüberzieht,
Zur Stunde, als Imeldens Töne trafen
Ein liebes Herz durch ein unschuldig Lied,
Da will am Fenster nieder zu dem Garten
Die Rose auf die fromme Biene warten.

Die Rose blüht; o fliehe, Licht der Sonnen,
O führe, Mond, die Sternenherde bald
Zum stillen, vollen, goldenen Mondesbronnen,
Streu aus den sichren Schatten, dunkler Wald,
Und bleiche, Mond, was Liebe hat gesponnen!
Doch mit Musik, die anderswo erschallt,
Mag Amor all die Schmetterlinge irren,
Die lauschend gern die Rose dir umschwirren.

Die Rose blüht, der Zorn ist voll Verderben!
Wer, Zorn, gerät in deine finstre Haft,
Der mordet, martert, tötet ohne Sterben
Und hat der bittren Hölle Eigenschaft!
O Liebe, wer die Einsicht dürft erwerben
Von deiner Gottestiefe Wunderkraft!
O Liebe, wer, ein Tröpflein, sich verlöre
In deines Segens weltumspielndem Meere!

WOHLAN! so bin ich deiner los
Du freches lüderliches Weib!

Fluch über deinen sündenvollen Schoß
Fluch über deinen feilen geilen Leib,
Fluch über deine lüderlichen Brüste
Von Zucht und Wahrheit leer,
Von Schand und Lügen schwer,
Ein schmutzig Kissen aller eklen Lüste.
Fluch über jede tote Stunde
Die ich an deinem lügenvollen Munde,
In ekelhafter Küsse Rausch vollbracht,
Fluch über jede gottvergeßne Nacht,
Die ich in deinem frechen Bett erhandelt,
Die ich in toller Liebe überwacht,
Wohl unter deinem Fenster hingewandelt,
Wenn du mit andern in dem Werk befangen,
Mit andrer Lüg an anderm Mund gehangen.
Mein Gott, mein Gott, er will sich mein erbarmen,
Mein Herr hat mich befreit aus deinen Armen,
Wohin dein Gott, der Satan mich geführt;
Drum hab ich nimmer dir dein Herz gerührt,
Und wie ich mochte bitten, mochte flehen,
Kein edles Wort hört ich von dir erstehen,
Du drohst, du elend Weib, dich zu ermorden,
O könntest du's, es stürb dein ganzer Orden,
Doch spar die Mühe nur, denn du bist längstens tot,
Längst faulst du in dir selbst, in Sünd und Lügenkot.
Schneidst du den Hals dir ab
Und springst du in die Spree,
Du findest nie ein Grab
Die Spreu schwimmt in der Höh.
Des Todes heiliger Traum
Wird nimmer dich erlösen
Es stirbt ein grüner Baum,
Doch nie ein dürrer Besen.
Zur eignen Rute wirst du noch an deinem Rücken,
Und höchstens reicht dein Leib dir einstens schlechte Krücken.
Wohlan, du elend Weib, nun sind wir auf der Stelle

Wo wir zuerst uns sahn, ich, du, und dein Geselle,
Ich mein den Teufel, Weib, der deine Seele reitet,
Hör wie sein Flügel rauscht, den über dir er breitet,
Ich hör den dunklen Fluß, es tönt die dumpfe Welle,
Du Lügnerin leb wohl, leb schlecht, hier ist die Schwelle,
Wo sich mein reuig Herz, von dir du Hexe scheidet,
Verdorren mag der Fuß, der je dein Bett beschreitet,
Ich hab dich nie gekannt, ich hab dich nie gesehen,
Es war ein böser Traum, er muß hinuntergehen,
Das lüderliche Buch, um das du mich betrogen,
Aus dem du geile Brunst für andrer Lust gesogen,
Ich werfe es hinab in diese schmutz'gen Wogen,
Und mit ihm werf ich hin, was ich für dich gefühlt,
Daß sich die böse Glut, die mir das Herz zerwühlt,
In dieses Flusses trüber Welle kühlt.
Nimm hin den Scheidekuß,
Ich geb ihn ohn Verdruß,
Von mir sei dir verziehn,
Wend dich, zu Gott dahin,
Und fleh, daß er verzeih,
Dem Sünder steht es frei.
Er ist für dich, für mich, für alle uns gestorben,
Ich habe im Gebet mir Trost von ihm erworben.
Ich gab des Heilands Bild in deine schnöden Hände,
So bin durch dich ich auch zu einem Judas worden,
Den Herrn hab ich verkauft, an die, die ihn ermorden,
Erbarm dich meiner Seel, und zu dem Kreuz dich wende,
O mache, daß an dir dies Bild ein Wunder tut,
Und daß er dich erlöst mit seinem heiligen Blut,
So darf ich ruhig sein, daß ich so fromme Gabe
An dich, du elend Weib, so schnöd vergeudet habe,
Nun wend ich mich von dir, ich will in Friede gehn,
Ich will unschuldig nun die Sterne wiedersehn,
Ich will zu Gott dem Herrn um Hülfe für dich flehn,
Daß dich die Gnade sein barmherzig mög anwehn,
Daß einen Engel er, zu dir ermahnen sende,

Daß er dein elend Herz wie meines zu sich wende,
So gehet nicht mein Schmerz, doch Leid und Lieb zu Ende.

Ich träumte hinab in das dunkle Tal
Auf engen Felsenstufen
Und hab mein Liebchen ohne Zahl
Bald hier, bald da gerufen.
Treulieb, Treulieb ist verloren!

Mein lieber Hirt nun sage mir,
Hast du Treulieb gesehen,
Sie wollte zu den Lämmern hier,
Und dann zum Brunnen gehen,
Treulieb, Treulieb ist verloren!

Treulieb in meinem Schoße saß
Dort oben an den Klippen
Und weil die Wangen ihr so blaß,
So küßt ich ihre Lippen.
Treulieb, Treulieb ist verloren!

Ich blies die Flöte, ich flocht den Kranz
Ich ging ihr Blumen zu pflücken,
Ich wollte sie zum Abendtanz,
Als meine Buhle schmücken.
Treulieb, Treulieb ist verloren!

Da hört sie ein schallendes Jägerhorn
Da tät sie die Öhrlein stellen
Und schwang sich hinüber durch Distel und Dorn
Und folgte dem Waldgesellen.
Treulieb, Treulieb ist verloren!

Ich träumte hinab in den dunklen Wald
Auf engen Felsenstufen

Und habe mein Liebchen, daß es schallt
Bald hier, bald da gerufen.
Treulieb, Treulieb ist verloren!

Mein lieber Jäger nun sage mir
Hast du mein Lieb gesehen,
Sie wollte in das Waldrevier
Zu Hirsch und Rehen gehen.
Treulieb, Treulieb ist verloren!

Treulieb lag heut in meinem Arm
Im Schatten kühler Eichen
Wir herzten uns, es ward ihr warm,
Sie ging ins Bad zu steigen.
Treulieb, Treulieb ist verloren!

Der Mühlbursch hell ein Liedlein pfiff
Da tauchte Treulieb unter,
Und tauchte auf, sprang in sein Schiff,
Ohn Hemd doch frisch und munter.
Treulieb, Treulieb ist verloren!

Ich träume hin an Mühlbachs Rand
Auf engen Felsenstufen
Und habe in schallender Klippenwand
Mein Liebchen oft gerufen.
Treulieb, Treulieb ist verloren!

Nun lieber Müller nun sage mir
Hat du mein Lieb gesehen
Ich gab ihr Korn sie wollte hier
Bei dir zur Mühle gehen.
Treulieb, Treulieb ist verloren!

Treulieb ist heut auf weichem Pfühl
In meinem Arm entschlafen,
Es klang die Schelle es klappte die Mühl,

Das Auffüllen hab ich verschlafen.
Treulieb, Treulieb ist verloren!

Und als mich morgens die Reuter geweckt
Die hier vorbei gezogen
Hat sie der Trompeter in Mantel gesteckt
Und mich um sie betrogen.
Treulieb, Treulieb ist verloren!

Ich träumte hin auf der Reuter Zug
In Staub erkannt ich die Hufen
Und wo das Herz mir lauter schlug
Hab Treulieb ich gerufen.
Treulieb, Treulieb ist verloren!

Mein lieber Reuter willst du mir
Wo Liebchen ist wohl sagen,
Ich weiß sie hat geholfen dir
Dein Zeltlein aufzuschlagen.
Treulieb, Treulieb ist verloren!

Treulieb bei mir im Zelte lag,
Das Pulfer hat sie gerochen
Die ganze Nacht, doch früh am Tag
Da ist sie aufgebrochen.
Treulieb, Treulieb ist verloren!

Es zog der Bettelstudent vorbei
Und spielte auf der Leier
Sie guckt hinaus, was es wohl sei
Und folgt dem neuen Freier.
Treulieb, Treulieb ist verloren!

Ich träumte, ich folg der Leier Klang
Hinab viel Felsenstufen
Und habe auf dem bittren Gang,

Mein Liebchen noch oft gerufen.
Treulieb, Treulieb ist verloren!

Mein lieber Schüler sage mir
Hast du Treulieb gesehen
Sie wollt, ich weiß es wohl, bei dir
Zur Singeschule gehen.
Treulieb, Treulieb ist verloren!

Treulieb fraß mit mir auf einmal
Wohl Bettelbrot zwei Pfunde
Den Wein den sie dem Reuter stahl
Trank ich aus ihrem Munde.
Treulieb, Treulieb ist verloren!

Doch als ich an der Schmiede stand
Ums Abendbrot zu singen
Viel größre Freude sie empfand
An kräft'gem Hammerschwingen.
Treulieb, Treulieb ist verloren!

Mein lieber Meister wohlgestalt
Sprach sie zum ruß'gen Mohren
Beschlag mich lieber warm als kalt
Viel Eisen hab ich verloren.
Treulieb, Treulieb ist verloren!

Ich träumt zur Schmiede den schwarzen Gang
Hinab so viele Stufen
Und lauter als der Hammer klang
Hab ich Treulieb gerufen.
Treulieb, Treulieb ist verloren!

Der Meister sprach sie hat der Knecht
Der Knecht, sie hat der Bube
Der Bube wies mich dann zurecht,

Zu Todengräbers Stube.
Treulieb, Treulieb ist verloren!

Ich träumt hinab ins Totental
Wohl tausend dunkle Stufen
Und hab mein Lieb wohl tausendmal
Mit bittrer Angst gerufen.
Treulieb, Treulieb ist verloren!

Mein Todengräber nun sage mir
Hast du mein Lieb gesehen
Auf ihrer Mutter Grab allhier
Wollt sie die Blumen säen.
Treulieb, Treulieb ist verloren!

Treulieb lag bei mir manche Nacht
Und sang mir freche Lieder
Und wenn ich ein Fräulein zu Grab gebracht
Da stahl sie ihr den Mieder.
Treulieb, Treulieb ist verloren!

Sie stiehlt der Braut den Jungfernkranz
Die schwarzen Todenschuhe
Die zieht sie an und ging zum Tanz,
Und nimmt den Leichen die Ruhe.
Treulieb, Treulieb ist verloren!

Und als sie nach goldnen Ringen sucht
Und in den Sarg tät langen,
Der tote Jude der tief verflucht
Hat zärtlich sie umfangen.
Treulieb, Treulieb ist verloren!

Wo ist des toten Juden Grab,
Wo ruht der böse Bube
Der Totengräber zur Antwort gab

Geh nach der Schindergrube.
Treulieb, Treulieb ist verloren!

Ich träumte zum dunklen Galgen hin
Hinauf viel tausend Stufen
Und hab mein Lieb mit wildem Sinn
Wie Raben und Geier gerufen.
Treulieb, Treulieb ist verloren!

Nun toder Jude sage mir
Hast du Treulieb gesehen,
Sie wollte ganz allein zu dir
Um dich zu taufen gehen.
Treulieb, Treulieb ist verloren!

Sie lag bei mir zur zwölften Stund,
Und hat mir's nicht gedanket
Es heulte zum Mond des Schinders Hund
Der Gehenkte im Galgen schwanket.
Treulieb, Treulieb ist verloren!

Da läßt sie die edle vertrauliche Gruft
Und stiehlt mir meine Geschmeider
Und steigt herauf zu dem luftigen Schuft,
Auf der dünnen Galgenleiter.
Treulieb, Treulieb ist verloren!

Ich träumte hinauf ins leere Schloß
Wohl auf der Leiter Stufen
Und habe auf jeder Galgenspross'
Nach meinem Lieb gerufen.
Treulieb, Treulieb ist verloren!

Nun sag mir mein gehenkter Schuft
Hast du Treulieb gesehen,
Sie schöpfte hier wohl frische Luft

Und wollte um sich sehen.
Treulieb, Treulieb ist verloren!

Sie hat mit mir im Mondenschein
Ein Stündchen sich geschaukelt,
Da hob sich Lärm und wildes Schrein
Da kam es heran gegaukelt.
Treulieb, Treulieb ist verloren!

Zuerst der Hexen Troß voran
Auf Gabeln und auf Besen,
Und dann der Meister Urian
Der hat sie sich erlesen.
Treulieb, Treulieb ist verloren!

Er faßt die Jungfer sich aufs Korn
Mit angenehmen Sitten
Sie faßt den Teufel bei dem Horn
Zum Blocksberg sie dann ritten.
Treulieb, Treulieb ist verloren!

Ich träumte hinauf die steile Höh
Auf engen Felsenstufen,
Und hab mit Ach und hab mit Weh
Nach meinem Liebchen gerufen.
Treulieb, Treulieb ist verloren!

Nun lieber Teufel sage mir
Hast du Treulieb gesehen
Sie kam allein herauf zu dir,
Dich kämpfend zu bestehen.
Treulieb, Treulieb ist verloren!

Treulieb sie küßte mich unterm Schwanz,
Ich war ihr wohlgewogen,
Doch hat sie mir beim wilden Tanz

Ein Ohr schier abgelogen.
Treulieb, Treulieb ist verloren!

Geh nimm sie wieder da sitzet sie,
Auf einem Katzendrecke,
Bist du Treulieb ich laut aufschrie,
Als ich das Luder entdecke.
Treulieb, Treulieb ist verloren!

Mein lieb Treulieb, nun sage mir
Hast du Treulieb gesehen
Sie soll nun mir in dir allhier
Wahrhaftiglich bestehen.
Treulieb, Treulieb ist verloren!

Treulieb, Treulieb, sie sitzt allhie
Auf mir dem falschen Schwure.
Treulieb ist Dichterphantasie
Und ich bin deine Hure.
Treulieb, Treulieb ist verloren!

Die Welt war mir zuwider
Die Berge lagen auf mir
Der Himmel war mir zu nieder
Ich sehnte mich nach dir, nach dir,
O lieb Mädel, wie schlecht bist du!

Ich trieb wohl durch die Gassen
Zwei lange Jahre mich
An den Ecken mußt ich passen
Und harren nur auf dich, auf dich.
O lieb Mädel, wie schlecht bist du!

Und alle Liebeswunden
Die brachen auf in mir

Als ich dich endlich gefunden
Ich lebt und starb in dir, in dir!
O lieb Mädel, wie schlecht bist du!

Ich hab vor deiner Türe
Die hellgestirnte Nacht,
Daß dich mein Lieben rühre
Oft liebeskrank durchwacht.
O lieb Mädel, wie schlecht bist du!

Ich ging nicht zu dem Feste
Trank nicht den edlen Wein
Ertrug den Spott der Gäste
Um nur bei dir zu sein.
O lieb Mädel, wie schlecht bist du!

Bin zitternd zu dir gekommen
Als wärst du ein Jungfräulein,
Hab dich in Arm genommen
Als wärst du mein allein, allein.
O lieb Mädel, wie schlecht bist du!

Wie schlecht du sonst gewesen
Vergaß ich liebend in mir
Und all dein elendes Wesen
Vergab ich herzlich dir ach dir,
O lieb Mädel, wie schlecht bist du!

Als du mir nackt gegeben
Zur Nacht den kühlen Trank
Vergiftetest du mein Leben,
Da war meine Seele so krank so krank,
O lieb Mädel, wie schlecht bist du!

Bergab bin ich gegangen
Mit dir zu jeder Stund,
Hab fest an dir gehangen

Und ging mit dir zu Grund.
O lieb Mädel, wie schlecht bist du!

Es hat sich an der Wunde
Die Schlange fest gesaugt
Hat mit dem gift'gen Munde
Den Tod in mich gehaucht.
O lieb Mädel, wie schlecht bist du!

Und ach in all den Peinen
War ich nur gut und treu
Daß ich mich nannt den Deinen
Ich nimmermehr bereu, bereu.
O lieb Mädel, wie schlecht bist du!

Heil'ge Nacht, heil'ge Nacht!
Sterngeschloßner Himmelsfrieden!
Alles, was das Licht geschieden,
Ist verbunden,
Alle Wunden
Bluten süß im Abendrot!

Bjelbogs Speer, Bjelbogs Speer
Sinkt ins Herz der trunknen Erde,
Die mit seliger Geberde
Eine Rose
In dem Schoße
Dunkler Lüste niedertaucht.

Zücht'ge Braut, zücht'ge Braut!
Deine süße Schmach verhülle,
Wenn des Hochzeitbechers Fülle
Sich ergießet.
Also fließet
In die brünst'ge Nacht der Tag!

Komm heraus, komm heraus, du schöne schöne Braut,
Deine guten Tage sind nun alle, alle aus.
Deine Jungfraun läßt du stehn,
Willst nun zu den Weibern gehn.

Dein Schleierlein weht, dein Schleierlein weht,
Die Tränen des Taues, die weinest du zu spät.
Lege ab, lege ab auf ew'ge Zeit
Schild und Schwert und Panzer, deine Waffen, dein Geschmeid.
Aus dem Helm ins Haubelein
Schließest du die Locken ein.

Dein Schleierlein weht, dein Schleierlein weht,
Die Tränen des Taues, die weinest du zu spät.

Lache nur, lache nur, die roten, roten Schuh
Werden dich einst drücken, sie sind eng genug dazu,
Wenn wir zu dem Tanze gehn,
Wirst du bei der Wiege stehn.

Dein Schleierlein weht, dein Schleierlein weht,
Die Tränen des Taues, die weinest du zu spät.

Winke nur, winke nur, sind nur leichte leichte Wink,
Bis du an dem Finger trägst den goldnen Sklavenring,
Goldne Ketten legst du an,
Und beschwerlich wird die Bahn!

Dein Schleierlein weht, dein Schleierlein weht,
Die Tränen des Taues, die weinest du zu spät.

Tanze nur, tanze nur deinen letzten letzten Tanz,
In der Sonne welket bald dein schöner Hochzeitskranz.
Lasse nur die Blumen stehn,
Auf den Acker mußt du gehn.

Dein Schleierlein weht, dein Schleierlein weht,
Die Tränen des Taues, die weinest du zu spät.

In dir ringelt die Träne, auf dir lächelt das Mondlicht,
Welle, bald Woge, bald Strom, wie dich das Ufer umkränzt,
Gifttrank und lieblicher Wein, wie dich die Schale umfaßt.
Lethe wird nimmer in dir, Psychen ein Spiegel wohl oft,
Aber es tauchet der Schwan ins heilignüchterne Wasser
Trunken das Haupt, und singt sterbend dem Sternbild den Gruß.

Österreichs Adlergejauchze und Wappengruss in Krieg und Sieg 1813

Nun jauchze, mein Östreich!
Dein Adler steht auf,
Und streckt seine Schwingen
Zur Sonne hinauf,
Und wiegt seine Kronen
Und wieget sein Schwert,
Reichsapfel und Szepter,
Und das ist was wert.

Nun jauchze, mein Östreich!
Dein Adler zieht aus,
Blickt fest in die Sonne
Und machet sich kraus,
Und schüttelt den Fittich
Und mißt seinen Feind,
Und grüßet die Freunde
Und gut ist's gemeint.

Nun jauchze, mein Östreich!
Dein Adler jauchzt auch;
Ihn grüßet sein Bruder
Aus Flammen und Rauch,

Der russische Phönix
Verjüngt in dem Brand
Der heiligen Moskau,
Reicht stark ihm die Hand.

Nun jauchze, mein Östreich!
Dein Adler kühn schaut,
Und grüßt seinen Bruder
Den Preußen vertraut.
Willkomm, Hohenzollern,
Du bist mir ein Aar,
So brav als in Habsburg
Wohl einer je war.

Nun jauchze, mein Östreich!
Drei Adler sind eins,
Und geben ein Zeugnis,
Zum Schrecken des Feinds,
O bleibt treu und einig,
Ihr Säulen der Zeit,
Die heilige Dreizahl
Wird niemals entzweit.

Nun jauchze, mein Östreich!
Dem Adler zum Streit
Sind schwedische Löwen
Und Herzen Geleit;
Sie führt ein gekrönter,
Ein herzhafter Held,
Steckt Fahnen des Sieges
Hinaus in die Welt.

Nun jauchze, mein Östreich!
Dein Adler schwebt auf,
Von spanischen Türmen
Brülln Löwen im Lauf
Hoch auf den Pyrenäen,

Und springen voll Lust,
Dich wieder zu sehen,
Dem Feind an die Brust.

Nun jauchze, mein Östreich!
Dein Adler vergnügt
Dem brittischen Einhorn
Auf der Waffe sich wiegt.
Sein Haupt legt das Einhorn
Der Jungfrau zum Schoß,
Und macht die Europa
Vom Talisman los.

Nun jauchze, mein Östreich!
Dein Adler weit spannt
Den Flug vor der Sonne
Und schattet ins Land,
Und bald ward auch darum
Der rheinische Bund
Sub umbra alarum
Tuarum gesund.

Nun jauchze, mein Östreich!
Dein Adlerflug klingt;
Der bayrische Löwe
Sein deutsches Schwert schwingt;
Und Schwaben und Franken
Und Baden stehn treu,
Der Sieg soll euch danken,
Mein Deutschland wird neu!

Nun jauchze, mein Östreich!
Dein Adler froh lacht,
Die sieben Provinzen,
Sind herrlich erwacht.
Herr Gott wir dich loben,
Singt jubeln Holland,

Und Orange boven
Ertönet der Strand.

Nun jauchze, mein Östreich!
Ein Adler erquickt
Den Fittich im Meer schon,
Schon brauset entzückt
Und brandet die Woge,
Frei grüßt schon Triest
Die siegvollen Segel
Von Süd, Ost und West.

Nun jauchze, mein Östreich!
Dein Adlerflug tönt,
Hoch jauchzet der Rhein auf,
Und Deutschland versöhnt
Schickt freudige Rächer.
Am Bacchus-Altar
Leert sühnend den Becher
Die siegende Schar.

Nun jauchze, mein Östreich!
Dein Adler entzückt
Den Adler der Deutschen
Am Himmel erblickt,
Der tauchet die Flügel
In goldenen Wein,
Da klirren die Fesseln
Und stürzen zum Rhein.

Nun jauchze, mein Östreich!
Dein Adler nun trinkt,
Gesundheit ihr Helden,
Der Siegskelch erklingt!
Sieg Östreich! Sieg Reuße!
Sieg England! Sieg Schwed!
Sieg Deutschland! Sieg Preuße!
Sieg Schwert! Sieg Gebet!

Ein kühler Wind aus Orient
Will uns den Tag verkünden,
Wer recht den lieben Tag erkennt,
Dem muß die Nacht verschwinden.

Den Morgenstern, gleich einem Held,
Seh ich hellfunkelnd schweben;
Er wacht am blauen Himmelszelt
Und wird den Sieg uns geben.

Ah bassa manelki teremtete,
So bläst der Trompeter, so wünschet ein jeder,
Auf daß es nun endlich recht drauf und dran geh!
Man streicht sich den Schnurrbart, und gibt ihm den Zwick
Und wiegt in dem Säbel des Feindes Geschick.
Chor: Schlechte Reiter
Sind nichts weiter
Als sechsbeinige Bärenhäuter.

Ah bassa manelki teremtete!
Wir fahren auf Rossen zusammengegossen
Wie die Wetterwolken in himmlischer Höh,
Es schmettern wie Blitze die Säbel hervor,
Wer fest nicht im Sitze, der kriegt eins ans Ohr.
Chor: Schlechte Reiter
Sind nichts weiter
Als sechsbeinige Bärenhäuter.

Ah bassa manelki teremtete!
Wir ungrischen Husaren, wir haben erfahren,
Daß der Feind nicht gern in die Augen uns seh,
Sein schlechtes Gewissen verträgt kein Gericht,
Ins Gras oft gebissen hat vor uns der Wicht.

Chor: Schlechte Reiter
Sind nichts weiter
Als sechsbeinige Bärenhäuter.

Ah bassa manelki teremtete!
Mein Säbel, der treue, den Kampf nun erneue,
Daß noster Franciscus Justitiam seh.
Wir Ungern wir schlagen mit dem Säbel auf'n Tisch,
Protestor wir sagen, dann geht es von frisch.
Chor: Schlechte Reiter
Sind nichts weiter
Als sechsbeinige Bärenhäuter.

Ah bassa manelki teremtete!
Heraus ihr Neuntöter, Pariser Dekreter,
Auf daß man euch a bißl die Kundschaft nachseh
Und wer nicht kapabel mit Füß und mit Händ,
Dem schreibet mein Sabel mit Blut aufs Patent:
Chor: Schlechte Reiter
Sind nichts weiter
Als sechsbeinige Bärenhäuter.

Ah bassa manelki teremetete!
Wie riecht ihr neubacken, die russ'schen Kosaken,
Die suchten euch wahrlich recht gründlich die Flöh,
Gespickt mit der Nadel, gespießt und rotiert
Heraus mit dem Bratel, nun wird es transchiert.
Chor: Schlechte Reiter
Sind nichts weiter
Als sechsbeinige Bärenhäuter.

Ah bassa manelki teremtete!
Pariser Husaren, die öfters schon waren,
Wo seid ihr? Da grunzet ein Schwein in die Höh:
Vor Magdeburg hieben die Preußen sie klein,
Was übrig geblieben, das fraß ich allein.

Chor: Schlechte Reiter
Sind nichts weiter
Als sechsbeinige Bärenhäuter.

Ah bassa manelki teremtete!
Die Sau sah der Unger, sie schwankte vor Hunger,
Er sprach: halt dich immer nur bei der Armee.
Ich mäst dich mit Garden, mit lauter Offizier,
Die ich mit deiner Schwarten an die Stiefel mir schmier.
Chor: Schlechte Reiter
Sind nichts weiter
Als sechsbeinige Bärenhäuter.

Ah bassa manelki teremtete!
Der lügt wie gedrucket, der die Achseln noch zucket,
Daß er nicht gehaun noch gestochen euch sah.
Dort ließt ihr' im Stiche, hier kriegt ihr's im Hieb.
Mit ungrischer Küche, nehmt halters vorlieb.
Chor: Schlechte Reiter
Sind nichts weiter
Als sechsbeinige Bärenhäuter.

Ah bassa manelki teremtete!
Heraus, was noch übrig, ihr seid ja ganz fiebrig,
Heraus nur, ich koch euch 'nen ungrischen Tee.
Was nackete Pferschen, potz Himmel und Erd!
Ihr habt untern Märschen nur Wölf und kein Pferd.
Chor: Schlechte Reiter
Sind nichts weiter
Als sechsbeinige Bärenhäuter.

Ah bassa manelki teremtete!
Ihr könnt einems Reiten auf Lebtag verleiden,
Streu dich mit Chausseestaub du große Armee,
Dann lerne vom Schneider, zu Wien beim de Bach,
Der kann's viel gescheiter, ihr macht's ihm schlecht nach.

Chor: Schlechte Reiter
Sind nichts weiter
Als sechsbeinige Bärenhäuter.

Es leben die Soldaten,
So recht von Gottes Gnaden,
Der Himmel ist ihr Zelt,
Ihr Tisch das grüne Feld.

Ihr Bette ist der Rasen,
Trompeter müssen blasen,
Guten Morgen, gute Nacht,
Daß man mit Lust erwacht.

Ihr Wirtsschild ist die Sonne,
Ihr Freund die volle Tonne,
Ihr Schlafbuhl ist der Mond,
Der in der Sternschanz wohnt.

Die Sterne haben Stunden,
Die Sterne haben Runden
Und werden abgelöst,
Drum Schildwacht sei getröst.

Wir richten mit dem Schwerte,
Der Leib gehört der Erde,
Die Seel dem Himmelszelt,
Der Rock bleibt in der Welt.

Wer fällt, der bleibet liegen,
Wer steht, der kann noch siegen,
Wer übrig bleibt, hat Recht,
Und wer entflieht, ist schlecht.

Zum Hassen oder Lieben
Ist alle Welt getrieben,
Es bleibet keine Wahl,
Der Teufel ist neutral.

Bedienet uns ein Bauer,
So schmeckt der Wein fast sauer
Doch ist's ein schöner Schatz
So kriegt sie einen Schmatz.

Auf mit Gott zum Kampf, ihr Brüder,
Mit dem Schwert und dem Gebete,
Reiß den Sieg vom Himmel nieder,
Deutscher, Russe, Britte, Schwede!

Helf uns Gott, der Herr, der Hohe,
Der auf uns herniederschauet,
Seht schon lodern lichterlohe
Scheiterhaufen rings erbauet.

In den Flammen heil'gen Zornes,
In gerechter Rache Gluten
Brennt der Busch des bösen Dornes,
Der die ganze Welt ließ bluten.

Selig, wer von ganzem Herzen
Alles, was ihn tief verletzet,
Alle Trauer, alle Schmerzen,
An dies heil'ge Opfer setzet.

Denn wir wollen das verbrennen,
Was in Leib und Seel uns störet,
Wer kann das mit Worten nennen,
Was ihn in dem Geiste empöret.

Elend, Qual und Not und Frevel
Trug und List und Hohn und Lüge
Schmolz der Feind zu glühem Schwefel,
Daß die Flamme höher schlüge.

Freudig drum ihr Kampfesbrüder,
Schließt euch treulich um die Flammen,
Brennt den Dorn zur Asche nieder,
Der ein Ölbaum soll entstammen.

Eine Taube soll sich schwingen
Aus der Glut, soll Friedenszweige
Der empörten Erde bringen,
Daß sie aus der Zornflut steige.

Friede ward umsonst verlanget,
Unsrer Ehr' und Freiheit Friede,
Auf zum Kampf nun, wer nicht banget,
Und vor keinem Götzen kniete.

Vivat alle mit einander,
Vivat Georg und Alexander,
Vivat Friedrich, Vivat Franz!
Vivat hoch der Waffentanz!
  Brautkranz!
  Viktoria!
  Gloria!

Tiroler Wetter und Barometter beim Aufstand gegen die Franzosen

Treibt mit der Ofengabel
Die Natur nur hinaus,
Ihr seid's nit kumpabel,
Sie findt sich nach Haus.

Zur Frühe heut guckte
Mein Stutzen ich an,
Potz Schlakri, da zuckte
Von selber der Hahn.

Da wurd mir's ganz schwüli,
Ich mach's Fenster glei auf,
Von Salzburg weht kühli
A Lüftli herauf.

Das reißt mir in der Stuben
Den Apoli von der Wand,
Und schmeißt ihn auf'n andern
Der unter ihm stand.

Es wollt halt nit ruhen,
Es tät halt an Schlag,
Daß hinter der Truhen
In Stücken er lag.

Französische Nägel
Sind weich wie a Dreck,
Kaum trifft sie der Schlegel,
So ist der Kopf weg.

Am Steierschen Kloben
Mei Stutzen fest hangt,
Der Wind tut dran toben,
Daß es hin und her schwankt.

Nu raus aus dem Kasten
Meim Franzl sei Porträt,
Sollst länger nit fasten,
Nu kommst du ans Brett.

Gleich unter meim Herrgott
Wo's gewaltig gut hangt,

Nu nehm ich mein Stutzen,
Weil's zu mir verlangt.

Es sind heut die Mucken
Ganz toll aus der Weis,
Das Dach tut mich drucken,
Ich mach mich auf die Reis'.

Es zeigt's der Kalender,
Es krähet's der Hahn,
Daß's Wetter sich änder,
Ich schau's an der Fahn.

Ich schau's an der Alpen
Da hangt so a Duft,
Am Grund streicht die Schwalben
Als hätt sie kein Luft.

Franzosen und Ferkel,
Wie wühlens' in der Erd,
Wie druckens' sich z'sammen,
Weil der Adler niederfährt.

Mein Dientl sein Katzen,
Die hat's am Geruch,
Sie leckt sich die Bratzen,
Es kommt halt Besuch.

Es ist a Gezwitzer
Es ist so a Zeit,
Im Schnee a Geblitzer,
Als wär der Adler nit weit.

Der Adler, der Kaiser,
Der gewaltig groß Freund,
Der Franzel, der Vater,
Der's gut mit uns meint.

Ich mein halt, mei Himmel,
Ich mein halt, mei Erd,
Ich mein halt, das Landel
Dem Franzel gehört.

Ihr habt mir's gelaugnet
Mit Händ und mit Füß,
Doch hat mir's behauptet
Mei Stutzen für g'wiß.

Mein Stutzen ist wahrhaft,
Er fehlet mir nicht,
Er denkt, wie ich selber,
Sagt's jedem ins G'sicht.

Und wer ihm nicht glaubet,
Dem bringt er's halt bei,
Den Stein aufgeschraubet,
Mit Pulver und Blei.

Französische Mucken,
Nu packt's euch hinaus,
Nu lüft ich mit Pulver
Mei'm Kaiser sei Haus.

Ich schieß nu den Vogel
Von der Herberg, ihr Leut,
Voll Flöh war sei Streuen,
Und doppelt sei Kreid.

Potz Schlakri ihr Buben,
Nu werfet die Säu
Hinab in die Gruben
Und hebt's a Geschrei.

Nu packt's euch nur außi,
Franzosen, Juchhe!

Nu mach ich mich mausi,
Mein Adler ich seh.

Er ruft wie a Glocken
Zur heil'gen Kirchfahrt,
Schwebt blau, wie a Locken
Aus'm Herrgott sei'm Bart.

Auf d' Knie fallt's nu nieder,
Und danket's all Gott,
Er hilft uns schon wieder
Aus'm feindlichen Spott.

Nu außi die Stutzen
Und jaget's die Gäst,
Wir müssen ausputzen
Unserm Adler sei Nest.

Es gehört ja beim Schlakri,
Kein Pfau und kein Sau,
Kein Wiedhopf, kein Guckuck,
Im Adler sein Bau.

Nu hussau nu hussau,
Nu pürscht sie hinaus,
Und stürzt auch a Gamsel,
So macht's euch nichts draus.

Wir haben unsre Sachen
Auf Treuheit gestellt,
Wir duzen den Herrgott,
Und Kaiser und d' Welt.

Wir tragen's Gewandel
Wir tragen den Hut,
Schon viel hundert Jahre lang,
Und sie halten sich gut.

Wir stehn auf den Hacken
So fest wie die Berg,
Und tragen auf'm Nacken
Die Zeit, wie an Zwerg.

Wir haben's getragen,
Wie en meisterlos Kind,
Nu aber wir schlagen
Ihr eins um den Grind.

Potz Schlakri ihr Buben
Dem Sandwirt sein Sohn,
Steht auch bei den Preußen,
Und gibt's kein Pardon.

Der Riedl und sei Bruder
Sind auch mit dabei,
Die greifen's von außi,
Und machen uns frei.

Gemalt auf der Dosen
Tragens' den Hofer im Sack,
Und bietens' den Franzosen
Schneeberger Tabak.

O Hofer, mein Hofer,
Du gewaltiger Freund
Du bist nu im Himmel,
Wo die Sonn runterscheint.

Sankt Jörg ist ein Ritter
Im englischen Heer,
Der hängt halt dein Sutzen
Nu neben sein Speer.

Du hast auch den Lindwurm
Gen den er sich g'setzt

Oft sakrisch im Landsturm
Zusammengefetzt.

O Hofer, mein Hofer
Sei unser Patron,
Leg für uns a Bitt ein
Im himmlischen Thron.

Komm zu uns auf Urlaub,
Und hilf uns im Streit,
Und bring uns a Fahndel
Im Himmel geweiht.

Speckbacher, Speckbacher
Nu merken wir dich,
Du bist halt a Streiter,
Und kennst halt die Schlich,

Der Adler schon setzet
Auf'n Gletscher sich hin,
Den Schnabel er wetzet,
Da kommt die Lawin.

Nu bückt's euch Franzosen,
Nu kömmt die Lawin,
Der Stoß kömmt von Moskau
Über Preußen und Wien.

Und größer und größer
Kömmt's niedergebraust
Nu ludelt ihr Dienteln,
Daß's den Kindern nit graust.

Apoli, Apoli
Das Eis taut nu auf
Nu läuft dir halt 's Wasser
Auf d' Windmühl hinauf.

Nu schickt's mit Faschinen
Den Wasserbaron,
Und laßt's ihn besprechen
Mit der Ehrenlegion.

Ganz anders läuft's Wasser,
Wo Gott drüber kreist
Als Wasser, wo der Hoffart
Das Geld hineinschmeißt.

Nu führt's Luminaten
Noch d' Welt hinters Licht,
Nu woll auch Gott gnaden
's Laternel zerbricht.

Nu schickt's den Sterngucker
Den Allerweltfreund
Und laßt's ihn taxieren,
Wie der Apolistern scheint.

Nu helfet's ihr Buben
Der Lawinen herab,
Französische Ruben
Ein tirolisches Grab.

Hinunter, hinunter
Wo's steil und wo's schmal,
Mit französischem Plunder
Vom Berg in das Tal.

Die Wildwasser wälzen
Sie durch Distel und Dorn,
Es stürzen die Felsen
Sich drüber im Zorn.

Ein Engel ganz feurig
Steht drauf und ruft aus:

Gott ist kein Franzos nicht,
Drum schmeißt sie hinaus.

Ins heil'gen Gott's Namen
Mei Dientel gute Nacht,
Vater unser und Amen,
Daß es blitzet und kracht!

Bei Christian Grafen von Stolbergs Tod zu St. Amand, in der Schlacht de la belle Alliance, den 19. Juni 1815

Der Krieg zog aus, zu kaufen
Ein ungewisses Los,
Und wirft zu ganzen Haufen
Dem Sieg die höchsten Güter in den Schoß.

In freudigem Vertrauen
Kränzt sich, wer übrig blieb,
Und ich muß niederschauen,
Denn Einer sank, er war den Besten lieb.

Du Spiegel aller Güte,
Du frommes Jugendblut,
Du sankst, du Adelsblüte,
Mein Stolberg, o wir waren dir so gut.

So stark, so frei, so tüchtig,
So kindlich, freudig, fromm,
So mutig und so züchtig,
Mein Stolberg war im Himmel recht willkomm.

Sagt! wer verdient zu siegen,
Wer gilt so hohen Preis,

Wenn solche Opfer liegen
Zu des Triumphes blut'gem Ehrengleis.

Drum horcht, ihr Siegesmeister,
Wenn man die Fahne schwingt,
Drin rauschen edle Geister,
Die keine Lügenkunst je wiederbringt.

Wißt, daß ein Tag muß kommen
In Volks-, in Gotteskraft,
Wo Rechnung wird genommen
Für alle, die der Sieg hat hingerafft.

Der Braunschweig ist gestorben,
Der hat sich ausgelöst
Rechtfertigung erworben,
Von allen Fürstenschulden sich entblößt.

Es stirbt durch Rosses Hufen
Kein Hälmlein in dem Feld,
Daß, der den Reuter gerufen,
Nicht werde drum in das Gericht gestellt.

Die Saaten sollt ihr hüten,
Die frommes Blut getränkt,
Dem Vaterland vergüten,
Das Leben, das der Opfernde ihm schenkt.

Nur darum ist gefallen
Stolberg aus freiem Mut,
Daß den Gerechten allen
Sein freies teutsches Leben komm zugut.

Dies ist der letzte Willen
Bei jedes Helden Tod,
Und diesen zu erfüllen,
Das tut euch Fürsten, und dir Teutschland not.

Mit seines Vaters Segen
Und mit dem Kuß der Braut,
Und mit dem teutschen Degen
Hat seinen ganzen Schatz er Gott vertraut.

Der hat ihn hingenommen
Aus dieser wilden Welt,
Den Starken, Reinen, Frommen
Dort bessern Kampfes Siegern zugesellt.

So ihr den Sieg nicht ehret
Den solches Blut erkauft,
So ihr zum Bösen kehret
Den Sieg, den solcher Unschuld Blut getauft,

Dann sterbt für Volkes Taten,
Die ihr im Wappen tragt,
Den Tod der Diplomaten,
Die um verhaltnen Lohn solch Blut anklagt.

O Gott im Himmelreiche
Erleuchte unsre Herrn,
Daß unsre Ernde gleiche
Der Saat, dann fielen unsre Lieben gern.

III
1816–1819

WENN es stürmet auf den Wogen,
Sitzt die Schifferin zu Haus,
Doch ihr Herz ist hingezogen
Auf die weite See hinaus,

Bei jeder Welle, die brandet
Schäumend an Ufers Rand,
Denkt sie, er strandet, er strandet, er strandet,
Er kehret mir nimmer zum Land.

Bei des Donners wildem Toben
Sitzt die Schäferin zu Haus,
Doch ihr Herz, das schwebet oben
In des Wetters wildem Saus.

Bei jedem Strahle, der klirrte
Schmetternd durch Donners Groll,
Denkt sie, mein Hirte, mein Hirte, mein Hirte
Mir nimmermehr kehren soll.

Wenn es in dem Abgrund bebet,
Sitzt des Bergmanns Weib zu Haus,
Doch ihr treues Herz, das schwebet
In des Schachtes dunklem Graus.

Bei jedem Stoße, der rüttet
Hallend im dunkelen Schacht;

Denkt sie, verschüttet, verschüttet, verschüttet
Ist mein Knapp in der Erde Nacht.

Wenn die Feldschlacht tost und klirret,
Sitzt des Kriegers Weib zu Haus,
Doch ihr banges Herz, das irret
In des Kampfes wilden Strauß.

Bei jedem Knall, jedem Hallen
Der Stücke an Bergeswand
Denkt sie gefallen, gefallen, gefallen
Ist mein Held nun fürs Vaterland.

Aber fern schon über die Berge,
Zogen die Wetter, der Donner verhallt,
Horch wie die jubelnde, trunkene Lerche,
Tireli, Tireli, siegreich erschallt.

Raben zieht weiter!
Himmel wird heiter,
Dringe mir, dringe mir,
Sonne hervor!

Jubelnde Lerche,
Über die Berge,
Singe mir, singe mir,
Wonne ins Ohr.

Mit Zipreß und Lorbeer kränzet
Sieg das freudig ernste Haupt,
Herr! wenn er mir niederglänzet
Mit dem Trauergrün umlaubt!

Dann sternlose Nacht sei willkommen,
Der Herr hat gegeben den Stern,
Der Herr hat genommen, genommen, genommen,
Gelobt sei der Wille des Herrn!

Draus bei Schleswig vor der Pforte
Wohnen armer Leute viel,
Ach des Feindes wilder Horde
Werden sie das erste Ziel.
Waffenstillstand ist gekündet
Dänen ziehen ab zur Nacht,
Russen, Schweden stark verbündet,
Brechen her mit wilder Macht.
Draus bei Schleswig steht vor allen
Weit ein Häuslein ausgesetzt.

Draus bei Schleswig in der Hütte
Singt ein frommes Mütterlein,
Herr, in deinen Schoß ich schütte
Alle meine Angst und Pein.
Doch ihr Enkel ohn Vertrauen,
Zwanzigjährig neuster Zeit,
Hat den Bräutigam zu schauen
Seine Lampe nicht bereit.
Draus bei Schleswig in der Hütte
Singt ein frommes Mütterlein.

Eine Mauer um uns baue
Singt das fromme Mütterlein,
Daß dem Feinde vor uns graue
Hüll in deine Burg uns ein.
Mutter, spricht der Weltgesinnte,
Eine Mauer uns ums Haus
Kriegt unmöglich so geschwinde
Euer lieber Gott heraus.
Eine Mauer um uns baue:
Singt das fromme Mütterlein.

Enkel fest ist mein Vertrauen,
Wenn's dem lieben Gott gefällt,
Kann er uns die Mauer bauen,
Was er will ist wohl bestellt.

Trommeln rommdidomm rings prasseln
Die Trompeten schmettern drein,
Rosse wiehern, Wagen rasseln,
Ach nun bricht der Feind herein,
Eine Mauer um uns baue
Singt das fromme Mütterlein.

Rings in alle Hütten brechen
Schwed und Russe mit Geschrei,
Lärmen, fluchen, drängen, zechen.
Doch dies Haus ziehn sie vorbei.
Und der Enkel spricht in Sorgen
Mutter, uns verrät das Lied.
Aber sieh, das Heer vom Morgen
Bis zur Nacht vorüberzieht.
Eine Mauer um uns baue
Singt das fromme Mütterlein.

Und am Abend tobt der Winter
An das Fenster schlägt der Nord
Schließt den Laden, liebe Kinder,
Spricht die Alte und singt fort
Aber mit den Flocken fliegen
Vier Kosakenpulke an.
Rings in allen Hütten liegen
Sechzig, auch wohl achtzig Mann.
Eine Mauer um uns baue
Singt das fromme Mütterlein.

Bange Nacht voll Kriegsgetöse,
Wie es wiehert, brüllet, schwirrt,
Kantschuhhiebe, Kolbenstöße.
Weh, des Nachbars Fenster klirrt
Hurrah, Stupai, Boschkai, Kurba,
Vinu, Gleba, Biba, Rack
Schreit und flucht und plackt die Turba.
Erst am Morgen zieht der Pack.

Eine Mauer um uns baue
Singt das fromme Mütterlein.

Eine Mauer um uns baue
Singt sie fort die ganze Nacht.
Morgens ward es still, o schaue
Enkel, was der Nachbar macht!
Auf nach innen geht die Türe,
Nimmer käm er sonst hinaus.
Daß er Gottes Allmacht spüre,
Lag der Schnee wohl mannshoch draus.
Eine Mauer um uns baue,
Sang das fromme Mütterlein!

Ja der Herr kann Mauern bauen.
Liebe fromme Mutter komm,
Gottes Mauer anzuschauen,
Sprach der Enkel und ward fromm.
Achtzehnhundertvierzehn war es,
Als der Herr die Mauer baut,
In der fünften Nacht des Jahres
Hat's dem Feind vor ihr gegraut.
Eine Mauer um uns baue.
Sing ich mit dem Mütterlein.

Frühlingsschrei eines Knechtes aus der Tiefe

1.

Meister, ohne dein Erbarmen
Muß im Abgrund ich verzagen,
Willst du nicht mit starken Armen
Wieder mich zum Lichte tragen.

2.

Jährlich greifet deine Güte,
In die Erde, in die Herzen,
Jährlich weckest du die Blüte,
Weckst in mir die alten Schmerzen.

3.

Einmal nur zum Licht geboren,
Aber tausendmal gestorben,
Bin ich ohne dich verloren,
Ohne dich in mir verdorben.

4.

Wenn sich so die Erde reget,
Wenn die Luft so sonnig wehet,
Dann wird auch die Flut beweget,
Die in Todesbanden stehet.

5.

Und in meinem Herzen schauert
Ein betrübter bittrer Bronnen,
Wenn der Frühling draußen lauert,
Kömmt die Angstflut angeronnen.

6.

Weh! durch gift'ge Erdenlagen,
Wie die Zeit sie angeschwemmet,
Habe ich den Schacht geschlagen,
Und er ist nur schwach verdämmet.

7.

Wenn nun rings die Quellen schwellen,
Wenn der Grund gebärend ringet,
Brechen her die gift'gen Wellen,
Die kein Fluch, kein Witz mir zwinget.

8.

Andern ruf ich, schwimme, schwimme,
Mir kann solcher Ruf nicht taugen,
Denn in mir ja steigt die grimme
Sündflut, bricht aus meinen Augen.

9.

Und dann scheinen bös Gezüchte
Mir die bunten Lämmer alle,
Die ich grüßte, süße Früchte,
Die mir reiften, bittre Galle.

10.

Herr, erbarme du dich meiner,
Daß mein Herz neu blühend werde,
Mein erbarmte sich noch keiner
Von den Frühlingen der Erde.

11.

Meister, wenn dir alle Hände
Nahn mit süßerfüllten Schalen,
Kann ich mit der bittern Spende
Meine Schuld dir nimmer zahlen.

12.

Ach, wie ich auch tiefer wühle,
Wie ich schöpfe, wie ich weine,
Nimmer ich den Schwall erspüle
Zum Kristallgrund fest und reine.

13.

Immer stürzen mir die Wände,
Jede Schicht hat mich belogen,
Und die arbeitsblut'gen Hände
Brennen in den bittern Wogen.

14.

Weh! der Raum wird immer enger,
Wilder, wüster stets die Wogen,
Herr, o Herr! ich treib's nicht länger,
Schlage deinen Regenbogen.

15.

Herr, ich mahne dich, verschone,
Herr! ich hört in jungen Tagen,
Wunderbare Rettung wohne
Ach, in deinem Blute, sagen.

16.

Und so muß ich zu dir schreien,
Schreien aus der bittern Tiefe,
Könntest du auch nicht verzeihen,
Daß dein Knecht so kühnlich riefe!

17.

Daß des Lichtes Quelle wieder
Rein und heilig in mir flute,
Träufle einen Tropfen nieder,
Jesus, mir, von deinem Blute!

Ich kenn ein Haus, ein Freudenhaus,
Es hat geschminkte Wangen,
Es hängt ein bunter Kranz heraus,
Drin liegt der Tod gefangen.

In meinem Mantel trag ich hin
Biskuit und süße Weine,
Der Himmel weiß wohl, wer ich bin,
Die Welt schimpft, was ich scheine.

Die eine liest mir in der Hand
Sie will mein Unglück lesen,
Die andre malt mich an die Wand,
Und nennt mich holdes Wesen.

Die dritte weiß sich flink zu drehn
Es schwindeln mir die Sinne
Und jede dieser bösen Feen
Sucht, wie sie mich umspinne.

Doch dorten auf den Arm gelehnt
Sitzt eine stumm und weinet,
Sie hat sich längst mit Gott versöhnt,
Und sitzet doch und weinet.

Was will sie noch in diesem Haus,
Sie muß den Spott erleiden,
Es zischt der freche Chor sie aus,
Du kannst uns doch nicht meiden.

Sie schweigt und weint und trägt den Hohn
Den schweren Büßerorden.
Man zuckt die Achseln, kennt sie schon,
Sie ist zur Närrin worden.

Doch ich berühr um sie allein
Die himmelschreinde Schwelle,
Bei ihr, tret ich zum Saal herein,
Ist meine feste Stelle.

Sie achtet's nicht, sie blickt nicht auf.
Wenn alle tanzend fliegen,
Seh ich mit stetem Tränenlauf
Das bleiche Haupt sie wiegen,

So hundert Tage ohne Ruh
Sah ich sie wanken, weinen

Und sprach, o Weib, welch Kind wiegst du?
Will denn kein Schlaf erscheinen?

Du hast dem Leid genug getan,
Gib mir's, ich will dir's tragen.
Da schrie ihr Blick mich schneidend an,
Doch konnt ihr Mund nichts sagen,

Und neulich nachts, um Mitternacht,
Kam ich mit meiner Laute,
Die Pforte hat sie aufgemacht,
Die noch am Fenster schaute.

Sie zieht mich in den Garten fort,
Sitzt auf ein Hüglein nieder,
Gibt keinen Blick und gibt kein Wort,
Und weinet stille wieder.

Zu ihren Füßen saß ich hin,
Und ehrte ihren Kummer,
Da hat mir Gott ein Lied verliehn,
Ich sang sie in den Schlummer.

Ich sang so kindlich, sang so fromm,
Ach säng ich je so wieder!
O Ruhe komm, ach Friede komm,
Küß ihre Augenlider!

Und da sie schlief, da stieg so hold
Ein Kindlein aus dem Hügel,
Trug einen Kranz von Flittergold
Und einen Taschenspiegel,

Und brach ein Zweiglein Rosmarin,
Das ihm am Herzen grünet,
Und legt' es auf die Mutter hin,
Und sprach: Gott ist versühnet.

Und wo den Rosmarin es brach,
Da bluteten zwei Wunden,
Und als es kaum die Worte sprach,
Ist es vor mir verschwunden.

Die Mutter ist nicht mehr erwacht
Noch schläft sie in dem Garten,
Ich steh und sing die ganze Nacht,
Kann wohl den Tag erwarten,

Da ruft mich Zucht und Ehr und Pflicht
Aus diesem Haus der Sünde,
Doch von der Mutter laß ich nicht
Ob ihrem armen Kinde.

Es winkt zurück, wenn ich will gehn,
Sitzt an des Hügels Schwelle,
Und kann nicht aus dem Spiegel sehn,
Sein Flitterkranz glänzt helle.

Es brach das Haus, der Kranz fiel ab,
Fiel auf den Sarg der Frauen,
Ich blieb getreu, tät bei dem Grab
Mir eine Hütte bauen.

Und daß die Schuld nicht mehr erwacht,
Will ich da ewig singen,
Bis Jesus richtend bricht die Nacht,
Bis die Posaunen klingen.

Oft mit dem Kind in Sturm und Wind,
Sing ich auf meinen Knieen,
O Jesus! du gemordet Kind
Du hast ja auch verziehen!

Ein Tröpflein deines Blutes nur
Laß auf die Mutter fallen,

Das macht uns rein und klar und pur,
Daß wir zum Lichte wallen.

Grossmutter La Roche legt ihrer Enkelin ein Band am Geburtstag der Mutter Bertha Lützow, ihrer Tochter, in die Hand

April 1816

Grossmutter will
Ich soll dir singen,
Doch ich schweig still,
's möcht übel klingen.

Großmutter will
Daß ich dir dichte
Ich tue es still
Blickend zum Lichte.

Großmutter will
Daß ich dir spende,
Was sie mir still
Legt in die Hände.

Großmutter will
Dich durch mich freuen,
Sie fühlt sich still
In mir erneuen.

Großmutter will
Ihr Herz dir geben,
Fühl du es still
In meinem beben.

Großmutter will
Ach Gott weiß was
Küß mich ganz still
Ich glaub 's ist das.

Großmutter will,
Küß Vater tüchtig,
Hält er dir still,
So ist es richtig.

Großmutter will,
Viel Liebs und Gutes
Ich denke still
Mensch will's, Gott tut es.

Großmutter will
Was Gottes Willen,
Ich fühle still,
Er kann uns stillen.

Mich, dich und Sie
Und all die frühen
Die nicht mehr hie
Die dort schon blühen.

Aus deiner Brust
Nährt um die Wette
Mit Mutterlust
Mich diese Kette.

So fühle ich
Mütterlich alle
Selbst Eva dich
Nach deinem Falle.

Äpfelchen rot
Das sie genossen

Gab uns den Tod
Brach uns die Sprossen.

Höher hinauf
Geht's drum nicht weiter,
Doch stell ich drauf
Die Himmelsleiter.

Mutter und Kind
Seh ich da weilen
Die ohne Sünd
Die Lücke heilen.

Kind reicht die Hand
Mir in der Taufe,
Auf daß ein Band
Ewiglich laufe.

So binde ich
Durch Gottes Werde,
An Himmel dich
Und an die Erde.

Solch ein Band schwebt
In meinen Händen
Gottes Hand webt
An beiden Enden.

Einer Jungfrau bei dem Geschenk der Sakontala

Ein kluges mir geliebtes Wesen
Sprach gestern: Dieses Buchs Gestalt
Schwebt mir im Sinn, seit ich's gelesen
Mit einer rührenden Gewalt.
Ich kann mir es nicht anders denken,

Als jener mag'schen Linie Spur,
In die sich Huld und Unschuld senken
Zu rein jungfräulicher Figur.
Unschuld'ger ist's als eine Blume,
Es denkt unschuldig – ist ein Geist,
Den, wie ein Kelch die Heiligtume,
Ein klar durchsicht'ger Leib verschleußt.
Hier ist nicht Nacktheit, ist nicht Hülle,
Hier ist nicht Schuld, nicht Kampf – hier ist,
Daß ich die Form mit Geist erfülle,
Ein Wesen, wie du Freundin bist.
Als im verlorenen Paradiese
Du aus des Schöpfers Händen gingst,
Auch du so klar und rein wie diese
Sakontala den Geist empfingst.
Und diesen Schein willst du nicht lassen,
Er ist ein Strahl aus Gottes Geist,
Will alle Farbe auch erblassen,
Dies Licht kein Tod dir je entreißt.
Ich aber bringe dir den Spiegel,
Du schaust hinein, und kennst dich nicht,
Dein Sehen deckt der Demut Siegel,
Das nur dein Richter einst zerbricht,
So wäre auch nach ihrem Wesen,
Sakontala, die dir wohl gleicht,
Für solchen Spiegel blind gewesen,
Hätt man dein Bild ihr dargereicht.
Doch klingt ein Griff verwandter Töne,
Den Gott in unsre Harfen tut,
Von je und jetzt in gleicher Schöne,
Denn alles ist in ihm ja gut!

Ich bin durch die Wüste gezogen,
Des Sandes glühende Wogen
Verbrannten mir den Fuß,

Es haben die Wolken gelogen,
Es kam kein Regenguß.

Die Sonne trank mir im Zorne
Das Wasser aus jeglichem Borne
An dem die Reise geruht,
Ich dürste, es leckten die Dorne
Meiner brennenden Wunden Blut.

Ich nahm den erschlagnen Kamelen
Das Wasser und Blut aus den Kehlen
Zu retten mein Weib und Kind,
Die Schätze an Gold und Juwelen
Begrub im Sande der Wind.

Da wühlt ich mit glühendem Schwerde
Den Kindern manch Grab in die Erde
Erwühlte mir keinen Quell,
Ob Gott sie wohl finden werde,
Die Hyänen heulten grell.

Ein Kind unterm Mutterherzen
Brach mit ihm, in schreienden Schmerzen
Gebar sie es sterbend dem Tod,
Es goß gleich glühenden Erzen
Die Sonne mir Licht in die Not.

Gern hätte ich Tränen getrunken,
Die Augen weinten nur Funken,
Ich wühlt noch ein Grab in den Sand,
Und bin in Verzweiflung gesunken,
Ach weil ich kein Wasser fand.

Da ward ich zur wandelnden Leiche,
Auf daß ich den Brunnen erreiche,
Den letzten auf glühender Bahn,

Und wie ich so lechzend hinschleiche,
Da brüllen die Tiger mich an.

Des Tages glühende Schwelle
Verbrannte, da kam ich zur Stelle,
Der Brunnen war trocken und tot
Es glühte zur Mitternacht helle
Der Mond wie Kupfer so rot.

Der Tod flog auf aus der Wüste,
Und schauderte, da ich ihn grüßte,
Und floh, da rief ich ihm zu,
Daß einer hier sterben müßte,
Er schrie mir: Erst lebe du!

Denn sterben heißt Ruhe erwerben
Drum kannst du nicht leben nicht sterben
Der Durst ist unendlich in dir,
Dein Erbteil, das will ich nicht erben
So schrie er, und eilte von mir.

Und heulend flog der Geselle
Wüsteinwärts mit Pfeilesschnelle
Der Sand schlug rasselnd um ihn,
Da traf mich die glühende Welle
Ach, daß ich erblindet bin.

O Nacht ohn Anfang und Ende!
Kein Stern, wohin ich mich wende,
Kein Bogen, kein Pfeil kein Ziel,
Da rang ich betend die Hände,
Bis die Decke mir niederfiel.

Da fühlt ich das Ziel mir gekommen
Die glühende Leiter erklommen,
Ich schrie zu dem bitteren Stern

Der Herr hat gegeben, genommen
Gelobt sei der Wille des Herrn!

Da hört ich ein Flügelpaar klingen
Da hört ich ein Schwanenlied singen,
Und fühlte ein kühlendes Wehn
Und sah mit tauschweren Schwingen
Einen Engel in der Wüste gehn.

Und als ich ihn fragend begrüßte,
Sag an, du Engel der Wüste
Wie find ich den Wasserquell?
Sprach er: wer treulich büßte,
Der steht an der Brunnenschwell.

Sag an, du Engel der Wüste,
Und find ich den Quell, da ich büßte,
Wo find ich Jerusalem
Da sprach er: so ich das nicht wüßte,
Käm ich nicht von Bethlehem.

So folge nun meinem Gleise,
Blind wandeltest du im Kreise,
Nach Jerusalem wolltest du,
Reich mir die Hand auf der Reise,
Du zogst nach Babylon zu.

Der Herr trieb tausend Meilen
Mich her um dich zu heilen,
Zu brechen mein Brot mit dir,
Den Becher mit dir auch zu teilen,
Wohlauf, nun folge du mir.

Und vor ihm kniete ich nieder,
Er legte sein tauicht Gefieder
Mir kühl um das glühende Haupt,

Und sang mir die Pilgerlieder
Da hab' ich geliebt und geglaubt.

Da sah ich den Himmel wohl offen,
Ach Gott! Kühl herniedergetroffen
Kam die Gnade, die Segensflut,
Da konnte ich endlich auch hoffen,
Auf meines Erlösers Blut.

Da sang ich, reich treulich die Hände,
Die Augen nicht vor meinem Ende,
O Schwesterlein von mir
Nur nimmer, nimmermehr wende,
Du, ich, wir sind nun ein Wir.

Ein Tempel sei wo wir knien,
Ein Glück sei, für das wir glühen
Ein Streit, ein Siegespanier
Ein Ort sei, wohin wir ziehen
Ein Himmel sei dir und mir.

So haben wir da wohl gesungen,
Und Hand in Hand da geschlungen
Und Flügel in Flügelpaar
Uns über die Wüste geschwungen,
Die ein Garten voll Segen war.

Dies war wohl ein innerlich Sehen
Ein innerlich Auferstehen
In mir selber erwachte der Geist
Die Wüste, das waren die Wehen
In denen mein Leben gekreißt.

All was ich verloren, begraben,
All was ich allein, um zu haben
In der heißen Wüste gesucht,

Das soll mich im Geiste nun laben,
In unverbotener Frucht.

O Schimmer, o Lichter, o Farben,
O alle ihr goldenen Garben,
In Duft, in Sonne, im Tau,
Ich schwelge, ich kann nicht mehr darben,
Gott grüß dich mein geistlicher Pfau!

Ach alles, was je ich gewesen
Kann dir in dem Spiegel ich lesen
Kann vor dir in Tränen vergehn
Kann vor dir in Reue genesen,
Kann mit dir dann auferstehn.

Und will dieser Abend verglimmen
Laß höher und höher uns klimmen
Auf Golgatha sinkt keine Nacht,
Es singen da ewige Stimmen
Am Kreuze, nun hab ich vollbracht.

O Mutter halte dein Kindlein warm,
Die Welt ist kalt und helle,
Und trag es fromm in deinem Arm
An deines Herzens Schwelle.

Leg still es, wo dein Busen bebt,
Und leis herab gebücket
Harr liebvoll, bis es die Äuglein hebt,
Zum Himmel selig blicket.

Und weck ich dich mit Tränen nicht,
So weck ich dich mit Küssen,
Aus deinem Aug mein Tag anbricht,
Sonn, Mond dir weichen müssen,

O du unschuld'ger Himmel du!
Du lachst aus Kindesblicken,
O Engelsehen, o sel'ge Ruh,
In dich mich zu entzücken.

Ich schau zu dir so Tag als Nacht,
Muß ewig zu dir schauen,
Und wenn mein Himmel träumend lacht,
Wächst Hoffnung und Vertrauen.

Komm her, komm her, trink meine Brust,
Leben von meinem Leben,
O könnt ich alle fromme Lust
Aus meiner Brust dir geben.

Nur Lust, nur Lust, und gar kein Weh,
Ach du trinkst auch die Schmerzen,
So stärke Gott in Himmelshöh
Dich Herz aus meinem Herzen.

Vater unser, der du im Himmel bist,
Unser täglich Brot gib uns heute,
Getreuer Gott, Herr Jesus Christ,
Tränk uns aus deiner Seite.

Du strahlender Augenhimmel du
Du taust aus Mutteraugen,
Ach Herzenspochen, ach Lust, ach Ruh,
An deinen Brüsten saugen.

Ich schau zu dir so Tag als Nacht
Muß ewig zu dir schauen,
Du mußt mir, die mich zur Welt gebracht,
Auch nun die Wiege bauen.

Um meine Wiege laß Seide nicht,
Laß deinen Arm sich schlingen,

Und nur deiner milden Augen Licht
Laß zu mir niederdringen.

Und in deines keuschen Schoßes Hut
Sollst du deine Kindlein schaukeln,
Daß deine Kinder so lieb, so gut,
Wie Träume mich umgaukeln.

Da träumt mir, wie ich so ganz allein
Gewohnt dir unterm Herzen,
Da waren die Freuden, die Leiden dein
Mir Freuden auch und Schmerzen.

Und ward dir dein Herz ja allzu groß
Und hattest nicht, wem klagen,
Und weintest du still in deinen Schoß,
Half ich dein Herz dir tragen.

Da rief ich, komm, lieb Mutter komm!
Kühl dich in Liebeswogen,
Da fühltest du dich so still, so fromm
In dich hinabgezogen.

So mutterselig ganz allein
In deiner Lust berauschet,
Hab ich die klare Seele dein
Du reines Herz belauschet.

Was heilig in dir zu aller Stund
Das bin ich all gewesen,
Nun küß mich süßer Mund gesund,
Weil du an mir genesen.

O selig, selig ohne Schuld,
Wie konnt ich mit dir beten,
O wunderbare Ungeduld,
Ans scharfe Licht zu treten.

O Mutter halte dein Kindlein warm,
Die Welt ist kalt und helle,
Und trag es fromm, bist du zu arm,
Hin an des Grabes Schwelle.

Leg es in Linnen, die du gewebt,
Zu Blumen, die du gepflücket,
Stirb mit, daß wenn es die Äuglein hebt,
Im Himmel es dich erblicket.

So lallt zu dir ein frommes Herz,
Und nimmer lernt es sprechen,
Blickt ewig zu dir, blickt himmelwärts
Und will in Freuden brechen.

Bricht's nicht in Freud, bricht's doch in Leid,
Bricht es uns allen beiden.
Ach Wiedersehen geht fern und weit,
Und nahe geht das Scheiden!

Hör, liebe Seel! wer rufet dir?
Dein Jesus aus der Höhe:
Komm, meine Taube, komm zu mir!
Den Ruf ich wohl verstehe.

Wenn ich soll deine Taube sein,
Mußt du mir Flügel geben,
Die wasch in deinem Blut ich rein,
Und werde glaubend schweben.

Du rufest mir! Wie arm ich bin,
Darf ich zu dir doch kommen,
Die Mängel hat dein treuer Sinn
Ja all von mir genommen.

Sag, Herr, wird auch ein Nestlein fein
Für mich bei dir gefunden?
Ja, meine Taube, komm herein,
Wohn hier in meinen Wunden!

Mein Jesu, ach, was willst du mir,
In deinen Wunden geben?
Durch meine Wunden, sag ich dir,
Fliegst sterbend du zum Leben.

Wohlan, es zielt des Todes Pfeil,
Er wird mich nicht verderben,
Zu deinen Wunden, Herr, ich eil,
Da werd ich's Leben erben.

O schweig nur Herz! Die rächende Sibille
Die über deiner Zukunft, Wehe! kreischt,
Den gier'gen Geier, der dich lang zerfleischt,
Bannt ein gottselig Kind, und deckt ganz stille
Die schreinde Wunde dir mit Taubenflügeln,
Weckt dir den Morgenstern auf stummen Hügeln.

O schweig nur Herz! Horch Klang von Engelschwingen
Was zuckst du so, du mußt fein leise tun,
Wo man dir singet, wie so sanft sie ruhn,
Die Seligen, dahin wird man dich bringen,
Sei still, was schreist du, einsam ist kein Leben,
Kein Grab, schlaf süß, die Liebste träumt daneben.

O schweig nur Herz! Du hast ja nichts besessen,
Du läßt ja nichts zurück, wem trauerst du?
Auch deines Himmels Augen fallen zu,
Doch seiner Liebe Licht strahlt ungemessen
Brichst du, bricht jenes Herz? Wer bleibt, wird sagen,
O schönre Lust, halb hier, halb dort zu schlagen!

O schweig mein Herz! Du magst wohl selig schweigen,
Was schreist du nur, dir fiel kein Sünderlos,
Dich wiegt die Unschuld ohne Graun im Schoß,
Aus frommen Augen blickt dein Himmelszeichen.
Sei ihr nicht schwer, sei selig, träume, schwebe,
Wein um die Traube nicht, wein mit der Rebe.

O schweig nur Herz! Sonst schimpft dich einen Raben
Die Liebste, die nur Tauben Futter gibt,
O werde rein und fromm, bis sie dich liebt
Werd eine Taube, die nur will sie haben.
O selig! ihr als Taube zu gehören,
So lange sie sich wird der Raben wehren.

O schweig nur Herz! Und lerne sel'ger schauen
Als andre in die Huld, die sie umgibt,
Daß sie dir mehr als allen andern gibt,
Das zwinge sie dir einst noch zu vertrauen.
Schweig, dulde, glaube, hoffe, liebe, baue
Dein Elend fromm, daß sie dir ganz vertraue!

Ach alles geht vorbei
Selbst dieser Unverstand
Den ich in einer wundersel'gen Stunde,
An einer Wand empfand
Hat nicht Bestand.

Ja alles geht vorbei,
Doch daß ich auferstand
Und wie ein Irrstern ewig sie umrunde,
Ein Geist den sie gebannt,
Das hat Bestand.

Ja alles geht vorbei,
Nur dieses mag'sche Band

Aus meines Wesens tiefstem Grunde
Zu ihrem Geist gespannt,
Das hat Bestand.

Ja alles geht vorbei
Doch ihrer Güte Pfand,
Jed Wort aus ihrem reinen lieben Munde
Folgt mir ins andre Land,
Und hat Bestand.

Ja alles geht vorbei,
Nur eines ist kein Tand,
Der Geist, der mir in diesem heil'gen Bunde
Vom Himmel ward gesandt,
Der hat Bestand.

Ja alles geht vorbei,
Doch sie, die mich erkannt,
Den Harrenden, wildfremd an Ort und Stunde,
Ging nicht vorbei, sie stand
Reicht mir die Hand.

Ja alles geht vorbei,
Doch diese liebe Hand
Die ich in dunkler freudenheller Stunde
An meinem Herzen fand,
Die hat Bestand.

Ja alles geht vorbei,
Nur dieser heiße Brand,
In meiner Brust die bittre süße Wunde,
Die ihre Hand verband,
Die hat Bestand!

Frühes Lied

Fahre fort mit Dornenschlägen,
Weiße Rose, meinem Herzen,
Dem verbrannten, quillt ein Segen,
Aus den Tränen aus den Schmerzen.

Breche ganz mein altes Leben,
Ich muß dir, die so erschienen
Einen bessern Bruder geben
Gott und dir in ihm zu dienen.

Alles muß von dir ich nehmen
Kann dir nichts, ach gar nichts geben,
Denn du mußt den Drachen zähmen,
Um dem Herrn den Schatz zu heben.

Sieh, ich beug mich dir zu Füßen,
Du Erbarmen, weine nieder,
Lehre mich, wie du zu büßen,
Tränenquell der frommen Lieder.

All mein Letzen und Verletzen,
All mein Lügen, Trachten, Scheinen,
Darauf sollst den Fuß du setzen
Und so im Triumph erscheinen.

Alles, was du still gelitten,
Deine Not, dein fromm Entsagen,
Hat auch mir das Herz durchschnitten,
Doch *du, du* hast es getragen.

Alles was du je getragen,
Sieh, das hab ich all verschuldet,
Meine Schuld hat dich geschlagen,
Und du hast so fromm geduldet.

Und nun trägst du dies versunkne,
Das dich marterte, dies Herz,
O du Gottesmitleidtrunkne,
An dem deinen, himmelwärts!

Der Herr ritt nach Jerusalem
Vor achtzehnhundertsiebzehn Jahr,
Den Frommen war er angenehm
Sie warfen ihre Kleider dar
Und streuten Palmen auf den Weg
Und sangen Hosianna laut
O selig, wer den grünen Steg
Und den, der auf ihm zog, erschaut!
Mir aber ist am Palmentag
Ein zweites Einzugsfest bestellt,
Hosianna ich auch singen mag,
Ein fromm Kind zog heut ein zur Welt,
Der Frühling zog sein Röcklein aus
Und breitet' es auf seiner Bahn,
Und streute manchen Veilchenstrauß,
Hosianna stimmten die Vöglein an.
Vor nit gar lang, vor neunzehn Jahr
Früh morgens um die sechste Stund
Ward wohl mein Himmel sonnenklar,
Ward wohl mein ganzes Glück gesund.
Im Priesterhaus zu Linum ward
Geboren mir zu frommer Lust
Ein Mägdlein recht nach Christenart,
Ach hätt ich's damals schon gewußt!
Da zog mein Himmelschlüsselbein,
Mein Herz, mein Seel, mein Du, mein Ich,
Mein lieb Linum zur Welt herein.
Wie liebte da mein Heiland mich!
Und streuen will ich nun fortan
Was ich vermag an frommer Zier

Wohl meinem Linum auf die Bahn,
Sie weiß wohl, Herr, ich streu es dir.
Ich werf zur Erd mein altes Kleid,
Brech ab die üpp'gen Zweige mein,
Beginne eine neue Zeit
Und werde wieder klar und rein.
Ich darf nicht länger dumm und blind
In deine lieben Augen sehn,
Ich muß ganz rein, du liebes Kind
Vor deinem ird'schen Zuge gehn.
Lieb Linum hab nur guten Mut
Bleib mir nur treu, ich werd bald fromm
So fromm wie du und still und gut,
Daß ich mit dir zum Himmel komm!
Da reit ich auf der Eselin,
Du setzt dich auf das Füllen klein,
So ziehn wir mit einfält'gem Sinn
Nach neu Jerusalem hinein.

Sei nur nicht bös, es ist nun so,
Der liebe Gott aufs Herz nur sieht,
So tust du auch, drum bin ich froh,
Und geb dir dies einfält'ge Lied.

Du

Die Erde war gestorben
Ich lebte ganz allein
Die Sonne war verdorben,
Bis auf die Augen dein.

Du bietest mir zu trinken
Und blickest mich nicht an
Läßt du die Augen sinken
So ist's um mich getan.

Der Frühling regt die Schwingen
Die Erde sehnet sich
Sie kann nichts wiederbringen
Als dich, du Gute, dich.

Die Erde war gestorben
Ich lebte ganz allein,
Die Sonne war verdorben,
Zwei Augen gaben Schein,

Da bot sie mir zu trinken
Und blickte mich nicht an,
Sie ließ die Augen sinken,
Es war um mich getan.

Reg Frühling nur die Schwingen
Sehn nur, du Erde, dich,
Ich kann nichts anders singen,
Als, Jesus schau auf mich.

Frühmorgenlied vom Kirschblütenstrauss, schweren Stein und von des lieben Herzens Güte und Segen

22ten Mai 1817

Geschämig tritt die falbe
Aurora vor das Himmelhaus
Da legt die graue Schwalbe
Fromm plaudernd ihr die Träume aus.

Da sinken in das Blaue
Der Sterne Geisteraugen ein

Da wäscht sich in dem Taue
Das Licht den Sonnenschleier rein.

Mich weckend summt die Mücke
Am Fenster, möcht zum Licht hinaus
Da lenk ich meine Blicke
Auf einen Kirschenblütenstrauß.

Der Strauß von dir gepflücket
Er hielt die Blüten fest bis heut
Doch hat sich heut gebücket
Und seinen Schmuck umhergestreut.

Die Blätter aber strecket
Er frisch noch zu dem Lichte aus,
Zum Licht, das mich erwecket
Und dich und deinen treuen Strauß.

Vergib geliebtes Leben
Daß ich zuerst an dich gedacht
Kann ich zum Licht noch streben,
So ist's, weil mir's in dir erwacht.

Was wär mir dann die Sonne
Schien sie nicht in die Augen dein,
In ihnen wird sie Wonne
In meinen wird sie Feuerpein.

Wohin ich in der Kammer
Die irren Blicke irren laß
Schlägt mahnend mir ein Hammer
Ans schwere Herz ohn Unterlaß.

Die Bücher, und die Bilder
Die geizig ich zusammentrug,
Sie schreien immer wilder
O stein'ger Acker, stumpfer Pflug.

Die Steine wollt ich wälzen
Zu einer freien Aussicht Lust
Es wuchs daraus ein Felsen
Der fiel zurück auf meine Brust.

Zerschmettert, unbegraben
Lag ich in Wind und Wettersnot
Es fraßen mich die Raben,
Ich starb und starb doch nie zu Tod.

Es wollt kein Vogel singen
Als wäre dieser Stein verflucht
Es wollt kein Quell entspringen
Der meine heiße Kehle sucht.

Nur Kröten, Ottern, Schlangen
Umkrochen kalt mir meine Brust
Daß Kühlung ich empfangen
Selbst von dem grimmen Eckel mußt.

Und wenn ich glühend weinte,
Verzweiflung mich zu singen zwang
Da lobten mich die Freunde
Hohnlächelnd im Vorübergang.

Heran wollt keiner treten
Den Stein zu wälzen von der Brust,
Mit mir wollt keiner beten,
Und ich hab kein Gebet gewußt.

Da rang ich endlich blutig
Die rechte Hand mir los und frei,
Und schlug ein Kreuz gar mutig
Daß Jesu mir barmherzig sei.

O wundertätig Zeichen
Du trugst die Sünde aller Welt

Ich fühlt die Last auch weichen
Du warst als Stütze aufgestellt.

Ein Vöglein kam gereiset
Baut mir ein Dornennest ins Herz
Das Vöglein Buße heißet
Und sein Gesang heißt: bittrer Schmerz.

Ein Gärtlein ich ihm baute
Von herbem Kraut, heißt Reu und Leid
Da fraß es von dem Kraute
Trank meine Tränen allezeit.

Und heißer ward sein Brüten,
Das Dornennest in meiner Brust
Fühlt ich wie Feuer wüten
Das dürstend still ich tragen mußt.

So lag ich da alleine
Und hört den Vogel, sah das Kraut
Als plötzlich von dem Steine
Ein kühler Quell herniedertaut.

Da sah ich auf der Spitzen
Des Steines in dem Sonnenschein
Gar still mitleidig sitzen
Dich liebes frommes Jungfräulein.

Dem Quell, der mich erquicket
Erschlossest du das Felsentor
Aus deinen Augen blicket
Die Gnade all, die ich verlor.

Du siehst mit frommen Sinnen
Dem Tanz der kleinen Fliegen zu
Und gönnst den goldnen Spinnen
Ihr schwebend Haus in Sonnenruh.

Den Käfer auf den Rücken
Gefallen, richtest mild du auf,
Schlägst sichre Blätterbrücken
Der Ameise in ihrem Lauf.

Du räumest auf den Stegen
Die Steine aus des Wandrers Schritt
Und tiefst auf irren Wegen
Die Spur mit deiner Füße Tritt.

Du richtest längs dem Pfade
Die sturmgebeugte Ähre auf
Und wirfst das zum Gestade
Gehüpfte Fischlein in den Lauf.

Du wärmst mit deinem Hauche
Das nestentfallne Vögelein
Und sammelst von dem Strauche
Zum Bett ihm zarte Wolle ein.

Und seinen Eltern streuest
Du deines Brodes Krümlein aus
Weinst mit dem Leid und freuest
Dich mit der Lust in Gottes Haus.

Deckst selbst das Nest der Schlangen
Flehst selbst der Kröte um ein Schild
Siehst du die Spinne hangen
Feindselig überm Ekelbild.

Mein Weh hast du gespüret
Und riefst den Sünder gern zu Gast
Den Stein hast du gerühret,
Er weichet schon ich atme fast.

Mein Durst hat dich gezogen
Und deine Tränen flossen mir

Die ersten Gnadenwogen
Entsprangen mir von dir, von dir.

Ich las aus deinen Blicken
Daß Gottes Lieb unendlich ist
Dein Mund konnt mich erquicken
Er sprach und sang von Jesu Christ.

Du sprachst: „Wie einst auf Erden
Der Feind den lieben Herrn versucht'
Daß Stein zu Brot sollt werden
Hast du bei Jesu auch gesucht.

Du lebst nicht nur vom Brode
Nein auch vom Wort aus Gottes Mund
Dich macht vom innern Tode
Die Liebe Jesu nur gesund.

Der Stein, der dich erdrücket
Ist greulich vor der Seele mein
Doch hab ich ihn gerücket
O glaub und Gott wird gnädig sein."

Da glaubt ich und den Riegel
Schobst du hinweg vom Himmelstor
Und gabst dem Felsen Flügel
Und trugst ihn über mir empor.

Doch lieg ich noch zerschlagen
Und treu noch pflegst du mich lieb Kind
Bis auf Eliae Wagen
Ich endlich deinen Himmel find.

So Herz! mußt ich heut morgen
Als ich zum Lichte aufgewacht
Die Liebe von dir borgen
Die ich dem Schöpfer zugedacht.

So hab ich Gott gedanket
Daß er dich auch erwachen läßt
Wer schwer gefallen, wanket
Und hält den Stab mit Ängsten fest.

25. August 1817

Einsam will ich untergehn
Keiner soll mein Leiden wissen,
Wird der Stern, den ich gesehn
Von dem Himmel mir gerissen
Will ich einsam untergehn
Wie ein Pilger in der Wüste.

Einsam will ich untergehn
Wie ein Pilger in der Wüste,
Wenn der Stern, den ich gesehn
Mich zum letzten Male grußte
Will ich einsam untergehn
Wie ein Bettler auf der Heide.

Einsam will ich untergehn
Wie ein Bettler auf der Heide,
Gibt der Stern, den ich gesehn,
Mir nicht weiter das Geleite
Will ich einsam untergehn
Wie der Tag im Abendgrauen.

Einsam will ich untergehn
Wie der Tag im Abendgrauen,
Will der Stern, den ich gesehn
Nicht mehr auf mich niederschauen,
Will ich einsam untergehn
Wie ein Sklave an der Kette.

Einsam will ich untergehn
Wie der Sklave an der Kette,
Scheint der Stern, den ich gesehn
Nicht mehr auf mein Dornenbette
Will ich einsam untergehn
Wie ein Schwanenlied im Tode.

Einsam will ich untergehn
Wie ein Schwanenlied im Tode,
Ist der Stern, den ich gesehn
Mir nicht mehr ein Friedensbote
Will ich einsam untergehn
Wie ein Schiff in wüsten Meeren.

Einsam will ich untergehn
Wie ein Schiff in wüsten Meeren,
Wird der Stern, den ich gesehn
Jemals weg von mir sich kehren,
Will ich einsam untergehn
Wie der Trost in stummen Schmerzen,

Einsam will ich untergehn
Wie der Trost in stummen Schmerzen,
Soll den Stern, den ich gesehn
Jemals meine Schuld verscherzen,
Will ich einsam untergehn
Wie mein Herz in deinem Herzen.

Durch den Wald mit raschen Schritten
Trage ich die Laute hin,
Liebe singt, was Leid gelitten
Schweres Herz hat leichten Sinn.

Durch die Büsche muß ich dringen
Nieder zu dem Felsenborn

Und es schlingen sich mit Klingen
Durch die Saiten Ros und Dorn.

In der Wildnis wild Gewässer
Breche ich mir kühne Bahn
Steig ich aufwärts in die Schlösser
Schaun sie mich befreundet an.

Haus' ich nächtlich in Kapellen
Stört sich kein Gespenst an mir
Weil sich Wandrer gern gesellen,
Denn auch ich bin nicht von hier.

Seh ich Wunderschätze glimmen
Locket bald durch Sumpf und Moor
Mich der Irrwisch hin und stimmen
Muß mein Lautenschlag dem Chor.

Zu der Gnomen Hochzeitfeier
Zu der Elfen luft'gem Tanz
Tönet meine ernste Leier
Unerschreckt im Mondenglanz.

In den Schoß der Wunderberge
In der Zauberfräulein Haus
Führen mich die schlauen Zwerge
Und ich singe ohne Graus.

Geister reichen mir den Becher
Reichen mir die kalte Hand,
Denn ich bin ein kühner Zecher
Scheue nicht den glühen Rand.

Ja beim Mahl zur bösen Stunde
Leert den Becher ich mit Faust,
Wo berührt von Satansmunde
Höllenglut im Weine braust.

Alles ist mir schon geschehen
Meine Schale ist erfüllt,
Seit ich selber mich gesehen
Hab das Antlitz ich verhüllt.

Zu der Mainacht Hexenreihen
Spiel ich nun ein geistlich Lied,
Daß die Schar mit Maledeien
Vor dem fremden Sänger flieht.

In Frau Venus' Berg die Leier
Hab mit Keuschlamm ich geschmückt
Und sie hat mich ohne Schleier
An die volle Lust gedrückt.

Doch sie konnte mich nicht rühren
Sie verging in frommer Scham
Ließ sich leicht von mir verführen,
Daß sie einen Schleier nahm.

Die Sirene in den Wogen,
Hätt sie mich im Wasserschloß
Gäbe, den sie hingezogen
Gern den Fischer wieder los.

Wo der Schwan im Wellenspiegel
In sein Sternbild niedertaucht
Bricht der Schmerz auch mir das Siegel
Daß mein Leid im Liede haucht.

Meinen weißen Hirsch verloren
Hab ich mit dem Goldgeweih.
Die in ihn war eingeboren
Starb mit ihm die schöne Fei.

Weh mich hatte die Meduse
Mit dem Schlangenblick versteint

Und seitdem hat meine Muse
Nicht gelachet nicht geweint.

Doch mit scharfen Wünschelruten
Schlug ihr Amor ins Gesicht,
Daß ihr aus in Tränenfluten
Die versteinte Seele bricht.

Bittre Meere um mich rannen
Und wie auch die Phantasie
Mochte bunte Segel spannen,
Nie ach nie! erschifft ich Sie!

Und nun kehre ich von Thule
Fand da auf des Meeres Grund
Einen Becher, meine Buhle
Trinkt sich nur aus ihm gesund.

Füllet euch ihr ew'gen Tage
Mond und Sonne steigt und sinkt
Dürstend ich den Becher trage,
Und sie fehlt die aus ihm trinkt.

Suchend geh ich durchs Gedränge
Und die Schuldner mahnen mich
Und ich singe viel Gesänge,
Doch im Herzen weine ich.

Wo die Schätze sind begraben
Weiß ich wohl, Geduld, Geduld
Einer schwebt am Kreuz erhaben,
Der bezahlet meine Schuld.

Während ich dies Lied gesungen
Nahet sich des Waldes Rand
Aus des Laubes Dämmerungen
Trete ich ins offne Land.

Aus der Eichen zu den Mirten
Aus der Laube in das Zelt
Hat der Jäger sich dem Hirten
Flöte sich dem Horn gesellt.

Während du die Lämmer hütest
Zähm ich dir des Wolfes Wut
Wenn du fromm die Hände bietest
Werd ich deines Herdes Glut.

Und willst du die Arme schlingen
Um ein Liebchen zwei und zwei,
Will ich dir den Baum schon zwingen
Daß er eine Laube sei.

Du kannst Kränze schlingen, singen
Schnitzen, spitzen Pfeile süß
Ich kann ringen klingen schwingen
Schlank und blank den Jägerspieß.

Gib die Pfeile nimm den Bogen
Mir ist's Ernst und dir ist's Scherz
Hab die Sehne ich gezogen,
Du gezielt, dann trifft's ins Herz.

Wild getan, wie stolz gesprochen
Weh der Pfeil flog seine Bahn
Hat des Lammes Herz durchstochen
Drohend sah der Hirt mich an.

Dorn ward da die Rosenkrone
Um sein göttlich mildes Haupt:
Vater! rief er, ihn verschone,
Denn er hat an mich geglaubt.

Im Wetter auf der Heimfahrt

O du lieber wilder Regen
O du lieber Sturm der Nacht
Da der Finsternis entgegen
Ich mein Licht nach Haus gebracht.

Sturm du warst ein Bild des Lebens
Licht du warst der Liebe Bild
Das im Drang des Widerstrebens
Leuchtet unter Jesu Schild.

Doch ich bebe, zieht so brausend
Spät der Sturm mir noch durchs Haar
Treibt das welke Laub mir sausend
Nach im Kreis um den Altar.

Meine Lampe flackert, lecket,
Rußt die blanke Leuchte an.
Zuckend hin und her geschrecket
Zeigt ihr Schein mir irre Bahn.

Gleich ich doch dem armen Schwimmer
Der zum teuren Ziele ringt
Den verführt vom falschen Schimmer
Bald das wilde Meer verschlingt.

Alles hab ich sinken lassen
Sinken alle Lust der Welt
Eines treu ans Herz zu fassen
Was mich über Meer erhält.

Eine Gott gefallne Blüte
Trägt und hebt mein brennend Herz,
Treib o Woge die verglühte
Asche endlich heimatwärts.

Aber diese Blüte kühlet
Ewig mir die heiße Glut
Nie verzehrt, die in mir wühlet
Mich der Flamme irre Wut.

O ertränk mich wilder Regen
Schleudre mich du Sturm der Nacht
Einem scharfen Fels entgegen,
Daß mein schwerer Traum erwacht.

Wind und Wasser um mich zanken
Auf den Bahnen wankt das Licht,
Schwarze Wolken der Gedanken
Stürzen vor das Weltgericht.

Soll ich fliehen soll ich bleiben
O unnennbar liebes Gut!
Wolle mich zum Ziele treiben
Wo die ganze Hoffnung ruht.

Alles, was im Sturm zu schiffen
Einst mein banger Arm umfaßt'
Treibt um mich, der selbst ergriffen
Schwebt ohn Steuer und ohn Mast.

Eines ist mir nur geblieben
Eines, das ich nie verlor
Ein unsterblich treues Lieben
Reißt mich überm Meer empor.

Heil dir, die des Sturmes Zügel
Wie mit Kinderhänden lenkt
Und die reinen Himmelsflügel
Selig durch die Nacht hin schwenkt.

Immergrüne Dornenkrone
Die die Rosen seelwärts flicht

Daß der Leib aufschreit, o schone,
Und der Geist in Wonne bricht.

Ja ich trag dich dicht am Herzen,
Du zerreißest mir die Brust
Doch die Nesselglut der Schmerzen
Deckt mir eine heil'ge Lust.

Selig, gehst du treu zur Seiten,
Schweb ich durch die Wetternacht
Ist es doch ein süßes Leiden
Wenn die fromme Lippe lacht.

O unnennbar lebend Sterben
Himmelsbrot in Erdennot,
Lachen in uns selbst die Erben,
Macht der Tod die Wangen rot!

Tagsanbruch im Augenbrechen
Auch den Durst machst du zum Trank
Dornen blühn, wenn Rosen stechen
Erdenheil ist himmelskrank!

Wer bist du? Mit müden Händen
Fasset dich ein letzter Traum
Als die Nacht sich wollte wenden
Tratst du hell ihr auf den Saum.

Jakobsstraße, Jakobsleiter,
Engel steig allein nicht auf,
Öffne doch die Türe weiter,
Treibe meinen müden Lauf.

O du Kind, Geliebte, Schwester
Schatten, Leben, Leid und Lust.
Alle Vögel haben Nester
Und mein Herz hat eine Brust.

An der Türe angekommen
Sprachst du mir ein freundlich Wort
Hättst mich gerne aufgenommen
Doch mein Richter trieb mich fort.

Wenn ich einstens kann verdienen
Unter deinem Dach zu ruhn
Ist der Morgen schon erschienen
Andres hab ich noch zu tun.

Muß noch einsam ringend steuern
Durch die wilde Wetternacht
Bis zu allen Fegefeuern
Mir dein Flügel Kühlung facht.

O zu selig, daß ich Armer
Stehe in so edler Pein.
Daß ich ewig den Erbarmer
Seh in des Gerichtes Schein.

Und so bin durch Wind und Wogen,
Ich wie ein betrübtes Kind
Durch die Blumen hingezogen
Daß ich dir ein Sträußlein bind.

Und der Strauß den ich gepflücket
Ist dies sturmverwirrte Lied
Würd er an dein Herz gedrücket
Dann wär er dem Herrn erblüht.

Zueignung

Zur Weihnacht, sternenhelle,
Saß einsam auf der Schwelle
Ein Kind so reich als fromm,

Und hieß im reinen Herzen
Das Jesukind willkomm.

Es sehnt sich nicht nach Gaben,
Es wollte mehr nicht haben,
Als was Maria hat,
Den lieben Gottesknaben,
Der macht es freudensatt.

Und als mit Freud und Schmerzen
Er in des Kindes Herzen
Als einer Krippe spielt,
Da sang das Kind dem Kinde,
Das es am Busen hielt:

„Ach hätt ich Engelzungen,
Ich hätt dir längst gesungen
Das süße liebe Lied,
Das mir so still und selig
Im jungen Herzen glüht.

Ich weiß ja keine Weisen,
Dich Heiland so zu preisen,
Dich Jesu fromm und mild,
Wie meine ganze Seele
Dir jauchzt und singt und spielt.

Ich muß mein Haupt dir neigen
Kann weinen nur und schweigen
In Seligkeit und Schmerz,
Ach Kind, du weißt mein Lieben,
Du siehst mir ja ins Herz!"

Als Jesus dies gehöret,
Spricht er: „dir sei bescheret
Ein Kindlein, Schmerzenreich,

Das sollst du betend wiegen,
Rein meiner Mutter gleich.

Und auch sei dir bescheret
Ein Herz zu mir bekehret,
Ein Herz an Schmerzen reich,
Darinnen sollst du wiegen
Das Kind mit mir zugleich.

Und auch sei dir bescheret
Die Weise, die mich ehret,
Mit freud'gem Flug und Fall,
Das Lied, das mir lobsinget
Trotz Lerch, trotz Nachtigall.

Sieh, was ich dir gegeben,
Drum sollst das Haupt du heben,
Und öffnen deinen Mund,
Und freud'ge Lieder singen,
Steh auf und sei gesund!

Es wird ein Frühling kommen,
Der bringt, was ward genommen,
Die Blumen und den Kranz,
Sei freudig, sei geschmücket,
Die Unschuld ist ein Glanz!

Es wird ein Sommer kommen,
Voll Segen für die Frommen,
Voll lichtem Ährengold,
Da lese fromm gebücket
Ein Gärblein dir zum Sold.

Es wird ein Herbst sich neigen,
Brich Wein und Frucht von Zweigen
Ich hab dir's zugedacht,

Drum sei in Freud und Wonne
Die Ernde eingebracht.

Und kömmt der ernste Winter,
Dann sei wie andre Kinder
An meiner Wiege froh.“
Da sprach das Kind ergeben:
„Ja Kind, das will ich so!

All, was du mir bescheret,
Hab ich von dir begehret,
Mit Liedes Flug und Fall,
Drum will ich dir lobsingen
Trotz Lerch, trotz Nachtigall!“

An das Blut am Abend vor dem Gericht

Gute Nacht du liebes Blut
Rinn noch einmal zu dem lieben Herzen
Tu dir heut noch was zu gut,
Morgen wirst du deine Lust verscherzen.

O du sel'ger Feuerquell!
Manchen Wundertraum hast du geschaukelt,
Wie ein trunkener Gesell
Bist du durch das liebste Herz gegaukelt.

Warst so überwohl zu Haus,
In den lieben reinen blauen Adern,
Machtest du dich gar zu kraus,
Wußtest gar nichts von fatalen Badern.

Doch du machtest dich zu breit,
Hieltest nicht die Flut und nicht die Ebbe,

Wie das Meer, das seiner Zeit
Demutsvoll vom Monde küßt die Schleppe.

Hieltest dich auch nimmer still
Triebst ein Hämmern, Brennen, Stechen,
Wer im Hause bleiben will,
Muß dem Herrn nicht immer widersprechen.

Lang sah man der Unart zu,
Doch verloren ist an dir so Malz als Hopfen,
Welchen trifft die Strafe nu,
Ach ihr dauert mich ihr armen Tropfen.

Und weil keiner von euch weiß,
Ob er morgen ins Gericht wird treten
Sollt ihr alle gleicherweis
Heut noch einmal mit der Lieben beten.

Seid fein still und tuet Buß,
Wer von euch sie im Gebete störet
Morgen aus dem Hause muß,
Fühlen muß zuletzt wer nicht gehöret.

Gute Nacht du liebes Blut
Rinn noch einmal zu dem lieben Herzen,
Wem es einmal ward so gut,
Der kann alles andre leicht verschmerzen.

Abends am 27. Oktober 1817

An des Hauses kleiner Türe,
Wo ich all mein Glück verliere,
Hast du lieb das Haupt gewendet,
Und so war der Tag geendet.

Alles, alles mögst du geben,
Und doch muß ich sterbend leben,
Armes Kind, du Herz der Güte
Ach zu geben nicht ermüde!

Ich will auch nicht müde werden,
Will im Grabe aus der Erden
Reine Blumen zu dir treiben,
Ach, die dürfen bei dir bleiben!

Aber ich muß heimwärts wanken
Einsam knieend, weinend danken,
Für die Freuden für die Schmerzen,
Für das Feuer auf dem Herzen.

Ach, daß ich mit bittern Zähren
Einsam Tag und Nacht muß nähren
Und muß drin so ganz verbrennen,
Daß nur du mich kannst erkennen.

Wie du Tiere kennst fern irrend,
Vöglein schnell vorüber schwirrend,
Blumen, Beeren in der Wildnis,
Kenn auch mich im bleichen Bildnis.

Wenn vorbei die andern gehen
Und so scheu nach mir hinsehen,
Wie man nach Gespenstern blicket,
Die den Grenzstein falsch gerücket,

Ach dann fliehe nicht mein Winken,
Reiche einmal mir zu trinken,
Und willst du nicht zu mir treten
Kniee, um für mich zu beten.

Wenn die andern längst mit Zagen
Den verloschnen Denkstein fragen,

Bist du auch ein Mensch gewesen,
Sollst du klar noch in mir lesen,

Daß ich dich mit Schuld betrübet,
Daß ich Buße schwer geübet,
Daß, Versühnung zu erwerben,
Ich dich lieben muß zum Sterben.

Daß ich mich mit heißen Tränen
Ewiglich nach dir muß sehnen,
Läg ich auch an deinem Herzen
Wie die Leiche zwischen Kerzen.

Weil das Gut, das ich verloren
Mir in dir ward neu geboren,
Weil mein Richter dir gegeben
Mein unschuld'ges tiefes Leben.

Daß die reine Himmelsgabe
Ewig ich vor Augen habe,
Daß das Gottesbild im Kinde
Zeige mir den Greul der Sünde.

Lies auch im zerbrochnen Herzen:
Habe Dank für alle Schmerzen,
Die du für mein böses Leben
Mir zur Buße mußtest geben.

Habe Dank, du blühnde Rute,
Unter der ich still verblute,
Ich verdiente zu verderben,
An dir soll ich ehrlich sterben.

Jedem ist ein Amt verliehen,
Richter sitzen, Sünder knieen,
Und ich muß zu deinen Füßen,
Für die schweren Schulden büßen,

Gnad ist mir für Recht ergangen,
Ich darf deine Knie umfangen,
Darf in Tränen zu dir stammlen,
Laß, o laß mich Kräfte sammlen.

Kraft den Himmel zu umarmen,
Den mit rührendem Erbarmen,
Ich in deinen Blicken fühle,
Daß ich dieses Feuer kühle.

Kraft, die Blumen all zu sehen
Die da auf- und untergehen,
Wenn du deine Seele rührest,
Und mich in dein Herz einführest.

Kraft, mich über sie zu bücken
Und doch keine zu erdrücken
Tränen, alle zu erfüllen,
Ach und Nacht, mich einzuhüllen.

Eine Nacht, wo ich alleine
Um das trübe Leben weine,
Ohne Mond, ohn Sternenschimmer
Einsam mit dem Worte: Immer!

Wer euch nichts bringt, hat nichts von euch zu hoffen,
Dem Erzschenk habet ihr den Hals gebrochen,
Nur offner Hand stehn eure Ohren offen
Und ohne Klingen hilft bei euch kein Pochen!

Ein armer Krieger hat hier nichts zu holen,
Ihr führet keinen Krieg, wo ihr nichts krieget,
Und weil ihr blanken Klingen unterlieget,
So ehrt ihr das Duell auf Goldpistolen.

Die Poesie muß hier mit Armut leben;
Sing ich Sonette euch auch noch so nette:
Ihr werdet nimmer Speise mir und Bette,
Statt Geld für Verse Fersengeld nur geben.

Gern gilt hier nichts, drum geh ich gern von hinnen;
Ungern beherbergt ihr, und höchstens Ungern
Aus Kremnitz, doch Erlanger müssen hungern;
Nur für Zechinen ist die Zeche drinnen.

Ein Ducka ist mir lieb, doch mit Dukaten!
Souvrainen pflege ich für Severinen –
Baronen ohne Bares nie zu dienen –
Und kann mit Ahnen keine Hahnen braten!

So nackt und kahl geh ich von eurer Schwelle,
So nüchtern, bar und blank in voller Klarheit,
Als wär ich, die ich singe, – selbst die Wahrheit,
Denn nur Reale sind bei euch's Reelle!

Mit Höhnen siehst du wie ich hier vergehe,
Du Hofvolk, fressend Gold und Fleisch, wie Raben,
Von dir ist nichts, du bist zum Narrn zu haben,
Ich stand dein Narre hier, steh du, ich gehe!

Vor dem ersten Aderlass, am Tage vor dem Abendmahl

Was ich tue, was ich denke,
Alles, was mit mir geschieht,
Herr nach deinem Auge lenke
Das auf meine Wege sieht.

Herr, o wolle auf mein Flehen,
Wenn mein Blut zu Tage springt,

Heut mich wie ein Kind ansehen
Das sein erstes Opfer bringt.

Unter scharfen Marterruten,
Unter eines Richters Schwert,
Möcht ich dir mein Heiland bluten,
Wär ich deiner Kronen wert.

Aber, da mir nicht vergönnet
Solch ein heilender Erguß,
Geb ich, weil die Fülle brennet,
Ach! nichts, als den Überfluß.

Alles doch hast du gegeben,
Gott der zu den Schmerzen kam,
Und im Blut hingab das Leben,
Daß den Tod er von uns nahm.

Meines fließt zu meinem Heile,
Fließt zu deinem Ruhme nicht
Herr mir deinen Schmerz mitteile,
Wenn der Stahl die Quelle bricht.

Gib, daß deines Bluts ich denke,
Wenn das meine niederrinnt,
Und in deine Wunden senke
Dein ohnmächt'ges schwaches Kind!

Laß, was bös in meinen Sinnen,
Alle heiße Erdenglut,
Heut aus meinen Adern rinnen,
Morgen dann gib mir *dein* Blut.

O wie hast du's gut bestellet,
Meine Seele faßt es kaum,
Daß dein Blut sich mir gesellet,
Macht das meine heut ihm Raum.

All dein Blut hast du vergossen
Mir zu tilgen das Gericht,
Und es ist für mich geflossen,
Aber ich, ich nahm es nicht.

Hast auch deinen Leib gegeben,
Für mich in des Richters Zorn,
Und ich zage für das Leben,
Trag um dich auch keinen Dorn.

Und ich weiß doch, es gibt Seelen
Brennend so in reiner Glut,
Daß sie deine Wunden zählen
An sich selbst in Wunderflut.

Ach weil ich nicht diesen gleiche
Ist wohl böses Blut in mir,
Gib daß alles es entweiche,
Jesus dann gefall ich dir.

Und ersetz es geistlich wieder
Morgen mir mit deinem Blut
Vor dir sink ich rein dann nieder,
Wo die Büßerin geruht.

Herr, du weißt ich wollt bekennen,
Was die Seele niederdrückt
Felsen von dem Quell mich trennen
Wo die Buße Gnade pflückt.

Ich hab nicht den Zaun durchbrochen,
Herr vergib uns unsre Schuld,
Wär durch Dornen gern gekrochen
Heim in deiner Kirche Huld.

Und ließ ich denn meine Sünden,
Alle heut in meinem Blut,

Wolle mich in ihm entbinden,
Wie die Erd in Sündenflut.

Mit dem Blute wird verschuldet,
Mit dem Blute wird versühnt,
Du Herr hast die Pein erduldet,
Ich, ich habe sie verdient.

Und so komm ich dann im Glauben
Deines Blutes Gast zu sein,
Keiner soll mir dieses rauben,
Du warst mein, ach, mach mich dein.

Es SCHEINT ein Stern vom Himmel,
Ein einz'ger in mein Herz,
Er könnte wohl was Bessers tun,
Da hätt ich Nacht und Schmerz.

Es spritzt ein Quell vom Felsen
Ein Tröpfchen zu mir her,
Er könnte wohl was Bessers tun,
Daß ich verschmachtet wär.

Es singt ein Himmelvögelein
An meiner Kerkerwand,
Er könnte wohl was Bessers tun,
Ich käm um den Verstand.

Es blüht ein einz'ges Blümlein
Auf meinem Wege wüst,
Es könnte wohl was Bessers tun,
Daß ich verzweifeln müßt.

Vor mir streicht hin ein weißer Hirsch
Mit goldenem Geweih,

Er könnte wohl was Bessers tun,
Daß ich verirret sei.

Es scheint ein bißchen Sonnenschein
Mir in die Nacht herein,
Es könnte wohl was Bessers tun,
Ich stürb in dunkler Pein.

Es fällt mir eine Blüte
Des Segens ohne Frucht,
Sie könnte wohl was Bessers tun,
Ich glaubte mich verflucht.

Es sieht mit Himmelsgüte
Ein reines Aug mich an,
Es könnte wohl was Bessers tun,
Dann wär's um mich getan.

Es mahnet an dem Abgrund mich
Ein frommer Liedermund
Er könnte wohl was Bessers tun,
Ich stürzte in den Schlund.

Es tut ein frommes Mägdlein
Wohl Engeldienst an mir,
Sie könnte wohl was Bessers tun,
Daß ich mein Heil verlier.

Mich hat der Herr geliebet,
Er zeigte mir, was schön,
Er könnte wohl was Bessers tun,
Dann müßt ich untergehn.

Heut schienen Stern und Lichter
Mir, was ich liebe, an,
Sie könnten wohl was Bessers tun,
Und haben's doch getan.

Mir hüpft das Herz in Freuden
Ein Engel steht mir bei
Es könnte wohl was Bessers tun,
Bräch es mir gleich entzwei.

Ich muß die Güte lieben,
Sie hat sich mein erbarmt,
Sie könnte wohl was Bessers tun,
Dann wär ich ganz verarmt.

O liebe, liebe Seele du,
Mein Heil, mein Trost, mein Mut,
Ich kann ja gar nichts Bessers tun,
Denn alles ist ja gut.

29. August 1818

„Ach wär ich doch der Welt schon los!"
„Was haben Sie denn nun schon wieder?"
„Ich sage, wird die Last zu groß,
So seufzt der Träger und es zieht ihn nieder.

Was ich heut sah, fällt mir da ein,
Kaum konnte ich des Weinens mich erwehren,
Am Markte saß auf einem Stein
Ein altes bleiches Weib in bittern Zähren.

Sie hatte bei den Bauren sich
Ein bißchen Grüns und Rüben beigeschnurret
Es sah kein Mensch sie an, als ich
Sie weinte still vor sich, hat nicht gemurret."

„Warum gabst du nicht alles Ihr,
Gott gibt's mir wieder, gern bin ich dein Leiher",
„Ich hatte selbst nicht viel bei mir,
Ich gab ihr, was ich hatte hin, sechs Dreier.

Als ich am Knoten zerren mußt
In den das Geld im Schnupftuch war geschlungen,
Ist ihr so recht aus tiefer Brust
Ein schwergefühltes Klagewort gedrungen.

In ihren Schoß sprach sie gar schwer,
Wo sie die Armut deckt mit welken Händen,
‚Ach wer doch erst da drunten wär,
Hier wird doch nimmermehr die Sorge enden!‘

Ich dacht, das konnt ich wohl verstehn,
Das brauchtest du mir gar nicht erst zu sagen,
Ich hab es dir gleich angesehn,
Und wollte dich darum auch gar nicht fragen.

Warum denn fragst du mich, lieb Kind!
‚Was haben Sie denn nun schon wieder?‘
Wird denn an mir dein Scharfblick blind?
Mich zieht es wie die Arme auch ja nieder.

Auch ich sitz alt und bleich am Stein,
Hab mir ein bißchen Grüns von dir erschnurret,
Mein Weinen siehst auch du allein,
Auch ich hab nur geseufzt und nicht gemurret.

Auch mir reichst aus dem Schnupftuch du
Den Schatz, sechs Dreier, gestern, heute, morgen
Auch ich möcht bald hinab zur Ruh
Denn hier wird doch kein Ende je der Sorgen.

Ich sorg, es nahe eine Zeit
Wo du den Knoten allzu fest wirst schlingen,
Da tun dir dann die Finger leid,
Die milde Gabe mir herauszuzwingen.

Ich sorg, es steigt ein Tag empor,
Ich mein er guckt schon aus dem Keller drüben,

Da wirfst du mir die Dreier vor,
Und gönnst mir nicht das bißchen Grüns und Rüben.

Ich sorg, es kömmt die Stunde bald,
Wo meines Wegs zu gehn du dich wirst schämen,
Nicht lang mehr tust du dir Gewalt,
Drum wünsch ich, Gott mög mich hinunternehmen.

Hab Dank, hab Dank viel tausendmal
Für Dreier, Rüben und die grünen Gaben,
Man soll mit mein und deiner Qual
Man soll mit meiner Liebe sie begraben.

Nur eines flehe ich von dir,
Gehst du mit andern längs dem leeren Steine,
Ach dann, erzähle nicht von mir,
Schweig, denk, wein, bet für mich alleine."

Das Elend soll ich einsam bauen,
O schweige nur, ich kenn das Leid,
Den heißen Schmerz des kranken Pfauen
Der nach der Sonne klimmend schreit,
Ich fühle in dem Abendgrauen
Der Nächte finstre Bitterkeit
Ich war im seligsten Vertrauen
Von je dem grimmen Schmerz geweiht
Und soll das Elend einsam bauen.

Das Elend soll ich einsam bauen,
Die Brunnen die ein Zauberschlag
Hervorrief auf den dürren Auen
Sie wenden sich, der junge Tag
Will nicht mehr auf mich niedertauen
Das Leben bricht mir den Vertrag
Ich soll nun in die Wüste schauen,

Ich, der der Einsamkeit erlag
Soll einsam nun das Elend bauen.

Das Elend soll ich einsam bauen
Mir wie dem ersten Mann geschah
Als in des Paradieses Auen
Der Herr ihn einsam trauern sah
Schuf er aus seiner Brust die Frauen,
Der Himmel war der Erde nah
Doch mit dem menschlichen Vertrauen
War Schlange Frucht und Tod auch da.
Drum muß ich einsam Elend bauen.

Das Elend soll ich einsam bauen
Verdorben war ich durch das Weib
Wollt in der Jungfrau neu mich schauen,
Die Gott verhießen, daß sie's bleib.
Maria, Zuflucht der Jungfrauen,
Erhalt dem Herren ihren Leib,
Laß sie nicht blinder Not vertrauen
Ob Erde sie vom Himmel treib.
Ich muß mein Elend einsam bauen.

Das Elend soll ich einsam bauen
O Jesus höre mein Geschrei
Brich meiner Seele tiefes Grauen
O Jesus, führ den Kelch vorbei
Mach von der Hölle gift'gen Klauen
O Jesus meine Seele frei
Ein armes kindliches Vertrauen
O Jesus meinem Geist verleih
Hilf mir mein Elend einsam bauen.

Nun soll ich in die Fremde ziehen
Mir hatte eine Himmelsbraut

Ein Zweiglein aus dem Kranz geliehen
Ich hatte draus ein Haus erbaut
Es grünte schon, es wollte blühen
Von meiner Tränenflut betaut
Da konnt ich betend ruhig knieen
Da hatte ich so fest vertraut
Und soll nun in die Fremde ziehen.

Nun soll ich in die Fremde ziehen
Sie wäre ruhig, wär ich fort,
Der Tempel, wo wir beide knieen,
Soll nun zerbrechen und der Ort
Wohin ich mit ihr sollte ziehen
Soll nun verschwinden und der Hort
Des einen Glücks, für das wir glühen,
Soll sinken, auf ein hartes Wort
Soll ich nun in die Fremde ziehen.

Nun soll ich in die Fremde ziehen
Ich der die Heimat nie gekannt,
Soll meine erste Heimat fliehen
Soll fallen in der Räuber Hand
Was Sie mir schenkte war geliehen
Streng fordert sie das heil'ge Pfand
Zu ihr hab ich um Hülf geschrieen,
Sie weist mich nach dem andern Land
Ich soll nun in die Fremde ziehen.

Nun soll ich in die Fremde ziehen,
Ich weiß wohl, wie die Fremde tut
Kein Ankergrund ist mir gediehen
Weil ich dem ungerechten Gut
Auf meinem Schiffe Schutz verliehen
Zerbrach es in des Sturmes Wut
Die Woge hat mich ausgespieen,
Und kaum hab ich am Strand geruht
Soll ich schon in die Fremde ziehen.

Nun soll ich in die Fremde ziehen
Wohin, wohin, daß Gott erbarm,
Nicht, wo die Friedensrosen blühen,
Nicht, wo im Geist so sonnenwarm
Die Worte wie Gebete glühen
Nein in die Brust – den Wespenschwarm
Vergeblicher erstarrter Mühen
Ins eigne Herz, zum eignen Harm
Soll ich nun in die Fremde ziehen.

Ich bin aus fremdem Land gekommen
Ein fremder, armer, kranker Mann
Du hast mich liebvoll aufgenommen
Wie Jesus es und Jesu Freundin kann.

Was du gehabt, hast du geteilet,
Dein Brot, jed Wort aus Gottes Mund,
Du hast geliebet und geheilet,
Und hast geschlossen mir den neuen Bund.

Du läßt mich fremden Mann nicht scheiden
Du hast ihm auch den Weg gezeigt,
Den Weg der über Lieb und Leiden
Zum Kreuz, und bis zur Siegeskrone steigt.

Ich durft dir all mein Heimweh klagen,
Und was mich in der Fremde hält,
Du halfst die Last mir hinzutragen,
Zum Lamme, das da trägt die Schuld der Welt.

Und daß ich nicht beschämet werde,
Hast du auch deine Last bekannt,
Saßt bei mir an der dunklen Erde
Von der der liebe Heiland auferstand.

Wir haben uns wohl weinen sehen,
Und haben uns auch angelacht,
Und wollen still den Kreuzweg gehen
Bis wir einst sagen, Herr es ist vollbracht.

Du wie du liebend mich geführet,
Da sprachst du gar ein freundlich Wort
Das hat mich durch und durch gerühret,
Und soll mich rühren immer fort und fort.

Du sprachst, da sind wir ja vereinet
Ich, du und sie, ich kenn sie gut,
Ich weiß, wie innig sie es meinet
Und wie sie glaubend hofft auf Jesu Blut.

Und auch die Trösterin der Sünder,
Die Mutter, die das Kindlein trug
Das zu uns sprach, seid wie die Kinder,
War da zur Seligkeit uns nah genug.

Zusammen sind wir auch gegangen
Vereinet zu Sankt Klemens' Grab –
Der deinem liebenden Verlangen
Für mich ein heil'ges liebes Kleinod gab.

Auch an den Ölberg durft ich gehen
Mit dir in seines Sohns Person.
Zum lieben Vater aufzuflehen,
Der nichts versagt dem eingebornen Sohn.

Und zu der Kerker Jammerhöhlen,
Hat deine Liebe mich geführt,
Durch dich hat mich der armen Seelen
Betrübter hülfsbedürft'ger Stand gerührt.

Und hin zum heil'gen Kirchenleibe
Hin zu der Heil'gen Freudenchor,

Hobst du, daß sie einst Blüten treibe
Des armen Sünders dürre Hand empor.

Auch durch die Wüste durft ich ziehen,
Durft schreien nach ersehnter Frucht,
Wo wir die Schwester sahen fliehen,
Die wir bis jetzt vergebens aufgesucht.

Was haben alles wir gesehen,
Was haben alles wir geliebt,
Und müssen auf der Erde stehen
Die Dorn und Blumen auf die Gräber gibt.

Doch wollen wir die Dornen wählen,
Die Dornen, die der Heiland trug,
Und wollen nicht die Tränen zählen,
Um unsre Schuld sind deren nie genug.

Und nie genug um seine Leiden,
Und nie genug um unsre Schuld,
Und wenn wir von einander scheiden,
So gebe Jesus mir die göttliche Geduld.

Geduld die heute wir verehren
In dir du heil'ge Martyrin!
Sankt Katharina, wir begehren
Führ uns zu deinem, unserm Heiland hin.

IV
1827–1842

An Frau Marianne von Willemer 1827
(Auf der Gerbermühle bei Frankfurt)

I.

Du nötigst mich, ich soll nur schreiben;
Was weiß ich denn, das nicht ein jeder weiß,
Nicht jeder sucht von Stirn und Blatt zu reiben?
Denn alles, was wir wissen macht uns heiß.
Selbst dieser Pappeln kühle Säulenhallen
Auf goldnem Abendgrund des Domes Blau,
Der Spiegelwellen leises Pilgerwallen,
Der glühnde Berg erlöschend in dem Tau,
Selbst die zerstreuten Lichter in den grünen Räumen,
Und auf dem lieben Antlitz dort der Strahl,
Als zögre er, als dürfte er versäumen
Hinabzusinken mit dem Licht zum Tal.
Selbst alle Wahrheit, Wirklichkeit und Wonne,
All das Genügen dieser guten Schar,
Befreundet nach dem Untergang der Sonne
Zurückzurufen, was am Tag gemeinsam war. –
Ach! all dies äußre, innre, sel'ge Kühlen
Dem Wissenden ist es ein heißer Brand.
Wer aber wird, mein Kind, dies mit mir fühlen,
Und fühlt es Einer, geht er weggewandt,
Geht nicht zu mir, zu dir, geht zu dem Einen,
Der einsam steht, verlassen und verflucht,
Von seinem Volk, in grimmen Todespeinen,
Ans Kreuz genagelt, blutend, unbesucht.

Er kann nicht Kühlung suchen, kann nicht fliehen,
An Händ und Füß in heißer Nägel Zwang
Fühlt sengend er die Sonne um sich ziehen,
Für ihn ohn Untergehn in glühndem Gang.
Er, der die Schmerzen aller Schuld gelitten,
Er, der Unschuldige, der rein allein
Für uns am Kreuz steht in der Dinge Mitten,
In ihm nur ist ein gut Zusammensein.
All andres Tun, all Lieben, Sehnen, Freuen,
All dieses bange Ringen nach Verein
Ist andres nicht, als Trennen und Zerstreuen.
Vergebens hier der Tisch und Brot und Wein,
Wir sitzen rings um ihn, daß er uns trenne,
Man ißt und trinkt; der zahnbewehrte Mund
Zerreißt, zermalmt, daß nicht die Zunge nenne
Die Eigenlust verschlingend durch den Schlund.
Horch! Gläser klingen! Man möcht sich durchdringen,
Möcht Eins nur sein, da man Gesundheit trinkt.
O kranke Lieb, der mit zerbrochnen Schwingen
Ein Zeugnis der verlornen Einheit winkt.
Wo fehlt's uns denn? Warum wird mir so bange,
Bei diesem Bruchstück vom zerbrochnen Bund?
Getrennt sind wir, es ist so ewig lange,
Im Tode wird die Liebe erst gesund.
Da hast du's nun, – was quälst du mich zu schreiben,
Verstehst du dies? Wer's liest verlachet mich,
Und wer es merkt, wird mich von dannen treiben,
So lebe wohl, dein Engel schütze dich!

II.

Denn sieh! die Nacht! ihr Friedensmantel decket
Den Streit des Scheins, ein täuschend Tafellicht
Eint, oberflächlich schwankend, und von Nacht umschrecket
Neckt sich erkühlend, was am Tag sich widerspricht.
Mir heilt kein Schmaus die schuldzerrißnen Herzen,
Und nimmer wird die Narbe mir ein Gleis, –
Doch lockt mein Mantel euch so bunt von Schmerzen,

Nehmt hin und scherzt, ich geb die Fahne preis.
Sie wird von euch weltkindisch umgeschwungen
Von Tränen bleich, von welken Blumen bunt
Sind seine Löcher Wunden, seine Fetzen Zungen,
Ihr lacht sie an und macht sie nicht gesund.
So laßt mich denn und nötigt nicht zum Singen,
Ich muß mit Jakob weinen um den bunten Rock
Des Joseph, den die Söhne vor ihn bringen,
Getauft mit Blut von einem jungen Bock.
Ich wein und weiß es doch, er lebt, sie werden
Ihn finden königlich, Korn reichend in der Not;
So ist die arme Trauer dieser Erden,
Sie weint beim blut'gen Rock, er lebt, bereitet Brot;
Fahr Mantel hin! Ich eile mit Erschrecken
Dem Jüngling nach – Putiphare erfaßt
Die Hülle, die ihr fehlt, die Schmach zu decken;
O, ird'sche Freude, du betrogner Gast!
Wer dir anheimfällt wird ein Ehebrecher,
Wer dir entflieht, den klagt der Mantel an,
Doch sei getrost, es ward der goldne Becher
Dem Benjamin in seinen Sack getan.
Fahr Mantel hin! Doch da zum Strom ich eile
Und möcht mit dem Propheten jenseits sein,
Da fehlt er mir, daß ich den Jordan teile, –
Der Glaube kann nicht ohne Mantel sein.
So bin auch ich entblößt und ohne Waffen
Muß ich am Ufer nach der Brücke ziehn,
Muß mit den andern diesseits, jenseits gaffen
Und sinkt ermüdet unterm Kreuze hin.
Da steht der Jüngling auch, der in dem Garten,
Da man den Heiland fing, den Mantel ließ.
Ich will mit ihm der Auferstehung warten,
Die uns der Mensch gewordene Gott verhieß.
Laß ausgesetzt mich in der Sonne Gluten
Bei meinem dürstenden, durchbohrten Heiland stehn.
O Gütigster! mich kühlt dein heißes Bluten,
Dein brechend Auge hat mich angesehn.

Und du, Maria, Mutter voll von Schmerzen,
Breit deinen Schutz um mich und diese Welt,
Die sieben Schwerter, stehend dir im Herzen,
Sie spannen deinen Mantel aus zum Zelt.
So laß mich knien, flehen, weinen, büßen
In deinem Bann, der selig werden soll,
Bis dich die Engelgrüße wieder grüßen:
„Ave Maria, Mutter, Kirche, Gnadenvoll,
Mit dir der Herr, Gebenedeite unter den Weibern,
Gebenedeit allein ist deines Leibes Frucht,
Jesus, der Herr, der unter allen Leibern
Die Kirche, als den Brautleib hat gesucht.
Die Kirche, meine Mutter, durch den heil'gen Geist,
Die in der Taufe schuldlos mich geboren,
Die in der Firmung Stärke mir verheißt;
Die in der Buße herstellt, was verloren,
Die meinen Gott und Herrn mir nährend reicht,
Mir den lebend'gen Gott bewahrt im Sakrament,
Im neuen Opfer, das nicht von ihr weicht,
Das bei ihr bleibt bis an der Zeiten End,
Die mich mit heil'gem Öl zum Todkampf weiht,
Und mit der Priesterweihe Menschen rüstet,
Zu tun wie Jesus Ew'ges in der Zeit,
Die heilig bindet, was im Fleisch gelüstet,
Zu einem Fleische zwei; ein großes Sakrament
In Christo und der Kirch, dem Haupt, dem Leibe,
O Kirche! meine Mutter bis zum End.
Fleht heil'ge Brüder, daß ich in ihr bleibe,
Mit ihr zur Wüste zieh im sichern Schoß,
Daß ich geborgen sei am Mutterherzen;
Und bricht zuletzt der Drache gen sie los,
Daß sie mich neu gebäre unter Schmerzen.
Maria, Mutter Gottes, Wahrheit, Bild und Schild,
Maria, Jungfrau, Wirklichkeit und Namen,
Bitt für uns Sünder, deine Kinder, sei uns mild
Jetzt und in aller Todesstunde! Amen."

Ein armer Tor lebt ausgeschlossen
Draus vor der Stadt bei einem Baum.
Er dient den Reisenden zum Possen,
Nickt für die trockne Rinde kaum.

Doch von der Sonne Steigen, Neigen,
Bis zu der Sonne Niedergang
Schwingt er sich an den Palmenzweigen
Mit ewig heiligem Gesang. –

Er singet nur die beiden Worte
Ave Maria fort und fort,
Aus seines Mundes frommer Pforte,
Kam niemals noch ein andres Wort.

Und als er endlich ausgeschwungen,
Am Abend bei dem Palmbaum lag,
Hat er schon sterbend noch gesungen
Ave Maria bis zum Tag.

Es nahten sich des Weges Boten,
Erstaunt, weil sich der Tor nicht schwang,
Und scharrten bald den armen Toten
Am Baume ein ohn Sang und Klang.

Ein Schwätzer, der ihn oft verlachte
Reist eine Zeit nachher vorbei,
Und naht dem Baume stolz und dachte,
Was half sein Schwingen und Geschrei.

Da spielt ein Wehen in den Zweigen
Auf jedem Blatt der Schwätzer sieht
Ave Maria steigen, neigen
Mit goldner Schrift des Toren Lied.

Es fasset ihn das Liebeswunder,
Er kündet es der ganzen Welt,

Und macht zum Gruß viel Herzen munter,
Und hat viel Schwätzen eingestellt.

Nach unsers Heilands wahren Worten
Selig die Armen in dem Geist
Der arme Tor, der selig worden
Der selige Solinus heißt. –

Nach der Erlösung seufzt und ringet
Mit uns sich alle Kreatur –
Nur wer treu wie Solinus singet,
Der löst die Fesseln der Natur.

O Seligkeit der beiden Worte
Ave Maria fort und fort,
Erlösend tönst du im Akkorde
Gott, Mensch, im fleischgewordnen Wort.

Das Mosel-Eisgangs-Lied von einer wunderbar erhaltenen Familie und einem traurig untergegangenen Mägdlein in dem Dorfe Lay bei Koblenz, am 10. Februar 1830

Der Ertrag gehört dem Frauenverein zu Koblenz

Zum Verständnis

Strophe 5. Die Mosel entspringt an der Grenze von Lothringen auf einem Berge der Vogesen, vom Volke Wetterhahn genannt. Durch die vielen Flüsse, welche sich in sie ergießen, ist ihr Eisgang in ihrem in Deutschland merkwürdig gewundenen Felsenbett mannigfach gehemmt und getrieben. – Str. 6. In der Kirche der ehemaligen Benediktinerabtei St. Matthias, eine halbe Stunde von Trier, ruhen die Gebeine des heil. Apostels Matthias, von dessen Festtag am 24. Februar die Bauernregel sagt: Mattheis bricht's Eis, findt er keins, so macht er eins. Zu seinem Feste zogen sonst aus dem Trierischen Lande die sogenannten Mattheisprozessionen nach Trier. – Str. 16 und 17. Breitbach aus Lay und Bonkirch aus dem Orte Dieblich wurden in öffentlichen Blättern als Retter genannt. – Str. 20, 21. Das Eis türmte einen hohen Damm um das eine halbe Stunde unter Koblenz am Rhein liegende Neuendorf und es drängte sich die Flut zurück auf die Moseldörfer Gülz und Weis. – Str. 22, 23. Es ist eine alte Sage bei Wassersnot: der Fluß ruhe nicht bis er sein Opfer habe. Die Flut nach Lay zurückgedrängt brach plötzlich in eine Hütte und riß ein Kind vom Arm des Vaters. – Str. 27. Die St.-Kastors-Pfarrei liegt nahe an dem Einfluß der Mosel in den Rhein. Die selige Ritza hat ihr Monument in derselben. Die Volkssage erzählt, sie sei einmal trocknen Fußes über den Rhein gegangen. – Str. 28. Die Flut ging nur bis zur Schwelle des Bürgerhospitales, welches der h. Elisabeth geweiht ist und von barmherzigen Schwestern bedient wird, deren Mutterhaus zu Nancy an der Meurthe ist, die sich in die Mosel ergießt. Auch aus den Gegenden der Saar, die ebenfalls in die Mosel fließt, sind Schwestern im Hospital. – Str. 29. Das deutsche Eck. So heißt der Winkel des Koblenzer Ufers wo Mosel und Rhein sich vereinigen. – Str. 30. Die Vermählung der beiden Flüsse war 1829 der Gegenstand des Fastnachtaufzuges. – Str. 31. Kanonenschüsse verkünden den stromab liegenden Städten den Eisgang. – Str. 35, 36. Der junge Tag in das bergumschloßne verwüstete Lay niedersteigend, ruft, wie dort zu Land arme Kinder, wenn sie niemand in der Hausflur treffen: Wo sein (sind) die Leut? – Str. 41. Zeile 12 heißt in rheinischer Mundart so viel, als: Je nun! wir haben eben gebetet. – Str. 43. Dem Frauenverein zu Koblenz gehört der Ertrag dieses Liedes, um dem armen Taglöhner, von dessen Rettung es handelt, sein beschädigtes Häuschen wieder herzustellen.

Das Mosel-Eisgangs-Lied
1830

Geh betteln armes Lied,
Geh um von Tür zu Tür,
Sprich: Diesem Haus sei Fried!
Daß Gott die Herzen rühr.
Er war so stark und mild,
Drum sang das Mitleid mich;

Du Mensch, sein Ebenbild,
Du auch erbarme dich.
Kauf mich, so wird ein Stein,
Der an der Hütte baut,
Dem milden Fraunverein
Zu Koblenz anvertraut.

1.

Es lief im engen Tal
Am armen Dorfe Lay
Viel hunderttausendmal
Die Mosel fromm vorbei,
Wie Gott den Weg gezeigt:
Links steile Rebenwand,
Rechts Flur, bequem geneigt,
Dann Lay, dann Felsenstrand.
Stromauf am Dorf zuletzt
Nächst manchem Nachbardach
Steht, fluthoch ausgesetzt,
Ein Hüttchen schlecht und schwach.

2.

Da lebt ein Vater arm
Vom Tagelohn mit Not
So hin, daß Gott erbarm!
Viel Kinder, wenig Brot.
Sechs Wochen sind's, da bracht
Sein Weib das neunt zur Welt,
Kalt, kalt! hat nicht gelacht,
Der Tod bestellt sein Feld.
Am Taufstein klirrt das Eis,
Da man das Kindlein tauft,
Gott es zu finden weiß,
Von Jesu Blut erkauft.

3.

Vom Mutterschoß zum Schoß,
Von Mutterbrust zur Brust
Der kalten Erde, bloß
Und nackt, hat's heim gemußt.
Der Kirchhof ist so hart,
Die Leichen deckt nur Schnee;
Man denkt: da eingescharrt
Es grün sich aufersteh!
Ein Kreuzlein steht beim Grab,
Daß es kein Wolf berührt;
Es heißt, die Schildwach hab
Bei Koblenz ihn gespürt.

4.

Er hungert, heult herum,
Das Tal ist tot und eng,
Das Echo taub und stumm,
Die Bergwand steil und streng.
Der Winter ist so kalt,
So stark das Moseleis,
Wie keiner, noch so alt,
Sich zu erinnern weiß.
„Ach Gott im Himmelreich,
Halt uns in Deiner Hut,
Wird schnell das Wetter weich,
Geht's heuer uns nicht gut.

5.

Man sieht's der Mosel an,
An ihrer Quelle steht
Ein Berg, heißt Wetterhahn,
Sie tut, wie der ihr kräht.
Die Meurth', die Orn', die Saur,
Die Saar und dann die Kyll
Stehn all ihr auf der Laur,
Sie kann nicht, wie sie will.

Im Schlangenbett gestemmt
Muß sie doch los zuletzt,
Aus jeder Schlucht ja kömmt
Ein Hündlein, das sie hetzt.

6.

Zu Trier von Sankt Mattheis
Heißt's: Mattheis bricht das Eis,
Und findet Mattheis keins,
So macht uns Mattheis eins.
Dies Jahr macht er es nicht,
Wenn er nur fein drauf sieht
Daß es zu früh nicht bricht,
Ich trau nicht mehr dem Fried;
Mir ist's, als hört ich schon,
Sind's gleich noch vierzehn Tag,
Die Mattheisprozession
Voll Jammer und voll Klag." –

7.

Schon weht ein lauer Wind,
Die Raben ziehn ins Feld.
Zur Sonne Mann und Kind
Sich vor die Hütte stellt.
Es tröpfelt schon das Dach,
Noch steht der Rhein wie Stein,
Die Mosel geht schon schwach,
Weiß nicht wo aus und ein:
„Schnell Hannes, guter Sohn,
Die Kuh führ hoch ins Ort,
Es schwillt das Wasser schon."
Der Knabe eilet fort.

8.

Bang brüllt das treue Tier,
Die Wogen sausen laut,
Der Knabe kehret schier,

Ringsum er Wasser schaut,
Steigt in ein stärkres Haus,
Wo auch die Nachbarn sind,
Und ruft zum Vater aus:
„Ich bleib bis ab es rinnt!“
Die Flut steigt, horch, ein Krach!
Es klirren Ziegel ab,
Der Vater schaut durchs Dach,
Sieht rings ein Wassergrab.

9.

Mann, Weib und sieben Kind,
Seht, achtzehn Hände arm
Emporgestrecket sind:
„Helft, helft, daß Gott erbarm!“
Es hebet sich das Eis,
Es wälzt und braust heran,
Knickt Bäume wie ein Reis,
Zerschmettert Schiff und Kahn;
Hilf Gott! Weh! Angst und Not!
Die Hütte hebt sich schon,
Rings tobt der grimme Tod:
Das hört, das sieht der Sohn.

10.

Vom Nachbardache schallt
Ein ernster Christenchor:
„Nur Gott hat hier Gewalt,
Zu dem nur schrei empor.
Jesu, der helfen kann,
Dich, Weib und Kind befehl,
Du bist des Todes, Mann,
Denk deiner armen Seel.
Adies, o Nachbar gut!
Du mußt zu Grunde gehn,
Es kommt das Eis mit Wut,
Auf dich ist's abgesehn.“ –

11.

Der Sohn tut einen Schrei,
Der Vater zu ihm spricht:
„Mit uns ist's nun vorbei,
Der Herr geht ins Gericht.
Du warst ein frommer Sohn,
O Hannes! all dein Tag,
Halt, was vor Gottes Thron
So nah, ich sterbend sag.
Vor allem hoch allein
Lieb deinen Gott und Herrn,
Und dann den Nächsten dein,
Arbeit und helfe gern.

12.

Den Priester ehre hoch,
Folg treu der Obrigkeit,
Dank Gott für leichtes Joch
In einer schweren Zeit.
An Vater, Mutter denk
Und die Geschwister dein,
Manch Vaterunser schenk
Ins Eisgrab uns hinein.
Halt unser Kühchen gut,
Es bringt dir seinen Lohn,
Adies, mein Fleisch und Blut!" –
Da segnet er den Sohn.

13.

Hell schreit die Mutter Weh!
Hell schrein die Kinder auf,
Der starre Wogensee
Frißt ihre Stimmen auf.
Nun beten Mann und Weib
Und Kinder, Herz an Herz,
Ein angstbeseelter Leib,
Viel Hände himmelwärts:

„Ach Herr Dein Will gescheh,
Herr hab mit uns Geduld!
Auf Jesu Wunden seh,
Und nicht auf unsre Schuld!“ –

14.

Die Eisflut saust und kracht,
Das Haus schwankt wie ein Kahn,
Und weh! schon zieht die Nacht
Und kalt der Mond heran.
Die Nachbarn sehn nicht mehr
Das eisumtürmte Haus,
Von Trümmern, Bäumen schwer
Sieht kaum das Dach heraus.
Hierher geht all der Drang,
Dort schreit es, hier wird's stumm,
Von hier dem Strand entlang
Wirft's Haus und Hütte um.

15.

Hier reißet hin, dort sprießt
Das starre Wogengrab,
Und auch den Nachbarn schließt
Es alle Zuflucht ab.
Ist Mosel dies dein Dank?
Des Rheins berauschte Braut
Zerschlägst du Tisch und Bank
Dem, der den Wein dir baut.
Weh Lay, mühselig Lay!
Dich hat sie in der Hand,
Bricht Haus und Hof entzwei
Und streut dich auf den Strand.

16.

Dein Pfarrer hilft voll Mut,
Flieht dann zum Haus hinauf
Und schließt, so folgt die Flut,

Es unterm Wasser auf.
Breitbach! es bricht dein Kahn,
Der Retter merkt es kaum,
Da hebt ihn Gott hinan
Auf einen Pflaumenbaum.
Die Flut steigt zu ihm hin,
Und sieh! zu sicherm Ort
Schwingt bald sein Engel ihn
Von Scholl zu Scholle fort.

17.

Bonkirch von Diebelich!
Oft dringst du durch die Flut,
Wagst dich christbrüderlich
Für unser Gut und Blut.
Du frommer Fuhrmann hast
Dir heut das nicht gedacht,
Du kömmst zu uns als Gast
Und holst dir Gottes Fracht.
Gevatter! manches Kind
Hebst du aus Todes Tauf,
All ihre Engel sind
Vor Gott und schreiben's auf.

18.

Der Mond mit bleichem Schein
Sieht in die Jammernacht,
Noch steht der starre Rhein
Und Haus und Schiff erkracht.
Die Mosel drängt sich auf,
Eis wild auf Eis sie türmt,
Als ob um Todeskauf
Verzweiflung Notwehr stürmt.
Vom Brückengurt geschnürt
Wächst noch ihr Ungestüm,
Der Rhein steht ungerührt
Und horcht auf ihren Grimm.

19.

Sie ruft: „Entfeßle mich!
Ich türme Schanz auf Schanz,
Sieh, zürnend schaut auf dich
Der steilen Festen Kranz.
Ich habe jüngst gehört,
Bis in das Meer sei frei,
Das ist was mich empört:
Brich auf, laß mich vorbei!“ –
Wild ob dem Widerstand
Nimmt rheinauf sie den Lauf,
Wirft auf des Ufers Rand
Haushoch die Blöcke auf.

20.

„O Rhein! erbarme dich,
Ist deine Brust von Erz?
Brich, harter Nacken, brich,
Die Braut muß an dein Herz.
All die Kranzjungfräulein
Die Meurth', die Saar, die Kyll
Sie toben auf mich ein,
Die das, die jenes will,
Die rechts bald gehn bald stehn,
Sie sind nicht einig ganz,
Die links vor Grimm vergehn,
Und wollen an den Tanz.

21.

Die Thran, die Elz schon stürmt
Am Eisdamm hoch hinan
Um Neuendorf getürmt;
Rhein! sieh den Jammer an.
Bedenk, hinab hinauf,
Mit Kehr und Wiederkehr,
Ging ich von Jugend auf
Im Schlangenbett zur Lehr.

Du schweigst? die Schuld ist dein!" –
Scheu blickt sie um im Kreis,
Rast in sich selbst hinein,
Weh Gülz dir! weh dir Weis!

22.

„Du schweigst, hemmst meinen Lauf
Bis alles hingerafft!" –
So schreit die Mosel auf
In banger Leidenschaft.
„Ich kenne" – murrt sie hohl –
„Den Schlüssel deiner Brust,
Ein Opfer find ich wohl,
Dann weiß ich, daß du mußt." –
„Weh!" schreit vom Eisesdamm
Die Thran und Elz ihr zu:
„In Lay würgst du das Lamm,
Vogesenwölfin du!"

23.

Nach Lay kehrt nun ihr Lauf,
Bricht in ein Hüttchen ein,
Die Eltern fliehn treppauf
Mit den zwei Töchterlein.
Der Vater flutbedrängt
Auf Bett und Faß sich stellt,
Am Hals das Weib ihm hängt,
Sein Arm die Kinder hält,
Sein Haupt am Dach schon streift,
Zur Brust die Flut ihm springt,
Die nach dem jüngsten greift
Und ihm sein Kind verschlingt.

24.

Er steht, hält Kind und Weib,
Ach, und kann helfen nicht!
Steht, wie ein Martyrleib,

Dem man das Herz ausbricht.
Dann hebet sich das Haus,
Schwimmt wohl zehn Schritte weit,
Und steht. O Nacht voll Graus!
Nacht die zum Himmel schreit!
Als deine Flut abrinnt,
Kömmt eine Tränenflut,
Weckt nicht das liebste Kind,
Das tot am Boden ruht.

25.

Da klagen Meurth' und Saar:
„Weh, Lotharingerin!
Weh, daß ich mit dir war!
Du Kindesmörderin!" –
Die hört's und wendet sich
Nochmals zum Rhein mit Wut,
Schreit: „Weh! auf dich, auf dich
Komm das unschuld'ge Blut!" –
Sie bäumt sich, stürmt ans Tor:
„Tu auf! noch heut, noch heut!" –
Und an des Rheines Ohr
Schlägt Sturm und Notgeläut.

26.

Da seufzt der alte Rhein:
„Nun hör ich andern Ton,
Dein Toben und dein Schrein
Klang mir wie blanker Hohn.
Sitzt doch wie ich so starr,
So leichtsinnig wie du,
Noch mancher Fastnachtsnarr
Bei deinem Wein in Ruh.
Gleich dir so klagt sein Weib,
Er sitzt in Saus und Braus,
Die Herrn nach Haus erst treib,
Und dann komm selbst nach Haus!" –

27.

Die Mosel hört beschämt
Des Rheins gerechtes Wort,
Und stürmet ungezähmt,
Schwemmt all die Toren fort.
Und wasserscheu, weinsatt,
Wird mancher heimgekahnt,
Die Flut ersteigt die Stadt
Von Mauern eingezahnt.
Sankt Castor! brich den Weg!
Sankt Ritza! fleh zum Rhein!
Er liebt dich, war ein Steg
Ja einst den Füßen dein.

28.

Am Hospital zur Flut
Spricht Sankt Elisabeth:
„Kehr um, es geh dir gut!
Frei haben wir kein Bett." –
Da plätschert's an der Schwell:
„Von Nancy ging ich aus,
Bin eine Meurthewell,
Ein Gruß vom Mutterhaus!" –
„Und ich von Finsting komm,
Ein Wellchen aus der Saar,
Gut Zeit! ihr Schwestern fromm,
's ist nur, daß da ich war." –

29.

Noch stürmt das Eis am Strand
Rings um die Mauern keck,
Da steigt zur Eisblockwand
Die Mosel am Deutsch-Eck,
Und klagt: „Ein Mägdlein rot,
O Rhein, starb mir im Schoß!" –
Da jammert ihn die Not,
Er macht die Riegel los,

Er senkt sein blankes Schild
Und nimmt die Mosel auf,
Das kühne Heldenbild
Braust ihm ans Herz hinauf.

30.

Der Brücke Gurt erbebt,
Ein Brautschmuck in dem Tanz,
Sie rast, sie stürmt, sie schwebt,
Und blitzt im Mondesglanz.
Die Fesseln, das Geschmeid
Streut sie im Feld umher,
Nie war ihr Winterkleid
So kalt, so blank, so schwer.
Die Fastnacht hat vorm Jahr
Rhein, Mosel hier vermählt,
Heut hat das Riesenpaar
Den Tanzplatz sich erwählt.

31.

Stumm hat mit ehrnem Mund
Die Festung, mißgelaunt,
Eisschanzend in die Rund
Ihr Stürmen angestaunt;
Nun donnert das Geschütz
Vorrollend vor der Flut;
Daß Mühl und Schiff man schütz,
Flammt Pech- und Fackelglut.
Die Ufer schimmern weit,
Ein Feur- und Glutspalier,
Not, Jammer, Angst und Streit
Gab Pracht der Nacht und Zier.

32.

Das Weh, das all geschah,
Deckt schier die Mitternacht,
Als rettend niedersah

Der Herr, der ob uns wacht,
Als rings sich Dankgeschrei
Aus Angst und Not erhob;
Im Nachbarhaus zu Lay
Erklang auch Dank und Lob,
Und mit dem Hannes arm
Flehn alle brünstiglich:
„Ach Herr und Gott erbarm
Der Eltern Seele dich!“

33.

Und stiller wird's Gebraus:
„Horch, horch, hörst du den Schrei?
Ach Jesus, dort vom Haus,
Als ob's der Vater sei?“ –
„Gelobt sei Jesus Christ!“ –
„In alle Ewigkeit!“ –
„Amen.“ – „Es ist, es ist
Die Mutter, die so schreit!“ –
„Helft, helft wie naß und kalt!“ –
„Das ist der Kinder Stimm.“ –
„Auf! Nachbarn braucht Gewalt!
Auf! Hannes schwimm und klimm!“

34.

Sie brechen eine Bahn
Durch Eis und Trümmer kraus,
Und klettern kühn hinan
Ins gottumschirmte Haus,
Und ziehen einen Schatz
Von Jesu Treu hervor:
„Der Vater ist's, macht Platz,
Die Mutter zieht empor,
Und lebend Kind vor Kind“:
Wo drei zum Vater mein
Vereint im Beten sind
Will ich bei ihnen sein. –

35.

Wer klimmt herab vom Wald
Mit seinem Bündelein?
So klar, ich meinte bald
Es könnt ein Engel sein.
Vielleicht ein frommes Kind,
Das Holz den Eltern schleift,
Das Wetter ist ganz lind,
Doch scheint sein Haar bereift.
Es ist der junge Tag,
Tritt scheu ins Dorf hinein,
Schaut um, als ob er frag:
Wer kauft hier Sonnenschein?

36.

„Sagt, bin ich recht? ist's Lay?
Ich ruf: Wo sein die Leut?
Mich grüßt nur Wehgeschrei
Aus Trümmern wild zerstreut.
Auch fehlt ein Töchterlein,
Heut nickt es mir nicht zu
Durch das Eisfensterlein,
Heut hält es lange Ruh!" –
Da rief der Mond ganz krank:
„Suchst du das Mägdlein rot?
Schau von dem Eisblock blank
Ins Stübchen, drin liegt's tot.

37.

Ich hab mich krank und bleich
Bei ihm verweint, verwacht,
Es ist 'ne schöne Leich,
Den Sarg hat Gott gemacht.
Ist wie Krystall so weiß,
Vom Kreuze an der Wand
Fiel auch ein Palmenreis,
Liegt bei des Kindes Hand

Und sein Gebetbüchlein
Liegt auch nicht gar zu fern,
Lang las ich drin allein,
Gab's dann dem Morgenstern." –

38.

Da sah der junge Tag
Hinein ins Kämmerlein,
Gar lieb das Mägdlein lag
Im ersten Sonnenschein.
„'s ist alles was ich hab,
Wart nur noch Wochen vier,
Dann auf ein grünes Grab
Bring ich die Veilchen dir." –
Dann schleicht er still aufs Haus,
Das eisgestützt draus steht,
Und kniet und weint sich aus,
Und singt sein Frühgebet.

39.

„Lob Gott du Wassersnot,
Lob Gott zu Eisgang wild,
Ein Schwert auf sein Gebot,
Auf sein Gebot ein Schild.
Lob Gott du armes Haus,
Lob Gott du Mann und Kind,
Er hört in Flutgebraus
Die zu ihm betend sind.
Lob Gott du armes Lay,
Lobt Gott ihr Trümmer kraus,
Er bricht das Haus entzwei,
Und bauet auch das Haus." –

40.

Der Tag zog heim ins Land,
Da stieg ein Freund nach Lay
Herab die steile Wand:

Weh welche Wüstenei!
Da füllt manch starre Hand,
Der nichts mehr übrig blieb
Als Trümmer an dem Strand,
Die Hand, die dann mir schrieb:
„Ich sah draus ungeschützt
Das Haus weit ausgesetzt,
Gebrochen, eisgestützt
Hielt Gott es bis zuletzt.

41.

Ich sah den guten Mann
Und mit ihm Weib und Kind,
Er zählt sie, schaut sie an,
Ob all beisammen sind.
Im Rathaus einquartiert
Geht selig er umher,
Und weint und triumphiert,
Als ob er Kaiser wär.
‚Sagt, Freund, wie wunderlich,
Wie ging's dann nur?' ‚Ei seht,
Mein Weib, die Kinder, ich,
Wir haben halt gebet't!' –

42.

Und wer es nicht gesehn,
Wer schüttelt mit dem Haupt,
Wer's nicht will zugestehn,
Wer ans Gebet nicht glaubt:
Der gehe stolz nach Lay
Und seh die Hütte an,
Und rufe frank und frei:
Nur Gott hat dies getan!
Und dann ans Herz er poch,
Vielleicht sein Herzenseis
Schmilzt vor dem Eise noch
Zu Lay. Glück auf die Reis!" –

43.

Geh betteln armes Lied,
Geh um von Tür zu Tür,
Sprich: „Diesem Haus sei Fried!
Daß Gott die Herzen rühr.
Er war so stark und mild,
Drum sang das Mitleid mich;
Du Mensch, sein Ebenbild,
Du auch erbarme dich.
Kauf mich, so wird ein Stein,
Der an der Hütte baut,
Dem milden Fraunverein
Zu Koblenz anvertraut."

10. Jänner 1834

Wo schlägt ein Herz das bleibend fühlt?
Wo ruht ein Grund nicht stäts durchwühlt,
Wo strahlt ein See nicht stäts durchspült,
Ein Mutterschoß, der nie erkühlt,
Ein Spiegel nicht für jedes Bild
Wo ist ein Grund, ein Dach, ein Schild,
Ein Himmel, der kein Wolkenflug
Ein Frühling, der kein Vögelzug,
Wo eine Spur, die ewig treu
Ein Gleis, das nicht stäts neu und neu,
Ach wo ist Bleibens auf der Welt,
Ein redlich ein gefriedet Feld,
Ein Blick der hin und her nicht schweift,
Und dies und das und nichts ergreift,
Ein Geist, der sammelt und erbaut,
Ach wo ist meiner Sehnsucht Braut;
Ich trage einen treuen Stern
Und pflanzt ihn in den Himmel gern
Und find kein Plätzchen tief und klar,

Und keinen Felsgrund zum Altar,
Hilf suchen, Süße, halt o halt!
Ein jeder Himmel leid't Gewalt.
Amen!

An eine Feder 17. Jenner 1834

Danke, danke, süße Feder!
Liebchen ist es, die dich schnitte,
Solche Huld geschieht nicht jeder,
Denn sie hat nach Kindersitte
Dich mit ihrem Mund benetzet,
Ihre süße linde Lippe,
Die noch nie ein Kind verletzet,
Küßte lindernd deine Nippe,
Und du trankst auch eine Zähre,
Die um mich sie hat vergossen,
Federchen nicht mehr begehre,
Du hast Lust und Leid genossen,
Schwarz will ich dich nie betinten,
Tinte ist so herb und bitter
Und ein Linderkuß gleicht linden
Rosen um ein Perlengitter
Komm und schreib: Mit meinem Blute
Das die Linde hat versüßet,
O du Liebe, Süße, Gute!
Sei vom treusten Herz gegrüßet
Das an deinem Herzen ruhte
Und gerungen und gebüßet
Und geküßt die scharfe Rute
Wie ein Kind, als sie erblühte
Unter deinen linden Händen,
O du Überfluß der Güte
Willst du nicht dein Werk vollenden?
Lasse doch die Dornenhiebe

Rosen deiner Seele tragen,
Daß mein Blut sich Ruh erschriebe:
Laß die linde Lippe sagen:
Ich vergebe, denn ich liebe.

7. April 1834

Süsser Trost in heißen Stunden,
Da die Liebste, die mir lebt,
Zitternd vor mir stand in Wunden
Und doch nicht vor mir erbebt.

Da sie mir mit heißem Flehen,
Der demütig sie umfing,
Wahr ins bange Aug gesehen,
Daß mir's durch die Seele ging.

Und ich fleht, ach mir alleine
Rechne diese Glut nicht an,
Deine Flamme war die meine,
Beide faßte uns der Wahn.

Süßes Kind, in deinen Wunden
Bist du so unendlich schön,
All mein Schmerz muß da gesunden
Wie in sel'gem Wiedersehn.

Alles, was da je geschieden,
Ewig innig sich erkennt,
Und ein wonnetrunkner Frieden
Mir im Herzen jauchzt und brennt.

Schließest Lippen du und Augen,
Wird ein Feuerblick dein Leib,

Wird dein Mund ein Feuerhauchen,
Wirst du schöner als ein Weib.

Hungern kann ich, harren, missen,
Doch, dich hingegeben sehn,
Und bedecken nicht mit Küssen
Müßt ich kalt im Feuer stehn.

Du bist wahr, wie nie im Leben
Wahrheit mir entgegentrat,
Und so wirst du mir vergeben,
Was dir selbst entgegentrat.

Soll ich arm mein Elend bauen,
Dann hab Mitleid und gib mehr,
Gib mir kindliches Vertrauen
Dann wird alles leicht, was schwer.

Aus der Ferne schon gib Winke,
Mahnt das Herz in deiner Brust,
Daß ich trinkend nicht ertrinke
Gib mir Innigkeit statt Lust.

Kind, wie auch der Blitz der Wonne
Mich an deiner Brust durchzückt,
Schrei ich doch nach einer Sonne,
Die dein Blick mir hart entrückt.

Und ich fleh zum blühnden Munde:
Sprich doch: „Armer, schone mein!
Soll sie heilen deine Wunde,
Halte meine Hand auch rein!

Gütig will ich zu dir blicken,
Will dich tragen in Geduld,
Will dir freundlich kindlich nicken,
Kühlen dich mit meiner Huld!

Ach! vielmehr noch will ich geben,
Armes mir verfallnes Herz!
Täglich soll dich rein durchbeben
Meine Freude und mein Schmerz!

Laß uns sein doch wie die Kinder,
Gütig, heiter, süß und rein,
Dann will dir ich immer linder
Deine arme Linder sein.

Willst du still in meinem Garten
Blumen dir und Heilkraut baun,
Mußt du auch der Beete warten,
Brechen nie den schwachen Zaun.

Willst du Rosenpfade bahnen,
So verblute nicht im Dorn,
Um die lockenden Zyanen
Tritt mit Füßen nicht dein Korn.

Sei fein still, in mir gefangen
Stirbst du nicht den Hungertod
Ich bin lind, du sollst empfangen,
Süße Blumen, reines Brot.

Hüte mir, ich will dir hüten,
Dieses feuertrunkne Blut
Bittre Frucht nach süßen Blüten
Wächst auf ungerechtem Gut.

Glaube fest doch an mein Wissen
Auch ich glaube, daß du weißt
Daß dich meine Reu zerrissen,
Deine Reue mich zerreißt.

Wie soll ich dein Herz je nehmen,
Das du mir so flehend bringst,

Da die Hände mit Beschämen
Du mir vor die Augen zwingst.

Willst du je mein Herz umfassen
Mit der Liebe Blütenreis,
Willst du nie es fallen lassen
Mach es nicht so glühend heiß.

Armer Freund, ach meine Gluten,
Sind nicht deines Herzens Glut,
Diese süß entflammten Fluten
Sind mein leicht entzündlich Blut.

Hüt mein Feuer, hüt die Flammen,
Denn dies freie Element
Schmilzt dir nimmermehr zusammen
Was zur Asche es verbrennt.

Wärme dich in meiner Sonne
Kühle dich in meinem Mond,
Trinke meiner Sterne Wonne
Der auf meiner Erde wohnt.

Alle Blumen, süß und reine
Die ich treibe auf zum Licht
Tränk mit Tränen, bis auf eine
Da dein Herz in Liebe bricht."

Also fleht ich, mögst du sprechen,
Wahrheit! du hast mir genickt
Und der will dein Wort nicht brechen
Wahrheit den du angeblickt.

Ein Becher voll von süßer Huld
Und eine glühnde Ungeduld

Und eine arme trunkne Schuld
Sie lehren mich zu flehen!

Du Becher voll von süßer Huld
Vergib der glühnden Ungeduld
Vergib die arme trunkne Schuld,
Die ins Gericht will gehen.

Den Becher voll von süßer Huld
Darf heut die glühnde Ungeduld
Zur Buße armer trunkner Schuld
Nicht sehn, und möcht vergehen!

Das freut den Becher süßer Huld
Das schmerzt die glühnde Ungeduld
Das straft die arme trunkne Schuld
Mit bittern, bittern Wehen.

O Becher voll von süßer Huld,
Woll nicht die glühnde Ungeduld,
Ob ihrer armen trunknen Schuld,
Die heute büßt, verschmähen.

Fließ über Becher süßer Huld,
Werd Asche glühnde Ungeduld,
Die mag die arme trunkne Schuld
Gemischt mit Tränen säen.

Auf daß du Becher süßer Huld
Um dich in Schmerzen der Geduld,
Still auf dem Grab der armen Schuld
Die Lilie kann erstehen.

Die Lilie, die voll süßer Huld,
Du sahst im Garten der Geduld
Mit Stern und Engel ohne Schuld
Du leuchten hast gesehen.

7. Juni 1834.
Aus einem Briefe nach Karlsbad

Was heiß aus meiner Seele fleht,
Und bang in diesen Zeilen steht
Das soll dich nicht betrüben
Die Liebe hat es ausgesäet
Die Liebe hat hindurchgeweht,
Die Liebe hat's getrieben.

Und ist dies Feld einst abgemäht,
Arm Lindi durch die Stoppeln geht,
Sucht Ähren, die geblieben,
Sucht Lieb, die mit ihr untergeht,
Sucht Lieb, die mit ihr aufersteht,
Sucht Lieb, die ich mußt lieben!

11. Juni 1834 nach Karlsbad

Alles lieben oder Eins lieben
All – Eins

Still folgt die Liebe deinen Schritten,
Denn alle Lust und alle Pracht,
Die dich ergötzt in Kunst und Sitten,
Hat sie ja selbst für dich erdacht.

Ich darf nicht rings umher mehr blicken
Der Farben Glut, der Formen Zier
Der Lüfte Wehn, der Blumen Nicken
Ist all für dich, kömmt all von mir.

Es wird kein stolzes Schloß gebauet,
Es wird kein edles Bild geschnitzt,

Die Liebe hat es durchgeschauet,
Die Liebe hat hindurchgeblitzt.

Weil du in Vielem liebst zu leben
Hab Vieles ich dir herbestellt,
Als Gott der Liebe sich ergeben,
Da kamst du selbst mitsamt der Welt.

Da kam auch ich mit meiner Liebe
Und alle Kunst und aller Sinn,
Und daß ich wüßt, wo Alles bliebe
Trug ich es zu der Einen hin.

Du gehst ganz lustig durch spazieren
Und drehst das Hälschen in die Rund,
Ich habe Eins nur zu verlieren,
Mit dir geht Alles mir zu Grund.

Du suchest das in allen Dingen
Was ich in dir gefunden hab,
Du möchtest allen Liebe bringen,
Ich tret der Lieben Alles ab.

Du suchst die Liebe rings entfaltet
Ich sehe sie in dich verhüllt,
Nichts hast du, was sich dir gestaltet,
Ich hab dich nicht du süßes Bild.

Was du inmitten von vier Winden
Zu suchen hin und her dich drehst
Kann mir in vier Fischbeinchen schwinden,
Wenn du ein bißchen schneller gehst.

Du möchtest in der Liebe wählen
Ich folge Arm Lind dir, weil ich muß.
Du möchtest die Gestirne zählen
Ich fand die Welt in einer Nuß.

Süß Lieb, das ich muß heiß verlangen,
Arm Lind, all, was du krank vermiss'st,
Wir werdens einst in Uns umfangen
In dem, der Eins und Alles ist.

Mir brennet in dem kranken Herzen
In einem Flammenblumenstrauß.
Von unermeßner Art der Schmerzen
Die tiefgebeugte Seele aus.

Und du, durch die der Strauß erblühet,
Streckst wohl zu ihm die feine Hand
Scheust nicht die Glut, aus dir erglühet,
Scheust nicht dies Herz von dir entbrannt,

Und wenn die Feuerblumen blitzen
Von meiner Tränen heißem Tau
Zählst du mit kühlen Fingerspitzen
Die Blümchen auf des Traumes Au.

Ich hab den Schmerzenstrauß gedichtet,
Der flammend mir im Herzen rast,
Und hab in Flammen es vernichtet
Daß nicht die Glut dein Herz verglast.

Ich habe viel zu dir gesprochen
Auch letzte Worte bis zum Tod,
Und hab mein Herz vor dir gebrochen,
Wie ich dir brechen darf dein Brot.

Ich leb nicht mehr, lieg unbegraben,
Mein Schatten fleht in heißer Buß,
Süß Lieb, soll mich mit Tränen laben,
An der schwarzlaub'gen Linde Fuß.

Zur Stunde, die in Sehnsucht zagt,
Dem Schiffer tief das Herz beweget
Der Freunden heut Lebwohl gesagt,
Und Liebe in dem Pilger reget,
Hört er, wie ferne Abendglockenklänge scheinen
Den Tag, den sterbenden, wehklagend zu beweinen.

Da ward mein Herz so schwer, so schwer,
Ich schiffte einsam auf den Wogen,
Da hat dein Lied vom Felsen her
Mich in die Brandung hingezogen
Sirenenkind, ich mußt an deinen Klippen stranden
Mich lockten Flammen, die auf deinen Lippen brannten.

Ich drang zu dir, ich rang zu dir
Der Unerkannten, Tiefverwandten,
Du wichst vor mir, du schlichst zu mir
Und legtest mich gebannt in deine Banden,
Da sank dein schlummernd Haupt an meines Herzens Wunde.
Und flüsterte dein heimlich Lied aus blühndem Munde.

Sirene

„Ach hätt ich doch kein Schiff erblickt
Ach wär ich länger einsam blieben,
Die Sehnsucht hat mir's hergeschickt,
Mein Sehnen hat mir's zugetrieben,
Die arme Liebe ruht mir selig in den Armen,
Armselige du träumst, dich wieget mein Erbarmen!

Wen ich könnt lieben, hab ich nicht,
Der heiß mich liebt, ist nur mein eigen,
Und meiner Liebe heimlich Licht
Kann seiner Glut nur Mitleid zeigen
Den Sternen send ich meiner eignen Sehnsucht Qualen
Die Lichteskküsse mir zu meinen Lilien strahlen.

Ein Fruchtbaum ganz von Früchten schwer
Senkt seinen Himmel zu der Erden,
Kömmt stark ein Sturm von Osten her,
Kann er nicht froh erschüttert werden
Er schüttelt ab die Früchte und die schwachen Blüten,
Und meine Träume, die mir nachts so heilig glühten.

Der heiße Tag kühlt sich am Mond
Doch Meer und Blut hat Flut und Ebbe,
Kein Friede je der Liebe lohnt
Trägt andrer Sehnsucht sie die Schleppe!
Weh! träum ich Liebe, muß den süßen Traum ich hassen,
Denn ungeliebte Liebe kann mich nicht mehr lassen!"

Der Schiffer

So sang das Kind, ich hörte zu
Und fleh, laß dich durch mich nicht stören,
Mich singt dein Lied zur ew'gen Ruh,
Dir will ich ew'gen Frieden schwören,
Im letzten Augenblick sprichst du in Tränenbächen
Er liebte mich allein bis Herz und Augen brechen.

22. Juni 1834
nach Karlsbad

Den ersten Tropfen dieser Leidensflut,
In der ich wehrlos, elend bin ertrunken,
Und auch von dieser grimmen Glut,
Die all mein Sein verzehrt, den ersten Funken,
Des Traumes Blumenrand, wo ich geruht,
Eh in des Schmerzes Abgrund ich gesunken.
Das erste Tröpflein von dem Feuerblut,
In das ich wagt, den Finger einzutunken,
Um wehe mir! mit irrer Wut
An Leib und Seele liebeszaubertrunken

Von mir zu schleudern, weh! mein letztes Gut,
Und weh! mit meinem Elend noch zu prunken
Vor meiner Seele, arger Übermut!
– Ich kenn das all, schiffbrüchig auf dem Meer
Schwimmt drohend es in Trümmern um mich her.
Weh! – der Syrene nackte Schulter blank,
An der gescheidert ich den Sinn verloren,
Zuckt dort empor und weh! – das Leibchen schlank,
Das kranke Herz, das mich zu Tod geboren,
Die Hand, die mich getauft, genährt mit Zaubertrank,
Sie hebt sich drohnd – es schallt zu meinen Ohren:
„Mein lieber armer Freund! wie krank! wie krank!
Horch! Schlummerlied vom Schicksal eines Toren,
Viel hättest du mir helfen, nützen können,
Nun muß die Flut, die uns umarmt, uns trennen,
Die Woge die mich kühlet, dich verbrennen!

Auf wundenvoller Straße
Mußt du gespenstend gehen,
Wo dir mit allem Maße
Ich Quelle aller Wehen,
Ich Welle aller Wonnen,
Die Adern hab durchronnen.

Wo mich, die dir vertrauet,
Du schmählich hast verloren,
Wo, was du kaum erbauet –
– O schon' des kranken Toren
Schlaf, schreiendes Gewissen! –
Du nieder hast gerissen!

O Platz der Promenade!
Haus, gelb mit zweien Pforten,
Da fandst du Recht für Gnade,
Bist hingerichtet worden,
Wo du dich hast verschuldet,
Hast du dein Recht erduldet.

Dein Geist hat keinen Frieden
Nach deinem Tod gefunden,
Er muß mit ew'gem Sieden
Der Tränen mich umrunden,
Weil Flammen er erweckte,
Die kühle Woge deckte.

Weh Flammen, grüne Flammen,
Die nun mit blinden Trieben
Dem Holze neu entstammen,
Das er zur Glut gerieben,
Und wenn es wieder grünet,
Ist er noch nicht versühnet.

Und wenn es wieder blühet
Und weiß von Blüten kühlet,
Und heiß von Früchten glühet,
Ein Feuer dich durchwühlet,
Das Feuer meiner Triebe,
Das Feuer deiner Liebe.

O Herr, hör laut im Traume
Die arme Seele wimmern,
Ach laß dir aus dem Baume
Für sie ein Kreuz doch zimmern
Und richt es auf am Pfade,
Wo sie verlor die Gnade!

Schreib drauf, weil er erwühlet
Die Glut, die ich bedecket,
Er nun die Flammen fühlet,
Die selbst er hat erwecket,
Bis Glut von meinem Herde
Einst diese Glut verzehrte.

Und bis die Promenade
Ein Saatfeld goldner Körner

Ein Erndefeld der Gnade,
Und rings im Zaun nur Dörner,
Und bis dies Kreuz wird blühen
Muß diese Seele glühen.

Bis dahin betet alle
Für diese arme Seele,
Daß sie nicht tiefer falle
Und still die Tränen zähle,
Bis Herzblut der Syrenen
Heiß wird, wie Reuetränen."

Und als sie so gesungen
Ein bißchen süß gegaukelt,
Und sich herum geschwungen
Geschlungen und geschaukelt
Rief sie: „Gut Nacht mein Brüderchen
Addio! schreib, mach Liederchen."

Nun streifet mein Gebieterchen
Schon ab das feine Miederchen
Und streckt die reinen Gliederchen,
O Engel seine Hüterchen,
Deckt sie mit dem Gefiederchen,
Und singt ihr kleine Liederchen,
Baut eure keuschen Nesterchen
Und legt ein englisch Pflästerchen
Ans Herz dem neuen Schwesterchen,
Daß es, was gut es eingeschnürt,
Nun aufgeschnürt nicht gleich verliert!

Die Abendwinde wehen,
Ich muß zur Linde gehen,
Muß einsam weinend stehen,
Es kommt kein Sternenschein;

Die kleinen Vöglein sehen
Betrübt zu mir und flehen,
Und wenn sie schlafen gehen,
Dann wein ich ganz allein!
„Ich hör ein Sichlein rauschen,
Wohl rauschen durch den Klee,
Ich hör ein Mägdlein klagen
Von Weh, von bitterm Weh!"

Ich soll ein Lied dir singen,
Ich muß die Hände ringen,
Das Herz will mir zerspringen
In bittrer Tränenflut,
Ich sing und möchte weinen,
So lang der Mond mag scheinen,
Sehn ich mich nach der Einen,
Bei der mein Leiden ruht!
„Ich hör ein Sichlein rauschen,
Wohl rauschen durch den Klee,
Ich hör ein Mägdlein klagen
Von Weh, von bitterm Weh!"

Mein Herz muß nun vollenden,
Da sich die Zeit will wenden,
Es fällt mir aus den Händen
Der letzte Lebenstraum.
Entsetzliches Verschwenden
In allen Elementen,
Mußt ich den Geist verpfänden,
Und alles war nur Schaum!
„Ich hör ein Sichlein rauschen,
Wohl rauschen durch den Klee,
Ich hör ein Mägdlein klagen
Von Weh, von bitterm Weh!"

Was du mir hast gegeben,
Genügt ein ganzes Leben

Zum Himmel zu erheben;
O sage, ich sei dein!
Da kehrt sie sich mit Schweigen
Und gibt kein Lebenszeichen,
Da mußte ich erbleichen,
Mein Herz ward wie ein Stein.
„Ich hör ein Sichlein rauschen,
Wohl rauschen durch den Klee,
Ich hör ein Mägdlein klagen
Von Weh, von bitterm Weh!"

Heb Frühling jetzt die Schwingen,
Laß kleine Vöglein singen,
Laß Blümlein aufwärts dringen,
Süß Lieb geht durch den Hain.
Ich mußt mein Herz bezwingen,
Muß alles niederringen,
Darf nichts zu Tage bringen,
Wir waren nicht allein!
„Ich hör ein Sichlein rauschen,
Wohl rauschen durch den Klee,
Ich hör ein Mägdlein klagen
Von Weh, von bitterm Weh!"

Wie soll ich mich im Freien
Am Sonnenleben freuen,
Ich möchte laut aufschreien,
Mein Herz vergeht vor Weh!
Daß ich muß alle Tränen,
All Seufzen und all Sehnen
Von diesem Bild entlehnen,
Dem ich zur Seite geh!
„Ich hör ein Sichlein rauschen,
Wohl rauschen durch den Klee,
Ich hör ein Mägdlein klagen
Von Weh, von bitterm Weh!"

Wenn du von deiner Schwelle
Mit deinen Augen helle,
Wie letzte Lebenswelle
Zum Strom der Nacht mich treibst,
Da weiß ich, daß sie Schmerzen
Gebären meinem Herzen
Und löschen alle Kerzen,
Daß du mir leuchtend bleibst!
„Ich hör ein Sichlein rauschen,
Wohl rauschen durch den Klee,
Ich hör ein Mägdlein klagen
Von Weh, von bitterm Weh!"

In Lieb? – In Lust? – Im Tod? Verschmachtet? trunken?
Ob Odem von der süßen Lippe fließt?
Was ist's, das der gefallne Becher gießt?
Hat Gift, hat Wein, hat Tränen sie getrunken?

Kein Öl, die Lampe, oder keinen Funken?
Ob ihr ein Gott? ein Krampf? den Mund verschließt?
Ob rings nur Dorn? ob keine Rose sprießt,
Ist an ein Herz das andre hier gesunken,

Sag? diese Arme wollen Flügel werden –
Nein Falten sind es – Leichentuches Falten
Das liebe Haupt strahlt Gloria – zerraufte Haare!

Sink nieder, Nacht! nein! Blitz strahl zu der Erde
Deck zu, erleucht des Zweifels Peingestalten
Verhüll, enthüll das Rosenbett, die Bahre.

Alhambra

Am Vorabend des Advents

Es saß ein Mägdlein an dem Wege,
Die Augen sahen klar ins Licht,
Die Händchen übers Herz geleget,
War's stille, stille, redet nicht.

Und rings ums Kind war süßer Frieden,
Und um des grünen Röckleins Saum
Schneeglöckchen lieblich nickend knieten,
Der Winter träumte Frühlingstraum.

Von allen Vöglein auf den Zweigen,
Da rührt sich keins, sie winkten sich,
Sie wollten alle stille schweigen,
Kein Lüftchen durch die Blätter strich.

Ein Pilger, der daneben ruhte,
Sprach leise: „Sag, du liebes Kind,
Wie ist dir's denn so still zu Mute,
Als wenn der Schlummer Träume spinnt?“

Da seufzt das Kind: „O daß ich läge
In einem Bettchen ausgestreckt,
Und nicht so einsam hier am Wege,
Die Mutter hätt mich zugedeckt.

Und würde mich gar leise wiegen,
Bis mich ein Engeltraum beschlich,
Und würd sich zu mir niederbiegen,
Und küssen mich, und segnen mich.

Mir ist's so stille jetzt im Herzen,
Ich fühle ganz mich wie ein Kind,

All meine Freuden, meine Schmerzen,
Sie spielen wie ein Blatt im Wind.

Ich sehe in Großvaters Zimmer,
Der lang schon tot – er liebte mich,
's ist Donnerstag, da komm ich immer,
Und freue an den Bildern mich.

Die vielen Bilderbücher liegen
Dort auf dem Muschelmarmortisch,
Da bin ich jetzt so voll Vergnügen,
Als nur im Wasser je ein Fisch.

Ich und die Schwester still beschauen
Von Sadler das Einsiedlerbuch,
Und gleich wir uns ein Hüttchen bauen
Dort unterm Tisch, behängt mit Tuch.

Da sind wir still in unserm Hause,
Und schauen uns die Klausner an
In Wald, in Höhle, Fels und Klause,
Und was sie alles dort getan.

Und wenn Großvater disputieret
Mit einer Jungfrau fromm und klug,
Und Glaubenszweifel explizieret,
Bis sie ihn mit der Bibel schlug;

Da hören wir, was in dem Buche
Wir öfters abgebildet sehn,
Den Zweifel, daß er ihn versuche,
Zum alten Eremiten gehn.

Ach, wie ist's rings so voller Sachen,
Dort Männchen, Tierchen feingeschnitzt,
Und wenn das Schränkchen auf wir machen,
Die Steine, Muscheln, wie das blitzt!

Herrje, was ist das, ich erschrecke,
Die Katze mir zur Schulter springt,
Sie lauerte dort in der Ecke,
Und weh, der schöne Traum versinkt!“

Da sprach der Pilger: „Liebe Waise,
Ich war bei allem auch dabei,
Denn ewig bin ich auf der Reise,
Damit ich ewig bei dir sei.“

Das Mägdlein sprach nach kleiner Stille:
„Mich dünkt, daß ich ein Kätzchen wär,
Nichts fehlet, nichts, als nur mein Wille,
Ich lief auf steilem Rand umher;

Ich könnt von Ast zu Ast hinspringen,
Von Fels zu Fels, auch noch so steil,
Und mehr – ja durch die Luft hindringen,
Adje, fort bin ich – bin ein Pfeil!“ –

Da sprach der Pilger: „Liebe Waise,
Gleich bin ich wieder auch dabei,
Dein Seelchen fliegt in meinem Gleise,
Ob’s Kätzchen, ob ein Pfeil es sei.“

Das Mägdlein sprach nach kleiner Weile,
Indem ihm süß die Lippe blüht:
„Ich ruh an einer feinen Säule,
Wie kühl ist’s hier! die Sonne glüht!

O goldne Zier der Wunderhallen,
O linde Luft, wie süß, wie müd!
Der Springbrunn plätschert, und sein Lallen
Singt mir ein buntes Schlummerlied;

Ich ziehe leis durch die Alhambra,
Der Blumensäulen Traumpalast,

Ein Weihrauchwölkchen, süß wie Ambra,
Schweb ich beim Märchen hier zu Gast.

Wer bin ich denn, bin ich die Wonne,
Die hier ihr Traumgezelt gespannt,
Bin ich ein Strahl der heißen Sonne,
Sich kühlend auf des Springquells Rand?

Bin ich ein Geist aus diesen Hallen?
Ein Vogel, der im Laub dort singt?
Bin ich dort aus dem Nest gefallen,
Ein Täubchen, das die Flügel schwingt?

O, heißer Duft der Pomeranzen
Komm, kühle dich in meinem Blut!
Ich möchte auf dem Springquell tanzen,
Mir ist's so leicht, so frei zu Mut!

Ich laß mir einen Teppich bringen,
Lieg auf dem Marmor hingestreckt,
Die Vögel blühn, die Blumen singen,
Ein Himmel hat mich zugedeckt.

Komm Sinnspruch, kommt ihr goldnen Sterne,
Komm Schicksal vom Lazur-Gezelt,
Komm nah und näher ew'ge Ferne,
Komm, küsse mich, du süße Welt!

Horch! Mitten inne pocht das kleine,
Das leicht bewegte Kinderherz,
So ganz allein, allein, alleine!
Und sehnt nach Freude sich und Schmerz!

Hier kann ich keine Zeitung lesen,
Noch philosoph'sche Abhandlung,
Ich bin ja hier ein andres Wesen,
O, welche süße Umwandlung!

Mein Schmetterling bricht durch die Larve,
Ein Blumensegel ihn entführt,
Mein Seelchen schwebt wie Klang der Harfe
Vom Kuß der milden Luft berührt.

Sprich, Traum der Wahrheit, kann ich lügen?
Kann mich, den Stolz der Pünktlichkeit,
Bezaubern müßiges Vergnügen?
Küßt hier der Rausch die Nüchternheit?

Verräterei, wer hat die Wonne,
Die sehnend mir im Blute sinnt,
Wer hat hier ausgeblümt zur Sonne,
Was tiefgeheim mein Seelchen spinnt?

O Sehnsucht, Schwalbe meines Geistes,
Die durch die Sonnenhallen schweift,
Wie heiß das kleine Herz, du weißt es
Wenn leis dein Flug den Springquell streift.

O, Blumen blühend, keusche Lippen,
O, Bienen glühend, treuer Kuß,
O, Schmetterling, du flatternd Nippen,
Sagt nicht was ich verschweigen muß!

O, Dämmerlicht der bunten Säle,
Von Licht und Liedes Gold gesäumt,
Du bist der Schleier meiner Seele,
Die über ferner Liebe träumt.

So kühn und groß hier die Begierde
Im Blumenkelch den Rausch kredenzt,
So tief verwandt ist mir die Zierde,
Die hier den Helm mit Rosen kränzt.

Ich bin's, ich bin's, mit Kinderlallen,
Auf feinen Säulchen schlank und hold,

Durchkühlt von hüpfenden Kristallen,
Spannt gern mein Geist ein Netz von Gold.

Drin fang ich mir die heiße Sonne,
Und flecht ihr fein das goldne Haar,
Tauch sie in kühlen Bades Wonne,
Da scheint sie mir nochmal so klar.

Kristallgespinst des Morgenfrostes,
Im Sonnenfeuer ausgeglüht,
Geheimnis des bewegten Mostes,
Wenn draus die Rebe wieder blüht!

Von mir gefühlt, von mir gesponnen,
Gewebt, erlebt! – du Zauberlust,
Die hier umschirmt den Löwenbronnen,
Lagst wie ein Kind an meiner Brust!

Berauscht vom Duft der Rosenhecken,
Wo kühn die Lust dem Dorn entschlüpft,
Trägt Löwen-Großmut Marmorbecken,
Vom Demanttropfen kühl durchhüpft.

O Halle der Abencerragen!
Die Blutspur klaget laut genug,
Die Wunden, die mir sind geschlagen,
Die Wunden, die ich andern schlug.

Dies Seufzen, Stöhnen, Flehen, Schwirren,
Die Geisterklage, die hier tönt,
Sie fleht zu mir – dies bange Girren!
Es fleht aus mir, ach seid versöhnt!

Ach fortgehn, fortgehn! bitte, bitte!
Ins Gärtchen dort ich gehen will,
Dort blüht's in des Palastes Mitte,
In sich gehüllt geheim und still.

Kleinod der süßen Lindachara,
Du der Alhambra Blumenstrauß,
Lieb sprichst du süß, wie Dulcamara,
Mit Leid in einem Namen aus.

Beschloßnes Gärtchen aller Wonne,
Wo keusch der Mond im Brunnen spielt,
Und sich der Strahl der Mittagssonne,
Im Schoß der vollen Rose kühlt.

Hier will ich mich im Bad erfrischen,
Von Ros' und Myrten dicht versteckt,
Von duftenden Zitronenbüschen
Und Goldorangen zugedeckt.

Du bist aus meinen Heiligtumen,
Du Gärtchen, dessen Inschrift spricht:
‚O, stille Kerzen, Erdenblumen,
Entbrannt vom Himmels-Sternenlicht.'

Was gleicht den Alabasterbronnen,
Aufwallend vom kristallnen Tau,
Als du, o Mond, voll Sehnsuchtswonnen
In wolkenloser Himmelsau.

Versteckt von kalter Marmorzinne
Bist du, o Gärtchen, nur mein Herz,
Drin blüht, und glüht und träumt die Minne,
Geheimnis decket Lust und Schmerz!

Mir ist, als ob an allen Ecken
Ich auf in tausend Blumen ging,
Mir ist, als ob an allen Hecken
Ich wie ein Flöckchen Wolle hing.

Ich bin der Vogel und das Nestchen,
Das Mütterchen und auch das Ei,

Ich brüte, zwitschre auf dem Ästchen,
Und trage Futter auch herbei.

Ich fühle mich gebaut, gemalet,
Geschnitzt, geblüht, in diesem Haus,
Und in dem Springquell ausgestrahlet,
Ich sag es ja – bin jäh – bin kraus.

Wer hat mein Gürtelchen gelöset,
Wer streute meinen Blumenkranz,
Hier so von allem Schutz entblößet,
Bezaubernd aus im Sonnenglanz?

Horch! still! – ach! das sind Männerschritte!
Weh mir! – welch junges Heldenbild!
Nicht her! – nicht her! ach bitte, bitte!
– Er steht und deckt sich mit dem Schild!

Und spricht: ‚Ich bin Gazul, vor Zeiten
Der süßen Lindachara Freund,
Ich muß in ihrem Gärtchen schreiten,
Bis hier ihr Ebenbild erscheint,

Das alle Sehnsucht meiner Träume
In seinem Kinderherzen stillt,
Und als den Zauber dieser Räume,
Sich selbst erblickt in meinem Schild.

Da hörte ich dein keusch Verzagen,
Du Süße, in dich selbst versteckt,
Fühlst deinen Reiz vor deinen Tagen,
In der Alhambra aufgedeckt.

Dich bauten dieses Baues Meister!
Ach, lange eh dein Herzchen schlug,
Begeisterte dem Geist die Geister,
Doch taten sie ihm nie genug!

Sie brachen deiner Sehnsucht Spiegel,
So daß du dich zerstreut beschaut –
Doch du wirst ihres Werkes Siegel,
Zerstreutes ward in dir erbaut.

Denn alles Sehnen, alle Schmerzen,
Die einst bewegt in Kampf und Lust,
Die längst in Staub zerstreuten Herzen,
Sind eins und ganz in deiner Brust.

Nur du bist dieses Werkes Seele,
Bist dieser Zauberschale Kern,
Bist Lichtes Blitz in dem Juwele,
Bist dieses öden Himmels Stern;

In dir ich die Alhambra sehe,
Wie du in der Alhambra dich,
Es löst sich meiner Sehnsucht Wehe,
Zu Lindachara kehre ich!

Mein Herz wird gleich den Lilien munter,
Wenn sie der Sterne Licht betaut,
Blick in mein Schild, du liebes Wunder,
Sei deiner eignen Wonne Braut!

Dein Gürtel ist nicht mehr gelöset,
Nicht mehr zerstreut dein Blumenkranz,
Und Gazul taucht, durch dich erlöset,
Nun auf in Lindacharas Glanz!‘

So sprach Gazul, und auf sein Flehen
Hab ich, von eignem Reiz entzückt,
Mein Bild in seinem Schild gesehen,
Und hab gar süß mir zugenickt.

Da ist mir alles rings verschwunden,
Da ward ich wieder zäh und kraus,

Und alle Blumen sind gebunden
In den versteckten Blumenstrauß.

In mich zurück zog die Alhambra,
Ich bin allein, allein, allein!
Ich Weihrauchwölkchen, süß von Ambra,
Denk: Wo mag nun der Gazul sein!“

Nun schwieg das Kind! – Sein webend Sehnen
Zog durch des armen Pilgers Brust,
Und nieder tauten seine Tränen
In ihrer Träume Blumenlust.

Er sprach: „O Kind! in alles Scheinen,
Das sich um deine Seele legt,
Muß immer still ich niederweinen,
Bis sich ein Regenbogen schlägt.

O schwebe durch, du Friedenstaube.
Und bring ein grünes Ölblatt her,
Daß neu ich hoffe, liebe, glaube,
Mir ist die Welt so wüst, so leer!“

Da spricht das Kind: „Jetzt zieh ich weiter“, –
Und zuckt, der Pilger fragt: „Es stach
Vielleicht dich ein Insekt, denn leider,
Sie trachten hier dem Blute nach!“ –

Das Kind sprach: „Greulich sind mir Spinnen,
Ich fliehe ihre tück'sche List.“
Der Pilger sprach: „Du willst entrinnen,
Weil du ein tanzend Mückchen bist.“

„Ich kann“, sprach sie mit edler Miene,
„Nie glauben, daß der Herr erschuf
Die garst'gen Tiere – nur die Biene,
Die hat noch göttlichen Beruf.

Ich könnte selbst noch Schlangen leiden
In meinem stillen Kämmerlein,
Doch seh ich eine Spinne schreiten,
So muß ich fliehen, muß ich schrein.

Maikäfer, die gemeinen, dummen,
Ich dulde sie; wenn alles grün,
Hör ich sie abends gerne summen,
Sie rennen an und fallen hin.

Die Flöhe hüpfen, kann sie fangen,
Hüpf hintendrein, kleb sie ans Licht,
Die Wanzen machen mich erbangen,
Von andern Tierchen spricht man nicht.

Ich war einmal bei armen Kindern,
Da kriegt ich eine ganze Schar;
Gott steh mir bei, den reichen Sündern
Droht gleich den Armen die Gefahr.“

Der Pilger sprach: „Wie schaust du, Seele,
Aus der Alhambra Lustpalast,
In diese trübe, wüste Höhle,
In diesen Ekel und Morast?“

Sie sprach: „Ich möcht ein Bild jetzt malen
Von dem verlornen Paradies,
Verwelkt sind alle Sonnenstrahlen,
Als Gott hinaus den Menschen stieß.

Ich armes Kind muß drauf verzichten,
Ich fühle, daß die Form mir fehlt,
Auch fehlt das Wort, sonst wollt ich dichten,
Was tief mein Herz mit Lieb beseelt.

Die Blumen und die Blätter weinen,
Die Vögel schmachten stumm und krank,

Kalt seufzt das Echo aus den Steinen,
Das Blut ergrimmt in Streit und Zank.

Der Himmel, bleiern, rufet Wehe,
Verhüllt sein Sternen-Antlitz sich,
Und liegend an der Erde sehe
Gefesselt einen Engel ich.“ –

Der Pilger sprach nun zu ihr nieder:
„Du bist der Engel, armes Kind!
Noch zuckt zum Lichte dein Gefieder,
Ist gleich dein Auge sonnenblind.

Dich feinen Strahl aus Gottes Schimmer,
In dem verlornen Paradies,
Dich heil’gen Ebenbildes Trümmer,
Ans Herz ich niederweinend schließ.“

Da weinten stille alle beide,
Sie lehnte gern an seiner Brust,
Sie litt es, daß er selig leide,
Und beide haben nichts gewußt!

Aus beiden greift ein tiefes Sehnen
Hinaus bis nach der Ewigkeit,
Und wie sie so zusammen lehnen,
Da naht das Ewige der Zeit.

Der Pilger sprach: „Welch leises Schallen,
Sag, Kind! pocht denn dein Herzchen so?
Ich sehe Licht aufs Haupt dir fallen,
Mir wird’s so innig, wird’s so froh!“ –

Das Mägdlein blickte in die Ferne,
Die Wange glüht, die Lippe blüht,
Ihr Schauen glich dem Blick der Sterne,
Wenn Liebe durch den Himmel zieht.

Dann sprach sie: „Horch! still, bitte, bitte,
Dies ist nicht meiner Locken Licht,
Und dieses Schallen, das sind Schritte,
So pocht mein heimlich Herzchen nicht!“

Und durch die Nacht von Licht erfüllet
Führt her ein Mann sein Eselein,
Und auf dem Tier sitzt weit verhüllet
Ein lilienreines Jungfräulein.

Als diese sah den Engel liegen
Gefesselt an der Erde dort,
Ist sie vom Lasttier abgestiegen
Und sprach zu ihm mit süßem Wort:

„In aller Lust wirst du nichts finden,
Als das verlorne Paradies,
Den Fesseln will dich jetzt entwinden
Der treue Gott, wie er verhieß.

Weil du ein armes Kind, ward Liebe
In mir nun auch ein armes Kind,
Daß dir auch gar kein Vorwand bliebe,
Komm mit, komm mit, süß Lieb, arm Lind!

Tu! wie du lang gepflegt zu tuen,
Halt an der Mutter Schürze dich,
Komm mit mir reisen, mit mir ruhen,
Denn deine Mutter bin auch ich!

Komm mit, sollst an der Krippe singen,
Ein Lied dem starken Brüderlein,
Der löst die Fesseln deiner Schwingen,
Trägt dich ins Paradies hinein.

Da bringt dir keine Spinne Grauen,
Berauschet kein Alhambra dich,

Da sollst du schönre Bilder schauen,
Als bei Großvater sicherlich!"

Das Kind sprach: „Mir ist Heil geschehen!
Dies ist die Wahrheit, ist kein Traum,
Sitz auf dein Eselein, wir gehen,
Ich fasse deiner Schürze Saum."

Die Jungfrau sprach: „Willst nicht mitnehmen
Den armen Mann du, der dort lag."
Das Kind sprach: „Ei, ich tu mich schämen,
Er kömmt mir ohne dies schon nach!"

Da blickt es um – der Pilger hebet
Sein müdes Haupt, folgt ungetrennt,
Gen Bethlehem der Zug hinschwebet,
Die erste Nacht war's im Advent.

Sankt Joseph und Maria heißen,
Die beiden mit dem Eselein,
Nach Bethlehem sie jetzt hinreisen,
Sie kehren nachts bei Hirten ein.

Wer ist das Mägdlein dann gewesen,
Und dann der Pilger, stets dabei?
Das Mägdlein war der Sehnsucht Wesen,
Der Pilger war die Phantasei!

Nachtrag zum Weihnachtsliede
1834

Bescherung der Armen an die Wohltäterin

Das Mägdlein ging zur Linde
Und seufzte gar betrübt:

Was schenk ich nur dem Kinde,
Das mich so treu geliebt?

Da schwebte her zur Linde
Ein Engel lieb und rein
Und Arme, Kranke, Blinde,
Die zogen hinterdrein.

Sie trugen in der Mitte
Wohl einen Weihnachtsbaum
Ganz nach der alten Sitte
Gleich einem Kindertraum.

Sie setzten's Bäumlein nieder
Vors arme Mägdelein,
Und sangen Dankeslieder
Und sprachen: das ist dein.

Was Gott dir hat gegeben,
Hast du mit uns geteilt,
Dein Lieben gab uns Leben,
Dein Heil hat uns geheilt.

Drum haben wir Elende
Am Fest uns auch geregt,
Den Dank der kranken Hände
Ans Kinderherz gelegt.

Leid ist's von dir mitleidet,
Schmerz ist's von dir gestillt,
Nacktheit von dir bekleidet,
Ist deiner Liebe Bild.

Da ward das Mägdlein stille,
Dacht: „o welch süßer Traum!
Jetzt in der Zeiten Fülle,
Welch reicher Weihnachtsbaum!

Will gleich dem Kind ihn bringen,
O das wird freudig sein."
Da hob mit süßem Klingen
Sich sanft ein Stimmlein fein.

Im Gärtchen sich erhebet
Von Wachs das Jesulein,
Und geht umher und lebet
Patscht in die Händlein klein.

Und spricht mit süßem Lachen,
Ach das ist doch was wert,
Ach was für schöne Sachen
Hat mir arm Lind beschert!

Was Armen sie gegeben,
Das all sie mir auch gibt,
O welch ein schönes Leben
Wenn Arm den Armen liebt!

Ja weil ich arm, so reichet
Der Armut sie, was mir
Und weil sie arm, so reichet
Die Armut mir, was ihr.

Nach diesen lieben Worten
Ist in dem Weihnachtsbaum
Ein Herz getröstet worden,
Traut seinen Ohren kaum.

Es dacht, der armen Linde
Ward ich vorm Jahr beschert,
Und drum dem Jesuskinde
Zu gleicher Zeit verehrt.

Und dieses hat gesungen
Das Herz im Weihnachtsbaum

Von Armendank umrungen
Lamm, Nüssen, goldnem Schaum!

Abschied dem Jahre 1834

Leb wohl du Jahr voll Tränen!
O lasse mich an deinem letzten Tag
Noch einmal selig wähnen,
Daß ich an einem Kinderherzen lag!

Geh hin du Jahr voll Tränen!
Tritt glaubend hin vor Gottes Thron,
Er wird um krankes Sehnen
Dich strenge richten, nimmer doch um Hohn!

O selig Jahr voll Tränen!
War dir auch früh das tiefre Wort geraubt,
So war der Strom der Tränen
Zu ihren Füßen oft dir doch erlaubt!

O liebes Jahr voll Tränen!
O dichte Saat, wie segnend reift dein Schmerz,
O hochbelohnt! mein Sehnen!
Ich fühlte jauchzend, ja! sie hat ein Herz!

O Jahr von heißen Tränen!
Geheimnisvoller, als sie weiß, berauscht,
Was all sie kann verschönen,
Du hast in Tränen sterbend es belauscht.

O Jahr voll bitt're Tränen!
Ist irgend Gottes Wahrheit offenbar,
Ist vieles hier nur Wähnen,
So opfre, weine darum am Altar!

O Jahr voll tiefer Tränen!
Du magst vertraut dein armes müdes Haupt,
Ans Kreuz nur ruhig lehnen,
Du hast geliebet, hast gehofft, geglaubt.

O teures Jahr voll Tränen!
Du bist in bittrer Reue Flut getauft,
Der wird uns auch versöhnen,
Der uns mit seiner Weihe Blut erkauft.

Geh hin! du Jahr voll Tränen!
Geh, werfe dich zu ihren Füßen hin!
Und wasche sie mit Tränen
Sag ihr, daß ich ihr armer Bruder bin!

Ihr Bruder ganz in Tränen,
Ihr kranker Bruder, um die eigne Schuld,
Um fremde Schuld in Tränen,
Ihr Bruder weinend um der Väter Schuld!

O sterbe Jahr in Tränen
Weil unsrer Väter Schuld die Kinder trennt,
Und diesen scheint ein Wähnen
Was unsre Mutter ew'ge Wahrheit nennt.

Leb wohl du Jahr voll Tränen,
O lasse mich an deinem letzten Tag
Noch einmal selig wähnen,
Daß ich an einem Kinderherzen lag.

20. Jenner [1835] nach grossem Leid

Ich darf wohl von den Sternen singen,
Mich hat die Blume angeblickt,
Und wird mein armes Lied gelingen,

Dann wird vom Stern mir zugenickt.
O Stern und Blume, Geist und Kleid,
Lieb, Leid, und Zeit und Ewigkeit.

Im Garten stand die frühe Waise,
Und senkt den Blick zum Blumenfeld
Die Sonne sank im Purpurgleise,
Die Sterne spannen aus ihr Zelt.
O Stern und Blume, Geist und Kleid,
Lieb, Leid, und Zeit und Ewigkeit.

Mit euch wohl wagt ein Kind zu sprechen,
Ihr kennet mich und bin ich stumm,
Weil mir das kranke Herz will brechen,
Bringt ihr mich nicht mit Fragen um.
O Stern und Blume, Geist und Kleid,
Lieb, Leid, und Zeit und Ewigkeit.

Ihr lieben Blumen still und innig
Ein Tröpfchen Tau, ein Licht, ein Hauch,
Ihr lieben Sterne klar und sinnig
Ein Strahl, ein Blick, ein Blitz, ein Aug.
O Stern und Blume, Geist und Kleid,
Lieb, Leid, und Zeit und Ewigkeit.

Und wie die Sterne heller blinken
Beugt Schatten sich aufs Blumenfeld
Und auch des Kindes Augen sinken,
Der Traum sie in den Armen hält.
O Stern und Blume, Geist und Kleid,
Lieb, Leid, und Zeit und Ewigkeit.

Ihr Engel steiget auf und nieder
Bringt Sternenlust, bringt Blumenschmerz,
Und küßt die unerschaffnen Lieder
Und legt sie schlafen auf ihr Herz.

O Stern und Blume, Geist und Kleid,
Lieb, Leid, und Zeit und Ewigkeit.

Und wiegt die tauberauschte Rose,
Im Dornenbettchen bald zur Ruh,
Und schließt dem Veilchen in dem Moose,
Die frommen Augen segnend zu.
O Stern und Blume, Geist und Kleid,
Lieb, Leid, und Zeit und Ewigkeit.

Die Blumen all, die farbig prangen,
Sie waren bald nicht mehr zu sehn,
Die Nacht nahm ihre Pracht gefangen
Nur eine Schar blieb betend stehn.
O Stern und Blume, Geist und Kleid,
Lieb, Leid, und Zeit und Ewigkeit.

Sieh dorten um die süße Linde
Steht eine reine Lilienschar,
Der Engel zeigte sie dem Kinde,
Sie leuchteten ganz wunderbar.
O Stern und Blume, Geist und Kleid,
Lieb, Leid, und Zeit und Ewigkeit.

Der Engel sprach: mein Kind, o sehe,
Die Lilie unter Dornen dort,
Das Licht wird Fleisch, horch: „Es geschehe
Der Magd des Herrn nach deinem Wort!“
O Stern und Blume, Geist und Kleid,
Lieb, Leid, und Zeit und Ewigkeit.

Die Lilie spinnt nicht, doch es webet
Aus ihr das Wort sich einen Leib,
Zur Jungfrau ist das Licht geschwebet,
Und Mutter Gottes ward das Weib.
O Stern und Blume, Geist und Kleid,
Lieb, Leid, und Zeit und Ewigkeit.

Und als der Geist sie überschattet
Deckt rings die Nacht das Blumenfeld,
Der Lilie nur das Licht sich gattet
Das auf den Leuchter wird gestellt.
 O Stern und Blume, Geist und Kleid,
Lieb, Leid, und Zeit und Ewigkeit.

Die Lilie, die nicht zieht nicht schweifet,
Nicht fallen läßt und wieder sucht
Die sehnend still zum Lichte greifet,
Sie fand das Licht und trug die Frucht.
 O Stern und Blume, Geist und Kleid,
Lieb, Leid, und Zeit und Ewigkeit.

So sprach der Engel zu dem Kinde
Und führt es zu der Lilie Licht,
Da kniet es nieder an der Linde
Und fand im Traum die Worte nicht.
 O Stern und Blume, Geist und Kleid,
Lieb, Leid, und Zeit und Ewigkeit.

Da sprach zum Kind die reine Lilie,
Die nie vorher gesprochen hat,
Wach auf, wach auf zu mir Emilie,
Sing mit mir das Magnificat.
 O Stern und Blume, Geist und Kleid,
Lieb, Leid, und Zeit und Ewigkeit.

Ob sie es sang, ich kann's nicht sagen
Sie hat mich träumend angeblickt,
Es hat ihr Herz bei mir geschlagen,
Es hat ihr Haupt mir zugenickt.
 O Stern und Blume, Geist und Kleid,
Lieb, Leid, und Zeit und Ewigkeit.

Das kalte Wissen war ermattet,
Das milde Fühlen war erwacht,

Die Blumen waren überschattet
Emilie hat mich angelacht.
O Stern und Blume, Geist und Kleid,
Lieb, Leid, und Zeit und Ewigkeit.

Geh armes Lied und sag der Lieben
Es hat ein Herz zum Tode krank
Mich unter Tränen aufgeschrieben,
Und zagt, ich sei dir nicht zu Dank!
O Stern und Blume, Geist und Kleid,
Lieb, Leid, und Zeit und Ewigkeit.

O WIE ist der Efeu treu!
Kann er sich nicht selbst erheben
Kann er gleich dem Wein nicht reben,
Kann er doch so liebend ranken
An den Armen an den Kranken
Auf zum wahren Weinstock streben!
O wie ist der Efeu gut
Wo er nur ein bißchen ruht
Gleich die Würzelchen fest klammern,
Daß die Trennung ihn muß jammern.

O wie ist der Efeu treu,
Wenn die Grabesurne bricht
Läßt sie doch der Efeu nicht
Bindet um die Asche fest die Scherben,
Denn getrennet muß er sterben.
O wie ist *der Efeu hold*
Aus der Wüste steigt er auf
Wie die Braut die sich auf den Geliebten stützet.

O wie ist *der Efeu zäh*
Von der Wurzel losgeschnitten
Werden Wurzeln seine Zweige

Daß er nie von jenem weiche
Was er einmal hat umarmt.

O wie ist der Efeu sinnend
Und das was er sinnet minnend,
Wer trennt mich von meiner Liebe,
Um das Kreuz schlingt er die Triebe.
In der Wüste lag ein Stein
So allein, allein, allein
Kam der Efeu zäh und kraus
Baute drum ein grünes Haus
Immergrün ist er geblieben
Sollte ihn der Stein nicht lieben.

Die Rose blüht, selig die fromme Biene,
Die in der Blätter keuschen Busen sinkt
Und milden Tau und linden Honig trinkt,
Selig die Magd, die dir o Rose diene!
In Freuden schwebet ihr Gemüt,
Weil ihre Rose blüht.

Die Rose blüht, Gott laß doch milde glühen
Der Sonne Licht, hüll Ros und Röselein
Gen Frost und Glut in deine Gnade ein,
Laß alle Lieb in dieser Rose blühen,
Dann singt das ganze hohe Lied:
Ach unsre Rose blüht!

Wie rosigt blüht das Röslein aller Rosen
Und lacht mit solcher Herzempfindlichkeit,
Daß selbst die Lilie ihr zu Dienst sich weiht,
Mit keiner andern Blume zu liebkosen,
Weil aller Unschuld Seelenfried
Aus diesem Röslein blüht.

Wenn der lahme Weber träumt, er webe,
Träumt die kranke Lerche auch, sie schwebe,
Träumt die stumme Nachtigall, sie singe,
Daß das Herz des Widerhalls zerspringe,
Träumt das blinde Huhn, es zähl die Kerne,
Und der drei je zählte kaum, die Sterne,
Träumt das starre Erz, gar linde tau es,
Und das Eisenherz, ein Kind vertrau es,
Träumt die taube Nüchternheit, sie lausche,
Wie der Traube Schüchternheit berausche;
Kömmt dann Wahrheit mutternackt gelaufen,
Führt der hellen Töne Glanzgefunkel
Und der grellen Lichter Tanz durchs Dunkel,
Rennt den Traum sie schmerzlich übern Haufen,
Horch! die Fackel lacht, horch! Schmerz-Schalmeien
Der erwachten Nacht ins Herz all schreien;
Weh, ohn Opfer gehn die süßen Wunder,
Gehn die armen Herzen einsam unter!

Das Seelchen auf der Heide
Hat nicht genug zum Kleide
Und friert durch Mark und Bein;
Ich hab in heißer Sonnen
Mein Leben aufgesponnen
Zu einem Faden fein,
Den hab ich treu gewebet,
Mein Schifflein ist geschwebet
In stäter Not und Pein.
Mit Tränen ich's erweichte,
Mit Tränen ich es bleichte
In Mond und Sternenschein.
Todwund lag ich zum Sterben,
Der Seele Kleid zu färben
Mit roter Farbe Schein.

Ich trug es ohn Verweilen
Hin viele, viele Meilen,
Da war mein Tuch zu klein,
Das Seelchen zu bedecken,
Da zuckt an allen Ecken
Heraus das Flämmelein,
Und irret auf der Heide,
Mein Zeug reicht nicht zum Kleide
Dem Feuer-Lämmlein.
Da drüben die Gesellen,
Die schleudern tausend Ellen
Rot Zeug zur Nacht hinein;
Die Fackeln und Schalmeien,
Sie brennen, reißen, schreien
Mir tief durch Mark und Bein.
Weh, Weh tut das Verschwenden,
Mit Not mußt ich vollenden
Mein Tuch – nun ist's zu klein.
Das Seelchen springet trunken
Von Tönen, Farben, Funken,
Zur roten Lust hinein.
Wenn Tön und Farben starben,
Kömmt Nacht und bittres Darben,
Arm, bloß, allein; allein!

Es ist ein Schnitter, der heißt Tod,
Er mäht das Korn, wenn's Gott gebot;
Schon wetzt er die Sense,
Daß schneidend sie glänze,
Bald wird er dich schneiden,
Du mußt es nur leiden;
Mußt in den Erntekranz hinein,
Hüte dich schöns Blümelein!

Was heut noch frisch und blühend steht
Wird morgen schon hinweggemäht,
Ihr edlen Narzissen,
Ihr süßen Melissen,
Ihr sehnenden Winden,
Ihr Leid-Hyazinthen,
Müßt in den Erntekranz hinein,
Hüte dich schöns Blümelein!

Viel hunderttausend ohne Zahl,
Ihr sinket durch der Sense Stahl,
Weh Rosen, weh Lilien,
Weh krause Basilien!
Selbst euch Kaiserkronen
Wird er nicht verschonen;
Ihr müßt zum Erntekranz hinein,
Hüte dich schöns Blümelein!

Du himmelfarben Ehrenpreis,
Du Träumer, Mohn, rot, gelb und weiß,
Aurikeln, Ranunkeln,
Und Nelken, die funkeln,
Und Malven und Narden
Braucht nicht lang zu warten;
Müßt in den Erntekranz hinein,
Hüte dich schöns Blümelein!

Du farbentrunkner Tulpenflor,
Du tausendschöner Floramor,
Ihr Blutes-Verwandten,
Ihr Glut-Amaranthen,
Ihr Veilchen, ihr stillen,
Ihr frommen Kamillen,
Müßt in den Erntekranz hinein,
Hüte dich schöns Blümelein!

Du stolzer, blauer Rittersporn,
Ihr Klapperrosen in dem Korn,
Ihr Röslein Adonis,
Ihr Siegel Salomonis,
Ihr blauen Cyanen,
Braucht ihn nicht zu mahnen,
Müßt in den Erntekranz hinein,
Hüte dich schöns Blümelein!

Lieb Denkeli, Vergiß mein nicht,
Er weiß schon, was dein Name spricht,
Dich seufzerumschwirrte
Brautkränzende Myrte,
Selbst euch Immortellen
Wird alle er fällen!
Müßt in den Erntekranz hinein,
Hüte dich schöns Blümelein!

Des Frühlings Schatz und Waffensaal
Ihr Kronen, Zepter ohne Zahl,
Ihr Schwerter und Pfeile,
Ihr Speere und Keile,
Ihr Helme und Fahnen
Unzähliger Ahnen,
Müßt in den Erntekranz hinein,
Hüte dich schöns Blümelein!

Des Maies Brautschmuck auf der Au,
Ihr Kränzlein reich von Perlentau,
Ihr Herzen umschlungen,
Ihr Flammen und Zungen,
Ihr Händlein in Schlingen
Von schimmernden Ringen,
Müßt in den Erntekranz hinein,
Hüte dich schöns Blümelein!

Ihr samtnen Rosen-Miederlein,
Ihr seidnen Lilien-Schleierlein,
Ihr lockenden Glocken,
Ihr Schräubchen und Flocken,
Ihr Träubchen, ihr Becher,
Ihr Häubchen, ihr Fächer,
Müßt in den Erntekranz hinein,
Hüte dich schöns Blümelein!

Herz, tröste dich, schon kömmt die Zeit,
Die von der Marter dich befreit,
Ihr Schlangen, ihr Drachen,
Ihr Zähne, ihr Rachen,
Ihr Nägel, ihr Kerzen,
Sinnbilder der Schmerzen,
Müßt in den Erntekranz hinein,
Hüte dich schöns Blümelein!

O heimlich Weh halt dich bereit!
Bald nimmt man dir dein Trostgeschmeid,
Das duftende Sehnen
Der Kelche voll Tränen,
Das hoffende Ranken
Der kranken Gedanken
Muß in den Erntekranz hinein,
Hüte dich schöns Blümelein!

Ihr Bienlein ziehet aus dem Feld,
Man bricht euch ab das Honigzelt,
Die Bronnen der Wonnen,
Die Augen, die Sonnen,
Der Erdsterne Wunder,
Sie sinken jetzt unter,
All in den Erntekranz hinein,
Hüte dich schöns Blümelein!

O Stern und Blume, Geist und Kleid,
Lieb, Leid und Zeit und Ewigkeit!
Den Kranz helft mir winden,
Die Garbe helft binden,
Kein Blümlein darf fehlen,
Jed Körnlein wird zählen
Der Herr auf seiner Tenne rein,
Hüte dich schöns Blümelein!

Was reif in diesen Zeilen steht,
Was lächelnd winkt und sinnend fleht,
Das soll kein Kind betrüben,
Die Einfalt hat es ausgesäet,
Die Schwermut hat hindurchgeweht,
Die Sehnsucht hat's getrieben;
Und ist das Feld einst abgemäht,
Die Armut durch die Stoppeln geht,
Sucht Ähren, die geblieben,
Sucht Lieb, die für sie untergeht,
Sucht Lieb, die mit ihr aufersteht,
Sucht Lieb, die sie kann lieben,
Und hat sie einsam und verschmäht
Die Nacht durch dankend in Gebet
Die Körner ausgerieben,
Liest sie, als früh der Hahn gekräht,
Was Lieb erhielt, was Leid verweht,
Ans Feldkreuz angeschrieben,
O Stern und Blume, Geist und Kleid,
Lieb, Leid und Zeit und Ewigkeit!

Legende von der heiligen Marina

Veranlaßt durch eine Zeichnung des Historienmalers *Eduard Steinle* aus Wien und auf Begehren abgedruckt zum Besten der durch den Donau-Eisgang 1841 Beschädigten in der Diözese Regensburg

Zueignung

An den
Historienmaler Eduard Steinle
aus Wien

Wie Sankt Marinas heilige Legende
So klar und rein, so ernst jungfräulich schön
Gebildet deiner Kunst unschuld'ge Hände,
Sah manches Aug gerührt ich eingestehn.

Und als auch mir dein Werk das Herz bezwungen,
Das stumm und hart nur selten Kunst gerührt,
Hab ich Marinas Lob für dich gesungen,
Der Heil'gen selbst ein höhres Lied gebührt:

Ein neues Lied, das unter Harfenchören
Dem Lamme Gottes, das auf Sion steht,
Die Jungfraun singen und allein nur hören,
Die rein dem Lamm gefolgt, wohin es geht.

Nimm du fürlieb; was Liebe mußte dichten,
Dies Lied von deiner zücht'gen Kunst bewegt,
Sei schüchtern dir – die Liebe kann nicht richten,
Nur dulden, schonen, – an das Herz gelegt.

Doch Ernsteres tut not, – Horch! – Weheklagen!
Die Donau, die das Wiegenlied dir sang,
Droht wild des Eises Fesseln zu zerschlagen;
Ihr Kind, die Not, wehklagt dem Strand entlang.

Wir geben ihr das Lied ums Brot zu singen;
Vergelt's Gott! – Horch, zu beten lehrt die Not.
Und wird das Mitleid ihr dein Bild auch bringen,
Geht Bild und Lied vereint wie Kunst nach Brot.

O in der Liebe, welch ein heilend Fügen!
Der glühe Orient gibt dir ein Bild,
Das haucht der Not aus warmen Atemzügen
Ein Schlummerlied ins Donaueisgefild.

Marina! hilf der Donau singen, wiegen,
Sieht sie die Not, ihr ausgesetztes Kind,
Im Schlummer lächelnd dir am Herzen liegen,
Dann bricht das Eis und taut dem Armen lind.

Legende von der heiligen Marina

„Eugenius", sprach der Abt, „warum so trauern?
Es scheint, als sei dein Herz noch in der Welt,
Und ich in diesen heil'gen Klostermauern
Zum Hüter nur für deinen Leib bestellt?"

Da seufzt der Mönch: „Zu Haus bei den Verwandten
Ließ ich ein Kind; hat gleich des Weibes Tod
Mich frei gemacht von vielen ird'schen Banden,
Sorg um des Kindes Heil ich doch mit Not."

Der Abt sprach: „Folge Sohn dem treuen Hirten,
Führ her dein Schäflein in den sichern Stall,
Die Lämmer, die aus unsrer Hut verirrten,
Von uns einst fordert sie der Richter all."

Heim eilt der Vater, löst die goldnen Locken
Von seines Mägdleins Haupt; mönchisch verhüllt
Den zarten Leib er, und des Klosters Glocken
Begrüßen fromm getäuscht des Jünglings Bild.

Und gleich der Primel, die gebeugt zur Erde
Den Tau des Himmels trinkt am Felsenrand,
Empfängt nun kniend mit kindlicher Geberde
Marina Segen von des Abtes Hand.

Marina, die nun jenseits heil'ger Schwelle
Marinus heißt, vom Vater treu belehrt,
Wird bald zum Meister in der stillen Zelle
In Schrift und Lesung und was Mönche ehrt.

Wie süß sang sie, das Jesukind zu grüßen:
„Lobsingt, uns ist geschenkt ein Kindelein,
Mein armes Herz liegt dienend ihm zu Füßen
Denn alle Macht ruht auf den Schultern sein!"

Wie sinnreich schmücket sie zur Kirchenfeier,
Die Krippe kinderfroh, wie ernst das Grab,
Wie freudigbunt malt sie die Ostereier,
Und windet Blumen um des Abtes Stab.

Zur Wallfahrt zog zu ihr der Herbst, der Winter;
Der Lenz, der Sommer brachten Jahr für Jahr,
All ihre Schätze, schmückten wie die Kinder
Fromm mit Marina Kirche und Altar.

Doch als sie selbst in reicher Jugendblüte,
Verhüllet zwar, doch voll von Duft und Glanz;
Mehr Schutz bedurfte, als daß man sie hüte,
Flocht ihrem Vater sie den letzten Kranz.

Und schwur dem Sterbenden in seine Hände
Den Schwur, den seine ernste Lippe sprach:
„Ich schwöre, mein Geheimnis bis zum Ende
Treu zu bewahren ohne alle Schmach.

Daß nicht die Schlange zum Verrat mich führe
Gleich unsrer Mutter einst im Paradies,

Die, weil sie öffnete dem Tod die Türe,
Der Engel vor des Gartens Pforte stieß.

Ja mein Geheimnis, meinen Kranz, ich schwöre,
Ihn bring ich unverletzt dem Bräutigam,
Daß rein mein Lied man in den Chören höre
Der Jungfräulein, lobsingend vor dem Lamm."

Der Vater segnet sie, sein Geist entfliehet,
Den Leib legt man zur Auferstehung hin,
Und bei des Hügels Trauerblumen knieet
Marina wie ein ernster Rosmarin.

Fortan die Brüder ehrten den Gesellen
Als eines edlen Baumes gute Frucht;
Auswärtige Geschäfte zu bestellen,
Wählt gern der Abt ihn wegen seiner Zucht.

„Marinus! nimm die Geißel, leit die Rinder
Am Wagen zu dem nahen Meeresport
Und führ Getreid uns ein für diesen Winter,
Kehr beim vertrauten Wirte ein am Ort.

Weil kühn und frei die Tochter dort im Hause,
Hab acht! mein Sohn, bleib treu des Vaters Zucht,
Verbotne Frucht, umblüht von duft'gem Strauße,
Versuchet leicht, wird leichter noch versucht."

Marina fährt, kehrt mit den Säcken wieder,
Und wiederholt die Fahrt vielfach zum Port,
Gern sitzt sie bei des Wirtes Tochter nieder,
Die höret gern des feinen Mönches Wort.

Marina liebte mehr, zu ihr zu reden,
Als zu den Männern, und mit Engels Huld
Lehrt sie das kühne Mägdlein singen, beten,
„Herr! wie den Schuldnern wir, vergib uns Schuld."

Doch eh sie bat: „Nicht in Versuchung führe
O Herr uns", führt ein Kriegesmann zum Tanz
Die Schülerin, und vor des Wirtes Türe
Hängt bald ein Strohkranz bei des Weines Kranz.

Die Dirnen streuten Häckerling, es wütet
Der Vater: „mache mir den Mann bekannt."
Die Tochter lügt: „wie schlecht war ich gehütet!
Mich hat der Mönch Marinus übermannt."

Dann folgt die Elende mit ihrer Bürde
Dem Vater zu dem Abte hin und schwor,
Daß sie den Kranz, das Kloster seine Würde,
Durch das Marinus Büberei verlor.

Da wird die Schuld der Unschuld laut verkündigt;
Marina denkt an ihrer Jugend Schwur,
Und spricht: „O Abt! wie schwer ich hab gesündigt,
So schwer verhänge mir die Buße nur."

Der Abt nun sprach die strengen Richterworte:
„Ihr Brüder reiniget des Herren Haus
Und treibet vor des Paradieses Pforte
Den Sünder in die Wüste jetzt hinaus.

In Schmerzen soll das Weib sein Kind gebären
Und er das Elend bau'nd in Gottes Zorn
Im Schweiße seines Angesichts es nähren,
Sein Garten trage Disteln ihm und Dorn."

Der Mönche Schar auf diese strengen Worte
Läßt an Marina ihren Grimm nun aus,
Mit Brot und Wasser treiben sie zur Pforte
Die Arme in die öde Nacht hinaus. –

– Doch ihr nicht öd; denn zu des Vaters Grabe
Eilt mit dem Krug und Brot das treue Kind;

Daß ihr Geheimnis sie bewahret habe,
Erzählt sie betend ihm in Nacht und Wind.

Streng tat Marina göttlichem Gebote
Und ihres Ordens Regel dort genug,
Sie teilte täglich mit der Not die Brode
Und mit den Durstigen den Wasserkrug.

Sie betete und sang die heil'gen Stunden,
Wie sie der sel'ge Vater einst gelehrt;
Die Matutin, da Jesus ward gebunden,
Sie täglich mit dem Morgenstern verehrt.

Die Prim, da er verhöhnt ward und verspieen,
Begrüßt ihr Dankgebet für eigne Schmach,
Zur Terz, da sie „ans Kreuz mit ihm" geschrieen,
Pries sie das Urteil, das der Abt ihr sprach.

Zur Sext, der Kreuz'gung grimmer Marterstunde,
Trug dankend Jesu sie ihr Kreuz auch nach;
Zur Non, da er empfing die Seitenwunde,
Pries sie das Schwert, das ihr das Herz durchstach.

Zur Vesper, da er ward vom Kreuz genommen,
Sank ihre Sonne in ein Tränenmeer;
Und zur Complet, da er ins Grab gekommen,
Rief sie ins Chor das ganze Sternenheer.

Und in ihm zählend Jesu Geißelwunden,
Trifft Dorn und Geißel sie mit hartem Schlag.
So zieht Marina büßend alle Stunden
Den Kreuzweg mit dem Jahr durch Nacht und Tag.

Doch als zum Port der Storch kam heimgeflogen,
Bracht er ein Knäblein in des Wirtes Haus,
Drei Jahre hat's die Dirne großgezogen,
Und setzt es dann gleich einer Hagar aus.

Der bösen Dirne Mutter trägt den Knaben
Hin zu Marina, spricht zu ihr mit Hohn:
„Es füttern ihre Brut ja alle Raben,
So füttre schwarzer Mönch auch deinen Sohn."

Marina dankt und singt, ihr Leid zu süßen:
„Gott Lob, uns ist geschenkt ein Kindelein,
Mein sündig Herz ruht dienend ihm zu Füßen,
Denn alle Macht ruht auf den Schultern sein."

Sie wiegt den Knaben ein an ihrem Herzen,
Er schläft gewärmt von reiner Liebe Glut,
Genähret von dem Brode ihrer Schmerzen,
Getränkt von ihrer Tränen heil'ger Flut.

Zwei Jahre so mit diesem armen Kinde
Stand büßend noch Marina vor dem Tor,
Und weicht in Tränen ihm die harte Rinde,
Die man ihr täglich mit der Schuld wirft vor.

Und lehrt es treu mit süßen Mutterreden,
Wie einst der liebe Vater sie gelehrt,
Für seine Eltern und für Sünder beten;
Die Mönche hörten's, Gott hat es erhört.

Und als in des Adventes heil'gen Tagen
Die Sehnsucht allem Trost entgegen wallt,
Lehrt fromm Marina ihren Knaben fragen,
Ob wohl das Jesukindlein komme bald.

Und als er fragt, wo nur es schlafen solle,
Trägt wie ein Vöglein sie vom Dornbusch ein
Vorbei gestreifter Schäflein zarte Wolle,
Und baut dem Kind ein feines Krippelein.

Dann formet aus dem Wachs der wilden Bienen
Marina auch ein Kindlein weiß und fein

Und legt es, als die heil'ge Nacht erschienen,
Andächtig zwischen Ochs und Eselein.

Als jubelnd nun des Klosters Glocken klingen,
Und Weihenacht mit freud'ger Lichter Schein
Die Kirche füllt, fällt in der Mönche Singen
Marinas und des Knaben Stimme ein.

„Kommt lasset uns das Heil der Welt begrüßen,
Denn uns ist ja geschenkt das Kindelein,
Mein armes Herz ruht dienend ihm zu Füßen,
Denn alle Macht ruht auf den Schultern sein.

Den Schultern huldiget, die, unsre Schulden
Zu büßen, trugen schwere Kreuzeslast;
Kommt, huldiget der Unschuld, die voll Hulden,
Dem Kinde, das bei Sündern kömmt zu Gast.

Es nimmt fürlieb: bringt, was ihr habt, dem Kinde,
Bringt bittre Myrrhenbüschlein eurer Schuld,
Bringt eures bösen Herzens harte Rinde,
Bringt einen blühnden Dornkranz der Geduld.

O kommt mit mir und betet an ihr Sünder,
Für uns ja kömmt dies Kind, für uns allein.
Erbarmet euch gleich ihm der armen Kinder,
Erbarmt euch aller seiner Brüderlein!"

So hörten, die zur Weihnachtmette gingen,
Die Mönche einsam draus in Sturm und Wind
Marina mit dem armen Kinde singen,
Und sieh, es ward ihr Herz ganz mild und lind.

Sie dringen in den Abt mit ihren Bitten:
„Tu auf das Tor und laß Marinus ein,
Fünf Jahre hat geduldig er gelitten
In strenger Buße Hohn und Hungers Pein.

In Sonnenglut, im Sturmgeheul der Winde
Hat niemals noch Marinus wehgeklagt,
Hat mit dem Knaben seine harte Rinde,
Mit Tränen dankend, täglich fort genagt.

Die er erschütterte, die heil'gen Mauern
Der klösterlichen Zucht durch seine Schuld,
Hat er in uns erbaut zu langem Dauern
Durch seiner Buße sühnende Geduld.

Der selbst ohn Obdach draußen in der Wüste
Ein festlich Dach erbaut dem Gotteskind,
Das aller Büßer Schuld am Kreuze büßte,
Verschmachte länger nicht in Sturm und Wind."

Der Abt, gerührt in väterlicher Strenge,
Vernimmt erfreut der Brüder Mildigkeit,
Er lauschet auf des Büßers Christgesänge,
Sein Herz geht auf im Gnadentau der Zeit.

Er läßt von seinem Mund das Sprachrohr tönen:
„Gott in den Himmelshöhn sei Ehr und Preis,
Fried und Versöhnung allen Menschensöhnen,
Die guten Willens, auf dem Erdenkreis.

Ihr Schäflein in der Wüste draus verloren,
Verbannt, verwiesen, kehret heim zum Stall,
Es ist das Lamm, der gute Hirt geboren,
Marinus hör des Hirtenhornes Schall!"

Marina gleich auf diese Friedensworte
Die Krippe auf des Knaben Hände legt,
Und folgt lobsingend zu der Klosterpforte
Dem Kleinen, der das Jesuskindlein trägt.

Er setzt das Kripplein auf der Schwelle nieder,
Und knieet betend bei der Büßerin.

Der Abt steht schweigend dort im Kreis der Brüder,
Und blicket ernst dann auf Marina hin.

„Hier führte einst Eugen, dein Vater", spricht er,
„Marinus den unschuld'gen Sohn herein,
Hier ward dein Vater ich, und dann dein Richter,
Das ist die Frucht von deiner Schuld allein.

Hier fordert auch Eugen einst deine Seele,
Die du verderbet hast, o Sohn, von mir;
Drum trieb ich, nicht damit dein Herz ich quäle,
Nein, daß ich's reinige, dich weg von hier.

Tritt wieder mit dem Zeugen deiner Sünde
Und mit dem Weihnachtskindlein bei uns ein,
Doch, willst du folgen streng dem Jesuskinde,
Mußt du ein Knecht auch seiner Knechte sein.

Dies Haus durch deines Lasters Schmach erschüttert,
Bau deiner Buße Beispiel wieder auf.
Das Ärgernis, zu dem du uns erbittert,
Versüße deiner Reue Tränenlauf.

Konnt deine Schuld dies Haus so arg beflecken,
So halt fortan es deine Buße rein,
Den Wust und Unrat feg aus allen Ecken
Von heut an täglich deine Hand allein.

Besudelt und zerrissen hast du leider
Mit böser Lust dein geistliches Gewand,
Drum reinige fortan der Brüder Kleider
Und dieses Hauses Linnen deine Hand.

Dein Wandel hat mit schreienden Skandalen
Den Ruf des Klosterwandels arg beschmutzt,
Drum werden künftig alle die Sandalen
Des Klosters nur von dir geflickt, geputzt.

Und weil das Wasser Gott in Zornes Tagen
Und Gnadentagen reinigend bestellt,
Sollst du ins Haus auch alles Wasser tragen;
Denn deine Schuld ist gleich der Schuld der Welt.

Draus vor der Türe büßtest du als Laie,
Bis du dich frei gedient und ausgesühnt;
Im Hause werd dein Büßen dir zur Weihe,
Bis deine Buße dir Verdienst erdient."

Marina dankt und küßt des Abtes Füße
Und rings den Mönchen des Gewandes Saum;
Daß sie im engen Kloster schwerer büße,
Schien nun die Wüste draus ein schöner Traum.

Tief sehnt Marina sich und übt mit Treue
Ihr müheselig Amt von Tag zu Tag,
Ein rührend Gnadenbild zerknirschter Reue
Wankt sie umher, bis sie der Last erlag.

Da naht ihr Ziel, es brechen ihr die Glieder,
Und auf des teuern Vaters Hügelgrab
Zieht sie die Last des Wasserschlauches nieder,
Und leget sie des Lebens Bürde ab.

Und zu den Mönchen eilt und spricht der Knabe:
„Kommt, holt den Schlauch, ich weiß nicht, was geschehn,
Mein Vater saß bei seines Vaters Grabe
Und betete und schlummert jetzt ganz schön."

Die Mönche nahn, Marina reicht die Hände
Aufblickend hin den Brüdern rings geschart,
„Vergebt", fleht sie, „und zeugt, daß bis zum Ende
Dem Vater das Geheimnis ich bewahrt."

Sie starb. – Der Abt von ihrem Tod berichtet,
Sprach: „Also große Sünde hat getan

Marinus, daß Gott selbst ihn hat gerichtet,
Seht, seine Buße nahm der Herr nicht an.

Darum kein Trunk aus seinem Schlauch euch labe,
Wascht aus dem Schlauch, dem er erlag, ihn rein,
Und senket weit von jedes Frommen Grabe
Des Sünders Leib fern in der Wüste ein."

Bald ruht der heil'ge Leib draus in der Halle,
Sein Antlitz waschen sie mit banger Scheu,
Und nun den Hals – da eilten plötzlich alle,
Zum strengen Abte hin mit Wehgeschrei.

Er fraget ernst: „Welch Unheil ist geschehen?"
Sie aber schrien: „Komm, schau das Wunder an,
Zur Halle komm, Marinus anzusehen,
Die Unschuld sieh, der wir so weh getan!"

Es folgt der Abt von ihrer Angst erschrecket,
Ein Ecce Homo scheint des Büßers Leib,
Doch als den Mantel von der Brust er decket,
Spricht ihrer Unschuld Zeugin: „Sieh ein Weib."

„Weh!" schreit der Abt, „mein Ruhm ist all verloren!
Deckt Hügel mich, und über mich euch beugt
Ihr Berge! Weh dem Leib! der mich geboren!
Den Brüsten weh! die mich als Kind gesäugt.

Konnt solch Gericht am grünen Holz geschehen,
Ließ Gott es zu durch mich grausamen Mann,
Wie wird es mir, dem dürren Stamm, ergehen,
Den mit dem Feigenbaum trifft gleicher Bann."

Da wirft er sich laut jammernd an die Erde,
Schlägt an die Steine hin sein greises Haupt,
Und klaget mit des tiefsten Leids Geberde:
„Marina, weh! uns hat dein Kranz entlaubt."

Und mit den Fäusten sich die Brust zerschlagend,
Kniet rings um ihn der Brüder Trauerchor,
Und nie noch drang ob schwerer Schuld wehklagend,
Ein Miserere reuiger empor.

Der Knabe auch, der stets der Mönche Lieder
Und Stellung nachahmt, bracht sein Krippelein,
Und kniet mit ihm sich zwischen ihnen nieder,
Und sang der Einfalt Lied vom Kindelein.

„Kommt, lasset uns das Heil der Welt begrüßen,
Geboren ist uns ja ein Kindelein,
Mein armes Herz ruht dienend ihm zu Füßen,
Denn alle Macht ruht auf den Schultern sein.

Den Schultern huldiget, die, unsre Schulden
Zu büßen, trugen schwere Kreuzeslast;
Kommt, huldiget der Unschuld, die voll Hulden
Ein heilig Kind bei Sündern kommt zu Gast.

Es nimmt fürlieb; o huldiget dem Kinde,
Bringt bittre Myrrhenbüschlein eurer Schuld,
Bringt eures bösen Herzens harte Rinde,
Bringt einen blühnden Dornkranz der Geduld!

O kommt mit mir und betet an ihr Sünder!
Für uns ja kam dies Kind, für uns allein,
Erbarmet euch gleich ihm der armen Kinder,
Erbarmet euch doch seiner Brüderlein!"

Mit diesem Lied kam Friede auf die Brüder
Und auf den Abt, die guten Willens sind;
Sie knieten um die heil'ge Leiche nieder,
Da ward ihr grimmer Schmerz ganz süß und lind.

Und flehend spricht der Abt: „zu deinen Füßen
Gelobe ich, du heil'ges Wüstenkind,

Dein schuldlos Büßen doppelt selbst zu büßen
In Wüstenglut und Durst und Sturm und Wind.

Doch jetzt beschwör ich dich, an jenem Tage,
Des Zornes Tage, vor dem Angesicht
Des Gottes, der dich liebt, mich nicht verklage,
Denn, was ich dir getan, ich wußt es nicht.

Beschwör ich dich beim jungfräulichen Leibe,
Der Jesum trug und bei der sel'gen Brust,
Die ihn genährt, nicht in mein Schuldbuch schreibe,
Daß deine Unschuld dir nur war bewußt.

Bei geistlichem Gehorsam ich befehle"
Spricht dann der Abt, aufrichtend sich am Stab,
„Daß allen du vergebest, teure Seele,
Wie Jesus seinen Kreuzigern vergab.

Unwissenden nicht nur erfleh vom Lamme
Dem treu du folgtest, seiner Gnade Huld;
Nein jener auch, daß Gott sie nicht verdamme,
Die lügend auf dich warf die eigne Schuld."

Ein süßer Duft erfüllte gleich die Halle
Auf des Gehorsams heilig mächt'ges Wort;
„Sie hat vergeben!" flüsterten da alle,
„Von ihrer Milde duftet dieser Ort."

Den heil'gen Leib zur Kirche nun zu bringen,
Befiehlt der Abt der frommen Brüder Schar.
„Herr Gott dich loben wir" die Träger singen,
„Dich Gott in deinen Heil'gen wunderbar."

Und mit dem Jesukindlein vor dem Zuge
Zieht her der Knabe, der sein Liedlein singt;
Und über ihm in weiterstrecktem Fluge
Der Vögel Schar der Wüste Rauchfaß schwingt.

Sie streuen Weihrauch auf Marinas Glieder,
Und schmücken mit Gewürzen ihr Gewand;
Ein goldner Bienenschwarm summt zu ihr nieder
Und füllt mit Wachs und Honig ihre Hand.

Sehnsüchtig Palm und Palme sich durchschlingen
Zu Ehrenpforten auf des Zuges Pfad,
Und weiße Tauben wehn mit reinen Schwingen
Kühlung und Blüten, wo die Heil'ge naht.

Die Lämmer blöckend sich zum Zuge drängen,
Jed Blümchen streuet einen Tau-Juwel,
Es wölbt ein Baldachin sich von Gesängen,
Stumm huldigend am Weg kniet das Kamel.

Schon überschritt der Zug die heil'ge Schwelle,
Schon ruht Marinas Leib vor dem Altar,
Da bringt ein rasend Weib man zur Kapelle,
Mit Wutgeberde und zerrauftem Haar.

Des Knaben Mutter ist's, die frech vermessen
Des Kriegers Schandtat auf Marina log,
Vom Geist der Lüge raset sie besessen,
Seit rein der Büßrin Geist zum Himmel flog.

Sie sträubt sich bäumend in der Knechte Armen,
Die mit Gewalt sie nahn dem heil'gen Leib,
„Marina bitt für sie!" ruft voll Erbarmen
Das ganze Volk und betet für das Weib.

Sie rast und tobt, bis um der Mutter Hände
Der Knabe Sankt Marinas Gürtel wand;
Da ging an ihr des Satans Macht zu Ende,
Da ward der Gnade Macht an ihr erkannt.

In Strömen weinend auf des Knaben Wangen
Fleht sie: „Unschuld'ger Zeuge meiner Schuld,

Hilf betend mir von Jesu Gnad erlangen
Durch sein Verdienst in seiner Braut Geduld."

Da spricht das Kind, wie es Marina lehrte,
Des Herrn Gebet fromm seiner Mutter vor,
Und schluchzend betet die von Reu Verzehrte
Die Bitten nach, einstimmt der Mönche Chor.

Doch als sie sprach: „Herr in Versuchung führe
Uns nicht! o Herr vom Bösen uns erlös",
Erbebt sie und aus ihres Mundes Türe
Fährt aus der Lügengeist mit Wutgetös.

Da hörten alle, daß ein süßes Amen
Marina leis mit reiner Lippe sprach,
Und priesen hoch der Jungfrau heil'gen Namen,
Die so getreu dem Lamme folgte nach.

Und ihres Ruhmes gute Engel flogen
Zum Meer hinab, zum Libanon hinan,
Mit Kreuz und Fahne kamen hergezogen
Die Klöster rings; die Wüste ward zur Bahn.

Und wo bei ihres Vaters Hügelgrabe
Marina Wasser tragend niedersank,
Erquickt die Kranken aus dem Schlauch der Knabe,
Und mancher ward gesund, der glaubend trank.

Am Pilgerpfade aber, um zu büßen,
Am Hals den Strick, die Kerze in der Hand,
Geschornen Hauptes, bleich, mit nackten Füßen
Des Knaben Mutter in dem Bußhemd stand.

Sie sang das Klagelied von ihrer Schande.
Das Jubellied von Sankt Marinas Ehr;
Da hörten es die Pilger aller Lande
Und sangen's weiter über Land und Meer.

Conscientia

Und weil der Büßrin Namen man nicht wußte,
Ward Weib und Lied Conscientia genannt;
Und wer es sang und singen hört, der mußte
Ans eigne Herz auch legen seine Hand.

Auch dem Verführer sang es seine Schande,
Doch nie die Hand am Herzen es ihn fand;
Es sucht und fand das Lied ihn rings im Lande,
Hier handgemein und dorten Hand in Hand.

Er flieht des Liedes Kreis zu weiterm Kreise,
Doch so an ihn gebannt ist der Gesang,
Daß in der stummen Wüste diese Weise
Aus seinem eignen Munde endlich klang.

Verschmachtend trieb es ihn von Wüst zu Wüste
Wie den gehetzten Hirsch des Jägers Hund,
Bis schmerzlicher als je das Lied ihn grüßte
Mit heiserm Klang aus seines Weibes Mund.

So heiser klang es, wie die Wüstenquelle;
Vom Durst gepeinigt dringt er durch den Strauch,
Da steht ein Jüngling an des Grabes Schwelle,
Da tränkt sein Sohn ihn aus Marinas Schlauch.

Und weil mit Labung Gnade er getrunken,
Hat weinend er ans Herz gelegt die Hand,
Ist betend vor dem Kreuz er hingesunken,
Am offnen Grab, worin Conscientia stand.

Der Jüngling eilte weiter in die Wüste,
Und führt den Abt, der dort schon manches Jahr,
Wie er Marina es gelobet, büßte,
Hin an das Kreuz zu seiner Eltern Paar.

Die beiden nun bekennen ihre Sünden,
Er spricht sie los, reicht ihnen Jesu Leib,
Um ihren Bund nun sühnend zu verbinden,
Und segnet dann des Grabes Bett dem Weib.

Von ihrem Mund zum letzten Mal erklungen
Ist nun Marinas Ehr und ihre Schmach;
Ihr Mann in tiefer Reu hat mitgesungen,
Wehklagend hallten rings die Felsen nach.

Da ließ der Abt sein Hirtenhorn ertönen,
Die Mönche nahn und küssen seinen Stab,
Umgeben von der Wüste frommen Söhnen
Senkt sich Marinas Schülerin ins Grab.

Aufblickend nochmals reichet sie die Hände
Dem Mann, dem Sohn, den Mönchen kniend am Rand
„Vergebt", fleht sie, „und zeugt, daß bis zum Ende
Vor aller Welt ich meine Schuld bekannt.

Mein Sohn! wie deine Mutter fortan ehre
Den Vater, daß du lebst auf Erden lang.
Wie mich, so ihn Marinas Buße lehre,
Das laß ich dir – und ihm den Bußgesang.

Mein Gatte! o verwalte treu dies Erbe,
Marinas Unschuld, unsrer Schuld Gesang,
Auf unsern Gräbern nie das Bußlied sterbe,
Zu unsern Gräbern sei der Büßer Gang.

Und wer hier tief verwundet betend rastet,
Ergieße seiner stummen Wunden Schmerz,
Er sing und klage hier, was ihn belastet,
Sein Mund bekenne laut sein krankes Herz.

Hier, wo die Unschuld schweigend hat getragen,
Hier, wo die Schuld bekennend ward gesund,

Werd aller Lieb es leicht, zu weheklagen,
Und lächle allem Leid ein Gnadenmund."

Da lächelte ihr Mund dem Sohn, dem Manne,
Der Mönche Schar, die betend sie umgab,
Dann schied die Seele aus des Leibes Banne,
Der mit gekreuzten Händen ruht im Grab.

Und de profundis rings die Mönche singen;
Und Vögel, denen sie ihr Brot geteilt,
Sind, ihres Dankes Huldigung zu bringen,
Mit Blumen sie bedeckend hergeeilt.

Und Zedernreiser häufen sie zusammen
Und streuen edles Harz an Grabes Rand;
Es läßt der Sohn des Dankes Opfer flammen,
Und Weihrauchwolken ziehen weit durchs Land.

Dann sang der Sohn das Bußlied durch die Lüfte,
Der mit dem Lied vom Kindlein es durchschlang,
Bis seine Seele im Geleit der Düfte
Empor beim Gloria in Excelsis drang.

So mehrten sich von Zeit zu Zeit die Hügel,
Manch leidenmüdes Haupt ging hier zur Ruh;
Mit Blüten deckte hier das Waldgeflügel
Manch wundes Herz im Tode heilend zu.

Als längst von hohem Steindom übermauert
Der Leib Marinas in Venedig ruht,
Ward unterm Himmelsdom hier noch getrauert,
Trank Tränenflut hier noch der Wüste Glut.

Als Sang und Weihrauch lang schon dort das Wunder
Des unverwesten Bußleibs feiernd preist,
Glimmt' in der Wüste noch der Reue Zunder,
Schwebt' um das Grab hier noch der Buße Geist;

Klang noch das Bußlied hier von Mund zu Munde,
Gab noch von mancher Seele ausgesöhnt
Die Weihrauchwolke hier der Wüste Kunde:
„Dort wallt sie auf den Bräutigam gelehnt!“

ERZÄHLUNGEN

DIE MEHREREN WEHMÜLLER UND UNGARISCHEN NATIONALGESICHTER

Gegen Ende des Sommers, während der Pest in Kroatien, hatte Herr Wehmüller, ein reisender Maler, von Wien aus einen Freund besucht, der in dieser östreichischen Provinz als Erzieher auf dem Schlosse eines Grafen Giulowitsch lebte. Die Zeit, welche ihm seine Geschäfte zu dem Besuche erlaubten, war vorüber. Er hatte von seiner jungen Frau, welche ihm nach Siebenbürgen vorausgereist war, einen Brief aus Stuhlweißenburg erhalten, daß er sie nicht mehr länger allein lassen möge; es erwarte ihn das Offizierkorps des dort liegenden hochlöblichen ungarischen Grenadier- und Husarenregiments sehnsüchtig, um, von seiner Meisterhand gemalt, sich in dem Andenken mannigfaltiger schöner Freundinnen zu erhalten, da ein naher Garnisonswechsel manches engverknüpfte Liebes- und Freundschaftsband zu zerreißen drohte. Dieser Brief brachte den Herrn Wehmüller in große Unruhe, denn er war viermal so lange unterwegs geblieben als gewöhnlich und dermaßen durch die Quarantäne zerstochen und durchräuchert worden, daß er die ohnedies nicht allzu leserliche Hand seiner guten Frau, die mit oft gewässerter Dinte geschrieben hatte, nur mit Mühe lesen konnte. Er eilte in die Stube seine Freundes Lury und sagte zu ihm: „Ich muß gleich auf der Stelle fort nach Stuhlweißenburg, denn die hochlöblichen Grenadier- und Husarenregimenter sind im Begriff, von dort abzuziehen; lesen Sie, der Brief ist an fünf Wochen alt.“ Der Freund verstand ihn nicht, nahm aber den Brief und las. Wehmüller lief sogleich zur Stube hinaus und die Treppe hinab in die Hauskapelle, um zu sehen, ob er die 39 Nationalgesichter, welche er in Öl gemalt und dort zum Trocknen aufgehängt hatte, schon ohne große Gefahr des Verwischens zusammenrollen könne. Ihre Trockenheit übertraf alle seine

Erwartung; denn er malte mit Terpentinfirnis, welcher trocken wird, ehe man sich umsieht. Was übrigens diese 39 Nationalgesichter betrifft, hatte es mit ihnen folgende Bewandtnis: Sie waren nichts mehr und nichts weniger als 39 Porträts von Ungaren, welche Herr Wehmüller gemalt hatte, ehe er sie gesehen. Er pflegte solcher Nationalgesichter immer ein halb Hundert fertig bei sich zu führen. Kam er in einer Stadt an, wo er Gewinn durch seine Kunst erwartete, so pflegte er öffentlich ausschellen oder austrommeln zu lassen: Der bekannte Künstler, Herr Wehmüller, sei mit einem reichassortierten Lager wohlgetroffener Nationalgesichter angelangt und lade diejenigen unter einem hochedlen Publikum, welche ihr Porträt wünschten, untertänigst ein, sich dasselbe, Stück vor Stück zu einem Dukaten in Gold, selbst auszusuchen. Er fügte sodann noch, durch wenige Meisterstriche, einige persönliche Züge und Ehrennarben oder die Individualität des Schnurrbartes des Käufers unentgeltlich bei; für die Uniform aber, welche er immer ausgelassen hatte, mußte nach Maßgabe ihres Reichtums nachgezahlt werden. Er hatte diese Verfahrungsart auf seinen Kunstreisen als die befriedigendste für sich und die Käufer gefunden. Er malte die Leute nach Belieben im Winter mit aller Bequemlichkeit zu Haus und brachte sie in der schönen Jahreszeit zu Markte. So genoß er des großen Trostes, daß keiner über Unähnlichkeit oder langes Sitzen klagen konnte, weil sich jeder sein Bildnis fertig nach bestimmtem Preise, wie einen Weck auf dem Laden, selbst aussuchte. Wehmüller hatte seine Gattin vorausgeschickt, um seine Ankunft in Stuhlweißenburg vorzubereiten, während er seinen Vorrat von Porträts bei seinem Freunde Lury zu der gehörigen Menge brachte; er mußte diesmal in vollem Glanze auftreten, weil er in einer Zeitung gelesen, ein Maler Froschhauer aus Klagenfurt habe dieselbe Kunstreise vor. Dieser aber war bisher sein Antagonist und Nebenbuhler gewesen, wenn sie sich gleich nicht kannten, denn Froschhauer war von der entgegengesetzten Schule; er hatte nämlich immer alle Uniformen voraus fertig und ließ sich für die Gesichter extra bezahlen.

Schon hatte Wehmüller die 39 Nationalgesichter zusammengerollt in eine große, weite Blechbüchse gesteckt, in welcher auch seine Farben und Pinsel, ein paar Hemden, ein Paar gelbe Stiefelstulpen und eine Haarlocke seiner Frau Platz fanden; schon schnallte er sich diese Büchse mit zwei Riemen wie einen Tornister auf den Rücken, als sein Freund Lury hereintrat und ihm den Brief mit den Worten zurückgab: „Du kannst nicht reisen; soeben hat ein Bauer hier auf dem Hofe erzählt, daß er vor einigen Tagen einen Fußreisenden begleitet habe und daß dieser der letzte Mensch gewesen sei, der über die Grenze gekommen; denn auf seinem Rückwege hierher habe er, der Bote, schon alle Wege vom Pestkordon besetzt gefunden." Wehmüller aber ließ sich nicht mehr zurückhalten, er schob seine Palette unter den Wachstuchüberzug auf seinen runden Hut, wie die Bäcker in den Zipfel ihrer gestrickten spitzen Mützen eine Semmel zu stecken pflegen, und begann seinen Reisestab zusammenzurichten, der ein wahres Wunder der Mechanik, wenn ich mich nicht irre, von der Erfindung des Mechanikus Eckler in Berlin, war; denn er enthielt erstens: sich selbst, nämlich einen Reisestock; zweitens: nochmals sich selbst, einen Malerstock; drittens: nochmals sich selbst, einen Meßstock; viertens: nochmals sich selbst, ein Richtscheit; fünftens: nochmals sich selbst, ein Blaserohr; sechstens: nochmals sich selbst, ein Tabakspfeifenrohr; siebentes: nochmals sich selbst, einen Angelstock; darin aber waren noch ein Stiefelknecht, ein Barometer, ein Thermometer, ein Perspektiv, ein Zeichenstuhl, ein chemisches Feuerzeug, ein Reißzeug, ein Bleistift und das brauchbarste von allem, eine approbierte hölzerne Hühneraugenfeile, angebracht; das Ganze aber war so eingerichtet, daß man die Masse des Inhalts durch den Druck einer Feder aus diesem Stocke, wie aus einer Windbüchse, seinem Feind auf den Leib schießen konnte. Während Wehmüller diesen Stock zusammenrichtete, machte Lury ihm die lebhaftesten Vorstellungen wegen der Gefahr seiner Reise; aber er ließ sich nicht halten. „So rede wenigstens mit dem Bauer selbst", sprach Lury; das war Wehmüller zufrieden und ging, ganz zum Abmarsche fertig, hinab. Kaum aber waren sie in die Schenke getreten, als der Bauer zu ihm trat und, ihm den Ärmel küssend, sagte: „Nu, gnädiger Herr, wie kommen wir schon wieder zusammen? Sie hatten ja eine solche Eile nach

Stuhlweißenburg, daß ich glaubte, Euer Gnaden müßten bald dort sein.“ Wehmüller verstand den Bauer nicht, der ihm versicherte, daß er ihn, mit derselben blechernen Büchse auf dem Rücken und demselben langen Stocke in der Hand, nach der ungarischen Grenze geführt habe, und zwar zu rechter Zeit, weil kurz nachher der Weg vom Pestkordon geschlossen worden sei, wobei der Mann ihm eine Menge einzelne Vorfälle der Reise erzählte, von welchen, wie vom ganzen, Wehmüller nichts begriff. Da aber endlich der Bauer ein kleines Bild hervorzog mit den Worten: „Haben Euer Gnaden mir dieses Bildchen, das in Ihrer Büchse keinen Platz fand, nicht zu tragen gegeben, und haben es Euer Gnaden nicht in der Eile der Reise vergessen?“ – ergriff Wehmüller das Bild mit Heftigkeit. Es war das Bild seiner Frau, ganz wie von ihm selbst gemalt, ja der Name Wehmüller war unterzeichnet. Er wußte nicht, wo ihm der Kopf stand. Bald sah er den Bauer, bald Lury, bald das Bild an. „Wer gab dir das Bild?“ fuhr er den Bauer an. „Euer Gnaden selbst“, sagte dieser; „Sie wollten nach Stuhlweißenburg zu Ihrer Liebsten, sagten Euer Gnaden, und das Botenlohn sind mir Euer Gnaden auch schuldig geblieben.“ – „Das ist erlogen!“ schrie Wehmüller. „Es ist die Wahrheit!“ sagte der Bauer. „Es ist nicht die Wahrheit!“ sagte Lury, „denn dieser Herr ist seit vier Wochen nicht hier weggekommen und hat mit mir in einer Stube geschlafen.“ Der Bauer aber wollte von seiner Behauptung nicht abgehen und drang auf die Bezahlung des Botenlohns oder auf die Rückgabe des Porträts, welches sein Pfand sei, und dem er, wenn er nicht bezahle, einen Schimpf antun wolle. Wehmüller ward außer sich. „Was?“ schrie er, „ich soll für einen andern das Botenlohn zahlen oder das Porträt meiner Frau beschimpfen lassen? Das ist entsetzlich!“ Lury machte endlich den Schiedsrichter und sagte zu dem Bauer: „Habt Ihr diesen Herrn über die Grenze gebracht?“ – „Ja!“ sagte der Bauer. „Wie kommt er dann wieder hierher, und wie war er die ganze Zeit hier?“ erwiderte Lury. „Ihr müßt ihn daher nicht recht tüchtig hinüber gebracht haben und könnt für so schlechte Arbeit kein Botenlohn begehren; bringt ihn heute nochmals hinüber, aber dermaßen, daß auch kein Stümpfchen hier in Kroatien bleibt, und laßt Euch doppelt bezahlen." Der Bauer sagte: „Ich bin es zufrieden, aber es ist doch eine sehr heillose Sache; wer von den beiden ist nun der Teufel, dieser gnädige Herr oder der andre? Es könnte mich dieser, der viel widerspenstiger scheint, vielleicht gar mit über die Grenze holen, auch ist der Weg jetzt gesperrt, und der andre war der letzte; ich glaube doch, es muß der Teufel gewesen sein, der bei der Pest zu tun hat." – „Was", schrie Wehmüller, „der Teufel mit dem Porträt meiner Frau! Ich werde verrückt; gesperrt oder nicht gesperrt, ich muß fort, der scheußlichste Betrug muß entdeckt werden. Ach, meine arme Frau, wie kann sie getäuscht werden! Adie, Lury, ich brauche keinen Boten, ich will schon allein finden." Und somit lief er zum offenen Hoftore mit solcher Schnelligkeit hinaus, daß ihn weder der nachlaufende Bauer noch das Geschrei Lurys einholen konnte.

Nach dieser Szene trat der Graf Giulowitsch, der Prinzipal Lurys, aus dem Schlosse, um auf seinen Finkenherd zu fahren. Lury erzählte ihm die Geschichte, und der Graf, neugierig, mehr von der Sache zu hören, bestieg seinen Wurstwagen und fuhr dem Maler in vollem Trabe nach; das leichte Fuhrwerk, mit zwei raschen Pferden bespannt, flog über die Stoppelfelder, welche einen festeren Boden als die moorichte Landstraße darboten. Bald war der Maler eingeholt, der Graf bat ihn aufzusitzen, mit dem Anerbieten, ihn einige Meilen bis an die Grenze seiner Güter zu bringen, wo er noch eine halbe Stunde nach dem letzten Grenzdorf habe. Wehmüller, der schon viel Grund und Boden an seinen Stiefeln hängen hatte, nahm den Vorschlag mit untertänigstem Dank an. Er mußte einige Züge alten Slibowitz aus des Grafen Jagdflasche tun und fand dadurch schon etwas mehr Mut, sich selbst auf der eigenen Fährte zu seiner Frau nachzueilen. Der Graf fragte ihn, ob er denn niemand kenne, der ihm so ähnlich sei und so malen könne wie er. Wehmüller sagte nein, und das Porträt ängstige ihn am meisten, denn dadurch zeige sich eine Beziehung des falschen Wehmüllers auf seine Frau, welche ihm besonders fatal werden könne. Der Graf sagte ihm, der falsche Wehmüller sei wohl nur eine Strafe Gottes für den echten Wehmüller, weil dieser alle Ungarn über einen Leisten male; so gäbe es jetzt auch mehrere Wehmüller über einen Leisten. Wehmüller meinte, alles sei ihm einerlei, aber seine Frau, seine Frau, wenn die sich nur nicht irre. Der Graf stellte ihm nochmals vor, er möge lieber mit ihm auf seinen Finkenherd und dann zurückfahren; er gefährde, wenn er auch höchst unwahrscheinlich den Pestkordon durchschleichen sollte, jenseits an der Pest zu sterben. Wehmüller aber meinte: „Ein zweiter Wehmüller, der zu meiner Frau reist, ist auch eine Pest, an der man sterben kann", und er wolle so wenig als die Schneegänse, welche schreiend über ihnen hinstrichen, den Pestkordon respektieren; er habe keine Ruhe, bis er bei seiner Tonerl sei. So kamen sie bis auf die Grenze der Giulowitschschen Güter, und der Graf schenkte Wehmüllern noch eine Flasche Tokaier mit den Worten: „Wenn Sie diese ausstechen, lieber Wehmüller, werden Sie sich nicht wundern, daß man Sie doppelt gesehn; denn Sie selbst werden alles doppelt sehn; geben Sie uns so bald als möglich Bericht von Ihrem Abenteuer, und möge Ihre Gemahlin anders sehen, als der Bauer gesehen hat. Leben Sie wohl!"

Nun eilte Wehmüller, so schnell er konnte, nach dem nächsten Dorf, und kaum war er in die kleine, dumpfichte Schenke eingetreten, als die alte Wirtin, in Husarenuniform, ihm entgegenschrie: „Ha, ha! da sind der Herr wieder zurück, ich hab es gleich gesagt, daß Sie nicht durch den Kordon würden hinübergelassen werden." Wehmüller sagte, daß er hier niemals gewesen und daß er gleich jetzt erst versuchen wolle, durch den Kordon zu kommen. Da lachte Frau Tschermack und ihr Gesinde ihm ins Gesicht und behaupteten steif und fest, er sei vor einigen Tagen hier durchpassiert, von einem Giulowitscher Bauer begleitet, dem er das Botenlohn zu zahlen vergessen; er habe ja hier gefrühstückt und erzählt, daß er nach Stuhlweißenburg zu seiner Frau Tonerl wolle, um dort das hochlöbliche Offizierkorps zu malen. Wehmüller kam durch diese neue Bestätigung, daß er doppelt in der Welt herumreise, beinahe in Verzweiflung. Er sagte der Wirtin mit kurzen Worten seine ganze Lage; sie wußte nicht, was sie glauben sollte, und sah ihn sehr kurios an. Es war ihr nicht allzu heimlich bei ihm. Aber er wartete alle ihre Skrupel nicht ab und lief wie toll und blind zum Dorfe hinaus und dem Pestkordon zu. Als er eine Viertelmeile auf der Landstraße gelaufen war, sah er auf dem Stoppelfeld eine Reihe von Rauchsäulen aufsteigen, und ein angenehmer Wacholdergeruch dampfte ihm entgegen. Er sah bald eine Reihe von Erdhütten und Soldaten, welche kochten und sangen; es war ein Hauptbivouac des Pestkordons. Als er sich der Schildwache näherte, rief sie ihm ein schreckliches „Halt!" entgegen und schlug zugleich ihr Gewehr auf ihn an. Wehmüller stand wie angewurzelt. Die Schildwache rief den Unteroffizier, und nach einigen Minuten sprengte ein Szekler-Husar gegen ihn heran und schrie aus der Ferne: „Wos willstu, *quid vis?* Wo kommst her, *unde venis?* An welchen Ort willst du, *ad quem locum vis?* Bist du nicht vorige Woche hier durchpassiert, *es tu non altera hebdomada hic perpassatus?*" Er fragte ihn so auf deutsch und husarenlateinisch zugleich, weil er nicht wußte, ob er ein Deutscher oder ein Ungar sei. Wehmüller mußte aus den letzten Worten des Husaren abermals hören, daß er hier schon durchgereist sei, welche Nachricht ihm eiskalt über den Rücken lief. Er schrie sich beinah die Kehle aus, daß er grade von dem Grafen Giulowitsch komme, daß er in seinem Leben nicht hier gewesen. Der Husar aber lachte und sprach: „Du lügst, *mentiris!* Hast du nicht dem Herrn Chirurg sein Bild gegeben, *non delidisti Domino Chirurgo suam imaginem!* – daß er durch die Finger gesehen und dich passieren lassen, *ut vidit per digitos et te fecit passare!* Du bist zurückgekehrt aus den Pestörtern, *es returnatus ex pestiferatis locis!*" Wehmüller sank auf die Knie nieder und bat, man möge den Chirurgen doch herbeirufen.

Während diesem Gespräch waren mehrere Soldaten um den Husaren herumgetreten, zuzuhören; endlich kam der Chirurg auch, und nachdem er Wehmüllers Klagen angehört, der sich die Lunge fast weggeschrieen, befahl er ihm, sich einem der Feuer von Wacholderholz zu nähern, so daß es zwischen ihnen beiden sei, dann wolle er mit ihm reden. Wehmüller tat dies und erzählte ihm die ganze Aussage über einen zweiten Wehmüller, der hier durchgereist sei, und seine große Sorge, daß ihn dieser um all sein Glück betrügen könne, und bot dem Chirurgen alles an, was er besitze, er möge ihm nur durchhelfen. Der Chirurg holte nun eine Rolle Wachsleinwand aus seiner Erdhütte, und Wehmüller erblickte auf derselben eines der ungarischen Nationalgesichter, grade wie er sie selbst zu malen pflegte, auch sein Name stand drunter, und da der Chirurg sagte, ob er dies Bild nicht gemalt und ihm neulich geschenkt habe, weil er ihn passieren lassen, gestand Wehmüller, er würde nie dies Bild von den seinigen unterscheiden können, aber durchpassiert sei er hier nie und habe nie die Gelegenheit gehabt, den Herren Chirurgen zu sprechen. Da sagte der Chirurg: „Hatten Sie nicht heftiges Zahnweh? Habe ich Ihnen nicht noch einen Zahn ausgezogen für das Bild?" – „Nein, Herr Chirurg", erwiderte Wehmüller, „ich habe alle meine Zähne frisch und gesund, wenn Sie zuschauen wollen." Nun faßte der Feldscher einigen Mut; Wehmüller sperrte das Maul auf, er sah nach und gestand ihm zu, daß er ganz ein andrer Mensch sei; denn jetzt, da er ihn weder aus der Ferne noch von Rauch getrübt ansehe, müsse er ihm gestehen, daß der andre Wehmüller viel glatter und auch etwas fetter sei, ja daß sie beide, wenn sie nebeneinander ständen, kaum verwechselt werden könnten; aber durchpassieren lassen könne er ihn jetzt doch nicht. Es habe zuviel Aufsehens bei der Wache gemacht, und er könne Verdruß haben; morgen früh werde aber der Kordonkommandant mit einer Patrouille bei der Visitation hieher kommen, und da ließe sich sehen, was er für ihn tun könne; er möge bis dahin nach der Schenke des Dorfs zurückkehren, er wolle ihn rufen lassen, wenn es Zeit sei; er solle auch das Bild mitnehmen und ihm den Schnauzbart etwas spitzer malen, damit er ganz ähnlich werde. Wehmüller bat, in seiner Erdhütte einen Brief an sein Tonerl schreiben zu dürfen und ihm den Brief hinüber zu besorgen. Der Chirurg war es zufrieden. Wehmüller schrieb seiner Frau, erzählte ihr sein Unglück, bat sie um Gottes willen, nicht den falschen Wehmüller mit ihm zu verwechseln und lieber sogleich ihm entgegen zu reisen. Der Chirurg besorgte den Brief und gab Wehmüller noch ein Attestat, daß seine Person eine ganz andre sei als die des ersten Wehmüllers, und nun kehrte unser Maler, durchgeräuchert wie ein Quarantänebrief, nach der Dorfschenke zurück.

Hier war die Gesellschaft vermehrt, die Erzählung von dem doppelten Wehmüller hatte sich im Dorfe und auf einem benachbarten Edelhof ausgebreitet, und es waren allerlei Leute bei der Wirtin zusammengekommen, um sich wegen der Geschichte zu befragen. Unter dieser Gesellschaft waren ein alter invalider Feuerwerker und ein Franzose die Hauptpersonen. Der Feuerwerker, ein Venetianer von Geburt, hieß Baciochi und war ein Allesinallem bei dem Edelmanne, der einen Büchsenschuß von dem Dorf wohnte. Der Franzose war ein Monsieur Devillier, der, von einer alten reichen Ungarin gefesselt, in Ungarn sitzen geblieben war; seine Gönnerin starb und hinterließ ihm ein kleines Gütchen, auf welchem er lebte und sich bei seinen Nachbarn umher mit der Jagd und allerlei Liebeshändeln die Zeit vertrieb. Er hatte gerade eine Kammerjungfer auf dem Edelhofe besucht, der er Sprachunterricht gab, und diese hatte ihn mit dem Hofmeister des jungen Edelmanns auf seinem Rückwege in die Schenke begleitet, um ihrer Herrschaft von dem doppelten Wehmüller Bericht zu erstatten. Die Kammerjungfer hieß Nanny, und der Hofmeister war ein geborner Wiener mit Namen Lindpeindler, ein zartfühlender Dichter, der oft verkannt worden ist. Die berühmteste Person von allen war aber der Violinspieler Michaly, ein Zigeuner von etwa dreißig Jahren, von eigentümlicher Schönheit und Kühnheit, der wegen seinem großen Talent, alle möglichen Tänze ununterbrochen auf seiner Violine zu erfinden und zu variieren, bei allen großen Hochzeiten im Lande allein spielen mußte. Er war hieher gereist, um seine Schwester zu erwarten, die bis jetzt bei einer verstorbenen Großmutter gelebt und nun auf der Reise zu ihm durch den Pestkordon von ihm getrennt war. Zu diesen Personen fügte sich noch ein alter kroatischer Edelmann, der einen einsamen Hof in der Nähe der türkischen Grenze besaß; er übernachtete hier, von einem Kreistage zurückkehrend. Ein Tiroler Teppichkrämer und sein Reisegeselle, ein Savoyardenjunge, dem sein Murmeltier gestorben war und der sich nach Hause bettelte, machten die Gesellschaft voll, außer der alten Wirtin, die Tabak rauchte und in ihrer Jugend als Amazone unter den Wurmserschen Husaren gedient hatte. Sie trug noch den Dolman und die Mütze, die Haare in einen Zopf am Nacken und zwei kleine Zöpfe an den Schläfen geknüpft, und hatte hinter ihrem Spinnrad ein martialisches Ansehen. Diese bunte Versammlung saß in der Stube, welche zugleich die Küche und der Stall für zwei Büffelkühe war, um den lodernden, niedern Feuerherd und war im vollen Gespräch über den doppelten Wehmüller, als dieser in der Dämmerung an der verschlossenen Haustüre pochte. Die Wirtin fragte zum Fenster hinaus, und als sie Wehmüller sah, rief sie: „Gott steh uns bei! Da ist noch ein dritter Wehmüller; ich mache die Türe nicht eher auf, bis sie alle drei zusammen kommen!"

Ein lautes Gelächter und Geschrei des Verwunderns aus der Stube unterbrach des armen Malers Bitte um Einlaß. Er nahte sich dem Fenster und hörte eine lebhafte Beratschlagung über sich an. Der kroatische Edelmann behauptete, er könne sehr leicht ein Vampyr sein oder die Leiche des ersten an der Pest verstorbenen Wehmüllers, die hier den Leuten das Blut aussaugen wolle; der Feuerwerker meinte, er könne die Pest bringen, er habe wahrscheinlich den Kordon überschritten und sei wieder zurückgeschlichen; der Tiroler bewies, er würde niemand fressen; die Kammerjungfer verkroch sich hinter dem Franzosen, der, nebst dem Hofmeister, die Gastfreiheit und Menschlichkeit verteidigte. Devillier sagte, er könne nicht erwarten, daß eine so auserwählte Gesellschaft, in der er sich befände, jemals aus Furcht und Aberglauben die Rechte der Menschheit so sehr verletzen werde, einen Fremden wegen einer bloßen Grille auszusperren, er wolle mit dem Manne reden; der Zigeuner aber ergriff in dem allgemeinen, ziemlich lauten Wortwechsel seine Violine und machte ein wunderbares Schariwari dazu, und da die ungarischen Bauern nicht leicht eine Fiedel hören, ohne den Tanzkrampf in den Füßen zu fühlen, so versammelte sich bald Horia und Klotzka vor der Schenke – was so viel heißt als Hinz und Kunz bei uns zulande –, die Mädchen wurden aus den Betten getrieben und vor die Schenke gezogen, und sie begannen zu jauchzen und zu tanzen.

Durch den Lärm ward der Vizegespan, des Orts Obrigkeit, herbeigelockt, und Wehmüller brachte ihm seine Klagen und das Attestat des Chirurgen vor, versprach ihm auch, sein Porträt unter den Nationalgesichtern sich aussuchen zu lassen, wenn er ihm ein ruhiges Nachtquartier verschaffe und seine Persönlichkeit in der Schenke attestiere. Der Vizegespan ließ sich nun die Schenke öffnen und las drinnen das Attestat des Herren Chirurgen, das er allen Anwesenden zur Beruhigung mitteilte. Durch seine Autorität brachte er es dahin, daß Wehmüller endlich hereingelassen wurde, und er nahm, um der Sache mehr Ansehen zu geben, ein Protokoll über ihn auf, an dem nichts merkwürdig war, als daß es mit dem Worte „sondern" anfing. Indessen hatten die Bauern den musikalischen Zigeuner herausgezerrt und waren mit ihm unter die Linde des Dorfs gezogen, der Tiroler zog hinterdrein und joudelte aus der Fistel, der Savoyarde gurgelte sein „*Escoutta Gianetta*" und klapperte mit dem Deckel seines leeren Kastens den Takt dazu bis unter die Linde. Monsieur Devillier forderte die Kammerjungfer zu einem Tänzchen auf, und Herr Lindpeindler gab der schönen Herbstnacht und dem romantischen Eindruck nach. So war die Stube ziemlich leer geworden; Wehmüller holte seine Nationalgesichter aus der Blechbüchse, und der Vizegespan hatte bald sein Porträt gefunden, versprach auch dem Maler ins Ohr, daß er ihm morgen über den Kordon helfen wolle, wenn er ihm heute nacht noch eine Reihe Knöpfe mehr auf die Jacke male. Wehmüller dankte ihm herzlich und begann sogleich bei einer Kienfackel seine Arbeit. Der Feuerwerker und der kroatische Edelmann rückten zu dem Tisch, auf welchem Wehmüller seine Flasche Tokaier preisgab; die Herren drehten sich die Schnauzbärte, steckten sich die Pfeifen an und ließen es sich wohlschmecken. Der Vizegespan sprach von der Jagdzeit, die am St. Egiditag, da der Hirsch in die Brunst gehe, begonnen habe, und daß er morgen früh nach einem Vierzehnender ausgehen wolle, der ihm großen Schaden in seinem Weinberge getan; zugleich lud er Herrn Wehmüller ein, mitzugehen, wobei er ihm auf den Fuß trat. Wehmüller verstand, daß dies ein Wink sei, wie er ihm über den Kordon helfen wolle, und wenn ihm gleich nicht so zumute war, gern von Hirschgeweihen zu hören, nahm er doch das Anerbieten mit Dank an, nur bat er sich die Erlaubnis aus, nach der Rückkehr das Bild des Herrn Vizegespan in seinem Haus fertig malen zu dürfen. Der kroatische Edelmann und der Feuerwerker sprachen nun noch mancherlei von der Jagd, und wie der Wein so vortrefflich stehe, darum sei das Volk auch so lustig; wenn der unbequeme Pestkordon nur erst aufgelöst sei; aller Verkehr sei durch ihn gestört, und der Kordon sei eigentlich ärger als die Pest selbst. „Es wird bald aus sein mit dem Kordon“, sagte der Kroate, „die Kälte ist der beste Doktor, und ich habe heute an den Eicheln gesehen, daß es einen strengen Winter geben wird; denn die Eicheln kamen heuer früh und viel, und es heißt von den Eicheln im September:

Haben sie Spinnen, so kömmt ein bös Jahr,
Haben sie Fliegen, kömmt Mittelzeit zwar,
Haben sie Maden, so wird das Jahr gut,
Ist nichts darin, so hält der Tod die Hut,
Sind die Eicheln früh und sehr viel,
So schau, was der Winter anrichten will:
Mit vielem Schnee kömmt er vor Weihnachten,
Darnach magst du große Kälte betrachten.
Sind die Eicheln schön innerlich,
Folgt ein schöner Sommer, glaub sicherlich;
Auch wird dieselbe Zeit wachsen schön Korn,
Also ist Müh und Arbeit nicht verlorn.
Werden sie innerlich naß befunden,
Tuts uns einen nassen Sommer bekunden;
Sind sie mager, wird der Sommer heiß,
Das sei dir gesagt mit allem Fleiß.

Diesen September waren sie aber so früh und häufig, daß es gewiß bald kalt und der Frost die Pest schon vertilgen wird.“ – „Ganz recht“, sagte der Vizegespan, „wir werden einen frühen Winter und einen schönen Herbst haben, denn tritt der Hirsch an einem schönen Egiditag in Brunst, so tritt er auch an einem schönen Tag heraus, und wenn er früh eintritt, wie dieses Jahr, so naht der Winter auch früh.“

Über diesen Wetterbetrachtungen kamen sie auf kalte Winter zu sprechen, und der Kroate erzählte folgende Geschichte, die ihm vor einigen Jahren im kalten Winter in der Christnacht geschehen sein sollte, und er beschwor sie hoch und teuer. Aber eben, als er beginnen wollte, schallte ein großer Spektakel von der Linde her. Lindpeindler und die Kammerjungfer stürzten mit dem Geschrei in die Stube, auf dem Tanzplatz sei wieder ein Wehmüller erschienen. „Ach“, schrie die Kammerjungfer, „er hat mich wie ein Gespenst angepackt und ist mit mir so entsetzlich unter der Linde herumgetanzt, daß mir die Haube in den Zweigen blieb.“ Auf diese Aussage sprangen alle vom Tisch auf und wollten hinausstürzen. Der Vizegespan aber gebot dem Maler, sitzenzubleiben, bis man wisse, ob er oder der andere es sei. Da näherte sich das Spektakel, und bald trat der Zigeuner, lustig fiedelnd, von den krähenden Bauern begleitet, mit dem neuen Wehmüller vor die Schenke. Da klärte sich denn bald der Scherz auf. Devillier hatte den grauen Reisekittel und den Hut Wehmüllers im Hinausgehen aufgesetzt und ein blechernes Ofenrohr, das in einem Winkel lag, umgehängt, die furchtsame Kammerjungfer zu erschrecken. Nanny ward sehr ausgelacht, und der Vizegespan befahl nun den Leuten, zu Bette zu gehen; da aber einige noch tanzen wollten und grob wurden, rief er nach seinen Heiducken, setzte selbst eine Bank vor die Türe, legte eigenhändig einen frechen Burschen über und ließ ihm fünf aufzählen, auf welche kleine Erfrischung die ganze Ballgesellschaft mit einem lauten „*Vivat noster Dominus Vicegespannus!*“ jubelnd nach Haus zog. Nun ordnete sich die übrige Gesellschaft in der engen Stube, wie es gehen wollte, um Tisch und Herd, auf Kübeln und Tonnen und den zur Nachtstreue von der Wirtin angeschleppten Strohbündeln. Devillier ließ einige Krüge Wein bringen, und der erschrockenen Kammerjungfer wurde auf den Schreck wacker zugetrunken. Man bat dann den Kroaten, seine versprochene Geschichte zu erzählen, welcher, während Wehmüller in schweren Gedanken an sein Tonerl Knöpfe malte, also begann:

Das Pickenick des Katers Mores

Erzählung des kroatischen Edelmanns

Mein Freihof liegt einsam, eine halbe Stunde von der türkischen Grenze, in einem sumpfichten Wald, wo alles im herrlichsten und fatalsten Überfluß ist, zum Beispiel die Nachtigallen, die einen immer vor Tag aus dem Schlafe wecken, und im letzten Sommer pfiffen die Bestien so unverschämt nah und in solcher Menge vor meinem Fenster, daß ich einmal im größten Zorne den Nachttopf nach ihnen warf. Aber ich kriegte bald einen Hausgenossen, der ihnen auf den Dienst paßte und mich von dem Ungeziefer befreite. Heut sind es drei Jahre, als ich morgens auf meinen Finkenherd ging, mit einem Pallasch, einer guten Doppelbüchse und einem Paar doppelten Pistolen versehen, denn ich hatte einen türkischen Wildpretdieb und Händler auf dem Korn, der mir seit einiger Zeit großen Wildschaden angetan und mir, da ich ihn gewarnt hatte, trotzig hatte sagen lassen, er störe sich nicht an mir und wolle unter meinen Augen in meinem Wald jagen. Als ich nach dem Finkenherd kam, fand ich alle meine ausgestellten Dohnen und Schlingen ausgeleert und merkte, daß der Spitzbube mußte da gewesen sein. Erbittert stellte ich meinen Fang wieder auf, da strich ein großer schwarzer Kater aus dem Gesträuch murrend zu mir her und machte sich so zutulich, daß ich seinen Pelz mit Wohlgefallen ansah und ihn liebkoste mit der Hoffnung, ihn an mich zu gewöhnen und mir etwa aus seinen Winterhaaren eine Mütze zu machen. Ich habe immer so eine lebendige Wintergarderobe im Sommer in meinem Revier, ich brauche darum kein Geld zum Kürschner zu tragen, es kommen mir auch keine Motten in mein Pelzwerk. Vier Paar tüchtige lederne Hosen laufen immer als lebendige Böcke auf meinem Hofe, und mitten unter ihnen ein herrlicher Dudelsack, der sich jetzt als lebendiger Bock schon so musikalisch zeigt, daß die zu einzelnen Hosenbeinen bestimmten Kandidaten, sobald er meckernd unter sie tritt, zu tanzen und gegeneinander zu stutzen anfangen, als fühlten sie jetzt schon ihre Bestimmung, einst mit meinen Beinen nach diesem Dudelsack ungarisch zu tanzen. So habe ich auch einen neuen Reisekoffer als Wildsau in meinem Forste herumlaufen, ein prächtiger Wolfspelz hat mir im letzten Winter in der Gestalt von sechs tüchtigen Wölfen schon auf den Leib gewollt; die Bestien hatten mir ein tüchtiges Loch in die Kammertüre genagt, da fuhr ich einem nach dem andern durch ein Loch über der Türe mit einem Pinsel voll Ölfarbe über den Rücken und erwarte sie nächstens wieder, um ihnen das Fell über die Ohren zu ziehen.

Aus solchen Gesichtspunkten sah ich auch den schwarzen Kater an und gab ihm, teils weil er schwarz wie ein Mohr war, teils weil er gar vortreffliche Mores oder Sitten hatte, den Namen Mores. Der Kater folgte mir nach Hause und wußte sich so vortrefflich durch Mäusefangen und Verträglichkeit mit meinen Hunden auszuzeichnen, daß ich den Gedanken, ihn aus seinem Pelz zu vertreiben, bald aufgegeben hatte. Mores war mein steter Begleiter, und nachts schlief er auf einem ledernen Stuhl neben meinem Bette. Merkwürdig war es mir besonders an dem Tier, daß es, als ich ihm scherzhaft bei Tage einigemal Wein aus meinem Glase zu trinken anbot, sich gewaltig dagegen sträubte und ich es doch einst im Keller erwischte, wie es den Schwanz ins Spundloch hängte und dann mit dem größten Appetit ableckte. Auch zeichnete sich Mores vor allen Katzen durch seine Neigung, sich zu waschen, aus, da doch sonst sein Geschlecht eine Feindschaft gegen das Wasser hat. Alle diese Absonderlichkeiten hatten den Mores in meiner Nachbarschaft sehr berühmt gemacht, und ich ließ ihn ruhig bei mir aus und ein gehen, er jagte auf seine eigne Hand und kostete mich nichts als Kaffee, den er über die Maßen gern soff. So hatte ich meinen Gesellen bis gegen Weihnachten immer als Schlafkameraden gehabt, als ich ihn die zwei letzten Tage und Nächte vor dem Christtag ausbleiben sah. Ich war schon an den Gedanken gewöhnt, daß ihn irgendein Wildschütze, vielleicht gar mein türkischer Grenznachbar, möge weggeschossen oder gefangen haben, und sendete deswegen einen Knecht hinüber zu dem Wildhändler, um etwas von dem Mores auszukundschaften. Aber der Knecht kam mit der Nachricht zurück, daß der Wildhändler von meinem Kater nichts wisse, daß er eben von einer Reise von Stambul zurückgekommen sei und seiner Frau eine Menge schöner Katzen mitgebracht habe; übrigens sei es ihm lieb, daß er von meinem trefflichen Kater gehört, und wolle er auf alle Weise suchen, ihn in seine Gewalt zu bringen, da ihm ein tüchtiger Bassa für sein Serail fehle. Diese Nachricht erhielt ich mit Verdruß am Weihnachtsabend und sehnte mich um so mehr nach meinem Mores, weil ich ihn dem türkischen Schelm nicht gönnte. Ich legte mich an diesem Abend früh zu Bette, weil ich in der Mitternacht eine Stunde Weges nach der Kirche in die Metten gehen wollte. Mein Knecht weckte mich zur gehörigen Zeit; ich legte meine Waffen an und hängte meine Doppelbüchse, mit dem gröbsten Schrote geladen, um. So machte ich mich auf den Weg, in der kältesten Winternacht, die ich je erlebt; ich war eingehüllt wie ein Pelznickel, die brennende Tabakspfeife fror mir einigemal ein, der Pelz um meinen Hals starrte von meinem gefrornen Hauch wie ein Stachelschwein, der feste Schnee knarrte unter meinen Stiefeln, die Wölfe heulten rings um meinen Hof, und ich befahl meinen Knechten, Jagd auf sie zu machen.

So war ich bei sternheller Nacht auf das freie Feld hinaus gekommen und sah schon in der Ferne eine Eiche, die auf einer kleinen Insel mitten in einem zugefrornen Teiche stand und etwa die Hälfte des Weges bezeichnete, den ich zum Kirchdorf hatte. Da hörte ich eine wunderbare Musik und glaubte anfangs, es sei ein Zug Bauern, der mit einem Dudelsack sich den Weg zur Kirche verkürzte, und so schritt ich derber zu, um mich an diese Leute anzuschließen. Aber je näher ich kam, je toller war die kuriose Musik, sie löste sich in ein Gewimmer auf, und, schon dem Baume nah, hörte ich, daß die Musik von demselben herunter schallte. Ich nahm mein Gewehr in die Hand, spannte den Hahn und schlich über den festen Teich auf die Eiche los; was sah ich, was hörte ich? Das Haar stand mir zu Berge; der ganze Baum saß voll schrecklich heulender Katzen, und in der Krone thronte mein Herr Mores mit krummem Bukkel und blies ganz erbärmlich auf einem Dudelsack, wozu die Katzen unter gewaltigem Geschrei um ihn her durch die Zweige tanzten. Ich war anfangs vor Entsetzen wie versteinert, bald aber zwickte mich der Klang des Dudelsacks so sonderbar in den Beinen, daß ich selbst anfing zu tanzen und beinahe in eine von Fischern gehauene Eisöffnung fiel; da tönte aber die Mettenglocke durch die helle Nacht, ich kam zu Sinnen und schoß die volle Schrotladung meiner Doppelbüchse in den vermaledeiten Tanzchor hinein, und in demselben Augenblick fegte die ganze Tanzgesellschaft wie ein Hagelwetter von der Eiche herunter und wie ein Bienenschwarm über mich weg, so daß ich auf dem Eise ausglitt und platt niederstürzte. Als ich mich aufraffte, war das Feld leer, und ich wunderte mich, daß ich auch keine einzige von den Katzen getroffen unter dem Baume fand. Der ganze Handel hatte mich so erschreckt und so wunderlich gemacht, daß ich es aufgab, nach der Kirche zu gehen; ich eilte nach meinem Hofe zurück und schoß meine Pistolen mehrere Male ab, um meine Knechte herbeizurufen. Sie nahten mir bald auf dieses verabredete Zeichen; ich erzählte ihnen mein Abenteuer, und der eine, ein alter, erfahrener Kerl, sagte: „Sei'n Ihr Gnaden nur ruhig, wir werden die Katzen bald finden, die Ihr Gnaden geschossen haben." Ich machte mir allerlei Gedanken und legte mich zu Hause, nachdem ich auf den Schreck einen warmen Wein getrunken hatte, zu Bett.

Als ich gegen Morgen ein Geräusch vernahm, erwachte ich aus dem unruhigen Schlaf, und sieh da: mein vermaledeiter Mores lag – mit versengtem Pelz – wie gewöhnlich neben mir auf dem Lederstuhl. Es lief mir ein grimmiger Zorn durch alle Glieder; „Passaveanelkiteremtete!" schrie ich, „vermaledeite Zauberkanaille! bist du wieder da?" und griff nach einer neuen Mistgabel, die neben meinem Bett stand; aber die Bestie stürzte mir an die Kehle und würgte mich; ich schrie Zetermordio. Meine Knechte eilten herbei mit gezogenen Säbeln und fegten nicht schlecht über meinen Mores her, der an allen Wänden hinauf fuhr, endlich das Fenster zerstieß und dem Walde zustürzte, wo es vergebens war, das Untier zu verfolgen; doch waren wir gewiß, daß Herr Mores seinen Teil Säbelhiebe weghabe, um nie wieder auf dem Dudelsack zu blasen. Ich war schändlich zerkratzt, und der Hals und das Gesicht schwoll mir gräßlich an. Ich ließ nach einer slavonischen Viehmagd rufen, die bei mir diente, um mir einen Umschlag von ihr kochen zu lassen, aber sie war nirgends zu finden, und ich mußte nach dem Kirchdorf fahren, wo ein Feldscher wohnte. Als wir an die Eiche kamen, wo das nächtliche Konzert gewesen war, sahen wir einen Menschen darauf sitzen, der uns erbärmlich um Hülfe anflehte. Ich erkannte bald Mladka, die slavonische Magd; sie hing halb erfroren mit den Röcken in den Baumästen verwickelt, und das Blut rann von ihr nieder in den Schnee; auch sahen wir blutige Spuren von da her, wo mich die Katzen über den Haufen geworfen, nach dem Walde zu. Ich wußte nun, wie es mit der Slavonierin beschaffen war, ließ sie schwebend, daß sie die Erde nicht berührte, auf den Wurstwagen tragen und festbinden und fuhr eilend mit der Hexe nach dem Dorfe. Als ich bei dem Chirurg ankam, wurde gleich der Vizegespan und der Pfarrer des Orts gerufen, alles zu Protokoll genommen, und die Magd Mladka ward ins Gefängnis geworfen; sie ist zu ihrem Glück an dem Schuß, den sie im Leibe hatte, gestorben, sonst wäre sie gewiß auf den Scheiterhaufen gekommen. Sie war ein wunderschönes Weibsbild, und ihr Skelett ist nach Pest ins Naturalienkabinett als ein Muster schönen Wachstums gekommen; sie hat sich auch herzlich bekehrt und ist unter vielen Tränen gestorben. Auf ihre Aussagen sollten verschiedene andere Weibspersonen in der Gegend gefangengenommen werden, aber man fand zwei tot in ihren Betten, die anderen waren entflohen.

Als ich wiederhergestellt war, mußte ich mit einer Kreiskommission über die türkische Grenze reisen; wir meldeten uns bei der Obrigkeit mit unserer Anzeige gegen den Wildhändler, aber da kamen wir schier in eine noch schlimmere Suppe; es wurde uns erklärt, daß der Wildhändler nebst seiner Frau und mehreren türkischen, serbischen und slavonischen Mägden und Sklavinnen von Schrotschüssen und Säbelhieben verwundet zu Hause angekommen und daß der Wildhändler gestorben sei mit der Angabe: er sei, von einer Hochzeit kommend, auf der Grenze von mir überfallen und so zugerichtet worden. Während dies angezeigt wurde, versammelte sich eine Menge Volks, und die Frau des Wildhändlers mit mehreren Weibern und Mägden, verbunden und bepflastert, erhoben ein mörderliches Geschrei gegen uns. Der Richter sagte: er könne uns nicht schützen, wir möchten sehen, daß wir fortkämen; da eilten wir nach dem Hof, sprangen zu Pferde, nahmen den Kreiskommissär in die Mitte, ich setzte mich an die Spitze der sechs Szekler-Husaren, die uns begleitet hatten, und so sprengten wir, Säbel und Pistole in der Hand, früh genug zum Orte hinaus, um nicht mehr zu erleiden als einige Steinwürfe und blinde Schüsse, eine Menge türkischer Flüche mit eingerechnet. Die Türken verfolgten uns bis über die Grenze, wurden aber von den Szeklern, die sich im Walde setzten, so zugerichtet; daß wenigstens ein paar von ihnen dem Wildhändler in Mahomeds Paradies Nachricht von dem Erfolg werden gegeben haben. Als ich nach Haus kam, war das erste, daß ich meinen Dudelsack visitierte, den ich auch mit drei Schroten durchlöchert hinter meinem Bette liegen fand. Mores hatte also auf meinem eigenen Dudelsack geblasen und war von ihm gegen meinen Schuß gedeckt worden. Ich hatte mit der unseligen Geschichte noch viele Schererei, ich wurde weitläufig zu Protokoll vernommen, es kam eine Kommission nach der andern auf meinen Hof und ließ sich tüchtig aufwarten; die Türken klagten wegen Grenzverletzung, und ich mußte es mir am Ende noch mehrere Stücke Wild und ein ziemliches Geld kosten lassen, daß die Gerichtsplackerei endlich einschlief, nachdem ich und meine Knechte vereidigt worden waren. Trotzdem wurde ich mehrmals vom Kreisphysikus untersucht, ob ich auch völlig bei Verstand sei, und dieser kam nicht eher zur völligen Gewißheit darüber, bis ich ihm ein Paar doppelte Pistolen und seiner Frau eine Verbrämung von schwarzem Fuchspelz und mehrere tüchtige Wildbraten zugeschickt hatte. So wurde die Sache endlich stille; um aber in etwas auf meine Kosten zu kommen, legte ich eine Schenke unter der Eiche auf der Insel in dem Teiche an, wo seither die Bauern und Grenznachbarn aus der Gegend sich sonntags im Sommer viel einstellen und den ledernen Stuhl, worauf Mores geschlafen und an den ich ein Stück seines Schweifs, das ihm die Knechte in der Nacht abgehauen, genagelt habe, besehen; den Dudelsack habe ich flicken lassen, und mein Knecht, der den Wirt dort macht, pflegt oben in der Eiche, wo Mores gesessen, darauf den Gästen, die um den Baum tanzen, vorzuspielen. Ich habe schon ein schönes Geld da eingenommen, und wenn mich die Herrschaften einmal dort besuchen wollen, so sollen sie gewiß gut bedient werden.

Diese Erzählung, welche der Kroat mit dem ganzen Ausdruck der Wahrheit vorgebracht hatte, wirkte auf die verschiedenste Weise in der Gesellschaft. Der Vizegespan, der Tiroler und die Wirtin hatten keinen Zweifel, und der Savoyarde zeigte seine Freude, daß man noch kein Beispiel gehabt habe: ein Murmeltier sei eine Hexe gewesen. Lindpeindler äußerte: es möge an der Geschichte wahr sein, was da wolle, so habe sie doch eine höhere poetische Wahrheit; sie sei in jedem Falle wahr, insofern sie den Charakter der Einsamkeit, Wildnis und der türkischen Barbarei ausdrücke; sie sei durchaus für den Ort, auf welchem sie spiele, scharf bezeichnend und mythisch und darum dort wahrer als irgendeine Lafontainesche Familiengeschichte. Aber es verstand keiner der Anwesenden, was Lindpeindler sagen wollte, und Devillier leugnete ihm grade ins Gesicht, daß Lafontaine irgendeine seiner *Fabeln* jemals für eine wahre Familiengeschichte ausgegeben habe; Lindpeindler schwieg und wurde verkannt.

Nun aber wendete sich der Franzose zu der Kammerjungfer, welche sich mit stillem Schauer in einen Winkel gedrückt hatte, sprechend: „Und Sie, schöne Nanny, sind ja so stille, als fühlten Sie sich bei der Geschichte getroffen." – „Wieso getroffen?" fragte Nanny. „Nun, ich meine", erwiderte Devillier lächelnd, „von einem Schrote des kroatischen Herrn. Sollte das artigste Kammerkätzchen der Gegend nicht zu dem Teedansant eingeladen gewesen sein? – Das wäre ein Fehler des Herrn Mores gegen die Galanterie, wegen welchem er die Rache seines Herrn allein schon verdient hätte." Alle lachten, Nanny aber gab dem Franzosen eine ziemliche Ohrfeige und erwiderte: „Sie sind der Mann dazu, einen in den Ruf zu bringen, daß man geschossen sei, denn Sie haben selbst einen Schuß!" und dabei zeigte sie ihm von neuem die fünf Finger; worauf Devillier sagte: „Erhebt das nicht den Verdacht, sind das nicht Katzenmanieren? Sie waren gewiß dabei! Frau Tschermack, die Wirtin, wird es uns sagen können, denn die hat gewiß nicht gefehlt; ich glaube, daß sie die Blessur in der Hüfte eher bei solcher Gelegenheit als bei den

Wurmserschen Husaren erhalten." Alles lachte von neuem, und der Zigeuner sagte: „Ich will sie fragen."

Der Kroate fand sich über die Ungläubigkeit Devilliers gekränkt und fing an, seine Geschichte nochmals zu beteuern, indem er seine pferdehaarne steife Halsbinde ablöste, um die Narben von den Klauen des Mores zu zeigen. Nanny drückte die Augen zu, und indessen brachte der Zigeuner die Nachricht: Frau Tschermack meine, Mores müsse es selbst am besten wissen. Er setzte mit diesen Worten die große schwarze Katze der Wirtin, welche er vor der Türe gefangen hatte, der Kammerjungfer in den Schoß, welche mit einem heftigen Schrei des Entsetzens auffuhr. – „Eingestanden!" rief Devillier; aber der Spaß war dumm, denn Nanny kam einer Ohnmacht nah, die Katze sprang auf den Tisch, warf das Licht um und fuhr dem armen Wehmüller über seine nassen Farben; Der Vizegespan riß das Fenster auf und entließ die Katze, aber alles war rebellisch geworden; die Büffelkühe im Hintergrund der Stube an den Ketten, und jeder drängte nach der Türe. Wehmüller und Lindpeindler sprangen auf den Tisch und stießen mit dem Tiroler zusammen, der es auch in demselben Augenblick tat und mit seinen nägelbeschlagenen Schuhen mehr Knopflöcher in das Porträt des Vizegespans trat, als Knöpfe darauf waren. Devillier trug Nanny hinaus; der Kroate schrie immer: „Da haben wir es, das kömmt vom Unglauben!" Frau Tschermack aber, welche mit einem vollen Weinkrug in die Verstörung trat, fluchte stark und beruhigte die Kühe; der Zigeuner griff wie ein zweiter Orpheus nach seiner Violine, und als Monsieur Devillier mit Nanny, die er am Brunnen erfrischt hatte, wieder hereintrat, kniete der kecke Bursche vor ihr nieder und sang und spielte eine so rührende Weise auf seinem Instrument, daß niemand widerstehen konnte und bald alles stille ward. Es war dies ein altes zigeunerisches Schlachtlied, wobei der Zigeuner endlich in Tränen zerfloß, und Nanny konnte ihm nicht widerstehen, sie weinte auch und reichte ihm die Hand; Lindpeindler aber sprang auf den Sänger zu und umarmte ihn mit den Worten: „O, das ist groß, das ist ursprünglich! Bester Michaly, wollen Sie mir Ihr Lied wohl in die Feder diktieren?" – „Nimmermehr!" sagte der

Zigeuner, „so was diktiert sich nicht, ich wüßte es auch jetzt nicht mehr, und wenn Sie mir den Hals abschnitten; wenn ich einmal wieder eine schöne Jungfer betrübt habe, wird es mir auch wieder einfallen."

Da lachte die ganze Gesellschaft, und Michaly begann so tolle Melodien aus seiner Geige herauszulocken, daß die Fröhlichkeit bald wieder hergestellt wurde und Devillier den Kroaten fragte, ob Mores nicht diesen Tanz aufgespielt hätte; Herr Lindpeindler notierte sich wenigstens den Inhalt des extemporierten Liedes; es war die Wehklage über den Tod von tausend Zigeunern. Im Jahr 1537 wurde in den Zapolischen Unruhen das Kastell Nagy-Jda in der Abanywarer Gespanschaft mit Belagerung von kaiserlichen Truppen bedroht. Franz von Perecey, der das Kastell verteidigte, stutzte, aus Truppenmangel, tausend Zigeuner in der Eile zu Soldaten und legte sie unter reichen Versprechungen von Geld und Freiheiten auf Kindeskinder, wenn sie sich wacker hielten, gegen den ersten Anlauf in die äußeren Schanzen. Auf diese vertrauend, hielten sich diese Helden auch ganz vortrefflich, sie empfingen die Belagerer mit einem heftigen Feuer, so daß sie umwendeten. Aber nun krochen die Helden übermütig aus ihren Löchern und schrien den Fliehenden nach: „Geht zum Henker, ihr Lumpen, hätten wir noch Pulver und Blei, so wollten wir euch anders zwiebeln." Da sahen sich die Abziehenden um, und als sie statt regulierter Truppen einen frechen Zigeunerschwarm auf den Wällen merkten, ergriff sie der Zorn, sie drangen in die Schanze und säbelten die armen Helden bis auf den letzten Mann nieder. Diese Niederlage, eine der traurigsten Erinnerungen der Zigeuner in jener Gegend, hatte Michaly in der Klage einer Mutter um ihren Sohn und einer Braut um ihren gefallenen Geliebten besungen. Devillier sagte nun zu dem Kroaten: „Damit Sie nicht länger meinen Glauben an den Hexenmeister Mores in Katzengestalt bezweifeln, will ich Ihnen eine Geschichte erzählen, bei welcher ich selbst geholfen habe, ein paar hundert solcher Zauberer zu töten." – „Ein paar hundert!" riefen mehrere in der Gesellschaft. „Ja!" erwiderte Devillier, „und das will ich ebenso getrost beschwören als unser Freund den musizierenden Katzenkongreß."

Devilliers Erzählung von den Hexen auf dem Austerfelsen

Vor mehreren Jahren, da ich als Lieutenant zu Dünkirchen in Garnison lag, genoß ich der vertrauten Freundschaft meines Majors, eines alten Gascogners. Er war ein großer Liebhaber von Austern, und zu seiner Majorschaft gehörte der Genuß von einem großen Austerfelsen, der hinter einem Lustwäldchen einen halben Büchsenschuß weit vom Ufer in der See lag, so daß man ihn bei der Ebbe trocknen Fußes erreichen konnte, um die frischen Austern vom Felsen zu schlagen. Da der Major eine Zeit her bemerkt hatte, daß in den meisten zutage liegenden Austern nichts drinnen war, konnte er sich gar nicht denken, wer ihm die Austern aus den Schalen hinwegstehle, und er bat mich, ihn in einer Nacht, mit Schießgewehr bewaffnet, nach dem Austernfelsen zu begleiten, um den Dieb zu belauern. Wir hatten kaum das kleine Gehölz betreten, als uns ein schreckliches Katzengeheul nach der See hin rief, und wie groß war unser Erstaunen, als wir den Felsen mit einer Unzahl von Katzen besetzt fanden, die, ohne sich von der Stelle zu bewegen, das durchdringendste Jammergeschrei ausstießen. Ich wollte unter sie schießen, aber mein Freund warnte mich, indem es gewiß eine Gesellschaft von Zauberern und Hexen sei und ich durch den Schuß ihre Rache auf uns ziehen könnte. Ich lachte und lief mit gezogenem Säbel nach dem Felsen hin; aber wie ward mir zumute, da ich unter die Bestien hieb und sich doch keine einzige von der Stelle bewegte! Ich warf meinen Mantel über eine, um sie ungekratzt von der Erde aufheben zu können, sie war wie angewurzelt. Da lief es mir eiskalt über den Rücken, und ich eilte, zu meinem Freunde zurückzukommen, der mich wegen meiner tollkühnen Expedition tüchtig ausschmälte. Wir standen noch, bis die Flut eintrat, um zu sehen, wie sich die Hexenmeister betragen würden, wenn das Wasser über sie her strömte; aber da ging es uns wie unserem kroatischen Freunde, als die Kirchglocke das Katzenpickenick auf der Eiche unterbrach. Kaum rollte die erste Welle über den Felsen, als die ganze Hexengesellschaft mit solchem Ungestüm gegen das Ufer und auf uns los stürzte, daß wir in der größten Eile Reißaus nahmen. Am andern Morgen begab sich der alte Major zum Gouverneur der Festung und zeigte ihm an, wie die ganze Festung voll Hexen und Zauberern sei, deren Versammlung er auf seinem Austerfelsen entdeckt habe. Der Gouverneur lachte ihn anfangs aus und begann, als er ernsthaft Truppen begehrte, diese Zauberer in der nächsten Nacht niederschießen zu lassen, an seinem Verstande zu zweifeln. Der Major stellte mich als Zeugen auf, und ich bestätigte, was ich gesehen, und die wunderbare Erscheinung von Unbeweglichkeit der Katzen. Dem Gouverneur war die Sache unbegreiflich, und er versprach, in der nächsten Nacht selbst zu untersuchen. Er ließ allen Wachen andeuten, ehe er in der Nacht mit uns und hundert Mann Voltigeurs ausmarschierte, keine Rücksicht darauf zu nehmen, wenn sie schießen hörten.

Als wir dem Gehölz nahten, tönte dasselbe Katzengeschrei, und wir hatten vom Ufer dasselbe eigentümlich-schauerliche Schauspiel: den lebendigen heulenden Felsen im Mondschein über der weiten, unbegrenzten Meeresfläche. Der Gouverneur stutzte, er wollte hin, aber der Major hielt ihn mit ängstlicher Sorge zurück; nun ließ der Gouverneur die hundert Mann von der Landseite den Felsen umgeben und zwei volle Ladungen unter die Hexenmeister geben, aber es wich keiner von der Stelle, wenngleich eine Menge Stimmen unter ihnen zu schweigen begannen. Hierüber verwundert, ließ sich der Gouverneur nicht länger halten, er ging nach dem Felsen, und wir folgten ihm; er versuchte, eine der Katzen wegzunehmen, aber sie waren alle wie angewachsen; da entdeckte ich, daß sie alle mit einer oder mehreren Pfoten, manche auch mit dem Schwanz in die fest geschlossenen Austern eingeklemmt waren. Als ich dies angezeigt, mußten die Soldaten heran und sie sämtlich erlegen. Da aber die Flut nahte, zogen wir uns ans Land zurück, und die ganze Katzenversammlung, welche gestern so lebhaft vor der ersten Woge geflohen war, wurde jetzt von der Flut mausetot ans Ufer gespült, worauf wir, den guten Major herzlich mit seinen Hexen auslachend, nach Hause marschierten. Die Sache aber war folgende: Die Katzen, welche die Austern über alles lieben, zogen sie mit den Pfoten aus den Schalen, und das gelang nicht länger, als bis sie von den sich schließenden Muscheln festgeklemmt wurden, wo sie sich dann so lange mit Wehklagen unterhielten, bis die Austern, von der Flut überschwemmt, sich wieder öffneten und ihre Gefangenen entließen; und ich glaube, bei strenger Untersuchung und weniger Phantasie würde unser Freund bei seinem Katzenabenteuer ebensogut lauter Fischdiebe, wie wir Austerndiebe, entdeckt haben.

Baciochis Erzählung vom wilden Jäger

Nachdem die Aufklärung dieses Ereignisses die Erzählung des Kroaten in ihrer Schauerlichkeit sehr gemildert hatte, kam man auf allerlei Jagdgespenster zu sprechen, und Lindpeindler fragte, ob einer in der Gesellschaft vielleicht je den wilden Jäger gesehen oder gehört habe? Da sagte der Feuerwerker: „Mir kam er schon so nahe, daß ich das Blanke in den Augen sah, und wenn die Jungfer Nanny sich tapfer halten und die ganze ehrsame Gesellschaft wenigstens so lange daran glauben will, bis die Geschichte zu Ende ist, so will ich sie erzählen." Nanny erwiderte: „Erzähle nur, Baciochi, du kennst mein Temperament und wirst es nicht zu arg machen." – „Erzählen Sie", fiel Devillier ein; „wenn wir die Geschichte auch am Ende für eine Lüge erklären, so soll Ihnen bis dahin geglaubt werden." Und bald waren alle Stimmen vereint, den Feuerwerker einzuladen, welcher alle aufforderte, sich an ihre Plätze zu setzen, und seiner Erzählung einen eigentümlichen theatralischen Charakter zu geben wußte. Alle saßen an Ort und Stelle, er machte eine Pause, steckte sich eine Pfeife Tabak an und schlug mit der Faust so unerwartet heftig auf den Tisch, daß die Lichter verlöschten und alle laut aufschrieen.

„Meine Feuerwerke fangen immer mit einem Kanonenschuß an", sagte er, „erschrecken Sie nicht!", und in demselben Augenblick brannte er mehrere Sprühkegel an, die er aus Pulver und vergoßnem Weine in der Stille geknetet hatt, und sagte: „Stellen Sie sich vor, Sie wären bei meinem großen Feuerwerke in Venedig, welches ich am Krönungstage Napoleons dort abbrannte. Es mußten mir einige Körner prophetischen Schießpulvers in die Masse gekommen sein; kurz gesagt: als der Thron und die Krone und das große Notabene, NB, Napoleon Bonapartes Namenszug, im vollen Brillantfeuer, von hunderttausend Schwärmern und Raketen umzischt, kaum eine Viertelstunde von einer hohen Generalität und dem verehrten Publikum beklatscht worden waren, fing mein Feuerwerk an, ein wenig zu frösteln; es platzte und zischte manches zu früh und zu spät ab, eine gute Partie einzelner Sonnen und Räder brannten mir in einer Scheune nieder, die dabei das Dach verlor. Das Schauspiel war so grandios angelegt, daß man diesen ganzen kunstlosen Scheunenbrand für seinen Triumph hielt, man klatschte, und ich paukte und trompetete; schnell ließ ich alle meine übrigen Stücke in die Lücken stellen und von neuem losfigurieren. Aber der Satan fuhr mit mit dem Schwanz drüber, und die ganze Pastete flog mit einem Geprassel auf einmal in die Luft, die Menschen fuhren gräßlich auseinander, Gerüste brachen ein, alle Einzäunungen wurden niedergerissen, Die Menge stürzte nach den Gondeln, die Gondelführer wehrten ab, die Bürger prügelten sich mit den französischen Soldaten, meine Kasse wurde geplündert; es war eine Verwirrung, als sei der Teufel in die Schweine gefahren und diese stürzten dem Meer zu. Unsereins kennt sein Handwerk, man ist auf dergleichen gefaßt, mein persönlicher Rückzug war gedeckt. Ich ließ nichts zurück als alle meine Schulden, meine Reputation und meinen halben Daumen. Meine selige Frau, welcher der Rock am Leibe brannte, riß mich in die Gondel ihres Bruders, eines Schiffers, und der brachte mich an einen Zufluchtsort, worauf wir am folgenden Morgen die Stadt verließen. Als wir das Gebirg erreichten, nahten wir uns auf Abwegen einer Kapelle, bei welcher ich mit meinem liebsten Gesellen Martino verabredet hatte, wieder zusammenzutreffen, wenn wir durch irgendein Unglück auseinander gesprengt werden sollten. Mein gutes Weib hatte ein Stück von einer Wachsfackel, die bei der Leiche unsers seligen Töchterleins gebrannt hatte, in der Tasche und pflegte, wenn sie nähte, ihren Zwirn damit zu wichsen; aus diesem Wachs hatte sie während unseres Weges die Figur eines Daumens geknetet und hängte dieselbe, nebst einem Rosenkranz von roten und schwarzen Beeren, den sie auch sehr artig eingefädelt hatte, dem kleinen Jesulein auf dem Schoße der Mutter Gottes in der Kapelle als ein Opfer an das Händchen, und wir beteten beide von Herzen, daß mein Daumen heilen und wir glücklich über die Grenze in das Österreichische kommen möchten. Wir lagen noch auf den Knieen, als ich die Stimme Martinos rufen hörte: ‚*Sia benedetto il San Marco!*'; da schrie ich wieder: ‚*E la Santissima Vergine Maria!*', wie wir verabredet hatten, und lief mit meinem Weibe vor die Kapelle. Da trat uns Martino in einem tollen Aufzug entgegen. Er hatte bei dem Feuerwerk den Meergott Neptun vorgestellt und in seinem vollen Kostüm Reißaus genommen; er hatte den Schilfgürtel noch um den Leib, einen Wams von Seemuscheln an und eine Binsenperücke auf, sein langer Bart war von Seegras, auf der Schulter trug er den Dreizack, auf welchem er ein tüchtiges Bauernbrot und drei fette Schnepfen, die er mitsamt dem Neste erwischte, gespießt hatte. Nach herzlicher Umarmung erzählte er uns, wie ihn seine Kleidung glücklich gerettet habe; die Strickreiter seien ihm auf der Spur gewesen, da habe er sich in das Schilf eines Sumpfes versteckt, und sein Schilfgürtel machte ihn da nicht bemerkbar. Als er stille liegend sie vorüberreiten lassen, hätten sich die drei Schnepfen sorglos neben ihm in ihr Nest niedergelassen, und er habe sie mit der Hand alle drei ergriffen. Das Brot hatte er von einem Contrebandier um einige Pfennige gekauft, der ihm zugleich die nächste Herberge auf der Höhe des Gebirges beschrieben, aber nicht eben allzu vorteilhaft, denn der ganze Wald sei nicht recht geheuer, der wilde Jäger ziehe darin um und pflege grade in dieser Herberge sein Nachtquartier zu halten. ‚Wohlauf denn!' sagte ich, ‚so haben wir heute nacht gute Gesellschaft; ich hätte den Kerl lange gern einmal gesehen, um seinen Jagdzug recht natürlich in einem Feuerwerk darstellen zu können.' Mein Weib Marinina aber, welche, um ja nichts zu versäumen, alles miteinander glaubte, machte ein saures Gesicht zu der Herberge. Das konnte aber nichts helfen, wir mußten den Weg wählen; er war ganz entlegen und sicher und ein Schleichweg der Contrebandiers, mit welchen Martino einige Bekanntschaft hatte. Die Nacht brach herein, es nahte ein Gewitter, und wir mußten uns auf den Weg machen. Martino machte unsere Wanderschaft etwas lustiger, er übergab meiner Marinina die Schnepfen und sagte: ‚Rupft sie unterwegs, damit wir in der Herberge dem wilden Jäger bald einen Braten vorsetzen können', und nun marschierte er mit tausend Späßen in seinem tollen Habit, wie ein vazierender Waldteufel, voraus. Ich folgte ihm auf dem schmalen Waldpfade und hatte meinen halben Daumen, der mich nicht wenig schmerzte, meistens in dem Munde, und hinter mir zog – daß Gott erbarm! – meine selige Marinina und rupfte die Schnepfen unter Singen und Beten. Über der rechten Hüfte war ihr ein ziemliches Loch in den Rock gebrannt, und sie schämte sich vorauszugehen, daß Martino, der seinen Witz in allen Nestern auszubrüten pflegte, an ihrer Blöße nicht Ärgernis nehmen möchte. Der Weg war steil, unheimlich und beschwerlich; der Sturm sauste durch den Wald, es blitzte in der Ferne, Marinina schlug ein Kreuz über das andre. Aber die Müdigkeit vertrieb ihre Furcht vor dem wilden Jäger immer mehr, von welchem Martino die tollsten Geschichten vorbrachte. ‚Es ist gut', sagte er, ‚daß wir selbst Proviant bei uns haben, denn wenn wir mit ihm essen müßten, dürften wir leicht mit dem Schenkel eines Gehängten oder mit einem immarinierten Pferdekopf bewirtet werden. Fasset Mut, Frau Marinina, schaut mich nur an, ärger kann er nicht aussehen!'

Unter solchen Gesprächen hatten wir die Gebirgshöhe erstiegen und waren ein ziemlich Stück Wegs in den wilden, finstern Wald geschritten, da hörten wir ein abscheuliches Katzengeheul und kamen bald an eine Hütte, mit Stroh und Reisern gedeckt; alte Lumpen hingen auf dem Zaun, und an einer Stange war ein großes Stachelschwein über der Türe herausgestreckt als Schild. ‚Da sind wir', sagte Martino; ‚wie glaubt ihr, daß dies vornehme Gasthaus heiße?' – ‚Zum Stachelschwein!' sagte ich. – ‚Nein!' erwiderte Martino, ‚es hat mehrere Namen; einige nennen es des Teufels Zahnbürste, andre des Teufels Pelzmütze, andre gar seinen Hosenknopf.' Wir lachten über die närrischen Namen. Die Katze saß vor der Türe auf einem zerbrochenen Hühnerkorb, machte einen Buckel gegen uns und ein Paar feurige Augen und hörte nicht auf zu solfeggieren. In dem Hause aber rumpelte es wie in einem Raspelhause und leeren Magen. Nun schlug Martino mit der Faust gegen die Türe und schrie: ‚Holla, Frau Susanna, für Geld und gute Worte Einlaß und Herberge; Eure Katze will auch hinein.‘ Da krähte eine Stimme heraus: ‚Wer seid ihr Schalksknechte zu nachtschlafender Zeit?‘ Und Martino, der in Reimen wie ein Improvisatore schwatzen konnte, schrie: ‚Ich bin ja der Rechte und komme von weit!‘ Nun keifte die Stimme wieder: ‚Wenn die Katze nicht draußen wär, ich ließ Euch nimmermehr ein!‘ Und Martino sagte: ‚Ihr denket so zärtlich ungefähr wie Euer Schild, das Stachelschwein.‘ Marinina war in tausend Ängsten; sie bat immer den Martino, die alte Wirtin nicht zu schelten, sie sei gewiß eine Hexe und werde uns nichts Gutes antun. Da ging die Tür auf, ein schwarzbraunes, zerlumptes, sonst glattes und hübsches Mägdlein, glänzend und schlank wie ein brauner Aal, leuchtete uns aus der Küche mit einer Kienfackel ins Gesicht und war nicht wenig erschrocken, als Martino in seinem wilden Aufzug ihr rasch entgegenschritt und, indem er drängend sie verhinderte, die Türe wieder zuzuschlagen, ihr sagte: ‚Brauner Schatz, mach uns Platz! Menschen sind wir, schönes Kind, hier: hast zum Zeichen diesen Schmatz!‘ und somit küßte er sie herzlich; wir drangen indessen hinein. Die kleine Braune aber sagte: ‚Und wenn du auch nicht der Satan selbst bist, so könnt ihr heute hier doch nicht bleiben; meine Großmutter ist sehr brummig, sie fürchtet, das Waldgespenst komme heut nacht, und da nimmt sie keine Gäste, um die Herberge nicht in bösen Ruf zu bringen; unsre Kammer, wo wir schlafen, ist eng, und sie rückt schon allen Hausrat vor ihr Bett, um das Gespenst nicht zu sehen, welches oft quer durch unsre Hütte zieht.‘ Martino aber erwiderte: ‚Eben in dieser Kammer wollen wir schlafen, und eben dieses Waldgespenst wollen wir mit gebratenen Schnepfen bewirten; wir sind des wilden Jägers Küchengesinde!‘ Und somit packte er ein Bund Stroh auf, das in der Ecke lag, und marschierte in die Kammer; wir kamen nach, trotz allen Zeremonien, welche die nußbraune Jungfer machen wollte.

Es war gar keine alte Großmutter in der Hütte; das Mädchen log uns etwas vor. Martino breitete das Stroh an die Erde, und Marinina, furchtsam und müde, legte sich gleich, mit dem Gesicht, über das sie noch ihre Schürze deckte, gegen die Wand gekehrt, nieder und rührte sich nicht. Martino begab sich mit den Schnepfen wieder in die Küche, in welcher die braune Jungfer schmollend und brummend zurückgeblieben war, und ich sah mich einstweilen in der Stube um. Eine Kienfackel brannte in der Mitte; sie war in einen Kürbis festgesteckt, der neben schmutzigen Spielkarten auf einem breiten Eichenstumpf lag, welcher als Tisch und Hackstock diente und fest genug stand, denn er steckte noch mit allen seinen Wurzeln in der Erde, welche ungedielt der ganzen Hütte ihren Grund und Boden gab. Ein paar Bretter, auf eingepfählte Stöcke befestigt, waren die unbeweglichen Sitze; die Wände bestanden aus Flechtwerk, mit Lehm und Erde verstrichen, und einzelne hereinragende Äste bildeten mancherlei Wandhaken, an denen zerlöcherte Körbe, Lumpen, Zwiebelbündel, Hasen-, Hunde-, Katzen- und Dachsfelle hingen, auch einige zerbrochene Gartenwerkzeuge. Auf einem derselben aber saß ein greuliches Tier, eine ungeheure Ohreule, welche gegen die Kienfackel mit den Augen blinzte und sich in die Schultern warf wie ein alter Professor, der soeben den Theriak erfunden hat. In einem ausgebauten Winkel der Stube lag, auf zwei Baumstücken, die Bettstelle der Großmutter, die sehr dauerhaft in einer ausgehöhlten Eiche bestand, an der die Rinde noch saß. Sonst war das Bett wohl bedacht, denn seine schmutzigen Federkissen lagen so hoch aufgebauscht, daß die niedre Hüttendecke, aus der das Stroh herabhing, weder hoch noch hart gefallen wäre, wenn sie einstürzte; aber, sich noch zu besinnen, schien sie unentschlossen hin und her zu schwanken. Der Hausrat, von welchem das Mädchen gelogen hatte, daß die Großmutter ihn vor das Bett rücke, bestand in einer zerbrochenen Türe und einer alten Tonne, mit welcher wahrscheinlich der Lärm gemacht worden war, den wir in der Hütte hörten. Sie waren beide vor den Betttrog der Großmutter gerückt. Außer allem diesen sah man nichts als eine sehr baufällige Leiter, die an einem Loche in der Ecke lehnte, durch welches ich einige Hühner oben gackern hörte, die das Geräusch unsrer Ankunft erweckt hatte, die Katze nicht zu vergessen, welche auf einer alten Trommel hinter der Türe schlief. Eine Geige, ein Triangel und ein Tambourin hingen an der Wand, und neben ihnen ein zerrissener bunter Tiroler Teppich.

Ich hatte kaum alle diese Herrlichkeiten betrachtet, als Martino hereintrat und zu mir sagte: ‚Meister, ich habe alle Schwierigkeiten geebnet und weiß, wo wir sind. Wir hausen bei einer alten Zigeunerin, welche außer ihren Privatgeschäften: der Wahrsagerei, Hexerei, Dieberei, Viehdoktorei, auch eine Hehlerin der Contrebandiers macht; die Kleine draußen ist ihr Tochterkind, das auf der hohen Schule bei ihr ist und der Großmutter Tod abwarten soll, um hinter einen Topf von Gold zu kommen, von dem sie immer spricht, ohne doch je zu sagen, wo sie ihn hin versteckt hat. Das hat mir das Mädchen alles anvertraut; ich habe ihr Herzchen gerührt, sie ist kirre wie ein Zeisig, und wenn wir wollen, läßt sie die Großmutter und den Goldtopf im Stich, läuft morgen mit uns und verdient uns das Brot mit Burzelbäumen, deren sie ganz wunderbare schlagen kann. Für all dies Vertrauen habe ich ihr versprechen müssen, zu glauben, daß der wilde Jäger heute nacht wirklich durch die Hütte zieht; wir sollen uns nur um Gottes willen ruhig halten. Die Großmutter wird in kurzer Zeit zurückkommen; sie ist mit Lebensmitteln zu einem Zug Schleichhändler gegangen, der über das Gebirge zieht. Der wilde Jäger, sagt sie, treibe um Mitternacht durch die Stube, und wenn wir uns ruhig hielten, werde er uns kein Haar krümmen, sonst aber riskieren wir Leib und Leben; ich denke aber, wir wollen es mit ihm versuchen.‘ Nun legte er meinen Prügel und seinen Dreizack neben uns auf das Stroh nieder und fuhr fort: ‚Es ist beinahe eilf Uhr, die Kleine hat es an ihrer Sanduhr gesehen; die Schnepfen weiß sie nicht am Spieß zu braten, sie hat sie mit Zwiebeln gefüllt in einen Topf gesteckt, und wenn wir die Schnepfensuppe gegessen, sollen wir das Fleisch mit Essig und Olivenöl als Salat verzehren; Wein muß hier in der Kammer ein Schlauch voll sein.‘ Da suchte Martino herum und fand unter einigen alten Brettern ein tiefes Loch in der Erde, das, als Keller, einen alten Dudelsack voll Wein enthielt. Er zog ihn heraus, wir setzten die zwei Pfeifen an den Mund und drückten den vollen Sack so zärtlich an das Herz, daß uns der süße Wein in die Kehle stieg. Nie hat ein Dudelsack so liebliche Musik gemacht. Wir labten uns herzlich; ich weckte meine Marinina, und sie mußte auch eins drauf spielen; dazu verzehrten wir unser Brot und einige Zwiebeln aus dem Vorrat, der an der Wand hing, und streckten uns, in der Erwartung des weiteren, zur Ruhe auf das Stroh. Marinina schlief fest ein. Ich betete mit Martino noch eine Litanei; dann legten wir uns neben unsere Waffen bequem, und Martino sagte: ‚Laßt uns nun ruhen; mir ist so rund und so wohl, daß mir das Blut in den Adern flimmert; wer den wilden Jäger zuerst sieht, stößt den andern, dann springen wir mit unseren Tröstern über ihn her und schlagen den Kerl zu Brei; ich habe noch einen Schwärmer in der Tasche, den will ich dem Schelm unter die Nase brennen.‘ Ich freute mich an seinem frischen Herzen; wir empfahlen uns dem Schutz des heiligen Markus und lauschten dem Schlafe entgegen, der uns den Rücken hinaufkroch und uns schon hinter den Ohren krabbelte. Nun ward alles mäuschenstill; der Donner rollte fern, der Sturm hatte sich in den Waldwipfeln schlafen gelegt, die ihn mit leisem Rauschen einwiegten. Die Kienfackel knisterte, Grillen sangen, die Katze schnurrte auf der Trommel, welche, von dem Tone erschüttert, das ferne Donnern zu begleiten schien; Marinina pfiff durch die Nase, denn sie hatte sich einen Schnupfen geholt, in der Küche knackte das grüne Holz im Feuer, die Schnepfensuppe sauste im Topf, und unsere braune Köchin sang mit einer klaren und starken Stimme, wie ich noch keine Primadonna gehört, folgendes Lied:

Mitidika! Mitidika!
Wien üng quatsch,
Ba nu, Ba nu n'am tsche fatsch,
Waja, Waja Kur libu,
Ich bin ich und du bist du;
Ich spricht Stolz,
Du spricht Lieb!
Wer sich scheut vor Galgenholz,
Wird im grünen Wald zum Dieb.

Mitidika! Mitidika!
Wien üng quatsch,
Ba nu, Ba nu n'am tsche fatsch,
Singt die Magd, so kocht der Brei,
Singt das Huhn, so legts ein Ei;
Er spricht Schimpf,
Sie spricht Fremd;
Fehlen mir gleich Schuh und Strümpf,
Hab ich doch ein buntes Hemd.

Mitidika! Mitidika!
Wien üng quatsch,
Ba nu, Ba nu n'am tsche fatsch,
Hör, was pocht dort an der Tür?
Draußen schrein sie nach Quartier.
Ists der *Er?*
Ists der *Sie?*
Mach ich auf wohl nimmermehr,
Nur *du* Lieber, *du* schläfst hie.

Mitidika! Mitidika!
Wien üng quatsch,
Ba nu, Ba nu n'am tsche fatsch,
Waja, Waja, Kur libu,
In dem Topf hats nimmer Ruh;
Saus und Braus
'rab und 'rauf,
Kuchenteufel drinnen haus:
Daß es mir nicht überlauf!"

Als der Feuerwerker den Anfang dieses Liedes: „Mitidika! Mitidika!" gesagt, nahm der Zigeuner Michaly seine Violine und sang es unter den lieblichsten Variationen der Gesellschaft vor; alle dankten ihm, der Feuerwerker aber sagte: „Michaly, du sangst das nämliche Lied wie die kleine Braune und hast eine Ähnlichkeit mit ihr in der Stimme." – „Kann sein", sagte Michaly lächelnd, „aber erzähl nur weiter, ich bin auf den wilden Jäger sehr begierig." – „Ich hob a a Schneid uf den soakrische Schlankl!" sagte der Tiroler; alle drangen auf die weitere Erzählung, und der Feuerwerker fuhr fort:

„Als die Kleine das Lied sang, ward sie von einem Schlag gegen die Türe unterbrochen: ‚Mitidika!' rief es draußen mit einer rauhen, heiseren Stimme. ‚Gleich, Großmutter!' antwortete sie, öffnete die Türe und erzählte ihr von den Gästen; die Großmutter brummte allerlei, was ich nicht verstand, und trat sodann zu uns in die Stube. Ihr Schatten sah aus wie der Teufel, der sich über die Leiden der Verdammten bucklicht gelacht, und wäre er nicht vor ihr her in die Stube gefallen, um einen ein wenig vorzubereiten, ich hätte geglaubt, der Alp komme, mich zu würgen, als sie eintrat. Sie war von oben und rings herum eine Borste, ein Pelz und eine Quaste und sah darin aus wie der Oberpriester der Stachelschweine. Sie ging nicht, lief nicht, hüpfte nicht, kroch nicht, schwebte nicht, sie rutschte, als hätte sie Rollen unter den Beinen wie großer Herren Studierstühle. Wie die kleine flinke Braune hinter ihr drein und um sie her schlüpfte, um sie zu bedienen, dachte ich: so mag des Erzfeinds Großmutter aussehen und die Schlange, ihre Kammerjungfer.

‚Mache mir das Bett, Mitidika!' sagte sie, ‚und wenn ich ruhe, kannst du die Gäste besorgen.' Während das Mädchen die Kissen aufschüttelte, begann die Alte sich zu entkleiden, und ich weiß nicht zu sagen, ob ihre Kleidung oder ihr Bett aus mehreren Stücken bestand. Sie zog einen Schreckenswams, eine Schauderjacke und Zauberkapuze um die andre aus, und die ganze Wand, an der sie die Schalen aufhängte, ward eine Art Zeughaus; ich dachte alle Augenblick: noch eine Hülse herunter, so liegt ein bißchen Lung und Leber an der Erde, das frißt die Katze auf, und die Großmutter ist all; keine Zwiebel häutet sich so oft. Bei jedem Kissen, welches die Kleine ins Bett legte und aufschüttelte, brummte die Alte und legte es anders, befahl ihr dann, es ganz sein zu lassen und ihr ein Rauchbad zu geben, sie müsse in einen Ameisenhaufen getreten haben; das Gewitter mache alles Vieh lebendig. Da setzte sich die Alte auf die zerbrochene Leiter und hängt die Tiroler Decke über sich, und die Junge zündete Kräuter unter ihr an und machte einen scheußlichen Qualm, den sie uns, da sie von neuem anfing, die Federbetten hin und her zu werfen, in dicken Wolken auf den Leib jagte, als gehörten wir auch zu den Ameisen, die vertrieben werden sollten. Es sah ziemlich aus, als wenn man eine Hexe verbrennte oder einen ungeheuren Taschenkrebs räuchre, als die Alte so über dem Dampf wie eine Mumie, in den bunten Tiroler Teppich gehüllt, auf der Leiter saß."

„Da sieht man, Wastl", sprach der Zigeuner zu dem Tiroler, „wozu ihr die Teppiche fabriziert: um die Hexen darin zu räuchern." – „Potz Schlakri", erwiderte Wastl, „wonn's daine sakrische ziganerische Großmuetta is, so loß i's poassiera; i bin gawis, es möga a Legion Spodifankerl aus ihr raussi floga sein, un du bist a aisn dervo." Die Gesellschaft lachte über Wastls Antwort, und die Kammerjungfer wie auch Lindpeindler baten den Feuerwerker, er möge machen, daß die Alte ins Bett komme, die Schnepfen könnten übergar werden. „Ganz recht", sagte Baciochi, „das meinte Martino auch; denn als der sie in der Decke zappeln sah wie Hunde und Katzen, die in einen Sack gesteckt sind, und der Rauch zu dick zu werden begann, sprang er vom Stroh auf, trat vor die Alte hin und sagte: ‚Hochverehrte Frau Wirtin, ich versichere Euch im Namen Eurer Gäste, daß wir kein Rauchfleisch zu essen bestellt haben und daß wir auch von keinem verpesteten Orte kommen, um eines so kostbaren Rauchkerzchens zu bedürfen; seid so gütig, dem Wohlgeruch ein Ende zu machen, wir müssen sonst mit all den Ameisen, die Euch plagen, davonlaufen.' Da fing die Alte eine weitläufige Gegenrede an und sagte: ‚Schicksalen und Verhältnissen haben mich so weit gebracht.' Martino aber nahm keine Vernunft an, packte die Alte mit beiden Händen und warf sie von der Leiter in ihre Federbetten; sie zappelte wie eine Meerspinne, aber er wälzte ein Federbett über sie und sang ihr ein Wiegenlied mit so viel gutem Humor vor, indem er sie mit beiden Händen festhielt, daß sie endlich selbst mit lachte und sagte: ‚Nun, legt Euch nur wieder nieder, hätte ich doch nicht gedacht, heute von einem so lustigen Gesellen zu Bette gebracht zu werden. Mitidika, gib den Kavalieren zu essen!' Und somit kriegte sie den Martino beim Kopf und gab ihm unter großem Gelächter einen Kuß. ‚Profiziat!' sprach dieser, ‚schlaf wohl, du allerschönster Schatz!' und legte sich mit einem sauern Gesichte wieder neben mich. ‚Gott sei Dank, Martino, daß sie weg ist!' flüsterte ich.

‚Hast du gewacht, Meister?' sprach der Schelm. ‚Leider Gottes!' erwiderte ich, ‚du hast ein Kunststück gemacht; sie rauchte wie ein nasses Feuerwerk; für einen Hutmacher wäre sie ein sauberes Gestell, alle seine Mützen daran aufzuhängen, er brauchte keinen Nagel einzuschlagen.' – ‚Ich werde mich wohl häuten müssen, da sie mich geküßt hat', sagte Martino. ‚Warum?' fragte ich. ‚Ei', entgegnete er, ‚ich werde sonst die Augen nie wieder zukriegen können und die Zähne immer blecken wie ein Mops; die Haut ist mir vor Schrecken zu kurz geworden.' – Unter diesen Scherzreden hörten wir die Alte einschnarchen, und Mitidika ging ab und zu und verbaute leise das Bett der Alten mit der Tonne und der alten Türe, die Küchentüre ließ sie auf, daß der Dampf hinauszog. Dann zupfte sie den Martino bei den Haaren und flüsterte: ‚Komm hinaus, deine Schnepfen sind gar, ich habe die Brühe abgegossen, ich muß das Feuer löschen, die zwölfte Stunde naht; denn fährt der wilde Jäger mir durch das Feuer, steckt er uns die ganze Hütte an.' Martino ging hinaus, und ich streckte den Kopf nach der Türe und hörte ihre Scherzreden. Mitidika sagte: ‚Ich habe dir deine Vögel trefflich gekocht und dir auch Kräuter an die Suppe getan; was gibst du mir nun?' – ‚Geben?' sagte Martino, ‚ich will dich mit der Münze bezahlen, welche hier zu gelten scheint und in der mich deine Großmutter zahlte; einen Kuß will ich dir geben.' – ‚Das läßt sich hören', erwiderte sie; ‚aber die Großmutter gab dir ein altes Schaustück, das kann ich nicht brauchen, die Münze ist verschlagen.' – ‚Auch du bist verschlagen, Schelm!' erwiderte Martino, ‚ich will dir kleine Münze geben, wenn du herausgeben und wechseln kannst; wärst du nur nicht so schwarz!' – ‚Und du nicht so weiß', sagte sie; ‚ich werde dir einen Schein geben, einen Wechsel schwarz auf weiß, aber gib mir keine Scheidemünze!' sagte sie. ‚Die kriegst du morgen früh beim Abschied', erwiderte Martino, faßte sie beim Kopf, küßte sie herzlich und sagte: ‚Ich habe dich lieb und bleibe dir treu.' – ‚Ei so lüge, daß du schwarz wirst!' sprach sie. ‚Dann wäre ich deinesgleichen, und es könnte etwas daraus werden', sprach Martino und schenkte ihr eine Nadelbüchse von Elfenbein und Ebenholz, die er bei sich trug. Das Mädchen dankte und sprach: ‚Sieh, wie artig schwarz und weiß zusammen aussehn; bleib bei uns; wenn die Alte stirbt, finden wir den Goldtopf und contrebandieren.' – ‚Ja, auf die Galeere!' sprach Martino. ‚Ich gehe mit auf die Galeere!' sagte sie; ‚pitsch, patsch! geht das Ruder, und ich singe dir dazu.' – ‚Das wollen wir überlegen', meinte Martino, ‚es ist eine zu glänzende Aussicht um Mitternacht.' Da traten sie mit der Suppe und den Schnepfen herein und stellten sie auf den Eichenblock; die Suppe tranken wir aus dem Topf, ich wollte meine Marinina nicht wecken und ließ ihr Teil in die warme Asche setzen, die Vögel wollten wir morgen früh verzehren. Nun begann sich der Sturm in dem Walde wieder zu heben, und das Gewitter zog mit Macht heran. ‚Ach Gott', sagte Mitidika, ‚lege dich nieder, Martino, und schlafe ein! Hörst du das Wetter? Der Jäger bläst sein Horn, er wird gewiß bald kommen; lege dich nieder, gleich, gleich!' dabei sah sie ängstlich in der Stube umher. ‚Nun, nun, was fehlt dir?' fragte Martino, und sie sagte: ‚Schlafen sollst du und das Angesicht von mir kehren, denn ich muß mich entkleiden und schlafen gehn, und das sollst du nicht sehen; ach, dreh dich um, Blanker!' – ‚Bravo!' sagte Martino; ‚es freut mich, daß du so auf Zucht hältst, putze nur den Kien aus, bei der Nacht sind alle Kühe schwarz, selbst die schwarzen.' – ‚Ja', sagte sie, ‚auch die blanken Esel! Dreh dich um, ich bitte dich, ich will den Kien schon löschen, wenn es Zeit ist.' Da drehte sich der ehrliche Martino um. ‚Gute Nacht, Mitidika!' sagte er. – ‚Gute Nacht, Martino!' sprach sie.

Nun breitete sie sich eine bunte wollene Decke an die Erde aus neben dem Eichenblock, stellte einen halben Kürbis voll Wasser darauf, holte einen kleinen, zierlichen Kasten gar heimlich unter der Trommel hervor und setzte ihn neben sich auf die Bank, wobei sie sich ängstlich nach uns umsah. Ich blinzte durch die Augen und schnarchte, als läge ich im tiefsten Schlaf. Mitidika traute und schloß das Kästchen leise auf, musterte alle die Herrlichkeiten, die darin waren, und suchte sich einen Raum aus, die Nadelbüchse des Martino bequem hineinzulegen. Ihr könnt euch meine Verwunderung nicht denken, als ich, in dieser wüsten Zigeunerherberge, die Kleine auf einmal in einem so zierlichen und reichgefüllten Schmuckkästchen kramen sah. Es sah nicht ganz so aus, als sei ein Affe hinter die Toilette seiner Herrschaft geraten, auch nicht, als richte der Satan einen Juwelenkasten ein, um einem unschuldigen Mädchen die Augen zu blenden; aber eine indianische Prinzessin, welche die Geschenke eines englischen Gouverneurs mustert, mag wohl so aussehn. Als sie so die Perlen- und Korallenschnüre, die brillantenen Ohrringe und die Zitternadeln durch die schwarzen Hände laufen ließ, konnte ich vor Augenlust gar nicht denken, daß dies gestohlenes Gut sein müsse. Nun stellte sie mehrere Kristallfläschchen mit Wohlgerüchen und Salben aus dem Kästchen auf den Block, zog feine Kämme und Zahnbürsten hervor und begann sich zu putzen und zu schmücken, wie die Nacht, die mit dem Monde Hochzeit machen will. Sie nahm die kleine, von buntem Stroh geflochtene Mütze von ihrem Kopf, und ein Strom von schwarzen Haaren stürzte ihr über die Schultern; sie gewann dadurch ein reizendes und wildes Ansehn, wenn ihre weißen Augäpfel und die blanken Zähne aus den schwarzen Mähnen hervorfunkelten. Sie kämmte sich, schlängelte sich goldene Schnüre in die Zöpfe, die sie flocht und kunstreich wie eine Krone um das schöne runde Köpfchen legte. Sie wusch sich das Gesicht und die Hände, putzte die Zähne, beschnitt sich die Nägel und tat alles mit so unbegreiflicher Zierlichkeit, Anmut und hinreißender Schnelligkeit der Bewegungen, daß es mir vor den Augen zitterte und bebte. Als sie die brillantenen Ohrringe in die kleinen schwarzen Muschelöhrchen befestigte und die glitzernden Zitternadeln in den Flechtenkranz steckte und die Korallen- und Bernsteinschnüre um das braune Hälschen legte und dabei hin und her zuckte wie ein Wunderwerkchen, gingen mir die Augen über. Sie begoß sich mit Wohlgerüchen, rieb sich die schwarzen Patschchen mit duftendem Öl und steckte sich ein blitzendes Ringlein um das andere an die schlanken Fingerchen. Nun stellte sie einen Spiegel auf und bleckte die Zähnchen so artig hinein, es ist nicht zu beschreiben. Und bei allem dem donnerte und blitzte es draußen, und ihre Eile ward immer größer; ich verstehe mich auf Lichtwirkungen in der Nacht, aber ich habe mein Lebtag kein solches Feuerwerk gesehen, kein Blitzen auf so schönem dunkeln Grund als das Spiel der Diamanten und

Perlen auf ihr; denn sie war ein wunderschönes, frei, kühn, scheu und züchtig bewegtes Menschenbild.

Flüchtig packte sie nun alle Geräte wieder in das Kästchen, steckte noch eine Handvoll weißes Zuckerwerk in das Mäulchen und knupperte wie eine Maus, während sie das Kästchen mit scheuen Blicken um sich her: ob wir auch schliefen, wieder unter die alte Trommel stellte. Die schwarze Katze, die auf derselben schlief, erhob sich dabei und machte einen hohen Buckel, als verwundere sie sich über sie, da sie ihr mit den funkelnden Händen über den Rücken strich. Nun brachte sie ein feines Hemd von weißer Seide, legte es über den Arm und fing an, ihr Mieder aufzuschnüren, wobei sie uns den Rücken kehrte; es sah aus, als werfe sie Kußhändchen aus, wenn sie die Nestel zog; nun aber schlüpfte sie in die Küche und trat in wenigen Minuten wieder herein in einem schneeweißen Röckchen und einem Mieder von rotem venetianischen Samt. So stand sie mitten auf der Decke und betrachtete ihren Staat mit kindischem Wohlgefallen; der Donner rollte heftiger, Martino wachte auf, Mitidika faßte den Teppich mit beiden Händen über die Schultern, stieß mit dem Fuß die Kienfackel aus, wickelte sich schnell ein wie eine Schmetterlingslarve, ein heller Blitz erleuchtete die Kammer, sie schoß wie eine Schlange an die Erde nieder und krümmte sich zusammen. Martino hatte sie im Leuchten des Blitzes noch gesehen, aber er wußte nicht, was es war; er sprach: ‚Meister, saht Ihr etwas?‘ Ich war aber so erstaunt, daß ich stumm blieb, da sprach er: ‚Mitidika, schläfst du?‘ aber sie schwieg; Martino drehte sich um und schlief auch wieder. Meine Gedanken über das, was ich gesehen, ließen mich nicht ruhen, der wunderbare Schmuck in dem Besitz der kleinen braunen Bettlerin, und daß sie ihn jetzt so sorgsam und heimlich angelegt, befremdete mich ungemein; alles kam mir wie Zauberei vor. Sie erwartet ein Waldgespenst und schmückt sich wie eine Braut. War dies gestohlnes Gut? Ist sie eine verkleidete, versteckte Prinzessin? Warum geht sie in dieser Pracht schlafen, und warum wickelt sie sich mit all der Herrlichkeit in den alten Teppich ein? Sollte alles dies geheim sein, wie war es möglich, da wir sie morgen früh doch in ihrem Putz finden mußten? So lag ich nachsinnend; das

Gewitter war in vollem Grimme über uns, und das Licht der zuckenden Blitze zeigte mir öfters das Bild der Mitidika, welche, wie eine Mumie in den Teppich gehüllt, an der Erde ausgestreckt lag. Als ich aber durch das wilde Wetter ein Horn schallen hörte, stieß ich Martino an und flüsterte ihm zu: ‚Halte dich bereit, ich glaube, der wilde Jäger ist im Anzug.‘ Wir hörten das Horn nochmals und Pferdegetrapp und Gewieher, und ich bemerkte, daß Mitidika aufstand; ich kroch aber quer vor die offene Küchentüre, und als sie mit dem Fuße an mich anstieß, glaubte sie umgegangen zu sein und wendete sich nach einer andern Seite. Martino stand auf, die Haustüre öffnete sich, und es trat eine Gestalt mit raschem Schritt durch die Küche auf uns zu; ich faßte sie bei den Beinen, daß sie niederschlug, und Martino drosch so gewaltig auf ihn los, daß der wilde Jäger Zetermordio zu schreien begann. ‚Mitidika, Hülfe, Hülfe! man mordet mich!‘ schrie er. – ‚Ha ha! Herr wilder Jäger‘, schrie nun Martino, ‚wir haben dich!‘ und so zerrten wir ihn in die Stube herein und machten die Türe zu. Der Lärm ward allgemein; der Kerl wehrte sich verzweifelt. Meine Marinina erwachte und schrie: ‚Jesus, Maria, Joseph! Licht her, Licht her! was ist das, o Baciochi, Martino!‘ Die Alte fuhr aus ihren Betten auf, warf die alten Bretter um, die vor ihr standen, und schrie: ‚Mörder, Hülfe, Mitidika!‘ Dabei wurden die Hühner auf dem Boden rebellisch, die Trommel kollerte brummend durch die Stube; Mitidika allein ließ sich nicht hören. ‚Martino, schlage Feuer!‘ rief ich und drückte meinen fremden Gast fest in die Gurgel, daß er sich nicht rühren konnte. Da stieß Martino einen Schwärmer in die glühende Asche des Herds, der leuchtend durch die Kammer zischte und dem ganzen Spektakel ein noch tolleres Ansehen gab. Mein Gefangener fing von neuem an zu ringen, und indem ich ihn gegen die Wand drückte, trat ich gegen einige Bretter, die auswichen – ich warf ihn nieder. Ein großer Bock, der hinter den Brettern geruht hatte, sprang auf und fing nicht schlecht an zu stoßen, und ich warf meinen wilden Jäger so kräftig zur Erde, daß er keinen Laut mehr von sich gab. Martino brachte nun eine brennende Kienfackel herein, und wir sahen die ganze Verwirrung. Der wilde Jäger war ein schöner, schlanker Kerl in galanter Jagduniform. Er rührte sich nicht; der Gedanke, daß ich ihn gar totgedrückt hätte, fuhr mir unheimlich durch die Glieder, ich stürzte zur Küche nach Wasser; Martino faßte die Alte, die fluchend und schreiend aus dem Bett gesprungen war, und warf sie wieder in die Federn mit den Worten: ‚Schweig still, Drache! Wir wollen dir kein Haar krümmen; wir haben nur den wilden Jäger abgefangen.‘ Nun trat ich mit einem Eimer Wasser hinein und goß ihn pratsch! über den leblosen wilden Jäger; da sprang er wie eine nasse Katze in die Höhe –.“

„Das Wasser, das kalte Wasser“, schrie hier Devillier aufspringend, „war das Allerfatalste!“ und die ganze Gesellschaft sah ihn verwundert an. „Nun, was schauen Sie“, fuhr er fort, „soll ich länger schweigen? Habe ich nicht schrecklich ausgehalten und mich hier in der Erzählung nochmals mißhandeln lassen?“ Baciochi wußte nicht, was er vor Erstaunen sagen sollte über Devilliers Unterbrechung; dieser aber sprach heiter: „Ja, Herr Baciochi, ich war der wilde Jäger, mich habt Ihr so kräftig zugedeckt, ich habe es von Anfang der Geschichte gewußt und hätte gern geschwiegen, aber das kalte Wasser lief mir wieder erwekkend über den Rücken.“ Da ward die ganze Gesellschaft vergnügt, der Feuerwerker reichte Devillier die Hand, und dieser sagte: „Es freut mich, Euch wiederzusehen; alles ist längst vergessen, nur Mitidika nicht!“ – „Das will ich hoffen“, meinte der Zigeuner ernsthaft, „ich bitte mir das Ende der Geschichte aus.“ Da tranken alle lustig herum, und Devillier trank die Gesundheit der Mitidika, wozu Michaly einen Tusch geigte und Lindpeindler das hochpoetische freie Leben der Zigeuner pries; der Vizegespan meinte jedoch, sie hätten nicht die reinsten Hände. Die Kammerjungfer aber fragte: „Wo hat sie nur den Schmuck hergehabt?“ Der Tiroler sagte: „Den wilda Jaaga hobt's maisterli zuagdeckt!“ und alle drangen, Devillier möge weiter erzählen.

„Wohlan!“ sagte dieser: „Ich hatte damals Geschäfte mit der Contrebande und manche andere politische Berührungen diesseits und jenseits auf der Grenze. Ich dirigierte den ganzen Schleichhandel und forschte auf höhere Veranlassung dem Orden der Carbonari nach. Auf meinen Streifereien hatte ich Mitidika kennengelernt und mich leidenschaftlich in dies schöne, unschuldige und geistvolle wilde Naturkind verliebt. In bestimmten Nächten besuchte ich sie; der Schmuck, den Ihr, Baciochi, sie anlegen sahet, war ein Geschenk von mir. Sie hatte den Glauben der Alten an den wilden Jäger benutzt, um sich unentdeckt einige Stunden von mir unterhalten zu lassen. Wenn ich kommen sollte, schmückte sie sich immer wie eine Zauberin; ich setzte sie dann mit auf mein Pferd und brachte sie nach einer Höhle, eine Viertelstunde von ihrer Hütte, welche das Warenlager meines Schleichhandels war; da saß sie in einem mit dem feinsten englischen bunten Kattun ausgeschlagenen Raum mit mir und ergötzte mich und einen verstorbenen Freund mit Tanz, Gesang und freundlicher Rede. Gegen Morgen ging sie zurück, einen Bündel Holz in die Küche tragend, und wurde von der Großmutter wegen ihrem Fleiß gelobt. Ich liebte sie unaussprechlich um ihrer Tugend und Schönheit, und ihr ganzes Wesen war so wunderbar und bei allem Mutwillen und aller kindlichen Ergebenheit so gebieterisch, daß ich nie daran denken konnte, ihre Unschuld auch nur mit einem Gedanken zu verletzen. O, sie war gar nicht mehr wie ein Mensch, sie war wie eine Zauberin, wie ein Berggeist, wenn sie in dem Edelsteinschmuck vor uns tanzte, sang, lachte und weinte; ich kann sie nie vergessen. In der Nacht, wo Ihr und Martino mich so häßlich zerprügeltet, ging die ganze Herrlichkeit zu Ende. Anfangs hielt ich meine Angreifer für italienische Gendarmen, die mir auf die Spur kamen; als wir uns aber erklärt hatten, nahm mir die Entdeckung vom Gegenteil allen Zorn hinweg, und unsere erste Sorge war, wo Mitidika hingekommen sei. Die alte Zigeunerin jammerte auch nach ihr, wir suchten alle Winkel aus und fanden sie nicht, bis die Alte die Leiter vermißte. Baciochi sagte, zur Türe könne sie nicht hinausgekommen sein, er habe davorgelegen; da machte uns der Regen, der durch das Loch in der Decke hereinströmte, aufmerksam; Martino kletterte auf den Schultern Baciochis hinan und fand die Leiter, aber Mitidika, welche die Leiter nach sich gezogen, war durch das Strohdach hinausgeklettert und nirgends zu finden. Ich eilte nach der Türe und vermißte mein Pferd; nun war ich gewiß, daß sie nach meinem Schlupfwinkel entflohen sein müsse, und war ruhig. Ich durfte diesen weder an Baciochi noch an die Zigeunerin, die nichts von meinem Verhältnis mit Mitidika wußte, verraten und suchte deshalb noch lange mit. Das Wetter war aber so abscheulich, daß wir bald wieder zurückkehrten, und die Alte jammerte nicht mehr lange; da hörten wir Hufschlag, und Mitidika stürzte in ihrem ganzen Schmuck mit wilder Gebärde in die Stube auf mich zu: ‚Geschwind, fort, geflohen!' schrie sie, ‚die italienischen Gendarmen streifen in der Nähe, Euren Freund haben sie mit einem ganzen Zug Schleichhändler gefangen; es ist ein Glück, daß hier der Spektakel losging, ich bin aus Angst durch das Dach geschlüpft, dadurch habe ich die nahe Gefahr entdeckt; geschwind fort!' – ‚Wohin?' schrie ich, und Baciochi, Martino und Marinina, die sich auch vor der Entdeckung fürchteten, folgten alle mit mir der treibenden Mitidika zur Türe hinaus. Sie schwang sich auf mein Pferd, ich hinter sie, und so sprengten wir beide nach unserem Schlupfwinkel, unbekümmert um Euch, Herr Baciochi, und die Eurigen."

„Ja", sagte der Feuerwerker, „Ihr rittet nicht schlecht, und wir hatten in dem wilden Wetter übles Nachsehen; übrigens war es Euch nicht zu verargen, daß Ihr uns nicht eingeladen, mitzugehen; wir hatten Euch schlecht bewillkommt. Ich will mein Lebtag an den Mordweg denken. Meine Marinina ward krank und starb zwei Monate nachher in Kroatien; Gott habe sie selig! Martino ließ sich bei der österreichischen Artillerie anwerben und war neulich mit in Neapel, wenn er noch lebt. Ich fand mein Brot – Gott sei gelobt! – bei unserm gnädigen Herrn. Es freut mich, daß Ihr so gut davongekommen; aber was ist denn aus der braunen Mitidika geworden?"

„Ja, wer das wüßte!" sagte Devillier; „wir kamen vor der Höhle an und zogen das Pferd herein. Sie war voll Sorge um mich, wusch mir meine Kopfwunden und Beulen mit Wein und bewies mir unendliche Liebe. So brachten wir die Nacht in steter Angst und Sorge zu. Gegen Morgen hatte sie keine Ruhe mehr, sie verlangte nach der alten Mutter; sie beschwor mich, sogleich die Höhle zu verlassen und zu fliehen. Das Schicksal meines Freundes erschütterte mich tief, ich war entschlossen, ihn aufzusuchen. Sie schwur mir ewige Treue; ich versprach ihr, wenn ich sie nach einiger Zeit hier wieder fände, sie zu meiner Frau zu machen; sie lachte und meinte: sie wolle nie einen Mann, der kein Zigeuner sei, und nun auch keinen Zigeuner, sie wolle gar keinen Mann. Dabei scherzte und weinte sie, tanzte und sang noch einmal vor mir, und als ich sie umarmen wollte, schlug sie mich ins Gesicht und floh zur Höhle hinaus. Ich verließ den Ort gegen Abend. Als ich vom Tode meines Freundes gehört hatte und zu Mitidika zurückkehrte, war ihre Hütte abgebrannt; ich ging nach der Höhle, sie war ausgeplündert. Auf der Wand aber fand ich mit Kohle geschrieben: ‚Wie gewonnen, so zerronnen! Ich behalte dich lieb, tue, was du kannst, ich will tun, was ich muß.' Ich habe das holdselige Geschöpf durch ganz Ungarn aufgesucht, aber leider nicht wiedergefunden; hundert Mitidikas sind mir vorgestellt worden, aber keine war die rechte."

„Es gibt auch nur *eine*", sagte hier Michaly, „und wird alle tausend Jahre nur *eine* geboren." – „Kennt Ihr sie?" sprach Devillier heftig. „Was geht es Euch an", erwiderte Michaly, „ob ich sie kenne? Habt Ihr nicht die Ehe ihr versprochen und doch eine Ungarin geheiratet? Sie hat Euch Treue gehalten bis jetzt, sie ist meine Schwester, und ich wollte sie abholen, da die Großmutter in Siebenbürgen gestorben, wo sie sich mit Goldwaschen ernährten; der Pestkordon hat mir aber den Weg abgeschnitten." Da ward Devillier äußerst bewegt; er sagte: „Ich habe sie lange gesucht und nicht gefunden, sie hatte mir ausdrücklich gesagt, sie werde nie einem Blanken die Hand reichen und nun auch keinem Zigeuner; nur in der Hoffnung, sie wiederzusehen, blieb ich bis jetzt in Ungarn, und ich würde nicht die Mittel gehabt haben, hier zu bleiben, wenn ich die alte Dame nicht geheiratet hätte, die mir jetzt mein schönes Gütchen zurückgelassen. Könnt Ihr mich mit Mitidika wieder zusammenbringen, so will ich sie gern heiraten und ihr alles lassen, was ich habe." – „Das ist ein nicht zu verachtender Vorschlag, Michaly", sagte der Vizegespan, „schlagt das nicht so in den Wind, Ihr habt Zeugen!" Michaly aber lachte und sprach: „Mitidika wird nicht an dem Stückchen Erde kleben, sie wird nicht in einem gemauerten Haus gefangen sein wollen und sich um Abgaben und Zinsen zerquälen. Wer nichts hat, hat alles; es war immer ihr Sprüchwort: ‚Der Himmel ist mein Hut; die Erde ist mein Schuh; das heilige Kreuz ist mein Schwert; wer mich sieht, hat mich lieb und wert.'" – „Das ist echt zigeunerisch gesprochen", sagte der Vizegespan, „drum bleibt ihr auch immer vogelfreies Gesindel." Michaly nahm da seine Geige und wollte ein Lied auf die Freiheit singen, aber der Nachtwächter blies zwölf Uhr und mahnte die Gesellschaft zur Ruhe. Lindpeindler hatte sich mit dem Feuerwerker und der Kammerjungfer, welche durch die erwachte Neigung Devilliers für Mitidika sehr gekränkt worden war (denn sie spitzte sich selbst auf ihn), noch eine Viertelstunde nach dem Edelhof begeben. Als sie sich der Gesellschaft empfahlen, bot Devillier der Zofe seine Begleitung an; sie sagte aber: „Ich danke, ich möchte das werte Andenken an die unbeschreibliche Mitidika nicht stören." Damit machte sie einen höhnischen Knicks und verließ die Stube mit Lindpeindler, der diese Nacht als eine der romantischsten seines Lebens pries.

Der Kroate, der Tiroler und der Savoyarde waren bereits eingeschlummert, und der Vizegespan lud Wehmüllern, der mit seiner Arbeit ziemlich fertig war, wie auch den Zigeuner und Devillier zu sich in sein Haus ein. Sie nahmen es mit Freuden an, da sie dort doch ein Bett zu erwarten hatten. Frau Tschermack, die Wirtin, ward bezahlt und schloß die Türe mit der Bitte, wenn sie länger hier blieben, nochmals eine so schöne Gesellschaft bei ihr zu halten. Vor Schlafengehen wußten Devillier und der Zigeuner den Vizegespan zu bereden, am andern Morgen den Kordon mit durchschleichen zu dürfen, denn Michaly und Devillier sehnten sich ebensosehr nach Mitidika, die jenseits war, als Wehmüller nach seiner Tonerl. Sie schliefen bis zwei Uhr, da packte der Vizegespan jedem eine Jagdflinte auf, und sie zogen, als Jäger, einem Waldrücken zu; aber kaum waren sie hundert Schritt vor dem Dorf, als sie seitwärts bei den Kordonpiketten verwirrtes Lärmen und Schießen hörten und bald einen Husaren, dem das Pferd erschossen war, querfeldein laufen sahen, welcher auf das Anrufen des Vizegespans schrie: „*Cordonus est ruptus cum armis in manibus a pestiferatis loci vicini,* der Kordon ist mit bewaffneter Hand von den Pestkranken des benachbarten Ortes durchbrochen." Als der Vizegespan dies hörte, ließ er seine Gesellschaft im Stich und lief über Hals und Kopf nach dem Dorfe zurück, um seine Bauern unter die Waffen zu bringen. Wehmüller und der Zigeuner schrieen: „Gott sei Dank, nun laßt uns eilen!" Devillier besann sich auch nicht lange, und sie liefen spornstreichs nach dem verlassenen Pikettfeuer hin, wo sie Bauern beschäftigt fanden, unter großem Geschrei das Brot und die anderen Vorräte zu teilen, welche das Pikett zurückgelassen hatte. Als sie sich näherten, kam ihnen ein Reiter entgegen und schrie: „Steht, oder ich schieße euch nieder!" Sie standen und warfen die Waffen hinweg. Sie wurden gefragt, wer sie seien? und als sie erklärt: sie wollten über den Kordon, und der Reiter ihre Stimmen vernommen, stürzte er vom Pferde und fiel dem Zigeuner und Devillier wechselsweise um den Hals und schrie immer: „Michaly! Devillier! Ich bin Mitidika."

Vor Freude des Wiedersehens ganz zitternd, riß das Mädchen sie in die Erdhütte des Piketts, wo sie dieselbe in männlicher Kleidung, mit Säbel und Pistole bewaffnet, erkannten, und sie wollte eben zu erzählen anfangen, als sie Wehmüllern scharf ansah und zu ihm sprach: „Bist du noch immer hier, Betrüger? Ich meinte, du seist gestern zu deiner angeblichen Frau nach Stuhlweißenburg gereist." Alle sahen bei diesen Worten auf den bestürzten Wehmüller; dieser sperrte das Maul auf vor Verwunderung. „Ich?" fragte er endlich, „ich, gestern zu meiner angeblichen Frau?" – „Ja, du!" sagte Mitidika, „du, der du dich Wehmüller nennst und es nicht bist, du, der du deine Frau nicht einmal kennst." – „O, das ist um rasend zu werden!" schrie Wehmüller, „welche tolle Beschuldigungen, und das von einer wildfremden Person, die ich niemals gesehen!" – „Unverschämter Gesell!" schrie Mitidika; „du kennst mich nicht! Hast du mir nicht seit mehreren Tagen mit deinen Liebesversicherungen zugesetzt? Hat der wirkliche Wehmüller dir nicht deswegen schon ins Gesicht bewiesen, daß du Wehmüller nicht sein könntest, weil der rechte Wehmüller an niemand denkt als an sein liebes Tonerl?" – „Der rechte Wehmüller?" schrie nun Wehmüller, „wo haben Sie den je gesehen? Er wenigstens kennt Sie nicht." – „Kennt mich nicht?" erwiderte Mitidika, „und reist mit mir?" –

„Ich werde verrückt!“ schrie Wehmüller, „nun ist gar noch ein dritter auf dem Tapet; wo sind die zwei andern? Geschwind, ich will sie sehn, ich will sie erwürgen!“ – „Den dritten lügst du hinzu“, versetzte Mitidika; „der echte wird nicht weit von hier sein, ich will ihn holen, da sollst du beschämt werden!“ Nun lief sie schnell zur Hütte hinaus.

Dieser Wortwechsel war so schnell und heftig und die Veranlassung so wunderbar, daß Michaly und Devillier nicht Zeit hatten, dem verblüfften Maler zu bezeugen, daß er seit gestern in ihrer Gesellschaft sei und unmöglich der sein könne, welchen Mitidika kannte. Sie waren eben noch beschäftigt, den weinenden Wehmüller zu trösten, als eine ganz ähnliche Figur wie er selbst in die Hütte trat; bei dem erloschenen Feuer war es unmöglich, jemand bestimmter zu erkennen. Kaum hatte Wehmüller sein Ebenbild in derselben Gestalt und Kleidung erkannt, als er wie eine Furie darauf losstürzte; der andre tat ein gleiches, und beide schrieen: „Ha, ertappe ich dich bei deiner Buhlerei unter meinem ehrlichen Namen!“ Sie rissen sich wie zwei Hähne herum. Devillier und Michaly brachten sie mit Gewalt auseinander, und Mitidika führte den dritten Wehmüller herein. Wie groß war die Bestürzung aller, da nun wirklich drei Wehmüller zugegen waren. „Nein, das ist zum Verzweifeln!“ rief der Wehmüller, den Mitidika mitgebracht hatte, „da ist noch einer!“ – „Herr Jesus!“ schrie nun unser Wehmüller, „Tonerl, bist du es, bist du hier, Tonerl?“ – „Franzerl, lieber Franzerl!“ schrie der andere, und sie sanken sich als Mann und Frau in die Arme. Da wurde es dem einen Wehmüller, den Devillier festhielt, nicht recht wohl, und er sank vor Schreck zur Erde. Michaly schürte nun das Feuer wieder an, daß man sehen konnte, und Mitidika bezeugte die größte Freude, daß Tonerl, die in einem ganz ähnlichen Kleide wie ihr Mann von Stuhlweißenburg mit ihr diesem entgegengereist war, ihn endlich gefunden habe, nachdem sie zu ihrem großen Schrecken von dem falschen Wehmüller in dem Dorfe, das man wegen Pestverdacht eingeschlossen, sehr geplagt worden war, ohne sich ihm als Wehmüllers Weib zu entdecken, denn sie war auf einen alten Paß ihres Mannes gereist.

Sie hatten sich kaum von der ersten Freude erholt, als Mitidika sagte: „Wir müssen doch den falschen Wehmüller, der die Sprache verloren hat, wieder zu sich bringen." Da aber ihr Rütteln und Schütteln ganz vergeblich war, sagte sie: „Ich habe ein untrüglich Mittel von der seligen Großmutter gelernt; das Herz ist ihm gefallen, wir wollen es ihm wieder heraufziehen." Da nahm sie ein Schoppenglas und gab es Michaly nebst einem Endchen Licht – das sie am Feuer anzündete – und einem Scheibchen Brot. „Aha, ich weiß schon!" sagte Michaly und öffnete dem Ohnmächtigen die Weste über dem Magen, setzte ihm das Licht, auf der Brotscheibe befestigt, auf den Leib und stülpte das Glas darüber. Das brennende Licht, welches die Luft unter dem Glase verzehrte, machte ihm den Leib wie in einem Schröpfkopf in das Glas aufsteigen. Die ganze Gesellschaft lachte über dieses zigeunerische Kunststück, und der falsche Wehmüller kam bald zu Sinnen; der echte ging auf ihn zu und sprach: „Wer sind Sie, der auf eine so unverschämte Weise meinen Namen mißbrauchte?" Da antwortete der Patient, welchen Devillier und Michaly an der Erde festhielten: „Was Guckuck habe ich auf dem Leib? Es ist, als wollten Sie mir den Magen herausreißen; tun Sie mir die vermaledeite Laterne vom Leibe, eher sage ich kein Wort; ich bin Wehmüller und bleibe Wehmüller!" – „Gut", sagte Mitidika, „wenn du noch nicht bei Sinnen bist, wollen wir dir etwas Süßes eingeben." – „Recht", sagte Michaly, „Katzenkot mit Honig, Zigeunertheriak." Auf dieses Rezept bekam der Patient andere Gesinnung und sprach: „Um Gottes willen, laßt mich aufstehen, ich will alles bekennen! Ich bin der Maler Froschauer von Klagenfurt." – „Das habe ich gleich gedacht", sagte Wehmüller, „jetzt habe ich Sie in meinen Händen, ich kann Sie als einen Falsarius bei der Obrigkeit angeben, aber ich will großmütig sein, wenn Sie mir einen körperlichen Eid schwören, daß Sie auf ewige Tage resignieren, ungarische Nationalgesicher in meiner Manier zu malen." – „Das ist sehr hart", sagte Froschauer, „denn ich habe ganz darauf studiert und müßte verhungern; den Eid kann ich nicht schwören." – „Er ist noch hartnäckig!" sagte Michaly; „geschwind den Zigeunertheriak her!" Und da Mitidika sich stellte, als wolle sie ihm etwas eingeben, entschloß er sich kurz und schwor alles, was man haben wollte, worauf sie ihn losließen und ihm die Laterne vom Leib nahmen.

Die Freude und der Mutwille ward nun allgemein; aber der Tag näherte sich, und Mitidika rief eben die Kordonbrecher zusammen, um mit ihrem erbeuteten Proviant sich dahin zurückzuziehen, wo sie hergekommen waren. Aber der Vizegespan kam mit dem Kroaten, dem Feuerwerker, dem Gutsbesitzer und einigen Heiducken und Panduren herbei und brachte die freudige Nachricht, daß sie gar nicht nötig hätten, sich zurückzuziehen, denn der Kordonkommandant habe soeben bekanntgemacht: nur durch Mißverständnis sei das Dorf, in dem sie vierzehn Tage blockiert waren, in den Kordon eingeschlossen worden. Es solle ihnen deshalb verziehen sein, daß sie den Kordon durchbrachen, wenn sie dagegen auch keine Klage über den Irrtum erheben wollten; der Kordon habe sich schon nach einer andern Richtung bewegt. Der Gutsbesitzer bestätigte dies und lud die Gesellschaft, von der ihm Baciochi, Nanny und Lindpeindler so viel Interessantes erzählten, sämtlich nach seinem Edelhofe ein.

Die Bauern und Zigeuner, die unter der Anführung Mitidikas den Kordon durchbrochen hatten, waren hoch erfreut über diese Nachricht, dankten ihrer Anführerin herzlich und kehrten singend nach ihrer Heimat zurück. Michaly aber nahm seine Violine und spielte lustig vor der Gesellschaft her, die dem Edelmanne folgte. Unterwegs gab es viele Aufklärungen und Herzensergießungen. Devillier und Mitidika hatten ihre Neigung bald zärtlich erneuert und gingen Arm in Arm; dann aber folgten die drei Wehmüller, Tonerl in der Mitte, und die andern gingen hinterdrein über das Stoppelfeld. Mitidika sagte, daß sie Tonerl in Stuhlweißenburg kennengelernt, die, sehr bekümmert über das Ausbleiben ihres Mannes, eine Reisegesellschaft nach Kroatien gesucht, und da sie selbst, nach dem Tode ihrer Großmutter, zu ihrem Bruder Michaly habe ziehen wollen, hätten sie sich entschlossen, zusammen zu reisen in männlicher Kleidung. Frau Tonerl sei in einem Habit ihres Mannes und sie als ungarischer Arzneihändler gereist, bis sie in dem Dorfe plötzlich von dem Kordon eingeschlossen worden seien, wo sie auch

Froschauer unter dem Namen Wehmüller ganz in derselben Kleidung vorgefunden, was die arme Tonerl nicht wenig erschreckt habe. Nach vierzehn Tagen sei die Ungeduld und der Mangel der Einwohner, die wohl Hunger, aber keine Pest gehabt, über alle Grenzen gestiegen, und so habe sie sich an ihre Spitze gesetzt und den Kordon durchbrochen; das sei ihr aber gar leicht geworden, denn die Kordonisten wären, aus Furcht, angesteckt zu werden, gleich ausgerissen, als sie mit ihrem Haufen unter ihnen erschien.

Nun mußte Froschauer erzählen; er war eigentlich ein guter Schelm und sagte: „Lieber Herr Wehmüller, ich will Ihnen die Wahrheit sagen; der Spaß kostet mich fündundzwanzig Dukaten und meine Braut. Ich bin der Maler Froschauer von Klagenfurt und liebe die Tochter eines Fleischhauers; das Mädchen aber wählte immer zwischen mir und einem wohlhabenden Siebmacher, der auch um sie freite. Er setzte dem Vater des Mädchens in den Kopf: es sei in den kaiserlichen Erblanden kein Maler, der eine Frau ernähren könne, und der überhaupt Genie habe, als der Wehmüller in Wien, der die ungarischen Nationalgesichter male und der so und so gekleidet gehe; dabei hörte er nicht auf, von Ihnen und Ihrer Arbeit zu reden, so daß der alte Fleischhauer und seine Tochter mir endlich erklärten: sie würden den Siebmacher vorziehen, wenn ich Ihnen in Ungarn den Rang nicht abliefe, und nun wettete ich mit dem Siebmacher: daß ich ihm in Jahr und Tag das Mädchen abtreten und noch fünfundzwanzig Dukaten dazu geben wollte, wenn ich Ihnen den Rang nicht ablaufen könne. Ich reiste nach Wien und nach Ungarn, forschte nach allen Ihren Bildern und warf mich so in Ihre Manier, daß man unsre Bilder nicht mehr unterscheiden konnte. Da ich nun erfuhr, daß Sie die Reise nach Stuhlweißenburg machen würden, wo Sie noch nicht gewesen, und sich auf dem Gute des Grafen Giulowitsch vorbereiteten, benutzte ich die Gelegenheit, Ihnen zuvorzukommen, denn ich wußte durch einen Freund bei der Hofkriegskanzelei, daß die dortigen Regimenter verlegt werden würden. Mit einem Vorrate von Nationalgesichtern in einer Blechbüchse und ganz gekleidet wie Sie, machte ich mich nun als neuer Wehmüller auf, und als ich auf der Grenze an der Maut ein Päckchen liegen sah, ‚an Herrn Wehmüller, wenn er durchreist' überschrieben, ward es mir von dem Mautbeamten ausgeliefert. Es war dies das Bild Ihrer Gemahlin, welches sie auf ihrer Reise in einem Posthause hatte liegen lassen; ich nahm es mit, um es ihr einhändigen zu lassen, habe es aber vergessen dem Boten abzunehmen, der es trug, als er mich durch den Kordon brachte; denn meine Eile war groß, und ich triumphierte schon, daß ich, indem der Kordon Sie aussperrte, Ihnen gewiß zuvorkommen würde. Aber wie war mir zumute, da ich mich mit Ihrer Frau, als einem zweiten Wehmüller, den ich auch nicht für den echten erkannte, weil er von der Malerei gar nichts verstand, eingesperrt sah; bald ward ich aber von der Kühnheit und Schönheit Mitidikas, die es kein Hehl hatte, daß sie eine verkleidete Jungfer sei, so hingerissen, daß ich gern auf meine Braut und Wehmüllerschaft resigniert und alles gleich eingestanden hätte; aber Ehrgeiz und die fünfundzwanzig Dukaten zielten mich zurück. Ihr Erscheinen fuhr mir aber so durch alle Glieder, daß ich die Besinnung verlor; die fatale Laterne auf dem Magen und der angedrohte Theriak haben mich gänzlich hergestellt, und nun bleibt mir nichts übrig, als Sie herzlich um Verzeihung zu bitten, mit dem Vorschlag, mich in Ihren Unternehmungen zum Kompagnon zu machen; Sie können meine Arbeiten untersuchen, und gehen Sie den Vorschlag ein, so glaube ich, daß wir einen solchen Vorrat von Nationalgesichtern anfertigen, daß unser Glück begründet ist, wenn wir redlich teilen." – „Das läßt sich hören!" sagte Wehmüller, „die ganze Geschichte macht mir jetzt Spaß, und wenn ich meine Tonerl nicht so lieb hätte, so möchte ich, um es Ihnen wettzumachen, nach Klagenfurt reisen und Ihre Fleischerstochter und die fünfundzwanzig Dukaten Ihnen wegschnappen, aber so geht es nicht." Da umarmte er Tonerl herzlich und ward mit Froschauer eins: daß er ihm, wenn er seine Arbeiten untersucht, ein eigenhändiges Attest schreiben wolle: daß er ihn in allem sich gleich achte; gewänne er dann seine Wette, so könne er sein Mädchen heiraten und sich mit ihm auf gleichen Vorteil vereinigen. „Ja", sagte Tonerl, „da habe ich doch eine Gesellschaft an Frau Froschauer, wenn ihr herumzieht."

So ward der Friede gestiftet, und sie kamen auf dem Edelhofe an. Die Kammerjungfer und Lindpeindler standen unter der Türe und waren in großem Erstaunen über die drei Wehmüller, noch mehr aber über Mitidika; schnell liefen sie, der gnädigen Frau und dem jungen Baron die interessante Gesellschaft anzukündigen, und diese trat, von dem Edelmann geführt, in eine geräumige Weinlaube, wo die Hausfrau bald mit einem guten Frühstück erschien und alle die Abenteuer nochmals berichtet werden mußten; der Tiroler und der Savoyarde stellten sich auch ein, und der Edelmann bat alle, bei der Weinlese ihm behülflich zu sein, was zugesagt wurde.

Am Abend, als noch viel über die drei Wehmüller gescherzt worden war, wollte Devillier der Gesellschaft eine Geschichte erzählen, die er selbst erlebt, und bei welcher die Verwechselung zweier Personen noch viel unterhaltender war, als der Graf Giulowitsch und Lury, sein Hofmeister, mit seinen Eleven bei dem Edelmann zu Besuch kamen; sie freuten sich ungemein, den guten Wehmüller zu finden und die Aufklärung seines Abenteuers zu hören. Die Erzählung Devilliers ward aufgeschoben, aber nach dem Abendessen mußte die schöne Mitidika all ihren Schmuck, den sie einst von Devillier empfing, anlegen; die Edeldame half ihr selbst bei ihrer Toilette, denn Nanny, die Kammerjungfer, wurde unpäßlich. So geschmückt trat das braune Mädchen wie eine Zauberin vor die Gesellschaft; der Tiroler breitete seine Teppiche aus, und das reizende Geschöpf tanzte, schlug das Tambourin und sang – wozu Michaly sie begleitete – so ganz wunderbar hinreißend, daß alles vor Erstaunen versteinert war. Sie schloß ihren Tanz damit, daß sie den Teppich plötzlich erfaßte, sich schnell in ihn einpuppte und an die Erde niederstreckte, wie damals in der Hütte. Ein lebhaftes Beifallklatschen rauschte durch den Saal; Devillier aber kniete vor ihr, weinte wie ein Kind und wurde ausgelacht; so schied die Gesellschaft für diesen Abend auseinander.

Die Erzählung, welche Devillier versprochen, eine andere des Tirolers und eine des Savoyarden unterhielten an den folgenden Tagen, und ich werde sie mitteilen, wenn ich Lust dazu habe.

DIE DREI NÜSSE

Daniel Wilhelm Möller, Professor und Bibliothekar zu Altdorf, lebte im Jahr 1665 in Kolmar als Hofmeister der drei Söhne des Bürgermeisters Maggi. Im Oktober dieses Jahres hatte der Bürgermeister einen reisenden Alchimisten zum Gaste, und als bei dem Nachtische der Abendmahlzeit unter anderm Obste auch welsche Nüsse auf die Tafel gesetzt wurden, sprach die Gesellschaft mancherlei von den Eigenschaften dieser Frucht. Da aber die drei Zöglinge Möllers etwas unmäßig zu den Nüssen griffen und sie lustig nacheinander aufknackten, verwies Möller es ihnen freundlich und gab ihnen folgenden Vers aus der *Schola Salernitana* zu verdeutschen auf: „*Unica nux prodest, nocet altera, tertia mors est.*" – Da übersetzten sie: „Eine Nuß nützt, die zweite schadet, der Tod ist die dritte." Möller aber sagte zu ihnen, diese Übersetzung könne unmöglich die rechte sein, da sie die dritte Nuß längst genossen und doch noch frisch und gesund seien; sie möchten sich eines Bessern besinnen. Kaum waren diese Worte gesprochen, als der Alchimist mit Bestürzung plötzlich vom Tisch aufsprang und sich in der ihm angewiesenen Stube verschloß, worüber alle Anwesende in nicht geringer Verwunderung waren. Der jüngste Sohn des Bürgermeisters folgte dem Fremden, um ihn auf Befehl seines Vaters zu fragen, ob ihm etwas zugestoßen sei; da er aber die Türe verschlossen fand, sah er durch das Schlüsselloch den Fremden auf den Knieen liegen und unter Tränen und Händeringen mehrere Male ausrufen: „*Ah, mon Dieu, mon Dieu!*"

Kaum hatte der Knabe seinem Vater dies hinterbracht, als der Fremde sich von dem Diener zu einer einsamen Unterredung melden ließ. Alle entfernten sich. Da trat der Alchimist herein, fiel auf die Kniee, umfaßte die Füße des Bürgermeisters und flehte ihn unter heftigen Tränen an, er möge ihn nicht vor Gericht bringen, er möge ihn vor einem schmählichen Tode erretten.

Der Bürgermeister, heftig über seine Rede erschrocken, fürchtete, der Mensch möge den Verstand verloren haben, hob ihn von der Erde auf und bat ihn freundlich, er möge ihm sagen, wie er auf so schreckliche Reden komme. Da erwiderte der Fremde: „Herr, verstellen Sie sich nicht, Sie und der Magister Möller kennen mein Verbrechen; der Vers von den drei Nüssen beweist es: *tertia mors est,* die dritte ist der Tod; ja, ja, eine bleierne Kugel war es, ein Druck des Fingers, und er schlug nieder. Sie haben sich verabredet, mich zu peinigen, Sie werden mich ausliefern, ich werde durch Sie unter das Schwert kommen."

Der Bürgermeister glaubte nun die Verrücktheit des Alchimisten gewiß und suchte ihn durch freundliches Zureden zu beruhigen. Er aber ließ sich nicht beruhigen und sprach: „Wenn Sie es auch nicht wissen, so weiß es doch Ihr Hofmeister gewiß, denn er sah mich durchdringend an, als er sagte: ‚*tertia mors est*'." Nun konnte der Bürgermeister nichts anders tun, als ihn bitten, ruhig zu Bette zu gehen, und ihm sein Ehrenwort zu geben, daß weder er noch Möller ihn verraten würden, wenn irgend etwas Wahres an seinem Unglücke sein sollte. Der Unglückliche aber wollte ihn nicht eher verlassen, bis Möller gerufen war und ihm auch heilig beteuerte, daß er ihn nicht verraten wolle; denn daß auch er nicht das mindeste von seinem Unglücke wisse, wollte er sich auf keine Weise überreden lassen.

Am folgenden Morgen entschloß sich der Unglückliche, von Kolmar nach Basel zu gehen, und bat den Magister Möller um eine Empfehlung an einen Professor der Medizin. Möller schrieb ihm einen Brief an den Doktor Bauhinus und reichte ihm denselben offen, damit er keine Art von Verdacht schöpfen könne. Er verließ das Haus mit Tränen und nochmaligem Flehen, ihn nicht zu verraten.

Im folgenden Jahre um dieselbe Zeit, etwa drei Wochen später, als der Bürgermeister mit den Seinigen wieder Nüsse aß und sie sich dabei alle lebhaft an den unglücklichen Alchimisten erinnerten, ließ sich eine Frau bei ihm melden. Er hieß sie hereintreten; sie war eine Reisende in anständiger Tracht, sie trauerte und schien vom Kummer ganz zerstört, doch hatte sie noch Spuren von großer Schönheit. Der Bürgermeister bot ihr einen Stuhl an, stellte ihr ein Glas Wein und einige Nüsse vor; aber sie geriet bei dem Anblick dieser Frucht in eine heftige Erschütterung, die Tränen liefen ihr die Wangen herab. „Keine Nüsse, keine Nüsse!“ sagte sie und schob den Teller zurück.

Diese ihre Weigerung, mit der Erinnerung an den Alchimisten, brachte unter den Tischgenossen eine eigene Spannung hervor. Der Bürgermeister befahl dem Diener, die Nüsse sogleich wegzubringen, und bat die Frau, nach einer Entschuldigung, daß er ihren Abscheu vor den Nüssen nicht gekannt, um die Angabe des Geschäftes, das sie zu ihm geführt.

„Ich bin die Witwe eines Apothekers aus Lyon“, sagte sie, „und wünsche mich hier in Kolmar niederzulassen. Die traurigsten Schicksale nötigen mich, meine Vaterstadt zu verlassen.“ – Der Bürgermeister fragte sie um ihre Pässe, auf daß er versichert sein könne, daß sie ihr Vaterland frei von allen gerichtlichen Ansprüchen auf sie verlassen habe. Sie übergab ihre Papiere, die in der besten Ordnung waren und ihr den Namen der Witwe des Apothekers Pierre du Pont oder Petrus Pontanus gaben. Auch zeigte sie dem Bürgermeister mancherlei Atteste der medizinischen Fakultät von Montpellier, daß sie im Besitz der Fabrikationsrezepte vieler trefflicher Arzeneien sei.

Der Bürgermeister versprach ihr alle mögliche Unterstützung bei ihrer Niederlassung und bat sie, ihm in sein Arbeitszimmer zu folgen, wo er ihr Empfehlungen an einige Ärzte und Apotheker der Stadt schreiben wollte. Als er nun die Frau die Treppe hinauf führte und oben über den Flur weg, kam dieselbe bei dem Anblick eines kindischen Gemäldes in eine solche Bestürzung, daß der Bürgermeister fürchtete, sie möchte an seinem Arme ohnmächtig werden; er brachte sie schnell auf seine Stube, und sie ließ sich unter bittern Tränen auf einen Stuhl nieder.

Der Bürgermeister wußte die Veranlassung ihrer Gemütsbewegung nicht und fragte sie, was ihr fehle. Sie sagte ihm: „Mein Herr, woher kennen Sie mein Elend, wer hat das Bild an die Stubentüre geheftet, an welcher wir vorübergingen?“ Da erinnerte sich der Bürgermeister an das Bild und sagte ihr, daß es die Spielerei seines jüngsten Sohnes sei, welcher eine Neigung habe, alle

Ereignisse, die ihn näher interessierten, in solchen Malereien auf seine Art zu verewigen. Das Bild aber bestand darin, daß der Knabe, welcher das Jahr vorher den Alchimisten knieend und die Hände ringend in dieser Stube: „*Ah, mon Dieu, mon Dieu!*" hatte ausrufen hören, diesen in derselben Stellung und über ihn drei Nüsse mit dem Spruche: „*Unica nux prodest, nocet altera, tertia mors est!*" auf eine Pappe gemalt und an die Stubentüre, wo der Alchimist gewohnt, befestigt hatte.

„Wie kann Ihr Sohn das schreckliche Unglück meines Mannes wissen?" sagte die Frau; „wie kann er wissen, was ich ewig verbergen möchte und weswegen ich mein Vaterland verlassen habe?"

„Ihres Mannes?" erwiderte der verwunderte Bürgermeister; „ist der Chemiker Todénus Ihr Mann? Ich glaubte nach Ihrem Passe, daß Sie die Witwe des Apothekers Pierre du Pont aus Lyon seien."

„Die bin ich", entgegnete die Fremde, „und der Abgebildete ist mein Mann, du Pont; mir zeigt es die Stellung, in welcher ich ihn zuletzt gesehen, mir zeigt es der fatale Spruch und die Nüsse über ihm."

Nun erzählte ihr der Bürgermeister den ganzen Vorfall mit dem Alchimisten in seinem Hause und fragte sie, wie er sich befinde, wenn er wirklich ihr Mann sei, der vielleicht unter fremdem Namen bei ihm gewesen wäre.

„Mein Herr", erwiderte die Frau, „ich sehe wohl, das Schicksal selbst will, daß meine Schmach nicht soll verborgen bleiben; ich erwarte von Ihrer Rechtschaffenheit, daß Sie mein Unglück nicht zu meinem Nachteil bekanntmachen werden. Hören Sie mich an. Mein Mann, der Apotheker Pierre du Pont, war wohlhabend; er würde reich gewesen sein, wenn er nicht durch seine Neigung zur Alchimie vieles Geld verschwendet hätte. Ich war jung und hatte das große Unglück, sehr schön zu sein. Ach, mein Herr, es gibt schier kein größeres Unglück als dieses, weil keine Ruhe, kein Friede möglich ist, weil alles nach einem verlangt und verzweifelt und man in solche Bedrängnisse und Belagerungen kömmt, daß man sich manchmal gar, nur um des ekelhaften Götzendienstes los zu werden, dem Verderben hingeben könnte. Eitel war ich nicht, nur unglücklich; denn ich mochte mich auch absichtlich schlecht und entstellend kleiden, so wurde doch immer eine neue Mode daraus, und man fand es allerliebst. Wo ich ging und stand, war ich von Verehrern umgeben, ich konnte vor Serenaden nicht schlafen, mußte einen Diener halten, die Geschenke und Liebesbriefe abzuweisen, und alle Augenblick mein Gesinde abschaffen, weil es bestochen war, mich zu verführen. Zwei Diener in der Apotheke meines Mannes vergifteten einander, weil ein jeder von ihnen entdeckt hatte, daß der andere ein Edelmann sei, der aus Leidenschaft zu mir unter fremdem Namen in unsre Dienste gegangen war. Alle Leute, die in unsrer Offizin Arznei holten, waren dadurch schon im Verdacht, liebeskrank zu sein. Ich hatte von allem diesem nichts als Unruhe und Elend, und nur die Freude meines Mannes an meiner Gestalt hielt mich ab, mich an meiner Larve zu vergreifen und mich auf irgendeine Weise zu entstellen. Oft fragte ich ihn, ob er denn an meinem Herzen und guten Willen nicht genug habe; er möchte mir doch erlauben, mein Gesicht, das so vieles Unheil stifte, durch irgendein beizendes Mittel zu verderben. Aber er erwiderte mir immer: ‚Schöne Amelie! Ich würde verzweifeln, wenn ich dich nicht mehr ansehen könnte; ich würde der unglücklichste Mensch sein, wenn ich den ganzen Tag in meinem rußigen Laboratorium vergebens geschwitzt habe und meine Augen abends nicht mehr an deinem Anblick erquicken könnte. Du bist der einzige klare Punkt in meiner finstern Bestimmung, und wenn ich alle meine Hoffnung habe nach schwerem Tagewerk zum Rauchfang hinausfliegen sehen, tritt mir alle meine Hoffnung am Abend in deiner Schönheit wieder entgegen.‘ Er liebte mich zärtlich, aber Gott segnete unsre Liebe nicht, wir hatten keine Kinder. Als ich ihm meine Trauer hierüber einst sehr lebhaft mitteilte, ward er finster und sprach: ‚So Gott will und mir nicht alles mißlingt, wird uns auch diese Freude werden.‘ An einem Abend kam er spät nach Hause, er war ungewöhnlich froh und gestand mir, daß er heute mit einem sehr tief eingeweihten Adepten sich unterhalten habe, der einen lebhaften Anteil an ihm und mir zu nehmen scheine, und unsre Wünsche würden bald erfüllt werden. Ich verstand ihn nicht.

Nach Mitternacht erwachte ich durch ein Geräusch; ich sah meine ganze Stube voll fliegender, leuchtender Johanniskäfer; ich konnte nicht begreifen, wie die Menge dieser Insekten in meine Stube gekommen sei; ich erweckte meinen Mann und fragte ihn, was das nur zu bedeuten habe. Zugleich sah ich auf meinem Nachttische ein prächtiges venetianisches Glas voll der schönsten Blumen stehen und daneben neue seidene Strümpfe, Pariser Schuhe, wohlriechende Handschuhe, Bänder und dergleichen liegen. Mir fiel ein, daß morgen mein Geburtstag sei, und glaubte, mein Mann habe mir diese Galanterie gemacht, wofür ich ihm herzlich dankte. Er aber versicherte mir mit den heiligsten Schwüren, daß diese Geschenke nicht von ihm herrührten, und die heftigste Eifersucht faßte zum erstenmal in ihm Wurzel. Er drang bald auf die rührendste und dann wieder heftigste Weise in mich, ihm zu erklären, wer diese Dinge hierher gebracht; ich weinte und konnte es ihm nicht sagen. Aber er glaubte mir nicht, befahl mir aufzustehen, und ich mußte mit ihm das ganze Haus durchsuchen, aber wir fanden niemand. Er begehrte die Schlüssel meines Schreibepultes, er durchsuchte alle meine Papiere und Briefschaften, er entdeckte nichts. Der Tag brach an, ich verzweifelte in Tränen. Mein Mann verließ mich sehr unmutig und begab sich nach seinem Laboratorium. Ermüdet legte ich mich wieder zu Bett und dachte unter bittern Tränen über den nächtlichen Vorfall nach; ich konnte mir auch gar nicht einbilden, wer den Handel könne angestellt haben, und verwünschte, indem ich mich selbst in einem Spiegel sah, der meinem Bette gegenüberstand, meine unglückliche Schönheit; ja, ich streckte gegen mich selbst, vor innerem Ekel, die Zunge heraus; aber leider blieb ich schön, ich mochte Gesichter schneiden, wie ich wollte. Da sah ich in dem Spiegel, aus einem der neuen Schuhe, die auf dem Nachttische standen, ein Papier hervorsehen. Ich griff hastig darnach und las unter heftiger Bestürzung folgendes Billett:

Geliebte Amelie! Mein Unglück ist größer als je; Dich mußte ich meiden bis jetzt, und nun muß ich auch das Land fliehen, in dem Du lebst; ich habe in meiner Garnison einen Offizier im Duelle erstochen, der sich Deiner Begünstigung rühmte; man verfolgt mich, ich bin hier in verstellter Kleidung. Morgen ist Dein Geburtstag; ich muß Dich sehen, zum letzten Male sehen. Heute abend vor dem Tore findest Du mich in dem kleinen Wäldchen, unter den Nußbäumen, etwa hundert Schritte vom Wege, bei der kleinen Kapelle rechts. Wenn Du mir einiges Geld zu meiner Hülfe mitbringen kannst, so wird Dir es Gott vergelten. Ich Tor habe es nicht unterlassen können, die letzten wenigen Louisdore meines Vermögens an das kleine Geburtstagsgeschenk zu verwenden, das Du vor Dir siehst. Wie Du es erhalten und was ich dabei gelitten, sollst Du selbst von mir hören. Schweigen mußt Du, kommen mußt Du, oder meine Leiche wird morgen in Deine Wohnung gebracht.

Dein unglücklicher Ludewig.

Ich las diese Zeilen mit der heftigsten Trauer; ich mußte ihn sehen, ich mußte ihn trösten, ich mußte ihm alles bringen, was ich hatte, denn ich liebte ihn unaussprechlich und sollte ihn auf ewig verlieren."

Hier schüttelte der Bürgermeister lächelnd den Kopf und sprach: „So haben Sie also doch, meine Dame, für einen fremden Mann Zärtlichkeit empfunden?"

Die Fremde erwiderte mit einem ruhigen Selbstgefühl: „Ja, mein Herr; aber verdammen Sie mich nicht zu früh, und hören Sie meine Erzählung ruhig aus. Ich raffte den ganzen Tag alles, was ich an Geld und Geschmeide hatte, zusammen und packte es in einen Bündel, den ich mir gegen Abend von unserer Magd nach einem Badehaus in der Gegend jenes Tores, vor welchem Ludewig mich erwarten sollte, tragen ließ. Dieser Weg hatte nichts Auffallendes, ich war ihn oft gegangen. Als wir dort angekommen waren, sendete ich meine Magd mit dem Auftrage zurück, mir um neun Uhr einen Wagen an das Badehaus zu senden, der mich nach Hause bringen solle. Sie verließ mich, ich aber ging nicht in das Badehaus, sondern begab mich mit meinem Bündelchen unter dem Arm vor das Tor nach dem Walde, wo ich erwartet wurde. Ich eilte nach dem bestimmten Orte, ich trat in die Kapelle, er flog in meine Arme, wir bedeckten uns mit Küssen, wir zerflossen in Tränen; auf den Stufen des Altares der kleinen Kapelle, die von Nußbäumen beschattet waren, saßen wir mit verschlungenen Armen und erzählten uns unter den zärtlichsten Liebkosungen unsre bisherigen Schicksale. Er verzweifelte schier, daß er mich nun nie, nie wiedersehen sollte. Der Abschied nahte; es war halb neun Uhr geworden, der bestellte Wagen erwartete mich. Ich gab ihm das Geld und die Juwelen, und er sagte zu mir: ‚O Amelie, hätte ich mich nur heute nacht vor deinem Bette erschossen, aber der Anblick deiner Schönheit im Schlafe entwaffnete mich. An dem Rebengeländer deines offenen Fensters bin ich in deine Stube geklettert und habe die Johanniskäfer fliegen lassen, an denen ich auf meiner ganzen Reise gesammelt, weil ich mich erinnerte, daß du sie liebtest; dann legte ich dir die neuen Schuhe und Strümpfe hin und nahm mir die mit, welche du am Abend abgelegt hattest; dein trockner, ehrlicher Mann schien mir über seinen tollen Gedanken zu träumen, ich habe ihn gestern schon gesprochen, er begegnete mir hier im Wald botanisierend; es war schon düster, und da ich selbst Waldblumen dir zum Strauße suchte, hielt er mich für seinesgleichen, und wir gerieten in ein langes alchimisches Gespräch. Ich teilte ihm die Anweisung eines Mönches mit, der mich auf meiner letzten Reise in der Provence, als ich in einem Kloster übernachtete, lange von dem Geheimnis unterhielt, einen lebendigen Menschen auf chemischem Wege in einem Glase herauszudestillieren. Dein guter Mann nahm alles für bare Münze, umarmte mich herzlich und bat mich, ihn bald zu besuchen, worauf er mich verließ; ach, er wußte nicht, daß ich ihn in derselben Nacht wirklich auf halsbrechendem Wege besuchen sollte. Wie muß ich dich bedauern, daß du kinderlos und eines solchen Toren Gattin bist!‘

Ich war noch unwillig auf meinen Mann wegen seiner nächtlichen Eifersucht und sagte: ‚Ja, ich habe ihn als einen Toren kennengelernt.‘ Aber da die Zeit der Trennung fast verflossen war und ich meine Arme um ihn schlang und ausrief: ‚Lebe wohl, lieber, lieber Ludewig! Sieh, wie diese heilige Stunde des Wiedersehens verflossen ist, so geht auch bald das ganze elende Leben dahin, habe ein wenig Geduld, alles ist bald zu Ende‘, da brach er drei Nüsse von einem Baume bei der Kapelle und sprach: ‚Diese Nüsse wollen wir zu ewigem Angedenken noch zusammen essen, und sooft wir Nüsse sehen, wollen wir aneinander gedenken.‘ Er biß die erste Nuß auf, teilte sie mit mir und küßte mich zärtlich; ‚ach‘, sagte er, ‚da fällt mir ein alter Reim von den Nüssen ein, er fängt an: *Unica nux prodest,* eine einzige Nuß ist nützlich; aber es ist nicht wahr, denn wir müssen bald scheiden. Die folgenden Worte sind wahrer: *Nocet altera,* die zweite schadet; jawohl, jawohl, denn wir müssen bald scheiden!‘ Da umarmte er mich unter heftigen Tränen und teilte die dritte Nuß mit mir und sagte: ‚Bei dieser sagt der Spruch wahr; o Amelie, vergiß mich nicht, bete für mich! *Tertia mors est,* die dritte Nuß ist der Tod!‘ – Da fiel ein Schuß, Ludewig stürzte zu meinen Füßen; ‚*tertia mors est!*‘ schrie eine Stimme durch das Fenster der Kapelle; ich schrie: ‚O Jesus, mein Bruder, mein armer Bruder Ludewig erschossen!‘“

„Allmächtiger Gott! Ihr Bruder war es?“ rief der Bürgermeister aus.

„Ja, es war mein Bruder“, erwiderte sie ernst; „und nun erwägen Sie mein Leid, da mein Mann, als der Mörder, mit einer Pistole vor mich trat; er hatte noch einen Schuß in dem Gewehr, er wollte sich selbst töten; ich aber entriß ihm die Waffe und warf sie in das Gebüsch. ‚Flieh, flieh!‘ rief ich aus, ‚die Gerechtigkeit verfolgt dich, du bist ein Mörder geworden!‘ Er war in Schmerzen versteinert, er wollte nicht von der Stelle; wir hörten Leute, die sich auf den Schuß von der Landstraße nahten, ich gab ihm das Geld und die Geschmeide, die ich meinem Bruder bestimmt hatte, und stieß ihn aus der Kapelle hinaus.

Nun ließ ich meinem Wehgeschrei vollen Lauf, und die Ankommenden, unter welchen Männer waren, die mich kannten, brachten mich, wie eine halb Wahnsinnige, nach Hause. Der Leichnam meines Bruders ward auf das Rathaus gebracht; es begann eine gräßliche Untersuchung. Glücklicherweise fiel ich in ein hitziges Fieber und war lange genug ohne den Gebrauch meiner Sinne, um meinen Gemahl nicht eher verraten zu können, als bis er bereits in völliger Sicherheit über der Grenze war. Kein Mensch zweifelte, daß er der Mörder sei, weil er an demselben Abend verschwunden war. Die Verleumdung fiel nun mit ihren greulichsten Zungen über mich her. – Alles, was andre Frauen von mir sagten, die mich meines Elends, meiner Schönheit wegen beneideten, alle Schandreden der Männer, welche nichts an mir ärgern konnte als meine Tugend, will ich hier nicht wiederholen; genug, wenn ich sage, daß man mir den Beweis, der Ermordete sei mein Bruder, durch den schändlichsten Verdacht zu erschweren suchte. Alles wollte mich in den Staub treten, um über meine gehässige Tugend zu triumphieren. Dabei genoß ich der ekelhaftesten Teilnahme aller jungen Advokaten und war im Begriffe, vor Bedrängnis und Jammer wirklich den Verstand zu verlieren. Auf ein Testament meines Mannes, zugunsten meiner, ließ ich die Apotheke unter Administration setzen und zog mich auf mehrere Jahre in ein Kloster zurück. So verstummte endlich das Gespräch, und ich beschäftigte mich während dieser Zeit mit der Zubereitung der Arzneien für die Armen, welche die Klosterfrauen verpflegten."

„Ihr Unglück rührt mich ungemein", entgegnete der Bürgermeister, „aber die Art, wie Sie von dem Betragen Ihres Bruders sprachen, machte auch mir eher den Eindruck eines Geliebten als eines Bruders."

„O mein Herr", erwiderte die Fremde, „dies eben war eine Hauptursache meines Leides; er liebte mich mit größerer Leidenschaft, als er sollte, und mit der kräftigsten Seele arbeitete er dieser bösen Gewalt meiner Schönheit entgegen. Er sah mich manchmal in mehreren Jahren nicht, ja, er durfte mir selbst nicht mehr schreiben; nur die Not hatte ihn bei dem letzten Vorfalle zu mir getrieben, und so konnte ich ihm meinen Anblick doch nicht versagen. Mein Mann kannte ihn nicht, und ich hatte ihn allein geheiratet, um die Leidenschaft meines Bruders entschieden zu brechen. Ach, er hat sie selbst gebrochen mit seinem Leben! Mein Mann, von seiner Eifersucht beunruhigt, hatte sein Laboratorium früh verlassen; die Magd sagte ihm, daß ich nach dem Badehause sei; es fuhr ihm der Gedanke an Verrat durch die Seele, er steckte eine doppelte Pistole zu sich und suchte mich in dem Badehause auf. Er fand mich nicht, aber hörte die Aussage der Bademeisterin, sie habe mich zum nahgelegenen Tore hinausgehen sehen. Da erinnerte er sich des Fremden, der gestern mit ihm in dem Wäldchen geredet und ihn auch nach seiner Frau gefragt hatte; er erinnerte sich, daß derselbe Johanniswürmer gefangen, sein Verdacht erhielt Gewißheit; er eilte nach dem Wäldchen, nahte der Kapelle, hörte das Ende unsrer Unterredung: *tertia mors est* – er beging die schreckliche Tat."

„O, der unglückliche, arme Mann!" rief der Bürgermeister aus; „aber wo ist er, was macht er, was führt Sie hierher, konnten Sie ihm verzeihen, werden wir ihn hier wiedersehen?"

„Wir werden ihn nicht wiedersehen, ich habe ihm verziehen, Gott hat ihm verziehen!" versetzte die Fremde; „aber Blut will Blut, er konnte sich nicht selbst verzeihen! Acht Jahre lebte er in Kopenhagen an dem Hofe des Königs von Dänemark, Christian des Vierten, als Hoflaborant; denn dieser Fürst war den geheimen Künsten sehr zugetan. Nach dem Tode desselben zog er an manchen norddeutschen Höfen herum. Er war immer unstet und von seinem Gewissen gepeinigt, und wenn er Nüsse sah und von Nüssen hörte, fiel er oft plötzlich in die heftigste Trauer. So kam er endlich zu Ihnen, und als er hier den unglücklichen Vers hörte, floh er nach Basel. Dort lebte er, bis die Nüsse wieder reiften; da ward seine Unruhe unaufhaltsam; seine Zeit war abgelaufen, er reiste ab nach Lyon und lieferte sich selbst den Gerichten aus. Er hatte vor drei Wochen ein rührendes Gespräch mit mir, er war gut wie ein Kind, er bat mich um Vergebung – ach, ich hatte ihm längst vergeben. Er sagte mir, ich solle nach seiner schimpflichen Todesstrafe Frankreich verlassen und nach Kolmar reisen, dort sei der Bürgermeister ein sehr redlicher Mann. Zwei Tage hierauf ward er unter unzähligem Volkszulauf bei der Kapelle, wo der Mord geschehen, enthauptet. Er kniete nieder in dem Kreise, brach drei Nüsse desselbigen Baumes, welcher meinem Bruder die Todesnuß getragen hatte, teilte sie alle drei mit mir und umarmte mich nochmals zärtlich; dann brachte man mich in die Kapelle, wo ich betend an den Altar niedersank. Er aber sprach draußen: ‚*Unica nux prodest, altera nocet, tertia mors est*', und bei diesem letzten Worte machte der Schwertstreich seinem elenden Leben ein Ende. – Dieses ist meine Geschichte, Herr Bürgermeister."

Mit diesen Worten endete die Dame ihre Erzählung, der Bürgermeister reichte ihr gerührt die Hand und sagte: „Unglückliche Frau, nehmen Sie die Versicherung, daß ich von Ihrem Unglücke tief gerührt bin und das Vertrauen Ihres armen Mannes auf meine Redlichkeit auf alle Weise zu Ihrer Beruhigung wahr machen will."

Indem er dies sprach und, seine Tränen unterdrückend, auf ihre Hand niedersah, bemerkte er einen Siegelring an ihrem Finger, der einen lebhaften Eindruck auf ihn machte; er erkannte auf ihm ein Wappen, das ihn ungemein interessierte. Die Dame sagte ihm, es sei der Siegelring ihres Bruders. – „Und sein Familienname heißt?" frage der Bürgermeister lebhaft. – „Piautaz", erwiderte die Fremde; „unser Vater war ein Savoyarde und hatte einen Kram in Montpellier."

Da wurde der Bürgermeister sehr unruhig, er lief nach seinem Pulte, er holte mehrere Papiere hervor, er las, er fragte sie um das Alter ihres Bruders, und da sie zu ihm sagte: „Heute würde er sechsundvierzig Jahre alt sein, wenn er noch lebte", sagte er mit freudigem Ungestüme: „Recht, ganz recht! Heute ist er so alt, denn er lebt noch. Amelie, ich bin dein Bruder! Ich bin von der Amme deiner Mutter gegen das Söhnlein des Mechanikus Maggi ausgewechselt worden; dein Bruder hat dich nicht geliebt, es war Maggis Sohn, der deines Bruders Namen trug und eines so unglücklichen Todes starb. Wohl mir, daß ich dich fand!"

Die gute Dame konnte sich in diese Rede gar nicht finden; aber der Bürgermeister überzeugte sie durch ein über diesen Austausch von der Amme auf ihrem Todesbett aufgenommenes Protokoll, und sie sank ihrem neugefundenen Bruder in die Arme.

Sie soll nachher dem Bürgermeister drei Jahre die Haushaltung geführt haben und, als er gestorben, in das Kloster zu St. Klara in Kolmar gegangen sein und demselben ihr ganzes Vermögen vermacht haben.

GESCHICHTE VOM BRAVEN KASPERL UND DEM SCHÖNEN ANNERL

Es war Sommersfrühe, die Nachtigallen sangen erst seit einigen Tagen durch die Straßen und verstummten heut in einer kühlen Nacht, welche von fernen Gewittern zu uns herwehte; der Nachtwächter rief die elfte Stunde an, da sah ich, nach Hause gehend, vor der Tür eines großen Gebäudes einen Trupp von allerlei Gesellen, die vom Biere kamen, um jemand, der auf den Türstufen saß, versammelt. Ihr Anteil schien mir so lebhaft, daß ich irgendein Unglück besorgte und mich näherte.

Eine alte Bäuerin saß auf der Treppe, und so lebhaft die Gesellen sich um sie bekümmerten, so wenig ließ sie sich von den neugierigen Fragen und gutmütigen Vorschlägen derselben stören. Es hatte etwas sehr Befremdendes, ja schier Großes, wie die gute alte Frau so sehr wußte, was sie wollte, daß sie, als sei sie ganz allein in ihrem Kämmerlein, mitten unter den Leuten es sich unter freiem Himmel zur Nachtruhe bequem machte. Sie nahm ihre Schürze als ein Mäntelchen um, zog ihren großen schwarzen, wachsleinenen Hut tiefer in die Augen, legte sich ihr Bündel unter den Kopf zurecht und gab auf keine Frage Antwort.

„Was fehlt dieser alten Frau?“ fragte ich einen der Anwesenden; da kamen Antworten von allen Seiten: „Sie kömmt sechs Meilen Weges vom Lande, sie kann nicht weiter, sie weiß nicht Bescheid in der Stadt, sie hat Befreundete am andern Ende der Stadt und kann nicht hinfinden.“ – „Ich wollte sie führen“, sagte einer, „aber es ist ein weiter Weg, und ich habe meinen Hausschlüssel nicht bei mir. Auch würde sie das Haus nicht kennen, wo sie hin will.“ – „Aber hier kann die Frau nicht liegen bleiben“, sagte ein Neuhinzugetretener. „Sie will aber platterdings“, antwortete der erste; „ich habe es ihr längst gesagt, ich wolle sie nach Haus bringen, doch sie redet ganz verwirrt, ja sie muß wohl betrunken sein." – „Ich glaube, sie ist blödsinnig. Aber hier kann sie doch in keinem Falle bleiben", wiederholte jener, „die Nacht ist kühl und lang."

Während allem diesem Gerede war die Alte, grade als ob sie taub und blind sei, ganz ungestört mit ihrer Zubereitung fertig geworden, und da der letzte abermals sagte: „Hier kann sie doch nicht bleiben", erwiderte sie, mit einer wunderlich tiefen und ernsten Stimme:

„Warum soll ich nicht hier bleiben? Ist dies nicht ein herzogliches Haus? Ich bin achtundachtzig Jahre alt, und der Herzog wird mich gewiß nicht von seiner Schwelle treiben. Drei Söhne sind in seinem Dienst gestorben, und mein einziger Enkel hat seinen Abschied genommen; – Gott verzeiht es ihm gewiß, und ich will nicht sterben, bis er in seinem ehrlichen Grab liegt."

„Achtundachtzig Jahre und sechs Meilen gelaufen!" sagten die Umstehenden, „sie ist müd und kindisch, in solchem Alter wird der Mensch schwach."

„Mutter, Sie kann aber den Schnupfen kriegen und sehr krank werden hier, und Langeweile wird Sie auch haben", sprach nun einer der Gesellen und beugte sich näher zu ihr.

Da sprach die Alte wieder mit ihrer tiefen Stimme, halb bittend, halb befehlend:

„O laßt mir meine Ruhe, und seid nicht unvernünftig; ich brauch keinen Schnupfen, ich brauche keine Langeweile; es ist ja schon spät an der Zeit, achtundachtzig bin ich alt, der Morgen wird bald anbrechen, da geh ich zu meinen Befreundeten. Wenn ein Mensch fromm ist und hat Schicksale und kann beten, so kann er die paar armen Stunden auch noch wohl hinbringen."

Die Leute hatten sich nach und nach verloren, und die letzten, welche noch da standen, eilten auch hinweg, weil der Nachtwächter durch die Straße kam und sie sich von ihm ihre Wohnungen wollten öffnen lassen. So war ich allein noch gegenwärtig. Die Straße ward ruhiger. Ich wandelte nachdenkend unter den Bäumen des vor mir liegenden freien Platzes auf und nieder; das Wesen der Bäuerin, ihr bestimmter, ernster Ton, ihre

Sicherheit im Leben, das sie achtundachtzigmal mit seinen Jahreszeiten hatte zurückkehren sehen und das ihr nur wie ein Vorsaal im Bethause erschien, hatten mich mannigfach erschüttert. „Was sind alle Leiden, alle Begierden meiner Brust? Die Sterne gehen ewig unbekümmert ihren Weg – wozu suche ich Erquikkung und Labung, und von wem suche ich sie und für wen? Alles, was ich hier suche und liebe und erringe, wird es mich je dahin bringen, so ruhig wie diese gute, fromme Seele die Nacht auf der Schwelle des Hauses zubringen zu können, bis der Morgen erscheint, und werde ich dann den Freund finden wie sie? Ach, ich werde die Stadt gar nicht erreichen, ich werde wegemüde schon in dem Sande vor dem Tore umsinken und vielleicht gar in die Hände der Räuber fallen." So sprach ich zu mir selbst, und als ich durch den Lindengang mich der Alten wieder näherte, hörte ich sie halblaut mit gesenktem Kopfe vor sich hin beten. Ich war wunderbar gerührt und trat zu ihr hin und sprach: „Mit Gott, fromme Mutter, bete Sie auch ein wenig für mich!" – bei welchen Worten ich ihr einen Taler in die Schürze warf.

Die Alte sagte hierauf ganz ruhig: „Hab tausend Dank, mein lieber Herr, daß du mein Gebet erhört."

Ich glaubte, sie spreche mit mir, und sagte: „Mutter, habt Ihr mich denn um etwas gebeten? Ich wüßte nicht."

Da fuhr die Alte überrascht auf und sprach: „Lieber Herr, gehe Er doch nach Haus und bete Er fein und lege Er sich schlafen. Was zieht Er so spät noch auf der Gasse herum? Das ist jungen Gesellen gar nichts nütze; denn der Feind geht um und suchet, wo er sich einen erfange. Es ist mancher durch solch Nachtlaufen verdorben. Wen sucht Er? Den Herrn? Der ist in des Menschen Herz, so er züchtiglich lebt, und nicht auf der Gasse. Sucht Er aber den Feind, so hat Er ihn schon; gehe Er hübsch nach Haus, und bete Er, daß Er ihn loswerde. Gute Nacht!"

Nach diesen Worten wendete sie sich ganz ruhig nach der andern Seite und steckte den Taler in ihren Reisesack. Alles, was die Alte tat, machte einen eigentümlichen ernsten Eindruck auf mich, und ich sprach zu ihr: „Liebe Mutter, Ihr habt wohl recht, aber Ihr selbst seid es, was mich hier hält; ich hörte Euch beten und wollte Euch ansprechen, meiner dabei zu gedenken."

„Das ist schon geschehen", sagte sie; „als ich Ihn so durch den Lindengang wandeln sah, bat ich Gott, er möge Euch gute Gedanken geben. Nun habe Er sie, und gehe Er fein schlafen!"

Ich aber setzte mich zu ihr nieder auf die Treppe und ergriff ihre dürre Hand und sagte: „Lasset mich hier bei Euch sitzen die Nacht hindurch, und erzählet mir, woher Ihr seid und was Ihr hier in der Stadt sucht; Ihr habt hier keine Hülfe, in Eurem Alter ist man Gott näher als den Menschen; die Welt hat sich verändert, seit Ihr jung wart." –

„Daß ich nicht wüßte", erwiderte die Alte, „ich habs mein Lebetag ganz einerlei gefunden; Er ist noch zu jung, da verwundert man sich über alles; mir ist alles schon so oft wieder vorgekommen, daß ich es nur noch mit Freuden ansehe, weil es Gott so treulich damit meinet. Aber man soll keinen guten Willen von sich weisen, wenn er einem auch grade nicht not tut, sonst möchte der liebe Freund ausbleiben, wenn er ein andermal gar willkommen wäre; bleibe Er drum immer sitzen, und sehe Er, was Er mir helfen kann. Ich will Ihm erzählen, was mich in die Stadt den weiten Weg treibt. Ich hätt es nicht gedacht, wieder hierher zu kommen. Es sind siebenzig Jahr, daß ich hier in dem Hause als Magd gedient habe, auf dessen Schwelle ich sitze, seitdem war ich nicht mehr in der Stadt; was die Zeit herumgeht! Es ist, als wenn man eine Hand umwendet. Wie oft habe ich hier am Abend gesessen vor siebzig Jahren und habe auf meinen Schatz gewartet, der bei der Garde stand! Hier haben wir uns auch versprochen. Wenn er hier – aber still, da kömmt die Runde vorbei."

Da hob sie an, mit gemäßigter Stimme, wie etwa junge Mägde und Diener in schönen Mondnächten, vor der Tür zu singen, und ich hörte mit innigem Vergnügen folgendes schöne alte Lied von ihr:

Wann der Jüngste Tag wird werden,
Dann fallen die Sternelein auf die Erden.
Ihr Toten, ihr Toten sollt auferstehn,
Ihr sollt vor das Jüngste Gerichte gehn;

Ihr sollt treten auf die Spitzen,
Da die lieben Engelein sitzen.
Da kam der liebe Gott gezogen
Mit einem schönen Regenbogen.
Da kamen die falschen Juden gegangen,
Die führten einst unsern Herrn Christum gefangen.
Die hohen Bäum erleuchten sehr,
Die harten Stein zerknirschten sehr.
Wer dies Gebetlein beten kann,
Der bets des Tages nur einmal,
Die Seele wird vor Gott bestehn,
Wann wir werden zum Himmel eingehn!
Amen.

Als die Runde uns näher kam, wurde die Alte gerührt. „Ach", sagte sie, „es ist heute der sechzehnte Mai, es ist doch alles einerlei, grade wie damals, nur haben sie andere Mützen auf und keine Zöpfe mehr. Tut nichts, wenns Herz nur gut ist!" Der Offizier der Runde blieb bei uns stehen und wollte eben fragen, was wir hier so spät zu schaffen hätten, als ich den Fähnrich Graf Grossinger, einen Bekannten, in ihm erkannte. Ich sagte ihm kurz den ganzen Handel, und er sagte, mit einer Art von Erschütterung: „Hier haben Sie einen Taler für die Alte und eine Rose" – die er in der Hand trug –; „so alte Bauersleute haben Freude an Blumen. Bitten Sie die Alte, Ihnen morgen das Lied in die Feder zu sagen, und bringen Sie mir es. Ich habe lange nach dem Lied getrachtet, aber es nie ganz habhaft werden können." Hiermit schieden wir, denn der Posten der nah gelegenen Hauptwache, bis zu welcher ich ihn über den Platz begleitet hatte, rief: „Wer da?" Er sagte mir noch, daß er die Wache am Schlosse habe, ich solle ihn dort besuchen. Ich ging zu der Alten zurück und gab ihr die Rose und den Taler.

Die Rose ergriff sie mit einer rührenden Heftigkeit und befestigte sie sich auf ihren Hut, indem sie mit einer etwas feineren Stimme fast weinend die Worte sprach:

Rosen die Blumen auf meinem Hut,
Hätt ich viel Geld, das wäre gut,
Rosen und mein Liebchen.

Ich sagte zu ihr: „Ei, Mütterchen, Ihr seid ja ganz munter geworden“, und sie erwiderte:

Munter, munter,
Immer bunter,
Immer runder.
Oben stund er,
Nun bergunter,
's ist kein Wunder!

„Schau Er, lieber Mensch, ist es nicht gut, daß ich hier sitzengeblieben? Es ist alles einerlei, glaub Er mir; heute sind es siebenzig Jahre, da saß ich hier vor der Türe, ich war eine flinke Magd und sang gern alle Lieder. Da sang ich auch das Lied vom Jüngsten Gericht wie heute, da die Runde vorbeiging, und da warf mir ein Grenadier im Vorübergehn eine Rose in den Schoß – die Blätter hab ich noch in meiner Bibel liegen –, das war meine erste Bekanntschaft mit meinem seligen Mann. Am andern Morgen hatte ich die Rose vorgesteckt in der Kirche, und da fand er mich, und es ward bald richtig. Drum hat es mich gar sehr gefreut, daß mir heut wieder eine Rose ward. Es ist ein Zeichen, daß ich zu ihm kommen soll, und darauf freu ich mich herzlich. Vier Söhne und eine Tochter sind mir gestorben, vorgestern hat mein Enkel seinen Abschied genommen – Gott helfe ihm und erbarme sich seiner! –, und morgen verläßt mich eine andre gute Seele, aber was sag ich morgen, ist es nicht schon Mitternacht vorbei?“

„Es ist zwölfe vorüber“, erwiderte ich, verwundert über ihre Rede.

„Gott gebe ihr Trost und Ruhe die vier Stündlein, die sie noch hat!“ sagte die Alte und ward still, indem sie die Hände faltete. Ich konnte nicht sprechen, so erschütterten mich ihre Worte und ihr ganzes Wesen. Da sie aber ganz stille blieb und der Taler des Offiziers noch in ihrer Schürze lag, sagte ich zu ihr: „Mutter, steckt den Taler zu Euch, Ihr könntet ihn verlieren.“

„Den wollen wir nicht weglegen, den wollen wir meiner Befreundeten schenken in ihrer letzten Not!“ erwiderte sie. „Den ersten Taler nehm ich morgen wieder mit nach Haus, der gehört meinem Enkel, der soll ihn genießen. Ja seht, es ist immer ein herrlicher Junge gewesen und hielt etwas auf seinen Leib und auf seine Seele – ach Gott, auf seine Seele! – Ich habe gebetet den ganzen Weg, es ist nicht möglich, der liebe Herr läßt ihn gewiß nicht verderben. Unter allen Burschen war er immer der reinlichste und fleißigste in der Schule, aber auf die Ehre war er vor allem ganz erstaunlich. Sein Leutnant hat auch immer gesprochen: ‚Wenn meine Schwadron Ehre im Leibe hat, so sitzt sie bei dem Finkel im Quartier.' Er war unter den Ulanen. Als er zum erstenmal aus Frankreich zurückkam, erzählte er allerlei schöne Geschichten, aber immer war von der Ehre dabei die Rede. Sein Vater und sein Stiefbruder waren bei dem Landsturm und kamen oft mit ihm wegen der Ehre in Streit; denn was er zuviel hatte, hatten sie nicht genug. Gott verzeih mir meine schwere Sünde, ich will nicht schlecht von ihnen reden, jeder hat sein Bündel zu tragen; aber meine selige Tochter, *seine* Mutter, hat sich zu Tode gearbeitet bei dem Faulpelz, sie konnte nicht erschwingen, seine Schulden zu tilgen. Der Ulan erzählte von den Franzosen, und als der Vater und Stiefbruder sie ganz schlecht machen wollten, sagte der Ulan: ‚Vater, das versteht Ihr nicht, sie haben doch viel Ehre im Leibe!' Da ward der Stiefbruder tückisch und sagte: ‚Was kannst du deinem Vater so viel von der Ehre vorschwatzen? War er doch Unteroffizier im N . . . schen Regiment und muß es besser als du verstehn, der nur Gemeiner ist!' – ‚Ja', sagte da der alte Finkel, der nun auch rebellisch ward, ‚das war ich und habe manchen vorlauten Burschen fünfundzwanzig aufgezählt; hätte ich nur Franzosen in der Kompanie gehabt, die sollten sie noch besser gefühlt haben, mit ihrer Ehre!' Die Rede tat dem Ulanen gar weh, und er sagte: ‚Ich will ein Stückchen von einem französischen Unteroffizier erzählen, das gefällt mir besser. Unterm vorigen König sollten auf einmal die Prügel bei der französischen Armee eingeführt werden. Der Befehl des Kriegsministers wurde zu Straßburg bei einer großen Parade bekanntgemacht, und die Truppen hörten in Reih und Glied die Bekanntmachung mit stillem Grimm an. Da aber noch am Schluß der Parade ein Gemeiner einen Exzeß machte, wurde sein Unteroffizier vorkommandiert, ihm zwölf

Hiebe zu geben. Es wurde ihm mit Strenge befohlen, und er mußte es tun. Als er aber fertig war, nahm er das Gewehr des Mannes, den er geschlagen hatte, stellte es vor sich an die Erde und drückte mit dem Fuße los, daß ihm die Kugel durch den Kopf fuhr und er tot niedersank. Das wurde an den König berichtet, und der Befehl, Prügel zu geben, ward gleich zurückgenommen. Seht, Vater, das war ein Kerl, der Ehre im Leib hatte!' – ,Ein Narr war es', sprach der Bruder. ,Freß deine Ehre, wenn du Hunger hast!' brummte der Vater. Da nahm mein Enkel seinen Säbel und ging aus dem Haus und kam zu mir in mein Häuschen und erzählte mir alles und weinte die bittern Tränen. Ich konnte ihm nicht helfen; die Geschichte, die er mir auch erzählte, konnte ich zwar nicht ganz verwerfen, aber ich sagte ihm doch immer zuletzt: ,Gib Gott allein die Ehre!' Ich gab ihm noch den Segen, denn sein Urlaub war am andern Tage aus, und er wollte noch eine Meile umreiten nach dem Orte, wo ein Patchen von mir auf dem Edelhof diente, auf die er gar viel hielt; er wollte einmal mit ihr hausen. – Sie werden auch wohl bald zusammenkommen, wenn Gott mein Gebet erhört. Er hat seinen Abschied schon genommen, mein Patchen wird ihn heut erhalten, und die Aussteuer hab ich auch schon beisammen, es soll auf der Hochzeit weiter niemand sein als ich." Da ward die Alte wieder still und schien zu beten. Ich war in allerlei Gedanken über die Ehre, und ob ein Christ den Tod des Unteroffiziers schön finden dürfe. Ich wollte, es sagte mir einmal einer etwas Hinreichendes darüber.

Als der Wächter ein Uhr anrief, sagte die Alte: „Nun habe ich noch zwei Stunden. Ei, ist Er noch da, warum geht Er nicht schlafen? Er wird morgen nicht arbeiten können und mit seinem Meister Händel kriegen; von welchem Handwerk ist Er denn, mein guter Mensch?"

Da wußte ich nicht recht, wie ich es ihr deutlich machen sollte, daß ich ein Schriftsteller sei. „Ich bin ein Gestudierter", durfte ich nicht sagen, ohne zu lügen. Es ist wunderbar, daß ein Deutscher immer sich ein wenig schämt zu sagen, er sei ein Schriftsteller; zu Leuten aus den untern Ständen sagt man es am ungernsten, weil diesen gar leicht die Schriftgelehrten und Pharisäer aus der Bibel dabei einfallen. Der Name Schriftsteller ist nicht so eingebürgert bei uns, wie das *homme de lettres* bei den Franzosen, welche überhaupt als Schriftsteller zünftig sind und in ihren Arbeiten mehr hergebrachtes Gesetz haben, ja, bei denen man auch fragt: „*Où avez-vous fait votre philosophie?* Wo haben Sie Ihre Philosophie gemacht?“, wie denn ein Franzose selbst viel mehr von einem gemachten Manne hat. Doch diese nicht deutsche Sitte ist es nicht allein, welche das Wort Schriftsteller so schwer auf der Zunge macht, wenn man am Tore um seinen Charakter gefragt wird, sondern eine gewisse innere Scham hält uns zurück, ein Gefühl, welches jeden befällt, der mit freien und geistigen Gütern, mit unmittelbaren Geschenken des Himmels Handel treibt. Gelehrte brauchen sich weniger zu schämen als Dichter; denn sie haben gewöhnlich Lehrgeld gegeben, sind meist in Ämtern des Staats, spalten an groben Klötzen oder arbeiten in Schachten, wo viel wilde Wasser auszupumpen sind. Aber ein sogenannter Dichter ist am übelsten daran, weil er meistens aus dem Schulgarten nach dem Parnaß entlaufen, und es ist auch wirklich ein verdächtiges Ding um einen Dichter von Profession, der es nicht nur nebenher ist. Man kann sehr leicht zu ihm sagen: „Mein Herr, ein jeder Mensch hat, wie Hirn, Herz, Magen, Milz, Leber und dergleichen, auch eine Poesie im Leibe; wer aber eines dieser Glieder überfüttert, verfüttert oder mästet und es über alle andre hinüber treibt, ja es gar zum Erwerbszweig macht, der muß sich schämen vor seinem ganzen übrigen Menschen. Einer, der von der Poesie lebt, hat das Gleichgewicht verloren, und eine übergroße Gänseleber, sie mag noch so gut schmecken, setzt doch immer eine kranke Gans voraus.“ Alle Menschen, welche ihr Brot nicht im Schweiß ihres Angesichts verdienen, müssen sich einigermaßen schämen, und das fühlt einer, der noch nicht ganz in der Tinte war, wenn er sagen soll, er sei ein Schriftsteller. So dachte ich allerlei und besann mich, was ich der Alten sagen sollte, welche, über mein Zögern verwundert, mich anschaute und sprach:

„Welch ein Handwerk Er treibt, frage ich; warum will Er mirs nicht sagen? Treibt Er kein ehrlich Handwerk, so greif Ers noch an, es hat einen goldnen Boden. Er ist doch nicht etwa gar ein

Henker oder Spion, der mich ausholen will? Meinethalben sei Er, wer Er will, sag Ers, wer Er ist? Wenn Er bei Tage so hier säße, würde ich glauben, Er sei ein Lehnerich, so ein Tagedieb, der sich an die Häuser lehnt, damit er nicht umfällt vor Faulheit."

Da fiel mir ein Wort ein, das mir vielleicht eine Brücke zu ihrem Verständnis schlagen könnte: „Liebe Mutter", sagte ich, „ich bin ein Schreiber." – „Nun", sagte sie, „das hätte Er gleich sagen sollen. Er ist also ein Mann von der Feder; dazu gehören feine Köpfe und schnelle Finger und ein gutes Herz, sonst wird einem drauf geklopft. Ein Schreiber ist Er? Kann Er mir dann wohl eine Bittschrift aufsetzen an den Herzog, die aber gewiß erhört wird und nicht bei den vielen andern liegen bleibt?"

„Eine Bittschrift, liebe Mutter", sprach ich, „kann ich Ihr wohl aufsetzen, und ich will mir alle Mühe geben, daß sie recht eindringlich abgefaßt sein soll."

„Nun, das ist brav von Ihm", erwiderte sie, „Gott lohn es Ihm und lasse Ihn älter werden als mich und gebe Ihm auch in Seinem Alter einen so geruhigen Mut und eine so schöne Nacht mit Rosen und Talern wie mir und auch einen Freund, der Ihm eine Bittschrift macht, wenn es Ihm not tut. Aber jetzt gehe Er nach Hause, lieber Freund, und kaufe Er sich einen Bogen Papier und schreibe er die Bittschrift; ich will hier auf Ihn warten, noch eine Stunde, dann gehe ich zu meiner Pate, Er kann mitgehen; sie wird sich auch freuen an der Bittschrift. Sie hat gewiß ein gut Herz, aber Gottes Gerichte sind wunderbar."

Nach diesen Worten ward die Alte wieder still, senkte den Kopf und schien zu beten. Der Taler lag noch auf ihrem Schoß. Sie weinte. „Liebe Mutter, was fehlt Euch, was tut Euch so weh, Ihr weinet?" sprach ich.

„Nun, warum soll ich denn nicht weinen? Ich weine auf den Taler, ich weine auf die Bittschrift, auf alles weine ich. Aber es hilft nichts, es ist doch alles viel, viel besser auf Erden, als wir Menschen es verdienen, und gallenbittre Tränen sind noch viel zu süße. Sehe Er nur einmal das goldne Kamel da drüben, an der Apotheke, wie doch Gott alles so herrlich und wunderbar geschaffen hat! Aber der Mensch erkennt es nicht, und ein solch Kamel geht eher durch ein Nadelöhr als ein Reicher in das Himmelreich. – Aber was sitzt Er denn immer da? Gehe Er, den Bogen Papier zu kaufen, und bringe Er mir die Bittschrift."

„Liebe Mutter", sagte ich, „wie kann ich Euch die Bittschrift machen, wenn Ihr mir nicht sagt, was ich hineinschreiben soll?"

„Das muß ich Ihm sagen?" erwiderte sie; „dann ist es freilich keine Kunst, und wundre ich mich nicht mehr, daß Er sich einen Schreiber zu nennen schämte, wenn man Ihm alles sagen soll. Nun, ich will mein Mögliches tun. Setz Er in die Bittschrift, daß zwei Liebende beieinander ruhen sollen und daß sie einen nicht auf die Anatomie bringen sollen, damit man seine Glieder beisammen hat, wenn es heißt: ‚Ihr Toten, ihr Toten sollt auferstehn, ihr sollt vor das Jüngste Gerichte gehn!'" Da fing sie wieder bitterlich an zu weinen.

Ich ahnete, ein schweres Leid müsse auf ihr lasten, aber sie fühle bei der Bürde ihrer Jahre nur in einzelnen Momenten sich schmerzlich gerührt. Sie weinte, ohne zu klagen, ihre Worte waren immer gleich ruhig und kalt. Ich bat sie nochmals, mir die ganze Veranlassung zu ihrer Reise in die Stadt zu erzählen, und sie sprach: „Mein Enkel, der Ulan, von dem ich Ihm erzählte, hatte doch mein Patchen sehr lieb, wie ich Ihm vorher sagte, und sprach der schönen Annerl, wie die Leute sie ihres glatten Spiegels wegen nannten, immer von der Ehre vor und sagte ihr immer, sie solle auf ihre Ehre halten und auch auf seine Ehre. Da kriegte dann das Mädchen etwas ganz Apartes in ihr Gesicht und ihre Kleidung von der Ehre; sie war feiner und manierlicher als alle andere Dirnen. Alles saß ihr knapper am Leibe, und wenn sie ein Bursche einmal ein wenig derb beim Tanze anfaßte oder sie etwa höher als den Steg der Baßgeige schwang, so konnte sie bitterlich darüber bei mir weinen und sprach dabei immer, es sei wider ihre Ehre. Ach, das Annerl ist ein eignes Mädchen immer gewesen. Manchmal, wenn kein Mensch es sich versah, fuhr sie mit beiden Händen nach ihrer Schürze und riß sie sich vom Leibe, als ob Feuer drin sei, und dann fing sie gleich entsetzlich an zu weinen; aber das hat seine Ursache, es hat sie mit Zähnen hingerissen, der Feind ruht nicht. Wäre das Kind nur nicht stets so hinter der Ehre her gewesen und hätte sich lieber an unsren lieben Gott gehalten, hätte ihn nie von sich gelassen, in aller Not, und hätte seinetwillen Schande und Verachtung ertragen statt ihrer Menschenehre. Der Herr hätte sich gewiß erbarmt und wird es auch noch; ach, sie kommen gewiß zusammen, Gottes Wille geschehe!

Der Ulan stand wieder in Frankreich, er hatte lange nicht geschrieben, und wir glaubten ihn fast tot und weinten oft um ihn. Er war aber im Hospital an einer schweren Blessur krank gelegen, und als er wieder zu seinen Kameraden kam und zum Unteroffizier ernannt wurde, fiel ihm ein, daß ihm vor zwei Jahren sein Stiefbruder so übers Maul gefahren, er sei nur Gemeiner und der Vater Korporal, und dann die Geschichte von dem französischen Unteroffizier, und wie er seinem Annerl von der Ehre so viel geredet, als er Abschied genommen. Da verlor er seine Ruhe und kriegte das Heimweh und sagte zu seinem Rittmeister, der ihn um sein Leid fragte: ‚Ach, Herr Rittmeister, es ist, als ob es mich mit den Zähnen nach Hause zöge.' Da ließen sie ihn heimreiten mit seinem Pferd, denn alle seine Offiziere trauten ihm. Er kriegte auf drei Monate Urlaub und sollte mit der Remonte wieder zurückkommen. Er eilte, so sehr er konnte, ohne seinem Pferde wehe zu tun, welches er besser pflegte als jemals, weil es ihm war anvertraut worden. An einem Tage trieb es ihn ganz entsetzlich, nach Hause zu eilen; es war der Tag vor dem Sterbetage seiner Mutter, und es war ihm immer, als laufe sie vor seinem Pferde her und riefe: ‚Kasper, tue mir eine Ehre an!' Ach, ich saß an diesem Tage auf ihrem Grabe ganz allein und dachte auch, wenn Kasper doch bei mir wäre! Ich hatte Blümelein Vergißnichtmein in einen Kranz gebunden und an das eingesunkene Kreuz gehängt und maß mir den Platz umher aus und dachte, hier will ich liegen, und da soll Kasper liegen, wenn ihm Gott sein Grab in der Heimat schenkt, daß wir fein beisammen sind, wenns heißt: ‚Ihr Toten, ihr Toten sollt auferstehn, ihr sollt zum Jüngsten Gerichte gehn!' Aber Kasper kam nicht, ich wußte auch nicht, daß er so nahe war und wohl hätte kommen können. Es trieb ihn auch gar sehr zu eilen; denn er hatte wohl oft an diesen Tag in Frankreich gedacht und hatte einen kleinen Kranz von schönen Goldblumen von daher mitgebracht, um das Grab seiner Mutter zu schmücken, und auch einen Kranz für Annerl, den sollte sie sich bis zu ihrem Ehrentage bewahren."

Hier ward die Alte still und schüttelte mit dem Kopf; als ich aber die letzten Worte wiederholte: „Den sollte sie sich bis zu ihrem Ehrentag bewahren", fuhr sie fort: „Wer weiß, ob ich es nicht erflehen kann; ach, wenn ich den Herzog nur wecken dürfte!" – „Wozu?" fragte ich, „welch Anliegen habt Ihr denn, Mutter?" Da sagte sie ernst: „O, was läge am ganzen Leben, wenns kein End nähme; was läge am Leben, wenn es nicht ewig wäre!" und fuhr dann in ihrer Erzählung fort:

„Kasper wäre noch recht gut zu Mittag in unserm Dorfe angekommen, aber morgens hatte ihm sein Wirt im Stalle gezeigt, daß sein Pferd gedrückt sei und dabei gesagt: ‚Mein Freund, das macht dem Reiter keine Ehre.' Das Wort hatte Kasper tief empfunden; er legte deswegen den Sattel hohl und leicht auf, tat alles, ihm die Wunde zu heilen, und setzte seine Reise, das Pferd am Zügel führend, zu Fuße fort. So kam er am späten Abend bis an eine Mühle, eine Meile von unserm Dorf, und weil er den Müller als einen alten Freund seines Vaters kannte, sprach er bei ihm ein und wurde wie ein recht lieber Gast aus der Fremde empfangen. Kasper zog sein Pferd in den Stall, legte den Sattel und sein Felleisen in einen Winkel und ging nun zu dem Müller in die Stube. Da fragte er dann nach den Seinigen und hörte, daß ich alte Großmutter noch lebe und daß sein Vater und sein Stiefbruder gesund seien und daß es recht gut mit ihnen gehe; sie wären erst gestern mit Getreide auf der Mühle gewesen, sein Vater habe sich auf den Roß- und Ochsenhandel gelegt und gedeihe dabei recht gut, auch halte er jetzt etwas auf seine Ehre und gehe nicht mehr so zerrissen umher. Darüber war der gute Kasper nun herzlich froh, und da er nach der schönen Annerl fragte, sagte ihm der Müller, er kenne sie nicht, aber wenn es die sei, die auf dem Rosenhof gedient habe, die hätte sich, wie er gehört, in der Hauptstadt vermietet, weil sie da eher etwas lernen könne und mehr Ehre dabei sei; so habe er vor einem Jahre von dem Knecht auf dem Rosenhof gehört. Das freute den Kasper auch; wenn es ihm gleich leid tat, daß er sie nicht gleich sehen sollte, so hoffte er sie doch in der Hauptstadt bald recht fein und schmuck zu finden, daß es ihm, als einem Unteroffizier, auch eine rechte Ehre sei, mit ihr am Sonntag spazieren zu gehn. Nun erzählte er dem Müller noch mancherlei aus Frankreich, sie aßen und tranken miteinander, er half ihm Korn aufschütten, und dann brachte ihn der Müller in die Oberstube zu Bett und legte sich selbst unten auf einigen Säcken zur Ruhe. Das Geklapper der Mühle und die Sehnsucht nach der Heimat ließen den guten Kasper, wenn er gleich sehr müde war, nicht fest einschlafen. Er war sehr unruhig und dachte an seine selige Mutter und an das schöne Annerl und an die Ehre, die ihm bevorstehe, wenn er als Unteroffizier vor die Seinigen treten würde. So entschlummerte er endlich leis und wurde von ängstlichen Träumen oft ausgeschreckt. Es war ihm mehrmals, als trete seine selige Mutter zu ihm und bäte ihn händeringend um Hülfe; dann war es ihm, als sei er gestorben und würde begraben, gehe aber selbst zu Fuße als Toter mit zu Grabe und schön Annerl gehe ihm zur Seite; er weinte heftig, daß ihn seine Kameraden nicht begleiteten, und da er auf den Kirchhof komme, sei sein Grab neben dem seiner Mutter; und Annerls Grab sei auch dabei, und er gebe Annerl das Kränzlein, das er ihr mitgebracht, und hänge das der Mutter an ihr Grab, und dann habe er sich umgeschaut und niemand mehr gesehen als mich und die Annerl; die habe einer an der Schürze ins Grab gerissen, und er sei dann auch ins Grab gestiegen und habe gesagt: ‚Ist denn niemand hier, der mir die letzte Ehre antut und mir ins Grab schießen will als einem braven Soldaten?' und da habe er sein Pistol gezogen und sich selbst ins Grab geschossen. Über dem Schuß wachte er mit großem Schrecken auf, denn es war ihm, als klirrten die Fenster davon. Er sah um sich in der Stube, da hörte er noch einen Schuß fallen und hörte Getöse in der Mühle und Geschrei durch das Geklapper. Er sprang aus dem Bett und griff nach seinem Säbel; in dem Augenblick ging seine Türe auf, und er sah beim Vollmondschein zwei Männer mit berußten Gesichtern mit Knitteln auf sich zustürzen, aber er setzte sich zur Wehre und hieb den einen über den Arm, und so entflohen beide, indem sie die Türe, welche nach außen aufging und einen Riegel draußen hatte, hinter sich verriegelten. Kasper versuchte umsonst, ihnen nachzukommen; endlich gelang es ihm, eine Tafel in der Türe einzutreten. Er eilte durch das Loch die Treppe hinunter und hörte das Wehgeschrei des Müllers, den er geknebelt zwischen den Kornsäcken liegend fand. Kasper band ihn los und eilte dann gleich in den Stall nach seinem Pferde und Felleisen, aber beides war geraubt. Mit großem Jammer eilte er in die Mühle zurück und klagte dem Müller sein Unglück, daß ihm all sein Hab und Gut und das ihm anvertraute Pferd gestohlen sei, über welches letztere er sich gar nicht zufrieden geben konnte. Der Müller aber stand mit einem vollen Geldsack vor ihm, er hatte ihn in der Oberstube aus dem Schranke geholt und sagte zu dem Ulan: ‚Lieber Kasper, sei Er zufrieden, ich verdanke Ihm die Rettung meines Vermögens; auf diesen Sack, der oben in Seiner Stube lag, hatten es die Räuber gemünzt, und Seiner Verteidigung danke ich alles, mir ist nichts gestohlen. Die Sein Pferd und Sein Felleisen im Stall fanden, müssen ausgestellte Diebeswachen gewesen sein, sie zeigten durch die Schüsse an, daß Gefahr da sei, weil sie wahrscheinlich am Sattelzeug erkannten, daß ein Kavallerist im Hause herberge. Nun soll Er meinethalben keine Not haben, ich will mir alle Mühe geben und kein Geld sparen, Ihm Seinen Gaul wiederzufinden, und finde ich ihn nicht, so will ich Ihm einen kaufen, so teuer er sein mag.‘ Kasper sagte: ‚Geschenkt nehme ich nichts, das ist gegen meine Ehre; aber wenn Er mir im Notfall siebzig Taler vorschießen will, so kriegt er meine Verschreibung; ich schaffe sie in zwei Jahren wieder.‘ Hierüber wurden sie einig, und der Ulan trennte sich von ihm, um nach seinem Dorfe zu eilen, wo auch ein Gerichtshalter der umliegenden Edelleute wohnt, bei dem er die Sache berichten wollte. Der Müller blieb zurück, um seine Frau und seinen Sohn zu erwarten, welche auf einem Dorfe in der Nähe bei einer Hochzeit waren. Dann wollte er dem Ulanen nachkommen und die Anzeige vor Gericht auch machen.

Er kann sich denken, lieber Herr Schreiber, mit welcher Betrübnis der arme Kasper den Weg nach unserm Dorfe eilte, zu Fuß und arm, wo er hatte stolz einreiten wollen; einundfunfzig Taler, die er erbeutet hatte, sein Patent als Unteroffizier, sein

Urlaub und die Kränze auf seiner Mutter Grab und für die schöne Annerl waren ihm gestohlen. Es war ihm ganz verzweifelt zumute, und so kam er um ein Uhr in der Nacht in seiner Heimat an und pochte gleich an der Türe des Gerichtshalters, dessen Haus das erste vor dem Dorfe ist. Er ward eingelassen und machte seine Anzeige und gab alles an, was ihm geraubt worden war. Der Gerichtshalter trug ihm auf, er solle gleich zu seinem Vater gehn, welches der einzige Bauer im Dorfe sei, der Pferde habe, und solle mit diesem und seinem Bruder in der Gegend herumpatrouillieren, ob er vielleicht den Räubern auf die Spur komme; indessen wolle er andere Leute zu Fuß aussenden und den Müller, wenn er komme, um die weiteren Umstände vernehmen. Kasper ging nun von dem Gerichtshalter weg nach dem väterlichen Haus; da er aber an meiner Hütte vorüber mußte und durch das Fenster hörte, daß ich ein geistliches Lied sang, wie ich denn vor Gedanken an seine selige Mutter nicht schlafen konnte, so pochte er an und sagte: ‚Gelobt sei Jesus Christus, liebe Großmutter, Kasper ist hier.‘ Ach, wie fuhren mir die Worte durch Mark und Bein! Ich stürzte an das Fenster, öffnete es und küßte und drückte ihn mit unendlichen Tränen. Er erzählte mir sein Unglück mit großer Eile und sagte, welchen Auftrag er an seinen Vater vom Gerichtshalter habe; er müsse drum jetzt gleich hin, um den Dieben nachzusetzen; denn seine Ehre hänge davon ab, daß er sein Pferd wiedererhalte.

Ich weiß nicht, aber das Wort Ehre fuhr mir recht durch alle Glieder, denn ich wußte schwere Gerichte, die ihm bevorstanden. ‚Tue deine Pflicht, und gib Gott allein die Ehre!‘ sagte ich; und er eilte von mir nach Finkels Hof, der am andern Ende des Dorfes liegt. Ich sank, als er fort war, auf die Kniee und betete zu Gott, er möge ihn doch in seinen Schutz nehmen; auch, ich betete mit einer Angst wie niemals und mußte dabei immer sagen: ‚Herr, dein Wille geschehe wie im Himmel so auf Erden.‘

Der Kasper lief zu seinem Vater mit einer entsetzlichen Angst. Er stieg hinten über den Gartenzaun, er hörte die Plumpe gehen, er hörte im Stall wiehern, das fuhr ihm durch die Seele; er stand still, er sah im Mondschein, daß zwei Männer sich wuschen, es wollte ihm das Herz brechen. Der eine sprach: ‚Das verfluchte Zeug geht nicht herunter'; da sagte der andre: ‚Komm erst in den Stall, dem Gaul den Schwanz abzuschlagen und die Mähnen zu verschneiden. Hast du das Felleisen auch tief genug unterm Mist begraben?' – ‚Ja', sagte der andre. Da gingen sie nach dem Stall, und Kasper, vor Jammer wie ein Rasender, sprang hervor und schloß die Stalltüre hinter ihnen und schrie: ‚Im Namen des Herzogs! Ergebt euch! Wer sich widersetzt, den schieße ich nieder!' Ach, da hatte er seinen Vater und seinen Stiefbruder als die Räuber seines Pferdes gefangen. ‚Meine Ehre, meine Ehre ist verloren!' schrie er, ‚ich bin der Sohn eines ehrlosen Diebes.' Als die beiden im Stall diese Worte hörten, ist ihnen bös zumute geworden; sie schrien: ‚Kasper, lieber Kasper, um Gottes willen, bringe uns nicht ins Elend, Kasper, du sollst ja alles wiederhaben, um deiner seligen Mutter willen, deren Sterbetag heute ist, erbarme dich deines Vaters und Bruders!' Kasper aber war wie verzweifelt, er schrie nur immer: ‚Meine Ehre, meine Pflicht!' und da sie nun mit Gewalt die Türe erbrechen wollten und ein Fach in der Lehmwand einstoßen, um zu entkommen, schoß er ein Pistol in die Luft und schrie: ‚Hülfe, Hülfe, Diebe, Hülfe!' Die Bauern, von dem Gerichtshalter erweckt, welche schon heranнahten, um sich über die verschiedenen Wege zu bereden, auf denen sie die Einbrecher in die Mühle verfolgen wollten, stürzten auf den Schuß und das Geschrei ins Haus. Der alte Finkel flehte immer noch, der Sohn solle ihm die Türe öffnen; der aber sagte: ‚Ich bin ein Soldat und muß der Gerechtigkeit dienen.' Da traten der Gerichtshalter und die Bauern heran. Kasper sagte: ‚Um Gottes Barmherzigkeit willen, Herr Gerichtshalter, mein Vater, mein Bruder sind selbst die Diebe, o daß ich nie geboren wäre! Hier im Stalle habe ich sie gefangen, mein Felleisen liegt im Miste vergraben.' Da sprangen die Bauern in den Stall und banden den alten Finkel und seinen Sohn und schleppten sie in ihre Stube. Kasper aber grub das Felleisen hervor und nahm die zwei Kränze heraus und ging nicht in die Stube, er ging nach dem Kirchhofe an das Grab seiner Mutter. Der Tag war angebrochen. Ich war auf der Wiese gewesen und hatte für mich und für Kasper zwei Kränze von Blümelein Vergißnichtmein geflochten; ich dachte, er soll mit mir das Grab seiner Mutter schmücken, wenn er von seinem Ritt zurückkommt. Da hörte ich allerlei ungewohnten Lärm im Dorf, und weil ich das Getümmel nicht mag und am liebsten alleine bin, so ging ich ums Dorf herum nach dem Kirchhof. Da fiel ein Schuß, ich sah den Dampf in die Höhe steigen, ich eilte auf den Kirchhof – o du lieber Heiland, erbarme dich sein! Kasper lag tot auf dem Grabe seiner Mutter, er hatte sich die Kugel durch das Herz geschossen, auf welches er sich das Kränzlein, das er für schön Annerl mitgebracht, am Knopfe befestigt hatte; durch diesen Kranz hatte er sich ins Herz geschossen. Den Kranz für die Mutter hatte er schon an das Kreuz befestigt. Ich meinte, die Erde täte sich unter mir auf bei dem Anblick, ich stürzte über ihn hin und schrie immer: ‚Kasper, o du unglückseliger Mensch, was hast du getan? Ach, wer hat dir denn dein Elend erzählt? O warum habe ich dich von mir gelassen, ehe ich dir alles gesagt! Gott, was wird dein armer Vater, dein Bruder sagen, wenn sie dich so finden!‘ Ich wußte nicht, daß er sich wegen diesen das Leid angetan; ich glaubte, es habe eine ganz andere Ursache. Da kam es noch ärger. Der Gerichtshalter und die Bauern brachten den alten Finkel und seinen Sohn mit Stricken gebunden; der Jammer erstickte mir die Stimme in der Kehle, ich konnte kein Wort sprechen; der Gerichtshalter fragte mich, ob ich meinen Enkel nicht gesehn. Ich zeigte hin, wo er lag. Er trat zu ihm; er glaubte, er weine auf dem Grabe; er schüttelte ihn, da sah er das Blut niederstürzen. ‚Jesus, Marie!‘ rief er aus, ‚der Kasper hat Hand an sich gelegt.‘ Da sahen die beiden Gefangenen sich schrecklich an; man nahm den Leib des Kaspers und trug ihn neben ihnen her nach dem Hause des Gerichtshalters; es war ein Wehgeschrei im ganzen Dorfe, die Bauernweiber führten mich nach. Ach, das war wohl der schrecklichste Weg in meinem Leben!“

Da war die Alte wieder still, und ich sagte zu ihr: „Liebe Mutter, Euer Leid ist entsetzlich, aber Gott hat Euch auch recht lieb; die er am härtesten schlägt, sind seine liebsten Kinder. Sagt mir nun, liebe Mutter, was Euch bewogen hat, den weiten Weg hierher zu gehen, und um was Ihr die Bittschrift einreichen wollt?“

„Ei, das kann Er sich doch wohl denken“, fuhr sie ganz ruhig fort, „um ein ehrliches Grab für Kasper und die schöne Annerl, der ich das Kränzlein zu ihrem Ehrentag mitbringe; es ist ganz mit Kaspers Blut unterlaufen, seh Er einmal!“

Da zog sie einen kleinen Kranz von Flittergold aus ihrem Bündel und zeigte ihn mir; ich konnte bei dem anbrechenden Tage sehen, daß er vom Pulver geschwärzt und mit Blut besprengt war. Ich war ganz zerrissen von dem Unglück der guten Alten, und die Größe und Festigkeit, womit sie es trug, erfüllte mich mit Verehrung. „Ach, liebe Mutter“, sagte ich, „wie werdet Ihr der armen Annerl aber ihr Elend beibringen, daß sie gleich nicht vor Schrecken tot niedersinkt, und was ist denn das für ein Ehrentag, zu welchem Ihr dem Annerl den traurigen Kranz bringet?“

„Lieber Mensch“, sprach sie, „komme Er nur mit, Er kann mich zu ihr begleiten, ich kann doch nicht geschwind fort, so werden wir sie gerade zu rechter Zeit noch finden. Ich will Ihm unterwegs noch alles erzählen.“

Nun stand sie auf und betete ihren Morgensegen ganz ruhig und brachte ihre Kleider in Ordnung, und ihren Bündel hängte sie dann an meinen Arm; es war zwei Uhr des Morgens, der Tag graute, und wir wandelten durch die stillen Gassen.

„Seh Er“, erzählte die Alte fort, „als der Finkel und sein Sohn eingesperrt waren, mußte ich zum Gerichtshalter auf die Gerichtsstube; der tote Kasper wurde auf einen Tisch gelegt und, mit seinem Ulanenmantel bedeckt, hereingetragen, und nun mußte ich alles dem Gerichtshalter sagen, was ich von ihm wußte und was er mir heute morgen durch das Fenster gesagt hatte. Das schrieb er alles auf sein Papier nieder, das vor ihm lag. Dann sah er die Schreibtafel durch, die sie bei Kasper gefunden; da standen mancherlei Rechnungen drin, einige Geschichten von der Ehre und auch die von dem französischen Unteroffizier, und hinter ihr war mit Bleistift etwas geschrieben.“ Da gab mir die Alte die Brieftasche, und ich las folgende letzte Worte des unglücklichen Kaspers: „Auch ich kann meine Schande nicht überleben. Mein Vater und mein Bruder sind Diebe, sie haben mich selbst bestohlen; mein Herz brach mir, aber ich mußte sie gefangennehmen und den Gerichten übergeben, denn ich bin ein Soldat meines Fürsten, und meine Ehre erlaubt mir keine Schonung. Ich habe meinen Vater und Bruder der Rache übergeben um der Ehre willen. Ach, bitte doch jedermann für mich, daß man mir hier, wo ich gefallen bin, ein ehrliches Grab neben meiner Mutter vergönne! Das Kränzlein, durch welches ich mich erschossen, soll die Großmutter der schönen Annerl schikken und sie von mir grüßen; ach, sie tut mir leid durch Mark und Bein, aber sie soll doch den Sohn eines Diebes nicht heiraten, denn sie hat immer viel auf Ehre gehalten. Liebe schöne Annerl, mögest du nicht so sehr erschrecken über mich, gib dich zufrieden, und wenn du mir jemals ein wenig gut warst, so rede nicht schlecht von mir! Ich kann ja nichts für meine Schande! Ich hatte mir so viele Mühe gegeben, in Ehren zu bleiben mein Leben lang, ich war schon Unteroffizier und hatte den besten Ruf bei der Schwadron, ich wäre gewiß noch einmal Offizier geworden, und Annerl, dich hätte ich doch nicht verlassen und hätte keine Vornehmere gefreit – aber der Sohn eines Diebes, der seinen Vater aus Ehre selbst fangen und richten lassen muß, kann seine Schande nicht überleben. Annerl, liebes Annerl, nimm doch ja das Kränzlein, ich bin dir immer treu gewesen, so Gott mir gnädig sei! Ich gebe dir nun deine Freiheit wieder, aber tue mir die Ehre und heirate nie einen, der schlechter wäre als ich. Und wenn du kannst, so bitte für mich, daß ich ein ehrliches Grab neben meiner Mutter erhalte; und wenn du hier in unserm Ort sterben solltest, so lasse dich auch bei uns begraben; die gute Großmutter wird auch zu uns kommen, da sind wir alle beisammen. Ich habe funfzig Taler in meinem Felleisen, die sollen auf Interessen gelegt werden für dein erstes Kind. Meine silberne Uhr soll der Herr Pfarrer haben, wenn ich ehrlich begraben werde. Mein Pferd, die Uniform und Waffen gehören dem Herzog, diese meine Brieftasche gehört dein. Adies, herztausender Schatz, adies, liebe Großmutter, betet für mich und lebt alle wohl! – Gott erbarme sich meiner – ach, meine Verzweiflung ist groß!“

Ich konnte diese letzten Worte eines gewiß edeln unglücklichen Menschen nicht ohne bittere Tränen lesen. – „Der Kasper muß ein gar guter Mensch gewesen sein, liebe Mutter“, sagte ich zu der Alten, welche nach diesen Worten stehenblieb und meine Hand drückte und mit tiefbewegter Stimme sagte: „Ja, es war der beste Mensch auf der Welt. Aber die letzten Worte von der Verzweiflung hätte er nicht schreiben sollen, die bringen ihn um sein ehrliches Grab, die bringen ihn auf die Anatomie. Ach, lieber Schreiber, wenn Er hierin nur helfen könnte!"

„Wieso, liebe Mutter?" fragte ich, „was können diese letzten Worte dazu beitragen?" – „Ja gewiß", erwiderte sie, „der Gerichtshalter hat es mir selbst gesagt. Es ist ein Befehl an alle Gerichte ergangen, daß nur die Selbstmörder aus Melancholie ehrlich sollen begraben werden, alle aber, die aus Verzweiflung Hand an sich gelegt, sollen auf die Anatomie; und der Gerichtshalter hat mir gesagt, daß er den Kasper, weil er selbst seine Verzweiflung eingestanden, auf die Anatomie schicken müsse."

„Das ist ein wunderlich Gesetz", sagte ich, „denn man könnte wohl bei jedem Selbstmord einen Prozeß anstellen, ob er aus Melancholie oder Verzweiflung entstanden, der so lange dauern müßte, daß der Richter und die Advokaten drüber in Melancholie und Verzweiflung fielen und auf die Anatomie kämen. Aber seid nur getröstet, liebe Mutter, unser Herzog ist ein so guter Herr, wenn er die ganze Sache hört, wird er dem armen Kasper gewiß sein Plätzchen neben der Mutter vergönnen."

„Das gebe Gott!" erwiderte die Alte. „Sehe Er nun, lieber Mensch, als der Gerichtshalter alles zu Papier gebracht hatte, gab er mir die Brieftasche und den Kranz für die schöne Annerl, und so bin ich dann gestern hierher gelaufen, damit ich ihr an ihrem Ehrentag den Trost noch mit auf den Weg geben kann. – Der Kasper ist zu rechter Zeit gestorben; hätte er alles gewußt, er wäre närrisch geworden vor Betrübnis."

„Was ist es denn nun mit der schönen Annerl?" fragte ich die Alte; „bald sagt Ihr, sie habe nur noch wenige Stunden, bald sprecht Ihr von ihrem Ehrentag, und sie werde Trost gewinnen durch Eure traurige Nachricht. Sagt mir doch alles heraus; will sie Hochzeit halten mit einem andern, ist sie tot, krank? Ich muß alles wissen, damit ich es in die Bittschrift setzen kann."

Da erwiderte die Alte: „Ach, lieber Schreiber, es ist nun so, Gottes Wille geschehe! Sehe Er, als Kasper kam, war ich doch nicht recht froh; als Kasper sich das Leben nahm, war ich doch nicht recht traurig; ich hätte es nicht überleben können, wenn Gott sich meiner nicht erbarmt gehabt hätte mit größerem Leid. Ja, ich sage Ihm: es war mir ein Stein vor das Herz gelegt, wie ein Eisbrecher, und alle die Schmerzen, die wie Grundeis gegen mich stürzten und mir das Herz gewiß abgestoßen hätten, die zerbrachen an diesem Stein und trieben kalt vorüber. Ich will Ihm etwas erzählen, das ist betrübt:

Als mein Patchen, die schöne Annerl, ihre Mutter verlor, die eine Base von mir war und sieben Meilen von uns wohnte, war ich bei der kranken Frau. Sie war die Witwe eines armen Bauern und hatte in ihrer Jugend einen Jäger liebgehabt, ihn aber wegen seines wilden Lebens nicht genommen. Der Jäger war endlich in solch Elend gekommen, daß er auf Tod und Leben wegen eines Mordes gefangen saß. Das erfuhr meine Base auf ihrem Krankenlager, und es tat ihr so weh, daß sie täglich schlimmer wurde und endlich in ihrer Todesstunde, als sie mir die liebe schöne Annerl als mein Patchen übergab und Abschied von mir nahm, noch in den letzten Augenblicken zu mir sagte: ‚Liebe Anne Margret, wenn du durch das Städtchen kömmst, wo der arme Jürge gefangen liegt, so lasse ihm sagen durch den Gefangenwärter, daß ich ihn bitte auf meinem Todesbett, er solle sich zu Gott bekehren, und daß ich herzlich für ihn gebetet habe in meiner letzten Stunde und daß ich ihn schön grüßen lasse.‘ – Bald nach diesen Worten starb die gute Base, und als sie begraben war, nahm ich die kleine Annerl, die drei Jahr alt war, auf den Arm und ging mit ihr nach Haus.

Vor dem Städtchen, durch das ich mußte, kam ich an der Scharfrichterei vorüber, und weil der Meister berühmt war als ein Viehdoktor, sollte ich einige Arznei mitnehmen für unsern Schulzen. Ich trat in die Stube und sagte dem Meister, was ich wollte, und er antwortete, daß ich ihm auf den Boden folgen solle, wo er die Kräuter liegen habe, und ihm helfen aussuchen. Ich ließ Annerl in der Stube und folgte ihm. Als wir zurück in die Stube traten, stand Annerl vor einem kleinen Schranke, der an der Wand befestigt war, und sprach: ‚Großmutter, da ist eine Maus drin; hört, wie es klappert; da ist eine Maus drin!‘

Auf diese Rede des Kindes machte der Meister ein sehr ernsthaftes Gesicht, riß den Schrank auf und sprach: ‚Gott sei uns gnädig!‘, denn er sah sein Richtschwert, das allein in dem Schranke an einem Nagel hing, hin und her wanken. Er nahm das Schwert herunter, und mir schauderte. ‚Liebe Frau‘, sagte er, ‚wenn Ihr das kleine Annerl liebhabt, so erschreckt nicht, wenn ich ihm mit meinem Schwert, rings um das Hälschen, die Haut ein wenig aufritze; denn das Schwert hat vor ihm gewankt, es hat nach seinem Blut verlangt, und wenn ich ihm den Hals damit nicht ritze, so steht dem Kinde groß Elend im Leben bevor.‘ Da faßte er das Kind, welches entsetzlich zu schreien begann, ich schrie auch und riß das Annerl zurück. Indem trat der Bürgermeister des Städtchens herein, der von der Jagd kam und dem Richter einen kranken Hund zur Heilung bringen wollte. Er fragte nach der Ursache des Geschreis, Annerl schrie: ‚Er will mich umbringen!‘ Ich war außer mir vor Entsetzen. Der Richter erzählte dem Bürgermeister das Ereignis. Dieser verwies ihm seinen Aberglauben, wie er es nannte, heftig und unter starken Drohungen; der Richter blieb ganz ruhig dabei und sprach: ‚So habens meine Väter gehalten, so halt ichs.‘ Da sprach der Bürgermeister: ‚Meister Franz, wenn Ihr glaubtet, Euer Schwert habe sich gerührt, weil ich Euch hiermit anzeige, daß morgen früh um sechs Uhr der Jäger Jürge von Euch soll geköpft werden, so wollt ich es noch verzeihen; aber daß Ihr daraus etwas auf dies liebe Kind schließen wollt, das ist unvernünftig und toll. Es könnte so etwas einen Menschen in Verzweiflung bringen, wenn man es ihm später in seinem Alter sagte, daß es ihm in seiner Jugend geschehen sei. Man soll keinen Menschen in Versuchung führen.‘ – ‚Aber auch keines Richters Schwert‘, sagte Meister Franz vor sich und hing sein Schwert wieder in den Schrank. Nun küßte der Bürgermeister das Annerl und gab ihm eine Semmel aus seiner Jagdtasche, und da er mich gefragt, wer ich sei, wo ich her komme und wo ich hin wolle, und ich ihm den Tod meiner Base erzählt hatte und auch den Auftrag an den Jäger Jürge, sagte er mir: ‚Ihr sollt ihn ausrichten, ich will Euch selbst zu ihm führen; er hat ein hartes Herz, vielleicht wird ihn das Andenken einer guten Sterbenden in seinen letzten

Stunden rühren.‘ Da nahm der gute Herr mich und Annerl auf seinen Wagen, der vor der Tür hielt, und fuhr mit uns in das Städtchen hinein.

Er hieß mich zu seiner Köchin gehen; da kriegten wir gutes Essen, und gegen Abend ging er mit mir zu dem armen Sünder; und als ich dem die letzten Worte meiner Base erzählte, fing er bitterlich an zu weinen und schrie: ‚Ach Gott, wenn sie mein Weib geworden, wäre es nicht so weit mit mir gekommen.‘ Dann begehrte er, man solle den Herrn Pfarrer doch noch einmal zu ihm bitten, er wolle mit ihm beten. Das versprach ihm der Bürgermeister und lobte ihn wegen seiner Sinnesveränderung und fragte ihn, ob er vor seinem Tode noch einen Wunsch hätte, den er ihm erfüllen könne. Da sagte der Jäger Jürge: ‚Ach, bittet hier die gute alte Mutter, daß sie doch morgen mit dem Töchterlein ihrer seligen Base bei meinem Rechte zugegen sein mögen; das wird mir das Herz stärken in meiner letzten Stunde.‘ Da bat mich der Bürgermeister, und so graulich es mir war, so konnte ich es dem armen, elenden Menschen nicht abschlagen. Ich mußte ihm die Hand geben und es ihm feierlich versprechen, und er sank weinend auf das Stroh. Der Bürgermeister ging dann mit mir zu seinem Freunde, dem Pfarrer, dem ich nochmals alles erzählen mußte, ehe er sich ins Gefängnis begab.

Die Nacht mußte ich mit dem Kinde in des Bürgermeisters Haus schlafen, und am andern Morgen ging ich den schweren Gang zu der Hinrichtung des Jägers Jürge. Ich stand neben dem Bürgermeister im Kreis und sah, wie er das Stäblein brach. Da hielt der Jäger Jürge noch eine schöne Rede, und alle Leute weinten, und er sah mich und die kleine Annerl, die vor mir stand, gar beweglich an, und dann küßte er den Meister Franz, der Pfarrer betete mit ihm, die Augen wurden ihm verbunden, und er kniete nieder. Da gab ihm der Richter den Todesstreich. ‚Jesus, Maria, Joseph!‘ schrie ich aus; denn der Kopf des Jürgen flog gegen Annerl zu und biß mit seinen Zähnen dem Kinde in sein Röckchen, das ganz entsetzlich schrie. Ich riß meine Schürze vom Leibe und warf sie über den scheußlichen Kopf, und Meister Franz eilte herbei, riß ihn los und sprach: ‚Mutter,

Mutter, was habe ich gestern morgen gesagt? Ich kenne mein Schwert, es ist lebendig!‘ – ich war niedergesunken vor Schreck, das Annerl schrie entsetzlich. Der Bürgermeister war ganz bestürzt und ließ mich und das Kind nach seinem Hause fahren; da schenkte mir seine Frau andre Kleider für mich und das Kind, und nachmittags schenkte uns der Bürgermeister noch Geld, und viele Leute des Städtchens auch, die Annerl sehen wollten, so daß ich an zwanzig Taler und viele Kleider für sie bekam. Am Abend kam der Pfarrer ins Haus und redete mir lange zu, daß ich das Annerl nur recht in der Gottesfurcht erziehen sollte und auf alle die betrüblichen Zeichen gar nichts geben, das seien nur Schlingen des Satans, die man verachten müsse; und dann schenkte er mir noch eine schöne Bibel für das Annerl, die sie noch hat, und dann ließ uns der gute Bürgermeister, am andern Morgen, noch an drei Meilen weit nach Haus fahren. Ach, du mein Gott, und alles ist doch eingetroffen!“ sagte die Alte und schwieg.

Eine schauerliche Ahnung ergriff mich, die Erzählung der Alten hatte mich ganz zermalmt. „Um Gottes willen, Mutter“, rief ich aus, „was ist es mit der armen Annerl geworden; ist denn gar nicht zu helfen?“

„Es hat sie mit den Zähnen dazu gerissen“, sagte die Alte; „heut wird sie gerichtet; aber sie hat es in der Verzweiflung getan, die Ehre, die Ehre lag ihr im Sinn. Sie war zuschanden gekommen aus Ehrsucht, sie wurde verführt von einem Vornehmen, er hat sie sitzen lassen, sie hat ihr Kind erstickt in derselben Schürze, die ich damals über den Kopf des Jägers Jürge warf und die sie mir heimlich entwendet hat. Ach, es hat sie mit Zähnen dazu gerissen, sie hat es in der Verwirrung getan. Der Verführer hatte ihr die Ehe versprochen und gesagt, der Kasper sei in Frankreich geblieben. Dann ist sie verzweifelt und hat das Böse getan und hat sich selbst bei den Gerichten angegeben. Um vier Uhr wird sie gerichtet. Sie hat mir geschrieben, ich möchte noch zu ihr kommen; das will ich nun tun und ihr das Kränzlein und den Gruß von dem armen Kasper bringen und die Rose, die ich heute nacht erhalten; das wird sie trösten. Ach, lieber Schreiber, wenn Er es nur in der Bittschrift auswirken kann, daß ihr

Leib und auch der Kasper dürfen auf unsern Kirchhof gebracht werden."

„Alles, alles will ich versuchen!" rief ich aus, „gleich will ich nach dem Schlosse laufen; mein Freund, der Ihr die Rose gab, hat die Wache dort, er soll mir den Herzog wecken, ich will vor sein Bett knien und ihn um Pardon für Annerl bitten."

„Pardon?" sagte die Alte kalt. „Es hat sie ja mit Zähnen dazu gezogen; hör Er, lieber Freund, Gerechtigkeit ist besser als Pardon; was hilft aller Pardon auf Erden? Wir müssen doch alle vor das Gericht:

Ihr Toten, ihr Toten sollt auferstehn,
Ihr sollt vor das Jüngste Gerichte gehn.

Seht, sie will keinen Pardon, man hat ihn ihr angeboten, wenn sie den Vater des Kindes nennen wolle; aber das Annerl hat gesagt: ‚Ich habe sein Kind ermordet und will sterben und ihn nicht unglücklich machen; ich muß meine Strafe leiden, daß ich zu meinem Kinde komme, aber ihn kann es verderben, wenn ich ihn nenne.' Darüber wurde ihr das Schwert zuerkannt. Gehe Er zum Herzog, und bitte er für Kasper und Annerl um ein ehrlich Grab! Gehe Er gleich! Seh Er, dort geht der Herr Pfarrer ins Gefängnis; ich will ihn ansprechen, daß er mich mit hinein zum schönen Annerl nimmt. Wenn Er sich eilt, so kann Er uns draußen am Gerichte vielleicht den Trost noch bringen mit dem ehrlichen Grab für Kasper und Annerl."

Unter diesen Worten waren wir mit dem Prediger zusammengetroffen; die Alte erzählte ihr Verhältnis zu der Gefangenen, und er nahm sie freundlich mit zum Gefängnis. Ich aber eilte nun, wie ich noch nie gelaufen, nach dem Schlosse, und es machte mir einen tröstenden Eindruck, es war mir wie ein Zeichen der Hoffnung, als ich an Graf Grossingers Hause vorüberstürzte und aus einem offenen Fenster des Gartenhauses eine liebliche Stimme zur Laute singen hörte:

Die Gnade sprach von Liebe,
Die Ehre aber wacht
Und wünscht voll Lieb der Gnade
In Ehren gute Nacht.

Die Gnade nimmt den Schleier,
Wenn Liebe Rosen gibt,
Die Ehre grüßt den Freier,
Weil sie die Gnade liebt.

Ach, ich hatte der guten Wahrzeichen noch mehr! Einhundert Schritte weiter fand ich einen weißen Schleier auf der Straße liegend; ich raffte ihn auf, er war voll von duftenden Rosen. Ich hielt ihn in der Hand und lief weiter, mit dem Gedanken: ach Gott, das ist die Gnade. Als ich um die Ecke bog, sah ich einen Mann, der sich in seinem Mantel verhüllte, als ich vor ihm vorübereilte, und mir heftig den Rücken wandte, um nicht gesehen zu werden. Er hätte es nicht nötig gehabt, ich sah und hörte nichts in meinem Innern als: Gnade, Gnade! und stürzte durch das Gittertor in den Schloßhof. Gott sei Dank, der Fähndrich, Graf Grossinger, der unter den blühenden Kastanienbäumen vor der Wache auf und ab ging, trat mir schon entgegen.

„Lieber Graf", sagte ich mit Ungestüm, „Sie müssen mich gleich zum Herzog bringen, gleich auf der Stelle, oder alles ist zu spät, alles ist verloren!"

Er schien verlegen über diesen Antrag und sagte: „Was fällt Ihnen ein, zu dieser ungewohnten Stunde? Es ist nicht möglich; kommen Sie zur Parade, da will ich Sie vorstellen."

Mir brannte der Boden unter den Füßen: „jetzt", rief ich aus, „oder nie! Es muß sein, es betrifft das Leben eines Menschen."

„Es kann jetzt nicht sein", erwiderte Grossinger scharf absprechend, „es betrifft meine Ehre; es ist mir untersagt, heute nacht irgendeine Meldung zu tun."

Das Wort Ehre machte mich verzweifeln; ich dachte an Kaspers Ehre, an Annerls Ehre und sagte: „Die vermaledeite Ehre! Gerade um die letzte Hülfe zu leisten, welche so eine Ehre übriggelassen, muß ich zum Herzoge, Sie müssen mich melden, oder ich schreie laut nach dem Herzog."

„So Sie sich rühren", sagte Grossinger heftig, „lasse ich Sie in die Wache werfen, Sie sind ein Phantast, Sie kennen keine Verhältnisse."

„O, ich kenne Verhältnisse, schreckliche Verhältnisse! Ich

muß zum Herzoge, jede Minute ist unerkauflich!" versetzte ich; „wollen Sie mich nicht gleich melden, so eile ich allein zu ihm."

Mit diesen Worten wollte ich nach der Treppe, die zu den Gemächern des Herzogs hinaufführte, als ich den nämlichen in einen Mantel Verhüllten, der mir begegnete, nach dieser Treppe eilend bemerkte. Grossinger drehte mich mit Gewalt um, daß ich diesen nicht sehen sollte. „Was machen Sie, Töriger?" flüsterte er mir zu, „schweigen Sie, ruhen Sie, Sie machen mich unglücklich!"

„Warum halten Sie den Mann nicht zurück, der da hinaufging?" sagte ich; „er kann nichts Dringenderes vorzubringen haben als ich. Ach, es ist so dringend, ich muß, ich muß! Es betrifft das Schicksal eines unglücklichen, verführten, armen Geschöpfs."

Grossinger erwiderte: „Sie haben den Mann hinaufgehen sehen; wenn Sie je ein Wort davon äußern, so kommen Sie vor meine Klinge; gerade, weil *er* hinaufging, können *Sie nicht* hinauf, der Herzog hat Geschäfte mit ihm."

Da erleuchteten sich die Fenster des Herzogs. „Gott, er hat Licht, er ist auf!" sagte ich, „ich muß ihn sprechen, um des Himmels willen, lassen Sie mich, oder ich schreie Hülfe."

Grossinger faßte mich beim Arm und sagte: „Sie sind betrunken, kommen Sie in die Wache. Ich bin Ihr Freund, schlafen Sie aus, und sagen Sie mir das Lied, das die Alte heut nacht an der Türe sang, als ich die Runde vorüberführte; das Lied interessiert mich sehr."

„Gerade wegen der Alten und den Ihrigen muß ich mit dem Herzoge sprechen!" rief ich aus.

„Wegen der Alten?" versetzte Grossinger, „wegen der sprechen Sie mit mir, die großen Herren haben keinen Sinn für so etwas; geschwind kommen Sie nach der Wache!"

Er wollte mich fortziehen; da schlug die Schloßuhr halb vier. Der Klang schnitt mir wie ein Schrei der Not durch die Seele, und ich schrie aus voller Brust zu den Fenstern des Herzogs hinauf:

„Hülfe! Um Gottes willen, Hülfe für ein elendes, verführtes Geschöpf!" Da ward Grossinger wie unsinnig. Er wollte mir den Mund zuhalten, aber ich rang mit ihm; er stieß mich in den Nacken, er schimpfte; ich fühlte, ich hörte nichts. Er rief nach der Wache, der Korporal eilte mit etlichen Soldaten herbei, mich zu greifen; aber in dem Augenblick ging des Herzogs Fenster auf, und es rief herunter:

„Fähndrich Graf Grossinger, was ist das für ein Skandal? Bringen Sie den Menschen herauf, gleich auf der Stelle!"

Ich wartete nicht auf den Fähndrich; ich stürzte die Treppe hinauf, ich fiel nieder zu den Füßen des Herzogs, der mich betroffen und unwillig aufstehen hieß. Er hatte Stiefel und Sporen an, und doch einen Schlafrock, den er sorgfältig über der Brust zusammenhielt.

Ich trug dem Herzoge alles, was mir die Alte von dem Selbstmorde des Ulans, von der Geschichte der schönen Annerl erzählt hatte, so gedrängt vor, als es die Not erforderte, und flehte ihn wenigstens um den Aufschub der Hinrichtung auf wenige Stunden und um ein ehrliches Grab für die beiden Unglücklichen an, wenn Gnade unmöglich sei. – „Ach, Gnade, Gnade!" rief ich aus, indem ich den gefundenen weißen Schleier voll Rosen aus dem Busen zog; „dieser Schleier, den ich auf meinem Wege hierher gefunden, schien mir Gnade zu verheißen."

Der Herzog griff mit Ungestüm nach dem Schleier und war heftig bewegt; er drückte den Schleier in seinen Händen, und als ich die Worte aussprach: „Euer Durchlaucht! Dieses arme Mädchen ist ein Opfer falscher Ehrsucht; ein Vornehmer hat sie verführt und ihr die Ehe versprochen; ach, sie ist so gut, daß sie lieber sterben will als ihn nennen" – da unterbrach mich der Herzog, mit Tränen in den Augen, und sagte: „Schweigen Sie, ums Himmels willen, schweigen Sie!" – Und nun wendete er sich zu dem Fähndrich, der an der Türe stand, und sagte mit dringender Eile: „Fort eilend zu Pferde mit diesem Menschen hier; reiten Sie das Pferd tot; nur nach dem Gerichte hin, heften Sie diesen Schleier an Ihren Degen, winken und schreien Sie Gnade, Gnade! Ich komme nach."

Grossinger nahm den Schleier; er war ganz verwandelt, er sah aus wie ein Gespenst vor Angst und Eile; wir stürzten in den Stall, saßen zu Pferde und ritten im Galopp; er stürmte wie ein

Wahnsinniger zum Tore hinaus. Als er den Schleier an seine Degenspitze heftete, schrie er: „Herr Jesus, meine Schwester!“ Ich verstand nicht, was er wollte. Er stand hoch im Bügel und wehte und schrie: „Gnade, Gnade!“ Wir sahen auf dem Hügel die Menge um das Gericht versammelt. Mein Pferd scheute vor dem wehenden Tuch. Ich bin ein schlechter Reiter, ich konnte den Grossinger nicht einholen, er flog im schnellsten Karriere; ich strengte alle Kräfte an. Trauriges Schicksal! Die Artillerie exerzierte in der Nähe, der Kanonendonner machte es unmöglich, unser Geschrei aus der Ferne zu hören. Grossinger stürzte, das Volk stob auseinander, ich sah in den Kreis, ich sah einen Stahlblitz in der frühen Sonne – ach Gott, es war der Schwertblitz des Richters! – Ich sprengte heran, ich hörte das Wehklagen der Menge. „Pardon, Pardon!“ schrie Grossinger und stürzte mit wehendem Schleier durch den Kreis, wie ein Rasender, aber der Richter hielt ihm das blutende Haupt der schönen Annerl entgegen, das ihn wehmütig anlächelte. Da schrie er: „Gott sei mir gnädig!“ und fiel auf die Leiche hin zur Erde; „tötet mich, tötet mich, ihr Menschen; ich habe sie verführt, ich bin ihr Mörder!“

Eine rächende Wut ergriff die Menge; die Weiber und Jungfrauen drangen heran und rissen ihn von der Leiche und traten ihn mit Füßen, er wehrte sich nicht. Die Wachen konnten das wütende Volk nicht bändigen. Da erhob sich ein Geschrei: „Der Herzog, der Herzog!“ – Er kam im offnen Wagen gefahren; ein blutjunger Mensch, den Hut tief ins Gesicht gedrückt, in einen Mantel gehüllt, saß neben ihm. Die Menschen schleifen Grossinger herbei. „Jesus, mein Bruder!“ schrie der junge Offizier mit der weiblichsten Stimme aus dem Wagen. Der Herzog sprach bestürzt zu ihm: „Schweigen Sie!“ Er sprang aus dem Wagen, der junge Mensch wollte folgen, der Herzog drängte ihn schier unsanft zurück, aber so beförderte sich die Entdeckung, daß der junge Mensch die als Offizier verkleidete Schwester Grossingers sei. Der Herzog ließ den mißhandelten, ohnmächtigen Grossinger in den Wagen legen, die Schwester nahm keine Rücksicht mehr, sie warf ihren Mantel über ihn; jedermann sah sie in weiblicher Kleidung. Der Herzog war verlegen, aber er sammelte sich und befahl, den Wagen sogleich umzuwenden und die Gräfin mit ihrem Bruder nach ihrer Wohnung zu fahren. Dieses Ereignis hatte die Wut der Menge einigermaßen gestillt. Der Herzog sagte laut zu dem wachthabenden Offizier: „Die Gräfin Grossinger hat ihren Bruder an ihrem Hause vorbeireiten sehen, den Pardon zu bringen, und wollte diesem freudigen Ereignis beiwohnen; als ich zu demselben Zwecke vorüberfuhr, stand sie am Fenster und bat mich, sie in meinem Wagen mitzunehmen; ich konnte es dem gutmütigen Kinde nicht abschlagen. Sie nahm einen Mantel und Hut ihres Bruders, um kein Aufsehen zu erregen, und hat, von dem unglücklichen Zufall überrascht, die Sache gerade dadurch zu einem abenteuerlichen Skandal gemacht. Aber wie konnten Sie, Herr Leutnant, den unglücklichen Grafen Grossinger nicht vor dem Pöbel schützen? Es ist ein gräßlicher Fall, daß er, mit dem Pferde stürzend, zu spät kam; er kann doch aber nichts dafür. Ich will die Mißhandler des Grafen verhaftet und bestraft wissen."

Auf diese Rede des Herzogs erhob sich ein allgemeines Geschrei: „Er ist ein Schurke, er ist der Verführer, der Mörder der schönen Annerl gewesen, er hat es selbst gesagt, der elende, der schlechte Kerl!"

Als dies von allen Seiten hertönte und auch der Prediger und der Offizier und die Gerichtspersonen es bestätigten, war der Herzog so tief erschüttert, daß er nichts sagte, als: „Entsetzlich, entsetzlich, o, der elende Mensch!"

Nun trat der Herzog blaß und bleich in den Kreis; er wollte die Leiche der schönen Annerl sehen. Sie lag auf dem grünen Rasen in einem schwarzen Kleide mit weißen Schleifen. Die alte Großmutter, welche sich um alles, was vorging, nicht bekümmerte, hatte ihr das Haupt an den Rumpf gelegt und die schreckliche Trennung mit ihrer Schürze bedeckt; sie war beschäftigt, ihr die Hände über die Bibel zu falten, welche der Pfarrer in dem kleinen Städtchen der kleinen Annerl geschenkt hatte; das goldene Kränzlein band sie ihr auf den Kopf und steckte die Rose vor die Brust, welche ihr Grossinger in der Nacht gegeben hatte, ohne zu wissen, wem er sie gab.

Der Herzog sprach bei diesem Anblick: „Schönes, unglückliches Annerl! Schändlicher Verführer, du kamst zu spät! – Arme alte Mutter, du bist ihr allein treu geblieben, bis in den Tod." Als er mich bei diesen Worten in seiner Nähe sah, sprach er zu mir: „Sie sagten mir von einem letzten Willen des Korporal Kasper, haben Sie ihn bei sich?" Da wendete ich mich zu der Alten und sagte: „Arme Mutter, gebt mir die Brieftasche Kaspers; Seine Durchlaucht wollen seinen letzten Willen lesen."

Die Alte, welche sich um nichts kümmerte, sagte mürrisch: „Ist Er auch wieder da? Er hätte lieber ganz zu Hause bleiben können. Hat Er die Bittschrift? Jetzt ist es zu spät; ich habe dem armen Kinde den Trost nicht geben können, daß sie zu Kasper in ein ehrliches Grab soll; ach, ich hab es ihr vorgelogen, aber sie hat mir nicht geglaubt."

Der Herzog unterbrach sie und sprach: „Ihr habt nicht gelogen, gute Mutter; der Mensch hat sein Möglichstes getan, der Sturz des Pferdes ist an allem schuld. Aber sie soll ein ehrliches Grab haben bei ihrer Mutter und bei Kasper, der ein braver Kerl war; es soll ihnen beiden eine Leichenpredigt gehalten werden über die Worte: ‚Gebt Gott allein die Ehre!' Der Kasper soll als Fähndrich begraben werden, seine Schwadron soll ihm dreimal ins Grab schießen, und des Verderbers Grossingers Degen soll auf seinen Sarg gelegt werden."

Nach diesen Worten ergriff er Grossingers Degen, der mit dem Schleier noch an der Erde lag, nahm den Schleier herunter, bedeckte Annerl damit und sprach: „Dieser unglückliche Schleier, der ihr so gern Gnade gebracht hätte, soll ihr die Ehre wiedergeben; sie ist ehrlich und begnadigt gestorben, der Schleier soll mit ihr begraben werden."

Den Degen gab er dem Offizier der Wache mit den Worten: „Sie werden heute noch meine Befehle wegen der Bestattung des Ulanen und dieses armen Mädchens bei der Parade empfangen."

Nun las er auch die letzten Worte Kaspers laut mit vieler Rührung; die alte Großmutter umarmte mit Freudentränen seine Füße, als wäre sie das glücklichste Weib. Er sagte zu ihr: „Gebe Sie sich zufrieden, Sie soll eine Pension haben bis an Ihr seliges Ende, ich will Ihrem Enkel und der Annerl einen Denkstein setzen lassen." Nun befahl er dem Prediger, mit der Alten und einem Sarge, in welchen die Gerichtete gelegt wurde, nach seiner

Wohnung zu fahren und sie dann nach ihrer Heimat zu bringen und das Begräbnis zu besorgen. Da währenddem seine Adjutanten mit Pferden gekommen waren, sagte er noch zu mir: „Geben Sie meinem Adjutanten Ihren Namen an, ich werde Sie rufen lassen; Sie haben einen schönen menschlichen Eifer gezeigt." Der Adjutant schrieb meinen Namen in seine Schreibtafel und machte mir ein verbindliches Kompliment. Dann sprengte der Herzog, von den Segenswünschen der Menge begleitet, in die Stadt. Die Leiche der schönen Annerl ward nun mit der guten alten Großmutter in das Haus des Pfarrers gebracht, und in der folgenden Nacht fuhr dieser mit ihr nach der Heimat zurück. Der Offizier traf, mit dem Degen Grossingers und einer Schwadron Ulanen, auch daselbst am folgenden Abend ein. Da wurde nun der brave Kasper, mit Grossingers Degen auf der Bahre und dem Fähndrichspatent, neben der schönen Annerl, zur Seite seiner Mutter begraben. Ich war auch hingeeilt und führte die alte Mutter, welche kindisch vor Freude war, aber wenig redete; und als die Ulanen dem Kasper zum drittenmal ins Grab schossen, fiel sie mir tot in die Arme. Sie hat ihr Grab auch neben den Ihrigen empfangen. Gott gebe ihnen allen eine freudige Auferstehung!

Sie sollen treten auf die Spitzen,
Wo die lieben Engelein sitzen,
Wo kömmt der liebe Gott gezogen
Mit einem schönen Regenbogen
Da sollen ihre Seelen vor Gott bestehn,
Wann wir werden zum Himmel eingehn.
Amen.

Als ich in die Hauptstadt zurückkam, hörte ich, Graf Grossinger sei gestorben; er habe Gift genommen. In meiner Wohnung fand ich einen Brief von ihm; er sagte mir darin:

„Ich habe Ihnen viel zu danken. Sie haben meine Schande, die mir lange das Herz abnagte, zutage gebracht. Jenes Lied der Alten kannte ich wohl, die Annerl hatte es mir oft vorgesagt, sie war ein unbeschreiblich edles Geschöpf. Ich war ein elender Verbrecher. Sie hatte ein schriftliches Eheversprechen von mir gehabt und hat es verbrannt. Sie diente bei einer alten Tante von mir, sie litt oft an Melancholie. Ich habe mich durch gewisse medizinische Mittel, die etwas Magisches haben, ihrer Seele bemächtigt. – Gott sei mir gnädig! – Sie haben auch die Ehre meiner Schwester gerettet. Der Herzog liebt sie, ich war sein Günstling – die Geschichte hat ihn erschüttert – Gott helfe mir, ich habe Gift genommen.

Joseph Graf Grossinger."

Die Schürze der schönen Annerl, in welche ihr der Kopf des Jägers Jürge bei seiner Enthauptung gebissen, ist auf der herzoglichen Kunstkammer bewahrt worden. Man sagt, die Schwester des Grafen Grossinger werde der Herzog mit dem Namen: *Voile de Grace,* auf deutsch „Gnadenschleier", in den Fürstenstand erheben und sich mit ihr vermählen. Bei der nächsten Revue in der Gegend von D . . . soll das Monument auf den Gräbern der beiden unglücklichen Ehrenopfer, auf dem Kirchhofe des Dorfs, errichtet und eingeweiht werden, der Herzog wird mit der Fürstin selbst zugegen sein. Er ist ausnehmend zufrieden damit; die Idee soll von der Fürstin und dem Herzoge zusammen erfunden sein. Es stellt die falsche und wahre Ehre vor, die sich vor einem Kreuze beiderseits gleich tief zur Erde beugen; die Gerechtigkeit steht mit dem geschwungenen Schwerte zur einen Seite, die Gnade zur andern Seite und wirft einen Schleier heran. Man will im Kopfe der Gerechtigkeit Ähnlichkeit mit dem Herzoge, in dem Kopfe der Gnade Ähnlichkeit mit dem Gesichte der Fürstin finden.

ANHANG

ANMERKUNGEN

Zu Auswahl und Text

Diese Ausgabe von Dichtungen Clemens Brentanos ist für einen großen Kreis literaturinteressierter Leser gedacht. Es sollten deshalb in dem vorgegebenen Rahmen diejenigen poetischen Werke Brentanos vorgestellt werden, von denen am ehesten unmittelbare Kunstwirkungen ausgehen können. Das bedeutete zwar eine Beschränkung, ermöglichte aber zugleich den Abdruck einer reichhaltigen Auswahl der Gedichte, Erzählungen und der Frühfassungen von Brentanos Märchen.

Der Text vorliegender Ausgabe gründet sich auf: Clemens Brentanos Werke in vier Bänden, herausgegeben von Wolfgang Frühwald, Bernhard Gajek und Friedhelm Kemp, München 1965 ff.; denn sie bieten die Gedichte Brentanos mit der größten bisher erreichten Genauigkeit und Authentizität. – Die Schreibweise wurde, soweit dadurch keine Veränderung des Lautstandes erfolgte, modernisiert. Die Zeichensetzung in den Gedichten folgt den jeweils zugrundeliegenden Handschriften oder Drucken. Das hat gewisse Nachteile: Die Interpunktion ist uneinheitlich – sie differiert weitgehend selbst in verschiedenen Manuskripten desselben Gedichts –, und sie erleichtert auch dem heutigen Leser nicht immer ein schnelles Erfassen des Textzusammenhangs. Andererseits aber stellen viele moderne Gedichte den Leser vor erheblich größere Schwierigkeiten, und – was ausschlaggebend ist – jede nach abstrakten Prinzipien erfolgende Regelung der Interpunktion in Brentanos Gedichten beschädigt ihre rhythmische Struktur und damit auch ihre Wirkungsmöglichkeiten. Den Arbeiten für eine historisch-kritische Ausgabe der Werke Brentanos muß es vorbehalten bleiben, die den Texten Brentanos immanenten Regeln der Zeichensetzung zu bestimmen und für eine Edition seiner Dichtungen auszuwerten. – Die Interpunktion in den Erzählungen Brentanos wurde dem heutigen Gebrauch angeglichen, soweit das nicht interpretatorische Festlegungen nach sich gezogen oder notwendige Hinweise auf die vom Autor beabsichtigte rhythmische Gliederung der Texte beseitigt hätte.

Für die Anfertigung der Anmerkungen boten bisher erschienene

Brentano-Ausgaben – neben der bereits genannten vor allem Brentanos Werke, 3 Bände, herausgegeben von Max Preitz, Leipzig 1914 – eine große Hilfe.

Gedichte

Die Gedichte sind chronologisch angeordnet. Dabei wurden die Ergebnisse der von Frühwald, Gajek und Kemp für den Band I von Brentanos Werken (München 1968) unternommenen Revision der Datierungsprobleme zugrunde gelegt. – Gedichte aus den Märchen Brentanos wurden hier im allgemeinen nicht aufgenommen.

65 Hier wo des Kotendampfes – Das Gedicht entstand Anfang April 1797 in Schönebeck.
Kotendampfes – In Schönebeck war eine der größten europäischen Salinen; Koten hießen die Hütten, in denen durch das Sieden der Sole Salz gewonnen wurde.
erste Waisenträne – Der Vater von Clemens Brentano, Peter Anton Br., war am 9. März 1797 gestorben.

66 Um meine Tage froh zu leben – Etwa zur selben Zeit wie das vorige Gedicht entstanden.
Priorat – Klostervorstand.
Mette – Messe: katholischer Gottesdienst.
Schwab – Georg Joseph Anton Schwab (1735–1814), Buchhalter im Hause Brentano, an dessen – wie der alte Clemens Brentano schrieb – „Originalitäts-Staketen alle Reben, Geisblatt- und Bohnenlauben unsrer Fantasie hinangerankt waren".
Massel – Ebenfalls Angestellter im Hause Brentano.
dem Schwab sein Pult – Hier wird wohl Geld eingeschlossen gewesen sein.

67 *Refektorium* – Speisesaal des Klosters.
Herz! willst du denn zerspringen? – Entstanden während der Studentenzeit Brentanos in Halle (Sommer 1797 – Ostern 1798) oder auch erst in Jena Mitte August 1799. Zu Recht wurde auf die Anlehnung einzelner Partien dieser Hymne an Goethes ›Zauberlehrling‹ hingewiesen.

69 O ihr Allmächtigen – Wohl 1798/99 entstanden. Auf die Hymne haben Goethes ›Prometheus‹, ›Gesang der Geister über den Wassern‹, ›Grenzen der Menschheit‹ und ›Das Göttliche‹ auffällig stark eingewirkt.

72 *Brennender Dornbusch* – Nach dem alttestamentarischen Bericht

(2. Mose 3, 1–4) erschien dem Mose im brennenden Dornbusch der Engel des Herrn.

73 *mit dem Engel ringend* – Nach 1. Mose 32,25–30 errang Jakob im Kampf mit dem Engel dessen Segen.

goldnen Heiligen Leiter – Bezugnahme auf Jakobs Traum von der Himmelsleiter, auf der die Engel auf- und absteigen und von deren oberen Ende der Herr den Jakob und sein Geschlecht segnet (1. Mose 28,11–15).

74 VIELES GABEN DIE GÖTTER MIR – Wohl etwa gleichzeitig mit dem voranstehenden Gedicht entstanden.

die sieben Bitten – Des Vaterunsers.

76 UM UNS HER DER WALDNACHT HEILIG RAUSCHEN – Nach dem Mai 1799.

Jinni – Es ist nicht sicher, ob das Gedicht an Minna Reichenbach (1782–1835) oder an Sophie Mereau gerichtet ist oder ob dem Dichter beide Frauen und seine Empfindungen für sie verschmolzen sind.

77 *Diane* – Hier die Mondgöttin.

Latmus, Endymion – Latmos ist der Name eines Gebirgszuges in Kleinasien; in einer seiner Grotten soll Endymion ruhen, den nach der griechischen Mythologie die Mondgöttin in Schlaf versenkt hatte, um ihn küssen zu können.

Horen – Göttinnen des Zeitenwechsels.

SO LEBE WOHL MIT ALLEN DEINEN FREUDEN – Das Gedicht, das auf 1799 datiert wird, antwortet auf ein ebenfalls ›Abschied‹ genanntes Gedicht Sophie Mereaus.

79 *Dieu veuille . . .* – Wolle Gott, daß diese Kraft ihr Herz länger als einen Tag wie eine Rinde umschließe, es so gegen die Kränkungen einer gemeinen Liebe schützend.

RUHE! – DIE GRÄBER ERBEBEN – Aus: Satiren und poetische Spiele von Maria. Erstes Bändchen, Gustav Wasa, Leipzig 1800. Vermutlich Ende 1799/Anfang 1800 entstanden.

80 STILLE BLUMEN;

83 WACHE AUF, DU SÜSSES LIED – Die Entstehung beider Gedichte wird auf Ende 1799 datiert.

88 WIE STEIGST DU SO GANZ LEISE;

89 DER GOLDNE TAG IST HEIMGEGANGEN;

92 ACH NIMMER WILL ES – Aus dem Märchenfragment ›Die Rose‹, 1800 erschienen; die Entstehung der Gedichte wird auf die letzten Monate des Jahres 1800 datiert.

94 SO WEIT ALS DIE WELT;

WESTE SÄUSELN;

96 DIE SEUFZER DES ABENDWINDS WEHEN;

UM DIE HARFE;

97 WENN DER STURM DAS MEER UMSCHLINGET;

101 DIE LIEBE FING MICH EIN;

SCHNELL NIEDER MIT DER ALTEN WELT;

OFT WAR MIR;

107 SPRICH AUS DER FERNE – Erstdrucke im ersten Band von: Godwi oder Das steinerne Bild der Mutter. Ein verwilderter Roman von Maria, Bremen 1801; die Arbeit daran wurde etwa zwischen Mitte 1798 und Mitte 1800 geleistet.

94 WESTE SÄUSELN – Das Gedicht ist im ›Godwi‹ ein Lied des Werdo Senne, dessen Gestalt Brentano nach dem Harfner aus Goethes ›Wilhelm Meister‹ geschaffen hat.

95 *Idolmio* – idole mio: mein Abgott; hier ist der Knabe Eusebio – eine Gestalt aus dem ›Godwi‹ – gemeint.

96 UM DIE HARFE – Über Werdo, der auch dieses Lied im ›Godwi‹ singt, heißt es im Roman: „Mit der Harfe aber ist er mir ganz das Sinnbild der wechselseitigen Freundschaft und des Zutrauens. Er lehnt seine Stirn an sie wie auf den Arm eines tröstenden Freundes und klagt ihr seine Leiden. Sie ruht wie die Teilnahme und das Mitleid an seinem Herzen und scheint unter seinen leisen Griffen freiwillig ihm zuzuhören und dann und wann in traulichen Worten ihm Trost zuzuflüstern. Er hängt schwärmerisch an ihr, wie die verwelkten Blumenkränze um ihre Saiten, und wenn durch eine rasche Erbebung des Instruments ein Blättchen herabfällt, so schweigt er, und letzt, da ich ihn belauschte, rollte eine Träne über seine bleichen Wangen, und er sagte: Wenn alle diese welken Blumen herabgefallen sind, so will ich nicht mehr weinen und nicht mehr singen, so will ich sterben."

97 WENN DER STURM DAS MEER UMSCHLINGET – Das Gedicht weist zahlreiche Bezüge zu Novalis' ›Hymnen an die Nacht‹ auf.

101 OFT WAR MIR . . . / *Sandrart* – Joachim von Sandrart (1606–1688), ein in Frankfurt geborener Maler, Kupferstecher und Kunsthistoriker; von ihm stammt das wichtige kunsthistorische Quellenwerk „Teutsche Academie der Edlen Bau- Bild- und Mahlerey-Künste . . .", 3 Bände, Nürnberg 1675–1679.

Merian – Matthäus Merian d. Ä. (1593–1650) schuf bedeutende topographische Bildwerke: Theatrum Europaeum, 19 Bde., 1635 bis 1723; Topographien, 16 Bde., 1642–1688.

106 *Tilie* – Eine Gestalt aus dem ›Godwi‹.

107 Sprich aus der Ferne – Das Lied wird von Tilie im ›Godwi‹ gesungen; danach stehen im Roman folgende Sätze: „So sang Tilie durch die Büsche, als bete sie. Der ganze Tempel der Nacht feiert über ihr, und ihre Töne, die in die dunkeln Büsche klangen, schienen sie mit goldnen, singenden Blüten zu überziehen.“

109 Sie blüht mir nicht;
Tief unter mir;
Der Gottheit hoher Tempel – Etwa im Februar 1800 entstanden.

110 Willst du mir Trost verleihen – Brentano schrieb über den Anlaß des Gedichtes an seine Schwester Bettine: „Dies letzte kleine Gedicht, liebe Bettine, entstand, weil unsre Sophie [Mereau] . . . einen kleinen Schmetterling retten wollte, der, nachdem er seine Flügel am Licht verbrannt hatte, in ihrem Champagnerglas versank. – Ach Kind! Diese Gedichte sind wie die kleinen Johanniswürmchen, die leuchtend hin und wider fahren.“
Psyche – Das griechische Wort für Seele; Sinnbild für deren Unsterblichkeit war schon im Altertum der Schmetterling.
Die Klage, sie wecket – Brentano schrieb das Gedicht für seinen Stiefbruder Franz und dessen Frau Antonie, als ihre Tochter Mathilde gestorben (5. April 1800) war.

111 Ich trage weit, weit;

115 Tief ist das Tal;

116 Ich eile hin;

117 O lieber Gott – Aus dem Erzählungsfragment ›Der Sänger‹, das zwischen August 1799 und August 1800 entstand und in: Kalathiskos von Sophie Mereau, Erstes Bändchen, Berlin 1801, gedruckt wurde.

115 Tief ist das Tal – Das Lied wird von dem Sänger vorgetragen, als dieser sich daran erinnert, wie er nach dem Tode seiner Mutter gemeinsam mit einem stummen Knaben von dem heimatlichen Tal, dem Paradies seiner Kindheit, Abschied nahm.

117 Es sass ein Kind;

118 Soll sich vor Dir;

119 Schaut kalt vom hellen Himmel;
Was wir in uns;

120 Umhüllst Du Dich;
So lange habe ich;

121/ Sie war vor mir; O liebliche! wie schön – Die Sonette sind an
122 Minna Reichenbach (1782–1835), die Tochter eines Altenburger Bankiers, gerichtet und wurden Mitte des Jahres 1800 geschrieben.

120 Umhüllst Du Dich
Dianen – Die Göttin der Jagd und des Mondes, hier die strenge jungfräuliche Göttin.
Phöben – Phöbe ist ein Beiname der Mondgöttin.
Endimion, Latmos – S. Anm. zu 77.
122 O liebliche! wie schön – Mit der Rose ist Sophie Mereau gemeint.
Unter des Lebenden;
125 Wie war dein Leben;
129 O Tannebaum;
131 Am Hügel sitzt sie;
132 Im kleinen Stübchen;
Ein Fischer sass;
135 Nach seiner Heimat;
137 Wo leis des Gartens;
143 Ein Ritter an dem Rheine;
144 Da sind wir Musikanten wieder;
147 Zu Bacharach am Rheine – Die Gedichte wurden zuerst gedruckt im 2. Band von: Godwi oder Das steinerne Bild der Mutter, Bremen 1802 (allerdings schon im November 1801 ausgeliefert); Brentano arbeitete an dem Band vom Sommer 1800 bis Spätsommer 1801.
122 Unter des lebenden – Im Roman als Gebet bezeichnet.
123 *Daphne* – Daphne wurde nach einem antiken Mythos von ihrer Mutter Gaia in einen Lorbeerbaum verwandelt, als sie dem sie verfolgenden Apollo nicht entkommen konnte.
124 *ambrosischen Bissen* – Ambrosia galt als die Götterspeise.
Dryaden – Baumnymphen.
125 Wie war dein Leben – Die „An S." überschriebene Hymne ist der am 19. September 1800 verstorbenen Schwester Sophie, der sich Brentano innigst verbunden fühlte, gewidmet.
129 O Tannebaum – Im Roman das „Lied einer Jägerin, deren Schatz ungetreu und ... – ein Peruckenmacher geworden ist". Ein volkstümliches zweistrophiges Gedicht vom „Tannebaum" – eine Vorform von Brentanos Lied – steht im ›Wunderhorn‹.
131 Am Hügel sitzt sie – Das Sonett ist an die Schwester Bettine gerichtet.
132 Im kleinen Stübchen – Das Gedicht, ein Gegenstück zum vorhergehenden, bezieht sich auf Brentanos Schwester Meline (1788 bis 1861).
Ein Fischer sass – Neben der ›Godwi‹-Fassung des Gedichts exi-

stiert eine möglicherweise jüngere, handschriftlich hinterlassene Fassung.

144 Da sind wir Musikanten wieder – Eine in Einzelheiten abweichende Fassung des Gedichts bildet das Kernstück von Brentanos 1803 gedrucktem Singspiel ›Die lustigen Musikanten‹.

147 Zu Bacharach am Rheine – Der Historiker und spätere Freund Brentanos Johann Friedrich Böhmer (1795–1863) hat eine Äußerung des Dichters überliefert, nach der dieser „die Lorelei auf keiner anderen Grundlage als den Namen Lurlei erfunden habe". – Außer der hier abgedruckten ›Godwi‹-Fassung existiert noch eine handschriftlich hinterlassene Fassung der Romanze; sie hat die Überschrift ›Lureley‹.

151 Ich wollt ein Sträusslein;

152 Wenn die Sonne weggegangen;
Was mag dich nur betrüben;

153 Nach Sevilla, nach Sevilla – Die Gedichte wurden erstmals gedruckt in Brentanos Lustspiel ›Ponce de Leon‹, das 1803 (mit dem Aufdruck 1804) in Göttingen erschien; das Lustspiel entstand Mitte 1801.

152 Wenn die Sonne weggegangen – Eine abweichende Fassung des Gedichts findet sich in der von Brentano 1814 hergestellten Bühnenfassung des Lustspiels ›Valeria oder Vaterlist‹.
Mohrenkind – Das Lied wird im Lustspiel von Valeria gesungen, die „als Negerin maskiert" ist.
Was mag dich nur betrüben – Das Lied wird von Valeria gesungen; vgl. dazu die Regiebemerkung: „Sie singt, begleitet sich mit dem Tamburin, schreitet dabei zierlich hin und wider, oder steht still, wie es die Pantomime des Wechselgesangs, den sie singt, erfordert. Da sie in dem Duodrama des Liedes beide Personen spielt, so muß sie die vier ersten Zeilen jeder Abteilung etwas tiefer singen, denn sie sind der Gesang des Liebhabers, der sein Liebchen im Walde einsam träumend findet, die ihn nicht eher erkennt, als im letzten Verse."

153 Nach Sevilla, nach Sevilla – Auch von diesem Lied findet sich eine abweichende Fassung in ›Valeria oder Vaterlist‹.

154 Wie sich auch die Zeit – Vermutlich Anfang 1802 entstanden. Das Gedicht ist durch ein Lied Walther von Klingens „Swie diu zît sich wil verkêren" angeregt, das Brentano, als er sich mit altdeutscher Poesie beschäftigte und Übersetzungen davon plante, in J. J. Bodmers ›Sammlung von Minnesängern aus dem schwäbischen Zeitpunkte‹ (1758/59) fand.

155 Am Berge hoch in Lüften – Wohl Mitte März 1802 entstanden.

157 Wenn ich ein Bettelmann wär – Im Frühjahr 1802 entstanden.
Heute kömmst du nicht – Die Entstehung dieses Gedichts wird auf Anfang bis Mitte 1802 datiert.

159 Am Rheine schweb ich – Das in mehreren Fassungen überlieferte Gedicht hat Brentano an Benedikte Korbach (geb. 6. 4. 1785), die Braut seines Freundes, des Publizisten, Dichters, Juristen Franz Lassaulx (1781–1818) gerichtet. Das Gedicht ist vermutlich zwischen Ende Mai und Ende Juni 1802 entstanden.

160 Lieb und Leid im leichten Leben – Das Gedicht ist in mehreren Fassungen überliefert. Die hier abgedruckte ist auf Bettine Brentano bezogen und vor dem 22. Juni 1802 entstanden.

161 Es sang vor langen Jahren – Auch dieses Gedicht liegt in mehreren Fassungen vor; es entstand vor dem 6. September 1802 und wurde für die Urfassung der ›Chronika des fahrenden Schülers‹ geschrieben. Die hier abgedruckte Fassung ist das Ergebnis einer vermutlich nach 1817 erfolgten Überarbeitung.

162 Es ging verirrt – Brentano sandte das Gedicht am 8. September 1802 an Arnim; man vgl. die ›Wunderhorn‹-Lieder ›Der Falke‹ und ›Der Berggesell‹, die wohl als Anregungen gedient haben.
Fingerlein – In Anlehnung an die Bedeutung des Wortes im älteren Deutsch: Ringlein.

165 Ich grüss dich, zarte schöne Fraue – Das Gedicht steht in der Urfassung der ›Chronika des fahrenden Schülers‹; es entstand vermutlich im Herbst 1802. – Dieses Gedicht erläuternd, erklärt der fahrende Schüler: „Das Liedlein, welches mein Herr sang, war aber ein altes Abendlied, das er noch als ein Junggeselle, da er um seine selige Hausfrau warb, gesungen; er pflegte es jetzt oft an schönen Abenden zu singen als ein Gedächtnis an sie, und weil es eine solche Art hat, daß es leicht als eine ruhige Betrachtung des Todes und eine Sehnsucht des Wiedersehens konnte verstanden werden."

166 Die grünen Blätter – Das Gedicht ist an Johanna (Hannchen) Kraus (geb. 1784) gerichtet. Brentano schrieb im Oktober 1802 über seine Beziehung zu ihr an Arnim: „. . . ich habe den ganzen Sommer an ihr geliebt, es war Frühlingsliebe, im Winter sollte es nicht sein, es hat mir sehr weh getan. In der Trauer des Verlustes habe ich folgendes Herbstlied geschrieben . . ." Dann folgt das Gedicht in der hier abgedruckten Fassung; die vermutlich früheste Fassung ist spätestens im September entstanden. – Zum Verständnis der biographischen Grundlagen des Gedichts ist nicht

unwesentlich, daß die Eltern von Hannchen Kraus jede Kommunikation des Mädchens mit Brentano zu verhindern suchten.

170 DIE ROSE BLÜHT – Das Gedicht ist eine wohl im September 1802 erfolgte Bearbeitung eines Liedes, das in Christian Weises ›Die drei klügsten Leute in der ganzen Welt . . .‹ zu finden ist und das unter dem Titel ›Die Rose‹ auch im ›Wunderhorn‹ einen Platz gefunden hat. – Brentano bearbeitete das Lied mehrmals – in jeweils unterschiedlicher geistiger Haltung; vgl. u. a. 223, 225, 388.
HÖR, ES KLAGT;

171 ES WANDELN ZUM GLÜCKE – Im November 1802 entstanden, erstmals gedruckt in Brentanos Singspiel ›Die lustigen Musikanten‹, 1803.

170 HÖR, ES KLAGT – im Singspiel ein Duett zwischen dem blinden Piasten und Fabiola. „Hinter der Szene hört man eine Flöte, die sich nähert . . .“

171 VON KÖLLEN WAR EIN EDELKNECHT – Das Gedicht entstand in erster Fassung vermutlich Ende Dezember 1802. Brentano fand – nach seiner eigenen Angabe – die Geschichte von Gottschalk Overstoulz, der Maus und Bischof Engelbrecht in Meister Gottfrid Hagens ›Kölnischer Reimchronik‹. – Die hier abgedruckte Fassung ist das Ergebnis einer Überarbeitung.

175 KAUM HÖRST DU AUF – Das Gedicht steht in einem Brief Brentanos an Sophie Mereau vom 10. Januar 1803.

176 ES STEHET IM ABENDGLANZE – Das Gedicht schrieb Brentano – auf die Melodie von ›Da droben auf jenem Berge‹ – in der Nacht vom 10. zum 11. Mai 1803 für die von ihm geliebte Marianne Jung, die spätere Frau von Willemer (1784–1860).
freies heiliges Haus . . . Sie konntc wohl schweben und drehen – Marianne Jung war Tänzerin am Frankfurter Theater.
bei einem reichen Mann – Der Bankier Willemer hatte Marianne Jung vom Theater und zu sich als Pflegekind genommen.

178 SÜSSER MAI – Brentano schrieb das Gedicht am 27. Mai 1803 für Sophie Mereau.

179 ICH WOHNTE UNTER VIELEN VIELEN LEUTEN – Die hier abgedruckte Fassung des Gedichts steht in einem Brief an Bettine Brentano von Mitte Juni 1803 (?).

180 DURCH DEN WALD – Das Gedicht hat Brentano zuerst im August 1803 an Arnim geschickt und dabei angemerkt: „Ich habe wieder mehrere Lieder gedichtet, unter andern eins, worin ich an dich und mich gedacht habe, aber es paßt nicht ganz, denn ich bin der Jäger und Du der Hirt, und doch sind wir beide beides.“ Dem Ab-

druck liegt die in der ›Zeitung für Einsiedler‹ (15. April 1808) veröffentlichte Fassung zugrunde. – Nach 1817 nahm Brentano eine völlige Umgestaltung des Gedichts vor, vgl. 296 ff.

182 O Mutter, halte – Das Gedicht, in einer Zeit der Trennung von Sophie Mereau August 1803 geschrieben, wird hier in der Fassung gedruckt, in der es in Brentanos Brief an Arnim vom 12. Oktober 1803 steht. Ende 1816/Anfang 1817 schrieb Brentano für die ›Chronika eines fahrenden Schülers‹ eine geistliche Kontrafaktur zu diesem Gedicht, vgl. 279ff. In der ›Chronika‹ wird auch den Lesern des Gedichts der Hinweis gegeben: „. . . es ist aber gestellt, bald als rede ein Kindlein zur Mutter, bald die Mutter zu ihm . . .“

185 Im achtzehnhundertsechsten Jahr – Erstdruck in ›Badische Wochenschrift zur Belehrung und Unterhaltung für alle Stände‹, 1. August 1806.

Frau Pallas – Pallas Athene; ihr entspricht in der römischen Mythologie Minerva.

Karl Theodor – Kurfürst von Pfalzbayern (1724–1799).

Dankfeste – Das Dankfest vom 27. Juli 1806 galt der Genesung des Großherzogs Karl Friedrich von Baden (1728–1811), unter dessen Regierungsgewalt Heidelberg 1803 gelangt war, und der Begrüßung des jungvermählten Thronfolgerpaares.

Bergstraß – Die auf dem rechten Rheinufer von Bessungen (nahe Darmstadt) am Fuße des Odenwaldes sich bis nach Heidelberg hinziehende Straße.

186 *Königstuhl* – Die Versammlungsstätte der deutschen Kurfürsten am Rhein unterhalb von Rhens.

187 *zwei künstlich Bild von Stein* – Auf der 1786–88 unter der Regierung Karl Theodors erbauten Neckarbrücke waren Standbilder von ihm und von Minerva errichtet worden.

Hecht – „Zum goldnen Hecht“, damals bekannter Heidelberger Gasthof.

188 *God save the King* – Gott erhalte den König.

192 *wie beim Karl Theodor, Beim Grundstein an dem neuen Tor* – Das 1781 erbaute Heidelberger Karlstor wurde dem Andenken Karl Theodors gewidmet.

193 *Er stellt ins Leben mich hinein* – Das Folgende nimmt auf den Aufschwung der Heidelberger Universität Bezug, die Brentano, Arnim, Görres zum Zentrum romantischen Geisteslebens zu machen hofften.

Zu meinen Füßen – Zu Füßen der Minerva-Statue waren die Justitia als Allegorie der Gerechtigkeit, die Pietas als Allegorie der

Frömmigkeit, die Agricultura als Allegorie des Ackerbaus und Merkur als Allegorie des Handels angebracht worden.

Gerechtigkeit, Durch Ihn sich großer Lehrer freut – Unter der Regierung Karl Friedrichs wurde u.a. 1805 der hochangesehene Jurist Anton Friedrich Thibaut (1772–1840) nach Heidelberg berufen.

Der Medizin schenkt er ein Haus – Karl Friedrich hatte 1804 ein ehemaliges Dominikanerkloster zum Ausbau als Anatomie und Krankenhaus gekauft.

195 *Erasmus, Dalberg ...* – Die genannten Humanisten standen alle zur Heidelberger Universität in Beziehung. Erasmus von Rotterdam (1467–1536) sollte 1513 nach Heidelberg berufen werden; Johann von Dalberg (1445–1503) begründete die Heidelberger Universitätsbibliothek; Rudolf Agricola (1443–1485) und Johann Reuchlin (1455–1522) wurden 1483 bzw. 1496 nach Heidelberg berufen; Jakob Wimpheling (1450–1528) war hier seit 1471; Johann Öcolampadius (1482–1531) studierte in Heidelberg ebenso wie Philipp Melanchthon (1497–1560). Der Theologe, Mathematiker und Geograph Sebastian Münster (1489–1552), der auch in Heidelberg studiert hatte, war hier von 1524–1527 Professor für Hebräisch; der Historiker Marquard Freher (1565–1614) lehrte als Professor von 1596 bis 1598; Jakob Micyllus (1503–1538) war von 1533 bis 1537 Professor für Griechisch; der Jurist Hugo Donellus (1527–1591) hatte zwischen 1572 und 1579 eine Heidelberger Professur.

Gekrönt – Martin Opitz wurde 1625 durch Kaiser Ferdinand II. in Wien zum Poeta laureatus gekrönt.

196 *Landesvater* – Studentenlied mit Anrufung des Landesvaters, das bei feierlichen Kommersen gesungen wurde.

Wo in Gewölben – Das Gedicht entstand vermutlich während der Arbeit an der Satire von ›BOGS dem Uhrmacher‹, die 1807 erschien und in der sich einige variierte Strophen des Gedichts finden; vier dieser Strophen wurden auch in der ›Zeitung für Einsiedler‹ (4. Mai 1808) als selbständiges Gedicht gedruckt.

197 *Diana, Endimion* – Vgl. Anm. zu 77.

198 Trippel Trippel – Das Gedicht entstand wohl in Zusammenhang mit den Arbeiten an Band II und III vom ›Wunderhorn‹ gegen Ende 1807; als Vorlage diente das in das ›Wunderhorn‹ aufgenommene Lied ›Säuberliches Mägdelein‹.

199 O lasse Geliebter – Das Gedicht, am 31. Mai 1808 in der ›Zeitung für Einsiedler‹ gedruckt, ist vermutlich für Brentanos zweite Frau Auguste geb. Bußmann (1791–1832) geschrieben.

205 In Liebeskampf? – Das Sonett in der hier abgedruckten Fassung entstand vor dem 21. Juni 1808, eine frühere Fassung schon 1800/1801; im Sommer/Frühherbst 1834 schrieb Brentano eine weitere Fassung des Sonetts, vgl. 365.

Zur Fremde zog – Der Erstdruck des an Auguste Brentano gerichteten Gedichts erfolgte in der ›Zeitung für Einsiedler‹, 22. Juni 1808.

208 Du Herrlicher! – Das Gedicht entstand unmittelbar nach dem Tod Philipp Otto Runges (2. Dezember 1810), den Brentano verehrte und noch 1837 als den tiefsinnigsten, unmittelbarsten Künstler der neueren Zeit bezeichnete. Der Erstdruck erfolgte in den ›Berliner Abendblättern‹, 19. Dezember 1810. – Die in eckige Klammern gesetzte Überschrift wurde vom Herausgeber hinzugefügt.

210 Komm Hexchen – Vermutlich Ende 1810/Anfang 1811 entstanden.

J. – Jüngling.

N. – Nixe.

212 *zwagen* – *waschen.*

213 Euch miteinander hier – Brentano schrieb das Lied für die von Karl Friedrich Zelter (1758–1832) Anfang 1809 in Berlin gegründete Liedertafel. Hier wurde es erstmals am 9. April 1811 gesungen; der Erstdruck erfolgte im ersten Bändchen der ›Gesänge der Liedertafel‹ (1811).

215 *Papa Benda* – Anspielung auf ein Mitglied der großen Musikerfamilie Benda.

Pfarrer von Taubenheim – Anspielung auf Bürgers Ballade ›Des Pfarrers Tochter von Taubenhain‹.

Zumsteeg – Der Komponist Johann Rudolf Zumsteeg (1760 bis 1802).

216 *Winter* – Der Komponist Peter von Winter (1755–1825).

217 *Schneider* – Der Komponist Friedrich Schneider (1786–1853).

Fasch – Der Komponist Karl Friedrich Fasch (1736–1800).

218 Singet leise – Die Dichtung gehört in den Zusammenhang des ›Märchens von dem Hause Starenberg und den Ahnen des Müllers Radlauf‹; sie ist vermutlich 1811 entstanden.

Wer nie sein Brot – Leichte Variation der ersten Strophe des Harfner-Liedes aus Goethes ›Wilhelm Meisters Lehrjahre‹.

221 Unbeglückt muss ich – Das Sonett ist an die Prager Schauspielerin Auguste Brede gerichtet und vor dem 10. Dezember 1811 geschrieben. Der Erstdruck erfolgte in ›Dramaturgischer Beobachter‹, 3. Januar 1814.

222 O Zorn;
An dem Feuer;
223 Die Lilie blüht;
Sieh den dunklen Schleier;
225 Die Rose blüht – Diese Gedichte stehen in dem Drama ›Aloys und Imelde‹, das Brentano Ende 1811/Anfang 1812 schrieb.
223 Die Lilie blüht – Eine Variation des von Brentano immer wieder umgestalteten, auf einer Vorlage von Christian Weise beruhenden Liedes ›Die Rose blüht‹; vgl. 170, 225, 388.
Sieh den dunklen Schleier
224 *Phöbus* – Der Sonnengott.
geschweifet – Bezug auf den Kometen des Jahres 1811.
Benavides – Gestalt aus ›Aloys und Imelde‹.
Arche, Rabe, Taube – Nach der biblischen Geschichte ließ Noah von seiner Arche, in der er die Sintflut überstanden hatte, einen Raben und Tauben ausfliegen, um zu erfahren, ob das Wasser gefallen sei; die zweite Taube brachte ihm ein Ölblatt als Zeichen, daß die Erde wieder trocken war. (1. Mose 8,7–11)
Bogen des Herrn – 1. Mose 9,12f.: „Und Gott sprach: Das ist das Zeichen des Bundes, den ich gemacht habe zwischen mir und euch und allen lebendigen Seelen bei euch hinfort ewiglich: Meinen Bogen habe ich gesetzt in die Wolken, der soll das Zeichen sein des Bundes zwischen mir und der Erde."
225 Die Rose blüht – Eine weitere Variante des von Brentano immer wieder bearbeiteten Liedes, vgl. 170, 223, 388.
226 *Der Zorn ist voll Verderben* – Vgl. das Gedicht ›O Zorn‹, 222.
Wohlan! so bin ich deiner los – Die Datierung des Gedichts ist umstritten; seine Einordnung erfolgt hier auf Grund der Annahme, daß es 1812 nach Brentanos Scheidung von seiner zweiten Frau Auguste geschrieben ist.
227 *dich zu ermorden* – Brentano bezieht sich hier auf verschiedentliche Selbstmorddrohungen und -vortäuschungen Augustes.
229 Ich träumte hinab – Wohl um 1812 entstanden.
236 Die Welt war mir zuwider – Etwa gleichzeitig mit dem vorhergehenden Gedicht entstanden.
238 Heil'ge Nacht;
239 Komm heraus – Beide Gedichte sind erstmals 1814 gedruckt in Brentanos historisch-romantischem Drama ›Die Gründung Prags‹ (mit dem Aufdruck 1815); es entstand zwischen 1812 und 1814.
238 Heil'ge Nacht/*Bejlbogs* – Des lichten Himmelsgottes, nach der dem Drama zugrundeliegenden Mythologie.

239 KOMM HERAUS – Von dem Gedicht existiert noch eine späte Umarbeitung.

240 IN DIR RINGELT DIE TRÄNE – Brentano legte dieses Gedicht einem Brief an Rahel Varnhagen vom 25. Juni 1813 bei und bezeichnete es als seine „Grabschrift".

Lethe – In der griechischen Mythologie der Fluß, in dem die Seelen der Verstorbenen Vergessenheit trinken.

Psyche – Seele.

Aber es tauchet – Vgl. Hölderlins Gedicht ›Hälfte des Lebens‹.

NUN JAUCHZE, MEIN ÖSTREICH! – Die erste Fassung des Gedichts entstand im August/September 1813; sie wurde für den Druck im ›Taschenbuch für vaterländische Geschichte‹, 4. Jg., Wien 1814, überarbeitet. Das Gedicht ist hier in der Druckfassung wiedergegeben.

241 *Brand / Der heiligen Moskau* – Der Brand Moskaus (14.–21. September 1812) zwang die Napoleonischen Truppen zum Rückzug.

ein gekrönter ... Held – Der Kronprinz von Schweden Carl Johann Bernadotte (1763–1844).

242 *Einhorn* – Das unbesiegbare Einhorn legt der Sage nach sein Haupt freiwillig in den Schoß einer Jungfrau.

rheinischer Bund – Der unter dem Protektorat Napoleons stehende Rheinbund.

sub umbra alarum tuarum – Unter dem Schatten deiner Flügel; vgl. Ps. 57, 2.

sieben Provinzen – Die Niederlande.

243 *Orange boven* – Hochruf auf das Königshaus Oranien.

244 EIN KÜHLER WIND; AH BASSA MANELKI;

247 ES LEBEN DIE SOLDATEN;

248 AUF MIT GOTT – Die Gedichte stehen in: Viktoria und ihre Kinder, mit fliegenden Fahnen und brennender Lunte. Ein klingendes Spiel von Clemens Brentano, Berlin 1817. Es entstand in der zweiten Jahreshälfte 1813.

244 *Ah bassa manelki teremtete* – Derber ungarischer Fluch.

245 *Daß noster Franciscus Justitiam seh* – Daß unser Franz [Kaiser Franz I. von Österreich] die Gerechtigkeit seh.

Protestor – Ich bezeuge.

Dekreter – Nach Brentano „ein Handwerker, der nicht zünftig ist, und nur auf einen Erlaubnisschein, ein Dekret, arbeitet".

246 *nackete Pferschen* – Nach Brentano „nackte Pfirsiche, unbärtige Männer".

nur Wölf – Hier: durch Reiben entstandene Hautentzündung.

große Armee – Das Heer, mit dem Napoleon seinen Feldzug gegen Rußland unternahm.

247 Es leben die Soldaten – Schließt sich an das ›Soldatenlied‹ aus ›Wallensteins Lager‹ an.

248 Auf mit Gott

249 *Georg ... Alexander ... Friedrich ... Franz* – Georg III., König von England; Alexander I., Zar von Rußland; Friedrich Wilhelm III., König von Preußen; Franz I., Kaiser von Österreich.

Treibt mit der Ofengabel – Bezieht sich auf den Tiroler Aufstand von 1813; vermutlich im November des Jahres entstanden. Die erste Strophe paraphrasiert einen Gedanken des Horaz (Epistolae I, 10): Natur magst du austreiben mit der Heugabel, sie kehrt beharrlich zurück.

kumpabel – kapabel, fähig.

250 *Apoli* – In Anlehnung an den biblischen Namen „Apollyon" für den Engel der Unterwelt (Offenbarung 9, 11) Bezeichnung Napoleons.

andern – Max Joseph I., der mit Napoleon verbündete König von Bayern.

Franzl – Franz I., Kaiser von Österreich.

251 *Dientl* – Dirndl.

254 *Sandwirt* – Andreas Hofer, der Führer des Tiroler Aufstandes von 1809.

Riedl – Sebastian Riedl war Hofers Adjutant.

Schneeberger Tabak – Der Schneeberger Schnupftabak war sehr bekannt.

im Himmel – Andreas Hofer war 1810 standrechtlich erschossen worden.

255 *Speckbacher* – Joseph Speckbacher war der militärische Führer des Tiroler Aufstandes von 1813.

256 *Faschinen* – Strauchbündel zur Eindämmung von Gewässern.

Ehrenlegion – Der unter Napoleon gestiftete Orden der Ehrenlegion.

Luminaten – Von dem Namen der 1776 in Bayern gegründeten, 1784 verbotenen Geheimgesellschaft, dem „Illuminatenorden", abgeleitete Bezeichnung für Aufklärer, hier speziell auf die aufklärerische bayrische Regierung unter dem Grafen Montgelas bezogen.

257 Der Krieg zog aus – Christian Graf zu Stolberg (1796–1815) stand Brentano sehr nahe; dieser schrieb, als er das Gedicht am 26. Juni 1815 an Görres zur Veröffentlichung im ›Rheinischen Mer-

kur‹ (11. Juli 1815) schickte: „Er war einer der trefflichsten, reinsten Jünglinge dieser Zeit und den Besten teuer.“

258 *Der Braunschweig* – Friedrich Wilhelm Herzog von Braunschweig (1771–1815), der sich in seiner kurzen Regierungszeit sehr mißliebig gemacht und die Staatsfinanzen seines Landes völlig zerrüttet hatte, war wenige Tage vor dem Grafen Stolberg im Kampf gefallen.

259 *Vaters Segen* – Der Dichter Friedrich Leopold Graf zu Stolberg (1750–1819), dessen Konversion zum Katholizismus großes Aufsehen erregt hatte.
Braut – Philippine Gräfin von Brabeck (1796–1821).

260 Wenn es stürmet – Das Gedicht entstand im Januar 1816; der Erstdruck erfolgte in ›Viktoria und ihre Kinder‹, Berlin 1817.

262 Draus bei Schleswig – Das Gedicht entstand Anfang Februar 1816 und wurde durch einen Einblattdruck veröffentlicht. Ihm liegt stofflich eine Anekdote zugrunde, die Brentano der Zeitung entnahm. Brentano hat das Gedicht für den Druck in: Auswahl deutscher Gedichte, für höhere Schulen, von Dr. K. E. P. Wackernagel . . ., Berlin 1832, nochmals überarbeitet. Hier liegt die erste Fassung zugrunde.
Dänen – Die Dänen waren mit Napoleon verbündet. Die Schweden hatten sich dagegen der Koalition gegen Frankreich angeschlossen.
Bräutigam, Lampe – Vgl. das biblische Gleichnis von den zehn Jungfrauen (Matthäus 25,1).

263 *Kantschuhhiebe* – Schläge mit der kurzen, aus Riemen geflochtenen Peitsche der Kosaken.
Stupai, Boschkai – Brentano versucht Ausdrücke von Kosaken wiederzugeben; diese fordern Quartier, Wein, Brot, Weiber, Schnaps.
Turba – Horde.

264 Meister, ohne dein Erbarmen – Das Gedicht entstand im Frühjahr 1816; die hier abgedruckte Fassung steht in dem Brief Brentanos an den Historiker Johann Friedrich Böhmer vom 8. Februar 1824. Daneben sind zahlreiche weitere handschriftliche Fassungen überliefert. Brentano hat das Gedicht für den Erstdruck in: Geistliche Blumenlese aus deutschen Dichtern von Novalis bis auf die Gegenwart . . . Hrsg. v. H. Kletke, Berlin 1841, wesentlich überarbeitet.

267 Ich kenn ein Haus – Das Gedicht entstand im Frühjahr 1816.

271 Grossmutter will – Das Gedicht wurde im April 1816 auf Bitten von Friederike von La Roche, der Frau von Brentanos Onkel Carl La Roche (1766–1839), zur Taufe ihrer Enkelin geschrieben.

273 EIN KLUGES MIR GELIEBTES WESEN – Das Gedicht, das sich auf Luise Hensel (1798–1876) bezieht, entstand im Spätherbst 1816.

274 *Sakontala* – Das von Georg Forster übersetzte Drama Kalidasas (etwa 5. Jh. u. Z.) hat die altindische Legende von der Liebe zwischen dem König Dusyanta und Sakuntala, der Tochter eines Einsiedlers, zur Stoffgrundlage.

ICH BIN DURCH DIE WÜSTE – Das in mehreren Fassungen überlieferte Gedicht entstand im Spätherbst 1816. Die hier abgedruckte Fassung übergab Brentano im Oktober 1816 mit einem kurzen Begleittext an Luise Hensel.

275 *den Kindern manch Grab* – Brentano erinnert hier an den Tod seiner drei Kinder, von denen das letzte gemeinsam mit der Mutter bei der Geburt starb.

278 *reich treulich die Hände* – Paraphrase der zweiten Strophe von Novalis' Gedicht ›An Adolph Selmnitz‹:

„Gib treulich mir die Hände,
Sei Bruder mir und wende
Den Blick vor deinem Ende
Nicht wieder weg von mir.
Ein Tempel – wo wir knien,
Ein Ort – wohin wir ziehen,
Ein Glück – für das wir glühen.
Ein Himmel – mir und Dir."

279 *nun hab ich vollbracht* – Nach Johannes 19,30 starb Jesus am Kreuz mit den Worten: „Es ist vollbracht."

O MUTTER HALTE – Diese späte Fassung des Gedichts (vgl. 202) wurde zuerst in ›Aus der Chronika eines fahrenden Schülers‹ 1818 gedruckt und entstand Ende 1816/Anfang 1817.

282 HÖR, LIEBE SEEL! – Entstehung und Erstdruck wie bei dem vorhergehenden Gedicht. Die Vorlage soll ein altes Kirchenlied sein.

283 O SCHWEIG NUR HERZ! – Das Gedicht steht in einem Brief Brentanos an Luise Hensel vom Januar 1817.

Sibille – Weissagerin.

284 *Elend* – In Anlehnung an den alten Sinn des Wortes: Fremde; vgl. ›St. Jakobs Pilgerlied‹ im ›Wunderhorn‹.

ACH ALLES GEHT VORBEI – Steht in demselben Brief wie das vorhergehende Gedicht.

An einer Wand – Im Briefkontext wird die erste Strophe folgendermaßen eingeleitet: „Strafe mich nicht, denn sieh! wie schrecklich weise ich bin, als ich so in der dunklen Treppenecke auf dich harrte und die Leute an der Tür vorübergingen, sang ich still vor mich folgenden lächerlichen Vers, bei dem ich schier weinte." An die Gedichtstrophe schließt sich eine längere Prosapassage, in der Brentano u. a. auseinanderzusetzen sucht, welche Bedeutung die abendliche Begegnung mit Luise Hensel für ihn hat, und danach erst folgt der Rest des Gedichts.

286 FAHRE FORT MIT DORNENSCHLÄGEN – Das Gedicht entstand Anfang 1817. Die erste Zeile ist Amadeus Creuzbergs Lied ›Fahre fort mit Liebes-Schlägen / Süßer Jesu / liebster Hort‹ nachgebildet.
Letzen – Schädigen.

287 DER HERR RITT NACH JERUSALEM – Das Gedicht schrieb Brentano zum Geburtstag Luise Hensels am 30. März 1817; dieser Tag fiel auf den sog. Palmsonntag, den Sonntag vor Ostern, an dem Jesus in Jerusalem eingezogen sein soll. Auf den biblischen Bericht darüber (Matthäus 21,1–11; Markus 11,1–10) bezieht sich das Gedicht fast durchweg.

288 *Linum* – Geburtsort Luise Hensels (bei Neuruppin), wo ihr Vater als Pfarrer tätig war.

289 DIE ERDE WAR GESTORBEN – Nach neueren Untersuchungen sind das Liebesgedicht und die ihm folgende geistliche Kontrafaktur um 1817 für Luise Hensel geschrieben worden.
GESCHÄMIG TRITT
Aurora – Die Morgenröte.

294 *Der Feind* – Vgl. Matthäus 4, 3f.: „Und der Versucher trat zu ihm und sprach: Bist du Gottes Sohn, so sprich, daß diese Steine Brot werden. Und er antwortete und sprach: „Der Mensch lebt nicht vom Brot allein, sondern von einem jeglichen Wort, das durch den Mund Gottes geht.'" Ähnlich Lukas 4, 3f.
Eliae Wagen – Der Prophet ist nach dem biblischen Bericht (2. Könige 2,11) in einem feurigen Wagen mit feurigen Rossen zu Gott entrückt worden.

295 EINSAM WILL ICH UNTERGEHN – Das Gedicht wurde 1817 für Luise Hensel geschrieben; Mitte der dreißiger Jahre überarbeitete es Brentano für Emilie Linder.

296 DURCH DEN WALD MIT RASCHEN SCHRITTEN – Das Gedicht ist eine geistliche Kontrafaktur eines Liedes für Achim von Arnim (vgl. 180); die Umarbeitung erfolgte im Sommer/Herbst 1817.

298 *Maledeien* – Fluchen.
Venus' Berg – In ihm soll der Sage nach Frau Venus, die Verkörperung sinnlicher Liebe, Hof halten; die Menschen, die sie zu sich lockt, sind in Gefahr, ihre ewige Seligkeit zu verlieren.

Keuschlamm – Der Abrahamsstrauch, dessen Samenkörner als Mittel gegen die Sinnlichkeit eingenommen wurden.
weißen Hirsch – Nach einer christlichen Legende wurde der heilige Hubertus durch einen weißen Hirsch mit einem goldenen Kreuz zwischen dem Geweih zur Buße geführt.

301 O DU LIEBER WILDER REGEN – Das an Luise Hensel gerichtete Gedicht entstand vermutlich im Herbst 1817; es wurde 1834 für Emilie Linder bearbeitet.

303 *Jakobsleiter* – Vgl. zweite Anm. zu 73.

304 ZUR WEIHNACHT, STERNENHELLE – Das Gedicht ist eine Zueignung der von Brentano veranstalteten Ausgabe von Friedrich Spees ›Trutznachtigall‹, Berlin 1817; es entstand entweder im Herbst 1817 oder Ende 1816.

305 *„Ach hätt ich . . . mir ja ins Herz!"* – Die Strophen sind ein Gedicht Luise Hensels. Was deren Gedichte Brentano bedeutet hatten, geht aus seinem Brief an den Bruder Christian vom 3. Dezember 1817 hervor: „Diese Lieder haben zuerst die Rinde über meinem Herzen gebrochen, durch sie bin ich in Tränen zerflossen, und so sind sie mir in ihrer Wahrheit und Einfalt das Heiligste geworden, was mir im Leben aus menschlichen Quellen zugeströmt."
Schmerzenreich – Brentano hat sich selbst als „Mann des Schmerzens" verstanden.

307 GUTE NACHT DU LIEBES BLUT – Die Entstehungszeit dieses an Luise Hensel gerichteten Gedichts ist unsicher, entweder Herbst 1817 oder Oktober 1818.

308 AN DES HAUSES KLEINER TÜRE – An Luise Hensel gerichtet.

311 WER EUCH NICHTS BRINGT – Der Erstdruck erfolgte 1817 in der von F. W. Gubitz herausgegebenen Zeitschrift ›Der Gesellschafter oder Blätter für Geist und Herz‹. Das Gedicht ist ein bitterer Angriff auf die Hartherzigkeit der „vornehmen" Gesellschaft Berlins.
Goldpistolen – Pistole: eine Goldmünze.

312 *Ungern aus Kremnitz* – In der ungarischen Stadt Kremnitz wurden die einstmals berühmten Kremnitzer Dukaten geschlagen.
Erlanger – Möglicherweise Personen, die auf den Erlanger „Vorschuß- und Kreditverein" angewiesen waren.
Ducka – Herzog.
Severinen – Vielleicht ist die englische Goldmünze, der Sovereign, gemeint.
Reale – Spanische Silbermünzen.
WAS ICH TUE – Für die Datierung gilt dasselbe wie für „Gute Nacht du liebes Blut", s. o. zu 307.

315 Es scheint ein Stern – Auch dieses an Luise Hensel gerichtete Gedicht ist nicht genau zu datieren, der Einordnung liegt die Annahme zugrunde, daß es im Frühjahr 1818 entstanden ist.
weißer Hirsch – Vgl. Anm. zu 298.

317 „Ach wär ich doch ..." – Das 1818 entstandene Gedicht ist ein fiktives Gespräch zwischen dem Dichter und Luise Hensel.

319 Das Elend soll ich – Entstanden im Sommer 1818.
Elend – Vgl. Anm. zu 284.

320 *dem ersten Mann* – Bezieht sich auf den biblischen Bericht vom Menschen im Paradies und vom Sündenfall (1. Mose 2–3).
den Kelch – Bezieht sich auf Matthäus 26, 27f.: Jesus „nahm den Kelch und dankte, gab ihnen den und sprach: Trinket alle daraus; das ist mein Blut des neuen Testaments, welches vergossen wird für viele zur Vergebung der Sünden."
Nun soll ich in die Fremde – Zwischen Sommer und September 1818 entstanden.

322 Ich bin aus fremdem Land – Das Gedicht ist ein Dankesgruß an Anna Katharina Emmerick (1774–1824), bei der sich Brentano seit dem 24. September 1818 aufhielt.
Lamme – Johannes 1,29 wird Jesu als „Gottes Lamm, welches der Welt Sünde trägt", bezeichnet.

323 *Ich, du und sie* – Mit letzterer ist Luise Hensel gemeint.
Sankt Klemens' ... Kleinod – Katharina Emmerick hatte in einer ihrer Visionen eine von Brentano mitgebrachte Reliquie als Gebein des heiligen Klemens erkannt. Die folgenden Strophen des Gedichts beziehen sich ebenfalls auf Mitteilungen der Emmerick über ihre Visionen.
Ölberg – Der bei Jerusalem gelegene Ölberg gilt als Stätte der Himmelfahrt Jesu.

324 *Schwester* – Luise Hensel.
Sankt Katharina – Die Schutzpatronin der Emmerick.

325 Du nötigst mich – Brentano hat das Gedicht für Marianne von Willemer (vgl. Anm. zu 176) bei einem Besuch auf der Gerbermühle bei Frankfurt – wohl 1827 – geschrieben.

327 *mit Jakob weinen* – In der Bibel (1. Mose 37,31ff.) wird berichtet, wie Jakob trauerte, als ihm seine anderen Söhne den in Ziegenblut getauchten bunten Rock seines Sohnes Joseph als Zeichen für dessen angeblichen Tod zukommen ließen.
Ihn finden königlich – Joseph wurde nach 1. Mose 41 Stellvertreter des Pharao in Ägypten und versorgte das Land während der sieben

mageren Jahre mit Korn, das er während der sieben reichen Jahre gesammelt hatte.
Putiphare – Das Weib des Potiphar, der Kämmerer und Hauptmann des Pharao war, faßte Joseph bei seinem Kleid, weil sie ihn halten und mit ihm schlafen wollte; er aber entfloh und ließ das Kleid in ihrer Hand (1. Mose 39,12).
der goldne Becher Dem Benjamin – Joseph ließ, als seine Brüder in Ägypten Korn kauften, seinen Becher in den Sack seines jüngsten Bruders Benjamin legen und bereitete damit die Aussöhnung zwischen sich und seinen Brüdern vor.
Propheten ... Jordan – In 2. Könige 2, 8 wird berichtet, daß der Prophet Elia mit seinem Mantel in den Jordan geschlagen habe, so daß das Wasser sich teilte und er mit seinem Begleiter trocken durch den Fluß gehen konnte.
Jüngling – Dem gefangengenommenen Jesus soll nur ein Jüngling gefolgt sein; als dieser auch gefangen werden sollte, floh er unter Zurücklassung seiner Kleidung (Markus 14, 51 f.).

328 *Ave Maria* – Paraphrase des ersten Teils des Gebetes „Ave Maria", auch „Englischer Gruß" genannt; vgl. Lukas 1, 28 ff.
Zu einem Fleische – Vgl. Matthäus 19,5.
Wüste ... Drache – Vgl. Offenbarung 12.
Maria, Mutter Gottes – Paraphrase des zweiten Teils des Gebetes „Ave Maria".

329 Ein armer Tor – Die Entstehungszeit ist nicht sicher bestimmt; die Vermutungen schwanken zwischen 1827 und 1833.

330 Das Mosel-Eisgangs-Lied – Das Gedicht, das im Februar/März 1830 entstand, erschien noch im März 1830 als Einzeldruck.

344 *Wo drei zum Vater mein* – Paraphrase von Matthäus 18, 20: „Denn wo zwei oder drei versammelt sind in meinem Namen, da bin ich mitten unter ihnen."

346 *ein Freund* – Brentanos Koblenzer Freund Hermann Joseph Dietz (1782–1862).

348 Wo schlägt ein Herz – Das erste bekannte Gedicht Brentanos, das er an seine „Altersliebe", die Malerin Emilie Linder (1797 bis 1867), gerichtet hat. Er hatte sie im Oktober 1833 kennengelernt.

349 Danke, danke;

350 Süsser Trost in heissen Stunden;

353 Ein Becher voll;

355 Was heiss aus meiner Seele;
Still folgt die Liebe – Alle an Emilie Linder gerichtet; zu Was heiss aus meiner Seele vgl. auch die spätere Fassung S. 394.

358 ZUR STUNDE, DIE IN SEHNSUCHT – Auf einer Handschrift des Gedichts findet sich das Datum 11. Juni 1834. Die erste Strophe lehnt sich an die ersten Terzinen aus dem VIII. Gesang des ›Purgatorium‹ in Dantes ›Göttlicher Komödie‹ an.

359 DEN ERSTEN TROPFEN – An Emilie Linder.

362 DIE ABENDWINDE WEHEN – Vermutlich wurde das Gedicht (ohne den Refrain) schon 1817 für Luise Hensel geschrieben und 1834 für Emilie Linder bearbeitet.

363 *Ich hör ein Sichlein* – Brentano hat das Volkslied ›Ich hört ein Sichlein rauschen‹, an das sich der Refrain anlehnt, selbst vertont; es steht auch in ›Des Knaben Wunderhorn‹.

365 IN LIEB? – IN LUST? – Diese für Emilie Linder geschriebene Fassung des Sonetts – vgl. auch 205 – entstand vermutlich im Sommer/Frühherbst 1834.

366 ES SASS EIN MÄGDLEIN – Das Gedicht ist ein Weihnachtsgeschenk Brentanos für Emilie Linder. Möglicherweise stellt es eine Umarbeitung und Erweiterung eines frühen Gedichts für Karoline von Günderode (1780–1806) dar. In vorliegender Fassung entstand es entweder 1834 oder 1839.

367 *Großvaters Zimmer* – Emilie Linder war die Tochter des reichen Baseler Kaufmanns Johann Konrad Dienast (1741–1824), der eine große Kunstsammlung besaß.

Von Sadler das Einsiedlerbuch – ›Solitudo sive vitae Patrum Eremicolarum‹ der niederländischen Kupferstecher Johann (1550 bis 1610) und Raphael (1555–1628) Sadeler.

voller Sachen – Gemeint sind die Gegenstände in Dienasts Kunst- und Naturalienkabinett.

368 *Alhambra* – Die Burg der maurischen Könige in Granada.

369 *Ambra* – Ausscheidungsprodukt aus dem Darm des Pottwals, das, auf dem Meer treibend, gefunden wird; es diente wegen seines moschusähnlichen Geruchs zur Parfümherstellung.

Sinnspruch . . . goldnen Sterne . . . Schicksal . . . Lazur-Gezelt – Bezieht sich auf die Koransprüche an den Wänden der Innenräume, die Kismet-Losungen, die Sterne an den tiefblauen Decken.

371 *Löwen-Großmut* – Bezieht sich auf den Löwenhof mit einem auf zwölf Löwen ruhenden Springbrunnen.

Halle der Abencerragen – Benannt nach einem maurischen Geschlecht, das in dieser Halle ermordet wurde; noch heute sollen – wie die Sage berichtet – sichtbar werdende Blutspuren und in der Nacht zu hörendes Geröchel auf diese Untat hindeuten.

372 *Lindachara* – Bei der Schilderung des Lindaraja-Gärtchens hat

Brentano eine maurische Lobpreisung verwendet, die über dem Gärtchen angebracht ist. Brentano setzt den Namen des Gärtchens zu Emilie Linder in Beziehung. Zur Symbolfunktion des Gärtchens vgl. Brentanos Bemerkung über die von ihm in der Kindheit aufgebaute Phantasiewelt des Landes Vadutz: „Ich glaubte mich dann mit diesen Zaubergärten mitten in Vadutz, wo mir das Paradies, wie Lindaraxas Gärtchen mitten in dem Alhambra, eingeschlossen lag."

Dulcamara – Die Bittersüße.

383 Ich darf wohl von den Sternen – Vermutlich 1835 entstanden, an Emilie Linder gerichtet.

384 *O Stern und Blume* – Nach Brentanos eigener Erklärung verweisen diese Verse auf „die drei segensreichsten Geheimnisse" der katholischen Religion: „die Verkündigung, als der Stern zur Blume sich neigte und auch der unbefleckten Lilie durch die h. Menschwerdung Fleisch annahm – das ‚ewige Wort' im Kleide der Menschheit – und das Geheimnis der Schmerzensliebe, sowohl im sterbenden Erlöser, als in der schmerzhaften Mutter. Gerade diese Geheimnisse aber verbinden Diesseits und Jenseits und führen über die ‚Zeit' in die ‚glückselige Ewigkeit'."

385 *Der Engel sprach* – Bezieht sich auf die Ankündigung der Geburt von Jesus (Lukas 1, 30 ff.; Johannes 1, 4 ff.).

Die Lilie spinnt nicht – Vgl. Matthäus 6, 28: „Schauet die Lilien auf dem Felde, wie sie wachsen; sie arbeiten nicht, auch spinnen sie nicht." Ähnlich Lukas 12, 27.

386 *der Geist sie überschattet* – Vgl. Lukas 1, 35: „Der heilige Geist wird über dich kommen, und die Kraft des Höchsten wird dich überschatten."

Magnificat – Der Lobgesang der Maria (Lukas 1, 46–55), der in der katholischen Kirche bei der Vesper täglich gesungen oder gebetet wird.

387 O wie ist der Efeu treu! – Das Gedicht entstand 1835/36. Es enthält eine Reihe Anspielungen auf Bibelworte, vgl. Hohes Lied 3, 6; 8, 5; Brief des Paulus an die Römer 8, 35.

388 Die Rose blüht – Diese Neufassung des Gedichts – vgl. 170, 223, 225 – steht in der Spätfassung des Märchens ›Gockel, Hinkel, Gackeleia‹ (1837, mit dem Aufdruck 1838, erschienen), an der Brentano seit Ende 1835 arbeitete.

389 Wenn der lahme Weber; Das Seelchen auf der Heide – Ebenfalls aus der Spätfassung des ›Gockel‹-Märchens.

390 Es ist ein Schnitter – Dieses Gedicht aus der Spätfassung des

›Gockel‹-Märchens ist die Überarbeitung eines Liedes, das auch im ›Wunderhorn‹ steht und das Brentano für den ›Godwi‹ leicht modernisiert hatte.

394 Was reif in diesen Zeilen – Das Gedicht – wie die vorigen aus der Spätfassung des ›Gockel‹-Märchens – ist die Neufassung eines auf Emilie Linder bezogenen Gedichts, vgl. S. 355.

395 Wie Sankt Marinas heilige Legende – Zuerst als Einzeldruck 1841 veröffentlicht; Brentano hatte an der Dichtung Ende 1838 gearbeitet und sie vermutlich Emilie Linder zu Weihnachten geschenkt. Hauptquelle des Gedichts ist wahrscheinlich die mittelniederdeutsche Legende ›Van der hilgen Juncfruwen sunte Marinen‹.

Eduard Steinle – Der mit dem alten Brentano befreundete Maler lebte von 1810 bis 1886.

Lamme Gottes ... Sion – Vgl. Offenbarung 14,1.

Donau ... Wiegenlied – Steinle ist in Wien geboren.

397 *Schlange* – Vgl. den biblischen Bericht vom Sündenfall, 1. Mose 3,1ff.

400 *Matutin, Prim, Terz ...* – Die in der katholischen Kirche vorgeschriebenen Gebetsstunden.

Hagar – Vgl. 1. Mose 21,15.

406 *Ecce Homo* – Christus nach der Geißelung und Dornenkrönung.

Deckt Hügel mich – Vgl. Lukas 23,29ff.: „Denn siehe es wird die Zeit kommen, in welcher man sagen wird: Selig sind die Unfruchtbaren und die Leiber, die nicht geboren haben, und die Brüste, die nicht gesäugt haben. Dann werden sie anfangen zu sagen zu den Bergen: Fallet über uns! und zu den Hügeln: Decket uns. Denn so man das tut am grünen Holz, was will am dürren werden?"

Feigenbaum – Vgl. Markus 11,13f. und 20f.

407 *Miserere* – Anfangswort des immer wieder vertonten 57. Psalms.

408 *„Herr Gott, dich loben wir"* – Das Tedeum, ein alter Kirchenchoral.

411 *Conscientia* – Gewissen.

413 *de profundis* – Die Anfangsworte des 130. Psalms, eines in der katholischen Kirche viel gesungenen Bußpsalms.

Gloria in Excelsis – Das sog. Große Gloria, das aus dem Lobgesange Gottes, Lukas 2,14, besteht, bildet einen wichtigen Bestandteil der katholischen Liturgie.

Venedig – 1230 wurde ein als St. Marina bezeichneter Leichnam aus Konstantinopel nach Venedig übergeführt.

Erzählungen

417 Die mehreren Wehmüller und ungarischen Nationalgesichter – Die Erzählung, die 1817 in der von F. W. Gubitz herausgegebenen Zeitschrift ›Der Gesellschafter oder Blätter für Geist und Herz‹ erstmals erschienen ist, wurde vermutlich von Brentano während seines Aufenthalts in Böhmen (Sommer 1811 bis Sommer 1813) entworfen, aber sicher nicht vor dem Sommer 1815 vollendet.

Stuhlweißenburg – Das heutige Székesfehérvár, zwischen dem Balaton und Budapest gelegen.

Weck – Weizenbrötchen.

419 *Stiefelstulpen* – Stiefelumschläge.

Windbüchse – Luftgewehr.

421 *Finkenherd* – Ein in der Regel etwas erhöhter, mit Locknahrung versehener Platz, auf dem Vögel mit Hilfe eines Schlagnetzes, das ein versteckter Vogelsteller über den Herd zieht, gefangen werden.

Wurstwagen – Wagen mit sog. Wurst, einem länglichen Kasten mit gepolstertem Deckel, auf dem man im Reitsitz Platz nahm.

422 *gefährde* – Gerate in Gefahr.

423 *Wacholdergeruch* – Wacholderrauch galt als desinfizierend.

Szekler-Husar – Die Szekler sind ein im Osten und Nordosten Siebenbürgens lebender Volksstamm, der früher als besonders kriegstüchtig galt.

425 *Savoyardenjunge . . . Murmeltier* – Einwohner der savoyardischen Alpengebiete zogen durch große Teile Europas, um sich durch die Vorführung abgerichteter Murmeltiere Geld zu verdienen.

Wurmserschen Husaren – Dagobert Siegmund Graf von Wurmser (1724–1797), hoher österreichischer Offizier, zeitweise Kommandierender General in Galizien und General der Kavallerie; 1796/97 als Feldmarschall Oberbefehlshaber des österreichischen Heeres in Italien beim Feldzug gegen Napoleon.

Dolman – Mit Schnüren besetzter Uniformrock der Husaren.

426 *Schariwari* – Katzenmusik.

Vizegespan – Vertreter des Obergespans, des Vorstehers der Verwaltung eines ungarischen Komitats.

427 *„Escoutta Gianetta"* – Savoyardisches Volkslied.

St. Egiditag – 1. September.

428 *Haben sie Spinnen* – Alte Bauernregel auf den Michaelistag.

429 *Heiducken* – Hier: Gerichtsdiener.

„Vivat noster Dominus Vicegespannus!" – Es lebe unser Herr Vizegespan.

430 *Das Pickenick des Katers Mores* – Brentano hatte das Märchen, das ihn „wegen der ganz eigenen schauerlichen Einsamkeit, die drinnen herrscht", sehr beeindruckte, schon in seinen Anmerkungen zu dem Drama ›Die Gründung Prags‹ mitgeteilt, wobei er mit dem Satz schloß: „Dieses Märchen hat einen eigentümlichen lokalen, einsamen, schauerlichen Charakter."

Pallasch – Schwerer, langer Korbdegen mit meist zweischneidiger Klinge.

Dohnen – Schlingen aus Pferdehaaren zum Fangen von Vögeln.

432 *Bassa . . . Serail* – Pascha . . . Harem.

434 *Pest* – Das auf dem linken Donauufer liegende Pest wurde erst 1872 mit dem auf der rechten Donauseite gelegenen Buda (Ofen) zu Budapest vereinigt.

435 *Kreisphysikus* – Kreisarzt.

436 *Lafontainesche Familiengeschichte* – August Heinrich Julius Lafontaine (1758–1831), ein äußerst produktiver und zeitweise äußerst beliebter Autor, schrieb empfindsame, einer ängstlichen Vorstellung von Lebenswahrheit verpflichtete Familienromane, die vor allem für die Romantiker zur Zielscheibe ihres Spottes wurden. Brentano läßt es im Fortgang seiner Erzählung zu einer Verwechslung dieses Lafontaine mit dem berühmten französischen Fabeldichter Jean de Lafontaine (1621–1695) kommen.

437 *Orpheus* – Der mythische Sänger, der durch seinen Gesang und sein Saitenspiel die wildesten Tiere bezähmen konnte.

438 *Zapolischen Unruhen* – Johann Zápolya (um 1487–1570) kämpfte mit Unterstützung der Türken gegen Kaiser Ferdinand I. um die Herrschaft über Ungarn.

440 *Voltigeurs* – Angehörige eines von Napoleon geschaffenen Elitetruppenteils, der aus besonders gewandten und treffsicheren Infanteristen zusammengesetzt und für das zerstreute Gefecht bestimmt war.

442 *Notabene* – Abgekürzt: NB, heißt, wörtlich aus dem Lateinischen übersetzt: merke wohl, und wurde vielfach als floskelhafter Hinweis auf Zusätze verwandt.

443 *Sia benedetto* – Gepriesen sei der heilige Markus! . . . Und die Hochheilige Jungfrau Maria!

Strickreiter – Spottname für Gendarmen.

Contrebandier – Schmuggler.

Habit – Aufmachung.

444 *vazierender* – Müßig herumziehender.
immarinierten – In Essig eingelegten.
445 *solfeggieren* – Singen von Tonfolgen, ohne daß diesen ein Text untergelegt wird.
Raspelhause – Arbeitshaus.
446 *Theriak* – Berühmtes, schon in der römischen Literatur beschriebenes Heilmittel, als Gegengift bei Schlangenbissen verwandt.

448 *Mitidika! Mitidika! ...* – Die ersten vier Gedichtzeilen sind nach dem Klang aufgezeichnete rumänische Verse. Die ersten drei Zeilen lauten in deutscher Übersetzung: Du Kleine! Du Kleine! Komm herüber! O nein, o nein, ich wüßte nicht, was ich dort sollte. Die vierte Zeile ist bislang nicht erklärt. Wahrscheinlich heißt sie: Ich nehme, ich nehme den Schürhaken. Der rumänische Text würde dann lauten: Mititică, mititică, Vino 'ncoace! Ba nu, ba nu, n'am ce face; Voi lua, voi lua cîrligu.
449 Ich hob a a Schneid ... – Etwa: Ich bin auch auf den Teufelskerl gespannt.
451 *Potz Schlakri* – Potz Sackerment.
Profiziat – Wohl bekomm's.
452 *Schaustück* – Münze, die nicht mit dem Zeichen des Geldes geprägt und nicht zum Umlauf bestimmt ist.
452 *verschlagen* – Schlecht geprägt.
454 *indianische* – Indische.
457 *Carbonari* – Italienische Geheimbündler.
461 *Kordonpiketten* – Abteilungen der Absperrungstruppen.
464 *Falsarius* – Fälscher.
resignieren – Verzichten.
465 *Panduren* – Hier: bewaffnete Amtsdiener.

469 Die drei Nüsse – Die Erzählung, die erstmals in der von F. W. Gubitz herausgegebenen Zeitschrift ›Der Gesellschafter oder Blätter für Geist und Herz‹ 1817 erschienen ist, wurde wahrscheinlich 1815/16 geschrieben.
Daniel Wilhelm Möller – Eigtl. Moller (1642–1712), war seit 1674 Professor der Geschichte und Metaphysik an der nürnbergischen Universität Altdorf. Es ist belegt, daß er vorher in Kolmar als Schulmeister tätig war und sich unter Anleitung eines Pet. du Pont mit Alchimie beschäftigt hatte.
welsche Nüsse – Walnüsse.
„Ah, mon Dieu ...“ – „Ach, mein Gott, mein Gott!“

470 *Doktor Bauhinus* – Johannes Kaspar Bauhin (1606–1685) war Professor der Medizin und oberster Physikus in Basel.

479 *des Königs von Dänemark, Christian des Vierten* – Regierte von 1588 bis 1648.

480 *Piautaz* – Mit diesem Namen erinnerte Brentano an Claudine Piautaz (1772–1840), die nach dem Tode seiner Mutter Maximiliane zur Erziehung seiner Schwestern in das Brentanosche Haus geholt worden war und dort als ein guter Geist wirkte; sie war die Tochter eines aus Savoyen eingewanderten Seidenhändlers. – Über Claudine Piautaz schrieb der junge Brentano in einem Brief an seine Schwester Sophie: „. . . noch immer ist sie das Ideal und der Maßstab weiblicher Vollkommenheit für mich." (13. März 1797)

481 GESCHICHTE VOM BRAVEN KASPERL UND DEM SCHÖNEN ANNERL – Der Erstdruck erfolgte in: Gaben der Milde. Zweites Bändchen . . . Für die Bücher-Verloosung, zum Vortheil hülfloser Krieger herausgegeben von F. W. Gubitz, Berlin 1817. Brentano veröffentlichte also die Erzählung – wie fast alle Dichtungen nach seiner religiösen Umkehr – zu einem wohltätigen Zweck. Die Geschichte ist aller Wahrscheinlichkeit nach 1815/16 verfaßt worden. Als ihre Quellen werden Volkslieder vermutet, u. a. das Lied ›Weltlich Recht‹ aus dem ›Wunderhorn‹; darüber hinaus sind für die Dichtung eine Reihe von „Übernahmen aus Volkslied, Volkskunde, Volkssage und Volksmärchen" nachgewiesen worden.

484 *die Runde* – Die Militärstreife bei ihrem regelmäßigen Kontrollgang.

Wann der Jüngste Tag – Ein alter Volksreim.

488 *die Schriftgelehrten und Pharisäer* – Erscheinen im Neuen Testament als Widersacher von Jesus und als Menschen, deren Leben ihren Lehren widerspricht; vgl. Matthäus 5, 20: „Denn ich sage euch: Es sei denn eure Gerechtigkeit besser als der Schriftgelehrten und Pharisäer, so werdet ihr nicht in das Himmelreich kommen."

489 *Parnaß* – Das mittelgriechische Gebirgsmassiv dieses Namens galt als Heiligtum Apolls und der Musen; daher kommt es, daß Parnaß auch als symbolische Bezeichnung für die Dichtkunst dient.

491 ein solch Kamel – Vgl. Matthäus 19, 24; Markus 10, 25.

glatten Spiegels – Hübschen, blanken Gesichts.

492 *Remonte* – Junges Pferd, das den Truppen neu zugeführt wurde.

500 *Interessen* – Zinsen.

504 *bei meinem Rechte* – Bei meiner Hinrichtung.

506 *am Gerichte* – An der Richtstätte.

ALPHABETISCHES VERZEICHNIS DER GEDICHTANFÄNGE UND -ÜBERSCHRIFTEN

Abends am 27. Oktober 1817 308
Abschied 77
Abschied dem Jahre 1834 382
Ach alles geht vorbei 284
Ach nimmer will es in dem Herzen schweigen 92
„Ach wär ich doch der Welt schon los!" 317
Ah bassa manelki teremtete 244
Alhambra 366
Alles lieben oder Eins lieben / All – Eins 355
Am Berge hoch in Lüften 155
Am Hügel sitzt sie 131
Am Rheine schweb ich her und hin 159
Am Sophientag 178
An das Blut am Abend vor dem Gericht 307
An dem Feuer saß das Kind 222
An des Hauses kleiner Türe 308
An eine Feder 17. Jenner 1834 349
An Frau Marianne von Willemer 1827 325
An mein Lieblingsplätzchen im Garten 65
Annonciatens Bild 131
An S. 125
7. April 1834 350
[Auf den Tod Philipp Otto Runges] 208
Auf einen grünen Zweig 205
Auferstehung und Metamorphose 122
Auf mit Gott zum Kampf 248
25. August 1817 295
29. August 1818 317

Bei Christian Grafen von Stolbergs Tod 257
Bilden und verstehen 119

Danke, danke, süße Feder! 349
Das Elend soll ich einsam bauen 319

Da sind wir Musikanten wieder 144
Das Mägdlein ging zur Linde 379
Das Mosel-Eisgangs-Lied 330
Das Seelchen auf der Heide 389
Den ersten Tropfen dieser Leidensflut 359
Der Abend 135
Der goldne Tag ist heimgegangen 89
Der Gottheit hoher Tempel ist zerstöret 109
Der Herr ritt nach Jerusalem 287
Der Jäger an den Hirten 180
Der Krieg zog aus 257
Der Musikanten schwere Weinzunge 213
Der Spinnerin Nachtlied 161
Die Abendwinde wehen 362
Die Einsiedlerin 199
Die Erde war gestorben (1. Fassung) 288
Die Erde war gestorben (2. Fassung) 289
Die grünen Blätter sind gefallen 166
Die Jungfrau und die Blumen 137
Die Klage, sie wecket 110
Die Liebe fing mich ein 101
Die Lilie blüht 223
Die lustigen Musikanten 144
Die Rose blüht, ich bin die fromme Biene 170
Die Rose blüht, selig die fromme Biene 388
Die Rose blüht; schloß gleich ein rauher Wind 225
Die Seufzer des Abendwinds 96
Die Welt war mir zuwider 236
Draus bei Schleswig vor der Pforte 262
Du 288
Du Herrlicher! den kaum die Zeit erkannt 208
Du nötigst mich 325
Durch den Wald mit raschen Schritten (1. Fassung) 180
Durch den Wald mit raschen Schritten (2. Fassung) 296

Ein armer Tor lebt ausgeschlossen 329
Ein Becher voll von süßer Huld 353
„Eine Liebe ist der andern wert“ 120
Einer Jungfrau bei dem Geschenk der Sakontala 273
Ein Fischer saß im Kahne 132
Ein kluges mir geliebtes Wesen 273

Ein kühler Wind aus Orient 244
Ein Ritter an dem Rheine ritt 143
Einsam will ich untergehn 295
Es ging verirrt im Walde 162
Es ist ein Schnitter, der heißt Tod 390
Es leben die Soldaten 247
Es sang vor langen Jahren 161
Es saß ein Kind ganz still 117
Es saß ein Mägdlein 366
Es scheint ein Stern 315
Es stehet im Abendglanze 176
Es wandeln zum Glücke 171
Euch miteinander hier 213

Fahre fort mit Dornenschlägen 286
Faselei 74
Frühes Lied 286
Frühlingsschrei eines Knechtes aus der Tiefe 264
Frühmorgenlied vom Kirschblütenstrauß 289

Geh betteln armes Lied 331
Geheime Liebe 221
Geschämig tritt die falbe 289
Großmutter La Roche legt ihrer Enkelin ein Band . . . in die Hand 271
Großmutter will 271
Gitarre und Lied 83
Gute Nacht du liebes Blut 307

Heidnisch unwissender Schwulst 69
Heil'ge Nacht, heil'ge Nacht! 238
Hermann des treuen Gottschalks Sohn 171
Herz! willst du denn zerspringen? 67
Heute kömmst du nicht lieb Liebchen 157
Hier wo des Kotendampfes 65
Hör, es klagt die Flöte wieder 170
Hör, liebe Seel! 282

Ich bin aus fremdem Land gekommen 322
Ich bin durch die Wüste gezogen 274
Ich darf wohl von den Sternen singen 383

Ich eile hin, und ewig flieht dem Blicke 116
Ich grüß dich, zarte schöne Fraue 165
„Ich habe das gar nicht verlangt“ 119
Ich kenn ein Haus, ein Freudenhaus 267
Ich träumte hinab in das dunkle Tal 229
Ich trage weit, weit 111
Ich wohnte unter vielen vielen Leuten 179
Ich wollt ein Sträußlein binden 151
Im achtzehnhundertsechsten Jahr 185
Im kleinen Stübchen, das von ihrer Seele 132
Im Wetter auf der Heimfahrt 301
In dir ringelt die Träne 240
In Liebeskampf? In Todeskampf gesunken? 205
In Lieb? – In Lust? – im Tod? 365

10. Jänner 1834 348
20. Jenner [1835] nach großem Leid 383
7. Juni 1834. Aus einem Briefe nach Karlsbad 355
11. Juni 1834 nach Karlsbad 355
22. Juni 1834 nach Karlsbad 359

Kaum hörst Du auf, so fang ich an 175
Komm heraus, komm heraus, du schöne schöne Braut 239
Komm Hexchen, weil die Sonne scheint 210

Leb wohl du Jahr voll Tränen! 382
Legende von der heiligen Marina 395
Liebesnacht im Haine 76
Lieb und Leid im leichten Leben 160
Lied von eines Studenten Ankunft in Heidelberg 185

Mariens Bild 132
Meine Liebe an Sophien, die ihre Mutter ist 182
Meister, ohne dein Erbarmen 264

Nach seiner Heimat kühlen Lorbeerhainen 135
Nach Sevilla, nach Sevilla 153
Nachtrag zum Weihnachtsliede 1834 379
Nun jauchze, mein Östreich! 240
Nun soll ich in die Fremde ziehen 320

O du lieber wilder Regen 301
Österreichs Adlergejauchze und Wappengruß 240
Offenbarung 120
Oft war mir schon als Knaben 101
O ihr Allmächtigen 69
O lasse Geliebter mich einsam leben! 199
O lieber Gott, so mild und lind 117
O liebliche! wie schön bist Du erstanden! 122
O Mutter, halte dein Kindlein warm (Fassung von 1803) 182
O Mutter halte dein Kindlein warm (Fassung von 1816/17) 279
Ordensreglen des heiligen Clemens 66
O schweig nur Herz! 283
O Tannebaum! o Tannebaum! 129
O wie ist der Efeu treu! 387
O Zorn, du Abgrund des Verderbens 222

Phantasie 80

Ruhe! – die Gräber erbeben 79

Schaut kalt vom hellen Himmel Mondschein nieder 119
Schnell nieder mit der alten Welt 101
Sendung 121
Sie blüht mir nicht in Tälern 109
Sieh den dunklen Schleier der Nacht 223
Sie war vor mir so tief hinabgeschwunden 121
Singet leise, leise, leise 218
So lange habe ich sie leiden sehen 120
So lebe wohl mit allen deinen Freuden 77
Soll sich vor Dir des Baumes Stolz enthüllen 118
Sonett (Es saß ein Kind) 117
Sonett (Soll sich vor Dir) 118
So weit als die Welt 94
Sprich aus der Ferne 107
Stille Blumen 80
Still folgt die Liebe deinen Schritten 355
Süßer Mai du Quell des Lebens 178
Süßer Trost in heißen Stunden 350
Symphonie 79
Szene aus meinen Kinderjahren 101

Tief ist das Tal, so tief hinabgesunken 115
Tief unter mir ist alle Welt geschwunden 109
Tiroler Wetter und Barometter 249
Treibt mit der Ofengabel 249
Trippel Trippel trap, trap, trap 198

Über eine Skizze 205
Um die Harfe sind Kränze geschlungen 96
Umhüllst Du Dich mit Ernst 120
Um meine Tage froh zu leben 66
Um uns her der Waldnacht heilig Rauschen 76
Unbeglückt muß ich durchs Leben gehen 221
Unter des lebenden 122

Vieles gaben die Götter mir 74
Von Köllen war ein Edelknecht 171
Vor dem ersten Aderlaß 312

Wache auf, Du süßes Lied 83
Was heiß aus meiner Seele fleht 355
Was ich tue, was ich denke 312
Was mag dich nur betrüben? 152
Was reif in diesen Zeilen steht 394
Was wir in uns die tiefe Sehnsucht nennen 119
Wenn der lahme Weber träumt 389
Wenn der Sturm das Meer umschlinget 97
Wenn die Sonne weggegangen 152
Wenn es stürmet auf den Wogen 260
Wenn ich ein Bettelmann wär 157
Wer euch nichts bringt, hat nichts von euch zu hoffen 311
Weste säuseln; silbern wallen 94
Wie Sankt Marinas heilige Legende 395
Wie sich auch die Zeit will wenden 154
Wie steigst Du so ganz leise 88
Wie war dein Leben 125
Willst du mir Trost verleihen 110
Wohlan! so bin ich deiner los 226
Wo in Gewölben von Schmaragd 196
Wo leis des Gartens dichte Schatten rauschen 137
Wo schlägt ein Herz das bleibend fühlt? 348

Zu Bacharach am Rheine 147
Zueignung 304
Zur Fremde zog ein frommer Knabe 205
Zur Stunde, die in Sehnsucht zagt 358
Zur Weihnacht, sternenhelle 304